工商管理省级重点支持学科（黔学位合字 ZDXK\[2016]18 号）；贵州省
流大学”建设项目：国际商务特色专业建设项目（SJ－YLZY－2016－003）。

中国近代酒业发展研究

郭旭　著

中国商业出版社

图书在版编目(CIP)数据

中国近代酒业发展研究 / 郭旭著. —— 北京：中国商业出版社，2019.8

ISBN 978－7－5208－0792－0

Ⅰ. ①中… Ⅱ. ①郭… Ⅲ. ①酿酒工业－工业史－研究－中国－近代 Ⅳ. ①F426.82

中国版本图书馆 CIP 数据核字(2019)第 118764 号

责任编辑:蔡 凯

中国商业出版社出版发行

010－63180647 www.c－cbook.com

(100053 北京广安门内报国寺 1 号)

新华书店经销

涿州市荣升新创印刷有限公司印刷

*

787 毫米×1092 毫米 1/16 开 16.75 印张 380 千字

2019 年 8 月第 1 版 2019 年 8 月第 1 次印刷

定价:48.00 元

* * * *

(如有印装质量问题可更换)

作者简介

郭旭，贵州仁怀人，贵州商学院副教授，中国社会科学院农村发展研究所、贵州省社会科学院博士后科研工作站在站研究人员，博士毕业于江南大学，主要从事酒文化和酿酒产业发展、中国社会经济史研究。

出版经费支持

工商管理省级重点支持学科(黔学位合字 ZDXK\[2016]18 号)；贵州省“一流大学”建设项目：国际商务特色专业建设项目(SJ－YLZY－2016－003)。

前　言

酒，这种在全球范围内广泛流传的饮料，从来都不是一种普通的物品。在公共健康研究领域的学者看来，酒更值得关注和研究。英语学术界就有以“Alcohol：No Ordinary Commodity”为书名出版的研究著述。

在我国，酿酒和饮酒的历史都极为久远。酒在华夏历史文化发展过程中所起的作用，恐怕远超今人的认识。中国的酿酒业经过数千年的漫长发展历程，对其中一些关键的问题，我们仍不知其详。在近代酒业发展的研究中，存在着可以拓展的学术空间。

众所周知，当代中国流行的酒类品牌，几乎都将其历史上溯至某个有确凿记载的历史时期。但如果详加考证，企业和品牌主的很多说辞未必可信。在一般的企业史讲述或品牌叙事中，多绕过了近代这一特殊的发展时段，直接上溯至某一历史时期。

中国近代是一个特殊的时代。军阀割据，外敌入侵，内乱纷争，各种推进历史发展的势力交错，构成了中国近代历史和社会文化发展的丰富面相。近代酒业在中国酒史上，具有承上启下的作用。从整体上讲，中国近代酿酒业体现了上千年的传统特征，如酿造原料、酿造技艺、酿造器具、酿酒业分布、生产组织形式等，都是中国千年酒业发展的延续。同时，近代酒业发展又出现了一些新的特征。如洋酒输入与近代新式酒类的落地生产，啤酒业、葡萄酒业的发展，公司式酿酒组织形式的出现与发展，酒类商标注册、酒类品牌推广、酒类消费文化等方面，也出现了前所未有的变化。这些历史发展中的“不变”与“变”，同样值得研究。

近代酒业更大的变化，是在科学研究手段和科学观念上渗入了古老和传统的酿酒业。一大批微生物学家和酿酒研究专家，将酿酒研究推进到了微生物学的领域，对传统酿酒工艺的总结提高，为后续酒业发展奠定了坚实的基础。在其他领域，医学工作者和社会工作者认识到，酒能对人类肌体和精神产生损害，揭示酒对人类和社会所带来的伤害，通过不同途径呼吁节制饮酒、健康饮酒。

中国近代酒业发展及其所带来的社会文化变迁，颇值得研究。本书正是这样的尝试，采用多学科交叉和跨学科研究方法，力图展现近代酒业发展的丰富面相，为推进近代中国历史的复杂进程提供助益。

目 录

第一章

导 论

第一节 选题意义与论题说明

一、选题意义

时间的单向性，决定了我们对当下的认识和对未来的预判只能基于过往的经验和观察。无论是从当时所处的情势，还是今日回望，近代中国都是一个大变局的时代。早在1872年，李鸿章便有“数千年来未有之变局”①的观感。稍后，晚清重臣张之洞亦言：“今日之世变，岂特春秋所未有，抑秦、汉以至元、明所未有也，语其祸，则共工之狂、辛有之痛，不足喻也。庙堂旰食，乾惕震厉，方将改弦以调琴瑟，异等以储将相。”②变化之大，感触之深，溢于言表。近代思想家郑观应以“外患循生，内忧迭起”③总结其时代。

自鸦片战争起，剀切深思之士便开始思考中国所面临的这一“变局”。正是这一剧烈变动的时代，引起了人们的强烈关注。一方面，西方资本主义国家利用坚船利炮轰开了中国的大门，中国开始被动纳入世界体系之中；另一方面，古老的中国面临新的形势，不得不做出一些改变以适应新的时代。从这一意义上言，近代中国处于中与西、古与今的交汇点，不但成为当时人们关注的重心所在，也是今人热切关注和研究的焦点。这是一个传统与现代交汇、本土与舶来纷争、传承与变革更替的时代。具体到近代酒业与社会文化方面，也面临一系列新的形势和问题。洋酒舶来、新酒种在中国成长、传统酒业嬗变，乃至酒业经营、推广、运输、销售、消费、管理、酒税征收、人们对酒的认识等不同方面，都是值得研究的内

① 李鸿章.筹议海防折(1874年12月10日)[C]//中国史学会主编.洋务运动(一).上海:上海人民出版社,1961:42.

② 张之洞.劝学篇·序[C].上海:上海书店出版社,2002:1.

③ 郑观应.盛世危言·考试下[C]//夏东元编.郑观应集(上册).上海:上海人民出版社,1982:301.

容，都有很多值得拓展的学术空间。

诚如学者所言，“一时代有一时代之史学”①。推而广之，我们亦可言一时代有一时代之学术。近百年来，中国历史学界经历了关注宏观历史、政治史、军事史到微观史、社会史、文化史的转向，研究对象进一步扩展，研究内容逐步深入，采取多学科综合甚至是跨学科协作的研究方法。自20世纪七八十年代以来，历史学研究出现了一次以新文化史的兴起为标志的文化转向。具体言之，在主流史学界，出现了社会史研究向新文化史研究的转向；在文化史研究领域，则表现为从传统文化史向新文化史的转向；在其他历史学分支领域，则表现为由非文化或无文化向重视文化因素、采取文化分析的转向②。这一转向被称为“新文化史”或是“社会文化史”，在其影响下，史学界进一步开辟了众多新的研究领域，如物质文化史、政治文化史、身体、医疗、性别史、记忆史和想象史等方面，社会文化史研究体现了诸多优势。与西方新文化史的发展不同，“中国社会史研究的领域主要集中在社会阶层、社会群体、社会组织，姓氏、谱牒、家族，民间宗教与民间信仰，婚姻、家庭，节日、风俗、礼仪，社会生活与社会变迁，社会问题与社会控制，社会经济、移民与人口等领域，而西方在社会文化史的影响下，西方史学界更加关注一些新的史学领域，如日常生活、妇女、微观社会、身体等”③。酒业是中国近代经济体系的重要组成部分，酒类饮料作为国人日常生活中常见的消费品，酒业发展对国家经济、政府管理、企业经营方式、消费文化变迁等都具有重要的作用。与近代史和近代社会史研究的蓬勃发展不同，对近代酒业发展与近代社会文化变迁缺乏深入、系统的研究。无论是从近代史研究，还是从近代社会史、文化史研究的角度看，加强对酒与近代社会文化诸问题的研究都是十分必要的。

如果将视角转移到当代中国酒类消费与文化，会发现近年来中国酒类生产和消费具有如下趋势和特点。第一，各酒种发展迅速，不管是中国传统酒类——白酒与黄酒，还是源自国外的啤酒和葡萄酒，都得到了极大的发展。第二，啤酒增长速度放缓，停留在一个较高的水平，中国啤酒产量已经多年稳居世界第一。第三，酒类绝对产量极大。2017年啤酒产量达到4401.49万千升，白酒产量达到1198.06万千升。但这只是纳入国家统计的数据，不在统计口径内的厂商的生产量难以估计。2017年，全国规模以上酿酒企业实现销售9239.57亿元，实现行业利润1314.03亿元。其中白酒行业实现销售5654.42亿元，实现利润1028.48亿元④。除了国产酒类外，还有大量进口酒类在中国倾销，其影响甚至远及少数民族居住的边远地区⑤。酒业成长为一个贯穿生产、流通、消费诸环节的庞大产业，不但

---

① 张仲民.新文化史与中国研究[J].复旦学报:社会科学版,2008(1):100—108.

② 周兵.新文化史与历史学的“文化转向”[J].江海学刊,2007(4):152—158.

③ 代洪亮.复兴与发展:学术史视野中的中国社会史研究(1980—2010)[D]:[博士学位论文].济南:山东大学,2011:174.

④ 宋书玉.2018中国白酒[J].中国酒业协会·深度,2018(1—2):1—19.

⑤ Magnus Fiskesj. Participant Intoxication and Self—Other Dynamics in the Wa Context[J]. The Asia Pacific Journal of Anthropology, 2010, 11(2):111—127.

在国家经济体系和财务税收中占据重要位置，还影响到人们的日常生活，甚至对政府相关部门的政策制定产生影响。

与酒业发展相应，因饮酒而造成的文化和社会问题也应该引起足够的重视。据统计，在中国15岁以上人群中，人均纯酒精消耗量1952年为0.4L，1970年为1.03L，1978年为2.5L，2009年为4.88L，2011年为5.91L①。1997年到2006年间，我国男性居民平均饮酒率为60.2%，女性为9.7%。男性饮酒者每日酒精摄入量为(32.2±35.6)g，女性为(14.0±19.4)g。男性平均每日酒精摄入量≥25g的比率为36.9%到45.6%；女性平均每日酒精摄入量≥15g的比率1997年为22.6%，2000年为24.2%，2004年为26.3%，2006年为28.5%，呈逐年增加趋势②。不论男性还是女性，超过适量饮酒限定值的比率都极高，且呈上升趋势③。与饮酒的流行相应，饮酒相关问题也开始出现，如暴力、酒后犯罪、经济问题、家庭问题等，长期问题主要有躯体精神问题、公共卫生问题、社会问题，中国目前还没有针对酒滥用的预防方案与计划④。酒后驾驶经过新闻媒体的广泛报道，已经引起了人们的强烈关注。

今天所面临的部分问题，可以在过往时段中寻得不同程度的解答。本书以中国近代酒业发展与社会文化变迁为主题，力图展示近代酒业发展全景，以酒为观察的窗口，窥见近代中国社会文化的诸般变迁。希冀为理解当代中国酒类生产及消费提供一个历史的视角，为近代中国社会文化变迁提供相应的解释，为中国近代产业发展史研究、饮食文化研究、中国酒文化研究添砖加瓦。

二、论题说明

本书选取近代酒业发展诸问题为研究对象，在研究中会涉及一些需要界定的概念，如“酒业”“近代”等。

本书关注的酒，特指饮料酒。在当前的分类标准中，饮料酒是指“酒精度在0.5%vol以上的酒精饮料，包括各种发酵酒、蒸馏酒及配制酒”，根据原料、生产工艺和产品特性的不同，又划分为不同的种类⑤。但在近代中国，政府和行业均没有相应的界定。对酒的相

---

① 郝伟，汤宜朗.开栏语：应对酒精相关问题的挑战[J].中国药物滥用防治杂志，2013(3)：186.

② 张玉霞，张兵，王慧君，等.1993—2006年中国九省(区)居民酒类消费状况及变化趋势[J].中国预防医学杂志，2011(4)：323-329.

③ 中国营养学会建议的成年人适量饮酒限量值，男性一天饮用酒的酒精量不超过25g，相当于啤酒750mL，或葡萄酒250mL，或38°白酒75g，或高度白酒50g；女性一天饮用酒的酒精量不超过15g，相当于啤酒450mL，或葡萄酒150mL，或38°白酒50g。见中国营养学会编著.中国居民膳食指南[M].拉萨：西藏人民出版社，2008.93.

④ 郝伟，曹栋，于欣.我国饮酒现状及相关问题[J].中国药物依赖性杂志，2007(3)：193-197.

⑤ 中华人民共和国质量监督检验检疫总局，中国国家标准化管理委员会.GB/T 17204—2008 饮料酒分类[S].北京：中国标准出版社，2008.1.

关定义和分类多出现在政府征税目录中，但因各地区具体情况的不同，同一酒种有不同的名目，甚至同一名目所指称的酒种也大不相同。在近代酒业发展过程中，有以地域名酒者，如汾酒、潞酒、茅台酒等；有以原料名酒者，如苞谷酒、麦酒、葡萄酒等；有以种类区别者，如黄酒、白酒等。随着时代的发展和历史的变迁，一些在近代历史上赫赫有名的酒类，如今已消失得毫无踪影（如沧酒、潞酒）。而一些只有地域影响的酒品（如茅台酒、泸县大曲），却成长为了今天的行业巨头。近代酒精工业也是酿酒业的主要组成部分，但酒精多不作为饮料酒使用，且政府对以酒精勾兑酒类管制严格。故在本书中，所讨论的酒主要是指在近代历史上存在的饮料酒，不包括酒精，药酒也只在论述时一并讨论。

“近代”一词，在英文中表达为“modern”，然而这一英文单词也汉译为“现代”。“modern”一词在各个学科领域具有不同的含义，又衍生出了许多颇具哲学意味的词语。在中国史研究领域，“近代”主要用来指称中国历史发展中的某一特定阶段。在海外中国学研究领域和1949年前的中国史学界，有学者将中国近代史上推到明末清初，其依据为中西方开始正面接触与交流，并产生了较为深远的相互影响。随着1949年中华人民共和国的成立，革命史观和马克思主义史学研究范式在中国取得绝对统治地位，革命领袖对近代史的解读成为人们开展相关研究的基本前提和依据。根据毛泽东的相关论述，胡绳、范文澜等知名学者均将中国近代史的起点界定为1840年的鸦片战争，其下限为1919年的五四运动。1919年以前为旧民主主义革命阶段，1919年后为新民主主义革命阶段，故中国历史进入“中国现代史”阶段。这种人为割裂、以历史为革命领袖做注解的研究，不断受到人们的反思和批判。近年来，关于中国近代史上下限的讨论较多，但多赞同以1949年为近代史的下限①。本书赞同1840—1949年为中国近代史的分期方法，故研究的时间下限也到1949年止。在具体的研究过程中，根据研究需要，所用材料和讨论的问题集中在20世纪上半叶，并未完全恪守近代史分期的上下限。

第二节　学术史回顾

据目前掌握的资料，关于酒业发展与近代社会文化的研究主要集中在如下几个方面：

第一，关于中国近代酒业发展整体情况的研究。较早出现的研究当属李志英刊于1991年的《近代中国传统酿酒业的发展》②一文。文章以鸦片战争后中国传统手工业的命运为视角，主要聚焦于有别于后来出现的机器酿造的旧式手工酿酒业。文章认为，近代酒业的发展主要体现在如下方面：当代名酒大部分在这一时期形成，酿酒业规模进一步扩大，酿造

① 李良玉.关于中国近代史的分期问题[J].福建论坛：人文社会科学版，2002(1)：76－83.

② 李志英.近代中国传统酿酒业的发展[J].近代史研究，1991(6)：143－155.

技术和酿酒工艺日臻完善，并出现了资本主义性质的手工工场。所以“鸦片战争后中国传统酿酒业确实经历了一个发展时期，无论产品的数量和质量，还是酿酒作坊的规模和生产方式，都发生了变化，获得了一定程度的提高”。其原因可能有中国传统酒的独特工艺和口感不是洋酒所能代替的；国内市场的扩大和国际市场的开辟，交通运输条件的改善，使长途贩运成为可能；高利润率刺激了酿酒业规模的扩大。但这种发展在总体上只是一种低水平的发展，“传统酿酒业的低水平发展是由多方面的原因造成的，主要是科技和资金的双重不足造成的，并受到了整个国民经济发展水平的制约”。文章的分析话语带有明显的时代特色，但其研究思路和结论是可以接受的。

吕庆峰①的博士论文研究了中国近现代葡萄酒产业发展，论文以比较研究和历史研究为主要方法，将中国近现代葡萄酒业发展作为世界葡萄酒业的一环加以研究和考察。吕文以 1892 年张裕酿酒公司的设立作为中国近代葡萄酒业发展的起点，将清末民国时期作为近现代中国葡萄酒业长时段发展中的一环加以论述，但并没有单独开列章节。马相金②考察了民国时期我国酿酒业的发展及其地域分布特征。这一时期我国白酒产量南少北多、西少东多，黄酒则主要集中在东南沿海的江浙一带；啤酒和葡萄酒是舶来品，其分布也主要集中在东部沿海地区和内陆大城市，造成了很长一段历史时期东部啤酒和葡萄酒产业及技术领先于西部地区；名酒则大多分布在东部沿海地区和运河沿岸；而具有特色的酿酒区域，也分布在东部地区。但东部地区由于酿酒技术交流的频繁和外来酒业的竞争，也逐渐丧失了传统意义上的特色酿酒技术。朱更勇③等人研究了近代著名思想家陈炽的酒业发展思想，并指出其对当今的启发意义。

第二，关于近代区域酒业发展研究。朱正业④认为，在 20 世纪 30 年代工业化持续推进的大背景下，淮河流域包括酿酒业、榨油业在内的传统食品业受到了不同程度的冲击与挑战。但区域内农产品资源丰富，高粱、小麦等作物的广泛种植，为酿酒业提供了充足的原料。交通条件的改善特别是铁路、公路的逐步通车以及轮运业的发展，火车、汽车、轮船等新式交通运输工具的使用，以机械为动力的新式交通运输方式的采用，大大缩短了交往的时空距离，加快了原料和产品的流通速度，也是推动酿酒业发展的有利因素。淮河流域酿酒业的发展具体表现在：一是作为农村副业的组成部分，一般只在农闲时候生产，以一家一户为单位，生产规模小，资本较少。二是生产工具由木质向木铁合制、铁制工具转变，生产效率提高，促进了产量的提升与产值的增加。三是生产工艺精湛，产品享有盛誉，如洋河、双沟等名酒在彼时便是知名产品。但与全国一样，淮河流域传统食品业的发展也受

---

① 吕庆峰.近现代中国葡萄酒产业发展研究[D]·博士学位论文.杨凌：西北农林科技大学，2013.

② 马相金.民国时期我国酒业的发展及其分布特征[J].唐山师范学院学报，2011，33(3)：67－71.

③ 朱更勇，张云峰，郭旭.陈炽酒业发展思想及启示[J].酿酒科技，2014(11)：122－124，127.

④ 朱正业.机遇与挑战：1930 年代淮河流域传统食品业研究——以榨油业、酿酒业为中心[J].民国档案，2011(2)：84－88.

到一些因素的制约。如战争不断、水旱灾害频繁，加之生产设备落后、捐税繁重、资本不足、利润空间狭小，影响了传统食品业的持续健康发展。

高宇轩认为，近代东北啤酒业的发展，是与中东铁路的建成通车紧密相连的①。中东铁路通车后，不但改善了区域交通条件，促成区域市场的形成，还带来了移民的涌入。侨民进入中国之后，导致了本土饮食观念的变迁，并带来资金和技术，开始投资设立啤酒厂，直接促进了啤酒业的出现与发展。在推动当地农业发展和城市近代化方面，产生了一定的积极作用。但东北近代啤酒业的发展受到运费高昂、激烈的市场竞争和高额捐税的制约。

张博的《天津老烧锅》②一书按时间发展为序，对天津烧锅业发展历史进行了详细的解读。特别是利用近代天津海关统计数据，对津产直沽高粱酒、玫瑰露、五加皮酒等酒类的产量进行估算，认为天津口岸是近代中国最大的酒货输出口岸。还就政策变迁对天津烧锅业发展的影响、天津烧锅业的品牌经营和保护意识等问题进行探讨。李桢峰的文章对清末及民国年间新疆酒业的发展有一定的涉及③，除了具有悠久葡萄酒酿造历史的吐鲁番、阿克苏外，奇台、焉耆等地的白酒、烧酒生产也较为发达。总体上，新疆酒业主要在新疆内销售，白酒生产发展较快，酿酒业发展受时局影响较大。

在区域酒业研究中最为突出的当属民国四川酒业研究。李琳从酿酒业的生产技术状况、酒类营销、酿酒业组织与管理、酒政管理与税收等几个方面对民国时期四川的酿酒业进行分析④。总结民国时期四川酿酒业的行业特点、时代特色、发展程度及其成因，力图再现民国时期四川酿酒业的概貌。符必春对民国时期四川酒类运输和销售情形的研究表明，川酒运销活动主要集中在盆西平原区、川东丘陵区及沱江、涪江、川江沿线，运销中心有灌县、绵竹、成都、犍为、遂宁、合川、江津、重庆、万县，省内主要销往成都、重庆两市，省外为湖北、湖南、南京、上海、陕西、甘肃，运销线路与产地分布、人口分布、消费水平、交通条件密切相关⑤。而对于四川酿酒业发展的深入、系统研究，当推肖俊生的博士论文和系列文章。肖俊生在博士论文基础上修改出版的专书《近代四川酿酒业发展研究》概述了四川酒业的发展情形，并就四川酒业的生产、营销、酒类管理以及酒税等方面展开论述，是目前所见对近代四川酒业最深入、最系统的研究⑥。其关注的地域是四川一省，为探寻四川酿酒业历史发展做出了较大的贡献。肖俊生近年来发表的系列论文，都与此主题相关，如关于四川传

---

① 高宇轩.近代以来滨绥铁路沿线城镇啤酒业的兴起和发展(1900—1945)[D].硕士学位论文.长春:东北师范大学,2007.

② 张博.天津老烧锅[M].天津:天津古籍出版社,2007.

③ 李桢峰.新中国成立前新疆酒史小考[J].新疆地方志,2006(1):57—60.

④ 李琳.民国时期四川酿酒业研究[D]:[硕士学位论文].成都:四川大学,2007.

⑤ 符必春.民国时期川酒运销的空间格局研究[J].酿酒科技,2014(11):137—139.

⑥ 肖俊生.近代四川酿酒业发展研究[M].成都:巴蜀书社,2017.

统酿酒业与粮食生产的关系①、四川酒业发展情形②、传统酒业对社会经济的作用③、酒税征收情形④、酒业资本与经营管理⑤、四川传统酒类销售与市场⑥等方面，都有专文发表。肖俊生的博士论文及其后的一系列论文，对民国四川酿酒业的情形及政府政策的不同方面进行了研究，对本研究也具有启发意义和借鉴价值。

第三，关于近代酒类企业和酒商的研究。作为中国最早的葡萄酒酿造企业和品牌，张裕的发展受到研究者的相应关注。马智慧对1892年到1916年间张裕酿酒公司的早期发展进行研究⑦。姜雯雯结合相关史料，通过张裕酿酒公司早期的成功和后期衰败原因的分析，研究非正式制度对其公司兴衰的影响⑧。从开拓进取的企业精神、"仁""和"的价值观、传统的官商关系三个方面论述非正式制度对张裕酿酒公司早期发展的促进作用。作者认为，非正式制度是一把双刃剑，张裕酿酒公司也因此而衰落。一是传统的宗族观念导致家族式管理模式；二是作为非正式制度重要组成部分的风俗习惯，导致近代中国人没有形成喝葡萄酒的习惯。这二者的交合导致了张裕酿酒公司逐渐走向下坡路。黄萍的博士学位论文以1728—1956年间贵州茅台酒业的发展为研究对象，从茅台区域建制沿革及区位演变、茅台酒业兴起和发展的原因、茅台酒酿造环境的独特性、茅台酒业发展中的重大事件和重要人物、茅台酒酿造商的具体运作和管理、茅台酒业在中华人民共和国的转型发展等六个方面展开分析，清理自清初以来茅台酒业发展的历史脉络，将重大历史事件与长时段区域社会经济文化发展背景相结合，归结出茅台酒业的历史文化遗产价值⑨。是目前所见关于茅台酒早期发展最厚重的研究，为近代中国酒业发展提供了个案。

孔祥毅对汾酒商人的近代发展历史进行研究，探讨汾酒商人在商人资本受到世界资本主义经济势力影响后，如何由商人资本成功实现向现代工业资本转变的过程⑩。他认为，汾酒商人资本转型的背景与路径，与以下因素有很大关系。汾州商人中旅俄商人多，受欧洲商人影响深；汾酒商人经销特点是产销结合，资本运作特殊；汾酒商人商号管理体制的扁平化特点，使之易于改革决策；汾酒商人不与政府合作；汾酒商人选择向股份有限公司转变是家族企业发展的必由之路。

萧明治就台湾实施烟酒专卖后烟酒经销商制度的实施及其分布与背景、经营情况乃至

---

① 肖俊生.民国四川传统酿酒业与粮食生产的相依关系[J].天府新论,2008(3):75-79.

② 肖俊生.抗战期间传统酿酒业的发展:以四川酿酒业为中心的分析[J].兰州学刊,2013(2): 44-48.

③ 肖俊生.传统酿酒业对抗战社会经济的贡献:以四川酿酒业为中心的分析[J].长春工业大学学报,2012,24(4):97-100.

④ 肖俊生.民国时期西康酒税征收情形[J].西南民族大学学报·人文社科版,2008(6):248-251.

⑤ 肖俊生.民国时期四川酒业资本与经营管理[J].四川师范大学学报·社会科学版,2008,35(3):103-110.

⑥ 肖俊生.民国时期四川传统酒类的销售与市场[J].四川师范大学学报·社会科学版,2010,37(6):133-140.

⑦ 马智慧.张裕酿酒公司的创办及其早期发展研究(1892—1916)[D]:[硕士学位论文].长春:东北师范大学,2007.

⑧ 姜雯雯.从非正式制度看张裕酿酒公司的兴衰(1892—1937)[D]:[硕士学位论文].杭州:浙江财经学院,2012.

⑨ 黄萍.贵州茅台酒业研究(1728—1956)[D]:[博士学位论文].成都:四川大学,2010.

⑩ 孔祥毅.汾酒商人转型研究[J].山西财经大学学报,2008(3):62-66.

烟酒经销商与地方社会和殖民统治之间的关系展开研究①。文章指出：日治时期台湾烟酒专卖经销商以日籍人士和受殖民当局笼络的台籍士绅为主，多在41—45岁之间，台籍分布在台北、台南，日籍则主要来源于鹿儿岛县、熊本县；在成为烟酒专卖经销商之前，以从事杂货、实业、制造者及公务人员为主，学历有汉学、公学校、中学校、国语学校等；资产多在1万日元以上。因经销权是由殖民当局所授予，故他们在政治上成为殖民者的附庸，经济、社会、文化乃至宗教都在不同程度上为殖民者出力，在日治时期的台湾专卖事业与殖民统治中扮演了多重角色，是研究台湾日治时期殖民历史的重要切口。

第四，关于近代酒税及酒类管理制度研究。曾任京兆烟酒公卖局局长的顾澄，著有《筹办烟酒公卖之经历》②一书，又名《烟酒公卖之理论与实验》，封面题名《十个月之京兆烟酒公卖》。原书共3编，所见为上中两编。上编"烟酒公卖总论"（全国之烟酒公卖），主要讨论烟酒税法、公卖办法和法规的制定等内容；中编"京兆之烟酒公卖"，主要介绍北京地区烟酒公卖制度实施的状况、问题和税务工作。程叔度、秦景阜编纂的《烟酒税史》③一书，包括上下两册，分沿革、区域、税制、公卖费、烟酒税、牌照税、卷烟税、洋酒类税、收支概况、整理概况10章，记述了烟酒税的起源、管理机构的演变、各地烟酒税的制度、烟酒税的收支及整顿情况，是了解近代中国酒类管理制度变迁及其施行情况的重要材料。余启中编述的《广东烟酒税沿革》④一书，原名《广东烟酒税史》，为"国立中山大学法学院经济调查处丛书"之一。分"税制"与"税务行政"两编，详述广东省烟酒类各税沿革、现行税则、征收机构及税收概况等。2000年，中国财政经济出版社出版了《中华民国工商税收史·货物税卷》⑤一书，其第三章对1911年到1949年间中国的酒税制度进行了介绍。

肖俊生认为，晚清由于政府财政窘绌、军饷筹措困难，开始对酒公开征税⑥。地方政府是酒税改革的积极推动者，也是最大的受益者。酒税的开征在相当程度上解决了军饷筹措问题。"而酒税改革未受到社会的较大阻力，主要原因则在于晚清酒税的开征及变化对民生问题的影响基本是正面的、积极的，一方面基于对酒税的开征及税率富于灵活变动性的经常调节，民间市场的粮食供给没有受到太大的影响；一方面并未影响甚至壮大了民间传统酒业自身的发展势头。同时，酒税开征可以视为近代工商税发展的先行与试验，酒税税制的不断进化，为政府制订其他各业财政政策提供了重要的参考依据，在一定程度而言推动了晚清的税制变革进程。"郭旭对清末民初的酒税制度因革展开研究⑦，认为清末酒税从

① 萧明治.日治时期台湾烟酒专卖经销商之研究[D]：[博士学位论文]嘉义："国立"中正大学历史学研究所，2010.

② 顾澄.筹办烟酒公卖之经历[M].出版地不详：著者自刊，1918.

③ 程叔度，秦景阜总纂.烟酒税史[M].上海：大东书局，1929.

④ 余启中编述，朱公准校正.广东烟酒税沿革[M].广州：国立中山大学出版部，1933.

⑤ 《中华民国工商税收史》编委会编.中华民国工商税收史·货物税卷[M].北京：中国财政经济出版社，2000.

⑥ 肖俊生.晚清酒税政策的演变论析[J].社会科学辑刊，2008(3)：150－155.

⑦ 郭旭.清末民初酒税制度因革论[J].贵州文史丛刊，2011(4)：25－32.

厘捐到烟酒税体现了制度变革的大致趋向。北京政府对酒税制度进行重新设计，将其纳入国家财政收支系统正轨。对原有酒税制度加以改革，实行公卖制度，开征公卖费，新征烟酒牌照税，这些构成了民国酒税制度的主要内容。杜锦凡的硕士论文考察了民国时期酒业的发展及政府政策的变迁①。认为中国传统酒类如烧酒、黄酒、果酒、药酒等，都取得了一定的发展。同时，由于在中国东部及东三省地区外国人较多，葡萄酒、啤酒、香槟等外国酒类也在中国发展起来。随着中外交流的频繁，国人也开始逐渐接受外洋酒类。北京国民政府和南京国民政府对酒类的管理政策也有一定的变化。刘奕②、郭宇佳③分别对 20 世纪 20、30 年代内蒙古呼伦县酒捐征收状况进行了研究。

岩村益典的《日治时期台湾啤酒专卖之研究》④以 1933 年台湾开始实施的啤酒专卖为研究对象，阐述日治时期日本及台湾酿酒业发展的历程，以及私人产业与政府在专卖制度上的竞合关系，尤其是对啤酒专卖延后实施（台湾酒类专卖于 1922 年开始实施）及影响啤酒专卖制度的因素进行探讨，进而阐述啤酒专卖对台湾财政收入及对战时台湾人民生活的影响。颜清梅以台湾专卖政策的延续与变革为题，从战前台湾专卖事业的施行着手，观察日治时期专卖事业的推动与专卖制度运作的情形，探究 1945—1953 年间政权转移、省制变革之际专卖制度延续的原因，并检讨该时期专卖制度实施的成效与影响，借由专卖制度从“专卖局”到“公卖局”的改变，探讨专卖制度在台湾历史发展过程中所代表的意义⑤。叶彦邦对 1945—1947 年间国民政府对台湾烟酒专卖的重建进行了深入的研究⑥。叶文首先从日治时期台湾烟酒专卖制度入手，探析日治时期推行烟酒专卖的原因及其弊端；接着阐述国民党对台湾专卖事业的接收过程，分别从陈仪的经济理念及其对公营事业的主张、国民政府接收台湾的筹划及实际运作、国民政府的台湾专卖政策与接管专卖事业的盘算以及专卖事业接收工作的展开与完成等展开论述；接着探讨国民党政权接收与重建改组后如何在台湾推进烟酒专卖事业，分别论述了专卖制度的确立、运营情况、遭遇的波折及用人政策等方面；最后就战后初期烟酒专卖事业对台湾经济情形、政治局势、社会状况及财政等方面的意义进行阐述，以还原战后初期台湾社会的全貌，并就烟酒专卖与“二二八”事件及其与民间社会的广泛影响进行剖析。

第五，关于近代酿酒科技的研究。傅金泉罗列了民国时期关于酿造科技的文献史料目

---

① 杜锦凡.民国时期的酒政研究[D]:[硕士学位论文]济南:山东师范大学,2013.

② 刘奕.呼伦县酒捐征收状况研究(1920—1930)[J].佳木斯教育学院学报,2012(6):418—419.

③ 郭宇佳.二十世纪二十年代至三十年代初呼伦县地方税收问题——以酒捐、牲畜出口捐为中心的研究[D].硕士学位论文.呼和浩特:内蒙古师范大学,2012.

④ 岩村益典.日治时期台湾啤酒专卖之研究[D]:[博士学位论文].台北:“国立”台湾师范大学历史研究所,2010.

⑤ 颜清梅.战后初期台湾专卖政策的延续与变革(1945—1953)[D]:[博士学位论文]台中:“国立”中兴大学历史学系,2008.

⑥ 叶彦邦.终战初期台湾的烟酒专卖事业之研究[D].博士学位论文.台北:“国立”政治大学中山人文社会科学研究所,2006.

录，但其收录也有重大缺失，一些常见的和有参考价值的文献并未收录①。在另外一篇文章中，傅金泉对近代酿酒微生物史料也做了一些简单的介绍②。傅金泉的文章可为资料查找提供一些有益的线索，但其并未对近代酿酒技术、酿酒微生物发展进行深入分析与研究。谢文逸对我国近代以来酿酒研究的发展情况也稍有涉及③，李大和对民国时期川酒酿造技艺有所介绍④。

第六，关于近代酒文化的研究。对近代酒文化的研究，只有少数几篇文献。胡山源编著的《古今酒事》⑤一书，从各种古籍中辑录出历代关于酒的记载，分“专著”、“艺文”和“故事”三辑，是民国时期仅有的酒文化集大成之作。然其为资料性质，所选择收录的材料多限于清及以前，是中国酒文化的重要资料汇集，对了解近代酒类及其文化助益不大。赵新平和侯振杰⑥的文章探讨了民国时期晋西北乡村酒令的情况，凌受勋探讨了民国时期宜宾酿酒业的发展情况和五粮液的诞生⑦，朱泽孝简单介绍了民国时期双沟酒的情况⑧。

蒋建国认为，晚清时期的酒楼消费出现了一些新的变化⑨。以广州为例，酒楼消费有从私人空间向社会空间转化、食谱普及与消费自主性扩张、社会开放与西餐消费方式逐步流行、具有吸引力的消费环境和服务质量等特点。酒楼作为酒类消费的重要场所之一，蒋建国的研究不乏开拓意义。

王可的硕士学位论文研究了20世纪二三十年代中国和韩国知识分子小说中的酒精母题，分析酒在文学作品中的象征意义⑩。通过对鲁迅、郁达夫、玄镇健等具有代表性的作家作品的分析，揭示酒精具有逃避黑暗现实的途径、汲取心灵慰藉的源泉和发泄内心苦闷的工具等三重文学意义。

卢勇的硕士学位论文对不同历史时期茅台酒的包装艺术风格进行分析，认为茅台酒包装主要分为四个时期⑪。清代为“包装简易雏形期”，装盛容器低廉，易于生产和获得，但不适合长途运输；民国时期为“包装发展期”，便于运输和储藏的“圆形鼓腹瓶”出现，“圆柱酒瓶”因各种限制，外观粗糙，缺乏美感，但奠定了现代茅台酒包装的基础，同时开始出现

① 傅金泉.民国时期酿造科技文献史料[J].酿酒科技，2010(9)：93－94，98.

② 傅金泉.中国近代酿酒微生物研究史料[J].酿酒科技，2006(5)：82－88.

③ 谢文逸.论我国古代酿酒理论的产生和近代以来酿酒研究的发展[J].酿酒科技，2012(3)：96－102.

④ 李大和.川酒技艺早期的研究[J].酿酒科技，2008(6)：43－48.

⑤ 胡山源编.古今酒事[M].上海：世界书局，1939.

⑥ 赵新平，侯振杰.民国时期晋北乡村行酒令探微：以繁峙县为例[J].忻州师范学院学报，2008，24(6)：73－76.

⑦ 凌受勋.民国时期宜宾的酿酒业和名酒五粮液的诞生[J].宜宾学院学报，2012，12(2)：22－28.

⑧ 朱泽孝.民国风行双沟酒[J].酿酒科技，2012(2)：116－117.

⑨ 蒋建国.消费文化的社会空间：以晚清广州的酒楼消费为例[J].消费经济，2004(4)：43－47.

⑩ 王可.中韩小说中的酒精与疾病母题研究——以20、30年代知识分子小说为中心[D]：[硕士学位论文]北京：对外经济贸易大学，2012.

⑪ 卢勇.“茅台”酒包装艺术风格的变迁研究[D]：[硕士学位论文]武汉：武汉理工大学，2013.

了现代意义上的商标;从中华人民共和国成立到20世纪80年代为茅台酒包装的发展时期,包装材质出现变化,有土陶瓶、陶瓷瓶、白色玻璃瓶等;20世纪90年代之后为包装设计风格多元化时期。虽然对清代及民国时期茅台酒包装风格的分析稍显粗略,但却是至今难得的对这一时期中国酒类包装的研究成果。

如前所述,可见现有关于中国近代酒业及其发展相关问题的研究,存在如下不足。

一是现有研究主要集中在酒业发展、酒税制度等方面,研究的面相较窄,难以窥见酒业发展与近代中国社会文化的全貌,相关研究尚待进一步深入和细化。酒虽为中国古已有之的饮料,但其在近代的发展及其对社会文化的影响,尚无系统的研究。与对中国古代酒业与酒文化的研究相比,对近现代时段的相关研究无疑显得十分薄弱。然而,在近代中国,无论是酒业发展本身,还是其对社会文化所带来的影响,都与古代有别,且意义重大。如随着中国门户洞开而来的洋酒输入,不但直接改变了中国人酒类消费结构,还在饮用方式、饮用场景、饮酒礼仪,乃至政府管制等方面引起了一系列连带反应,成为中西文化交流的重要一环。诸如此类重要的问题,至今均无人讨论,而这正是本书所要研究的问题之一。其他诸如近代葡萄酒业、啤酒业发展情形,酒业生产组织形式、资本构成及来源、工人工资、运输与推销、推广措施、品牌保护等方面,均缺乏相应的研究。

二是专题研究较少,部分成果散见于中国近代史、近代社会生活史等著述中。如严昌洪在论及20世纪中国社会生活变迁时,便将酒与其他饮食一道讲述,对洋酒在近代中国的情形稍有触及①。何宏在对民国杭州饮食的专题研究中,也是将酒与茶并列为一章论述,其内容浅显粗略,但能提供一些相关的信息②。

三是现有研究大多集中在汉语学界,英语学界几乎没有见到关于近代中国酒业及其文化的研究,只在极少数文章中稍有涉及。这可能与中西方学者的问题意识不同有关,在整个西方学术界,中国学属于较为边缘的学科,自然难以进入西方学术界主流。

四是现有研究存在着一些明显的知识性乃至常识性的错误。如前引山西大学晋商研究院孔祥毅教授的《汾酒商人转型研究》,是以近代酒商为研究对象的文章,具有非凡的意义,但以今观古的取向非常明显。如认为汾酒商人商号管理体制具有扁平化的特点。实际上,扁平化是与拥有较多层级的金字塔状组织结构相对应的一个概念。在当时汾酒商人的组织形态中,因为其规模通常较小,拥有较大的管理幅度,谈不上扁平化。作者以“义泉涌”为例说明汾酒商人之不与政府合作,而实际上,义泉涌在很大程度上是作为晋裕汾酒公司的生产商而存在的。晋裕汾酒公司正是在阎锡山的直接支持下设立,具有官方资本的性质。前引杜锦凡的硕士论文从整体上言,对民国时期酒类管理政策的演变缺少深入的分

① 严昌洪.20世纪中国社会生活变迁史[M].北京:人民出版社,2007.

② 何宏.民国杭州饮食[M].杭州:杭州出版社,2012.

析，没有关于政府政策演变与酿酒业发展之间关系的探讨。实际上，北洋政府建立起了一套从中央到地方的层级管理机构，并通过一系列的改革，将酒类管理和酒税收入纳入了中央财政预算决算，推动了财政制度和酒类管理的近代化进程。这是作者没有注意到的，不能不说是一个缺憾。且作者对“民国时期的酒业形成了以东部地区(绍兴及其周边地区除外)生产新式酒类为主，中西部地区生产传统酒类为主的工业格局”的判断，与历史事实不合。根据统计资料，即便是在东部沿海较为开放和发达的地区，酒业生产仍然是以传统酒种和传统方式为主。只是新式酒业生产主要集中在这一地区，但并没有取代传统酒业的主导地位。

第三节　研究方法与思路

一、研究方法

本书采用多学科交叉和跨学科研究方法，在研究中引入历史学、经济学、文化学、图像学等相关学科领域的研究方法，以展现近代酒业发展的丰富面相。主要方法有：

1.历史学研究方法。选题以20世纪上半叶为时间限度，这决定了本书主要采用历史学的研究方法，利用历史典籍和时文记载探寻近代酒业发展诸问题。文献是史学研究的基础，主要依据当时出版的图书、杂志、报纸、政府报告、档案文献、地方志等，同时运用今人研究成果、回忆资料、实物遗存等，不拘一格，驱策不同材料以为选题服务。

2.综合研究与个案分析相结合。一方面，对近代酒业发展及其特征进行总体的分析和评价；另一方面，在研究过程中对某些个案，进行深入的研究和分析，以使研究更为丰满、结论更为可信。

3.定性研究与定量研究相结合。在研究过程中，充分运用历史数据，进行相应的统计和分析。如在近代酒业区域分布、发展状况、生产组织形式、资本构成、成本与利润、工人工资等方面，将历史学的定性研究和社会科学中的定量研究相结合。

二、研究思路

本书以20世纪上半叶为时间限度，以中国酒业发展诸问题为研究对象，剖析近代酒业发展情形及其对社会文化所产生的深远影响，力图真实展现近代酒业发展及生产、运输、销售、消费情形，总结近代酿酒科技的成就及人们对健康饮酒的科学认识。全文由七章组成：

第一章《导论》。主要阐释选题的意义，对相关研究进行学术史回顾，介绍本书采用的研究方法及总体思路。

第二章《近代中国传统酿酒业的嬗变》。聚焦于具有悠久历史的白酒、黄酒业在近代中国的发展情形，剖析近代酒业发展的社会、经济、文化背景，并对其整体发展状况进行描述。根据酒业发展实际情形，分别就不同地区的酒业发展状况进行分析，并介绍具有典型意义和代表性的酿酒技术，展现近代酒类酿造的真实情景。

第三章《洋酒输入与新式酿酒业的发展》。本章将视角转移到输入洋酒及以啤酒、葡萄酒为主的新式酒业在中国的发展，研究洋酒在近代中国的输入状况、在华市场销售及价格等情形。分析近代中国葡萄种植、时人对葡萄酒业发展的思路设计及近代葡萄酒业发展的情形，并以张裕公司的发展为例，展现近代葡萄酒业发展的历程。研究近代啤酒业发展状况，以近代国产啤酒双子星座五星啤酒和烟台啤酒为例展现近代啤酒业发展的艰难历程，以青岛啤酒酿制技术为例阐述近代啤酒酿造工艺发展情形。

第四章《近代酒类的生产、运输与推广》。研究近代酒业生产组织形式、资本组成、营业成本与利润、酒业工人与工资；探析近代酒业运销模式与范围、推销方式、酒类广告、品牌推广与保护措施。

第五章《中国近代酒类消费及其文化变迁》。剖析近代酒类消费场所和近代酒类消费文化的变迁。在近代中国，酒店、酒楼、饭馆仍是酒类消费的主要场所。近代中国的酒类消费，无论是在饮酒场所，还是在饮酒诉求、酒类品种、饮酒方式等方面，都发生了明显的变化。酒的侍应和推销方式、品饮方式的变化，则预示了更深刻的社会和文化内涵。

第六章《近代酿酒科技的发展和饮酒危害性的科学认识》。一方面，近代科学的发展促进了酿酒科技的进步；另一方面，科学的发展也使得人们对酒与健康的认识进一步加深。本章一方面展示近代酿酒科技所取得的成就，以魏嵒寿、金培松为中心探讨中国酿酒研究科学化进程，以孙学悟、方心芳为中心探讨近代对中国传统酿酒技术的总结与提高；同时剖析近代国人对酒的危害的科学认识，并介绍了促进健康饮酒的举措及酒与健康的一些争论。

第七章《结论》。总结前述研究得出的主要结论，以期深化研究的意义。

第四节 主要创新与不足

一、主要创新点

没有创新，就没有社会的进步和学术的发展，其重要意义毋庸多言。就本书而言，可能存在的创新之处如下。

1.基于历史学的方法，对中国近代酒业发展史（1840—1949）进行了多维度、全方位的展示，对酒业发展史、近代历史研究有一定的贡献和意义。

在现有相关研究中，近代酒业发展是较为薄弱的环节，缺乏对近代酒业进行系统、深入研究的成果。在大量占有原始资料的前提下，运用多学科、跨学科的研究方法，展现近代酒业发展的丰富面貌，对酒业发展史、近代历史研究有一定的贡献和意义。

2.通过对近代酒业发展史的研究，从近代酒类消费空间特征、消费文化等方面，揭示了近代酒类消费文化演化的基本特征。

中国近代是一个急剧变迁的时代，社会文化也经历了诸般变迁。酒业的发展引起了近代中国一系列文化和社会的变迁，饮酒场所、品饮方式、生产销售都发生了极大的变化，国家对酒的管理也呈现出不同于以往的新特点。酒是观察近代中国的一扇窗口，通过它，可以窥见近代中国社会文化所发生的急剧变化。

二、存在的不足

本书存在的不足与视角、材料、方法有关。本研究虽尽量将视角下移，但某些群体、阶层甚至是行业、区域在现存材料中的“失语”现象是非常普遍的。如下层民众、基层社会组织、不被社会认可的行业(酒户在近代某些地区就被视为“下九流”之一)等，种种因素限制了论文的写作和研究成果的展现。在研究的过程中尽量运用自然科学及经济学等领域的研究成果和方法，但学科的界限和偏见并不容易打破。即便是经过长时期的科学训练和实践操作，在写作的过程中，仍有可能遗漏一些相对重要的内容。

在文献材料上，也存在一些矛盾。一方面是浩如烟海的典籍文册，现代科技和交流、通信手段的进步，使得材料搜集更为便捷，对材料的分析、鉴别、使用的要求空前提高;另一方面却是有效材料的缺乏。具体到酒业，其在整个国民经济中的地位虽尚待评估，且从未能发出自己的声音。除了少数原始档案、广告、实物遗存等材料外，多数材料都是观察者或研究者所书写并流传下来。同时，现存材料所反映的多数是城市(城镇)的情形，乡村(乡民)的失语非常明显。中国地域广阔，区域特征突出，因受材料局限，本书所讨论的“中国”，在内容上体现较多的是城市或城镇及较发达地区的情形。

此外，关于中国近代酒类管理制度变迁及其与酒业发展之间的关系，本是一项极其重要的内容，但作者近期正在进行专题研究，故在本书暂付阙如。

第二章

中国近代传统酿酒业的嬗变

20 世纪前半叶的中国，是一个极度混乱和急遽变革的时代。古老的中国经历了帝制灭亡、民主共和、军阀混战、国民党一党独裁专制，再到社会主义制度建立的复杂历史进程。在对外关系上，世纪之交的义和团运动，使中国背负了野蛮的名声，巨额赔款随之而至，中国在各帝国主义国家不友好的态度中艰难生存。发生在中国东北国土上的日俄战争，给中国造成了巨大震动。一衣带水的蕞尔小国日本，战胜了白人种族俄罗斯，成为国人羡慕和效法的榜样。然而，就是同一个日本，却成为中国最大的敌国，统治半个中国达十余年之久，给中国造成的混乱和伤痛无以复加。在紧迫的内外局势下，中国的现代化事业仍在继续开展，特别是在南京国民政府成立后的最初十年(1927—1937)，取得了举世瞩目的成就。政府/政党加强了对国家/社会的控制，重新设计的财税体制使政府收入增加，中央政府以武力逐步控制地方权力，国家的触角伸及全社会的每一个角落。在这一时期，中国酒业仍在发展之中。酒的发明，几乎与中国文明史一样久远。到了近代，随着关口大开，外国酒类开始在中国倾销，酿制啤酒、葡萄酒的工厂出现在华夏大地。与蒸馏酒(高粱酒、白酒)及黄酒(绍兴酒)相比，啤酒和葡萄酒除了其舶来性质外，大多采用机器进行生产，与传统作坊式酿酒迥然不同。鉴于其不同的性质和意义，本书将中国固有的消费普遍的蒸馏酒、黄酒等酒类，以传统酿酒业名之;葡萄酒、啤酒等目之为新式酿酒业，且分别加以详细论述。本章将讨论近代中国蒸馏酒、黄酒等发展的基本情形。

第一节　传统酿酒业发展概况

经过时代的淘洗，一些在近代历史上赫赫有名的产业，早就湮没不彰，只存留在文献中，或是人们遥远的记忆里。比如煤油，曾是近代中国城乡普遍使用的照明材料。但随着电力的发展和普及，煤油的销售和用途，已几乎与照明无涉。年纪较幼的现代人，非但没有在昏暗的、冒着黑烟的煤油灯下学习的经历，且恐难想象其曾是十分普遍的照明材料。还有猪鬃、桐油、草帽等传统手工业。在阅读近代有关文献特别是近代经济和产业发展的文献时，这些物品都是中国传统手工业的大户，有的甚且是大宗出口商品。但在今日，亦难寻其踪迹。然而，酒却很不一样。在中国有悠久的历史，经历近代的急遽变迁，虽有洋酒输入的直接竞争与新式酿造工厂的设立，但仍难以撼动传统酒种在中国的统治地位。历经百十年后，酒仍在中国扮演着重要角色，在经济发展史上也占有一定的地位。

一、近代酒业发展的社会文化背景

酒业在近代中国的发展，既是其内在发展逻辑使然，也与中国社会文化密切相关。

第一，悠久的酿酒历史，为酿酒业发展积累了宝贵的技术经验，是近代酒业发展的重要条件。酒最初在中国何时出现？出现在什么地方？是由什么人最初开始酿制的？诸如此类的问题，因历时较远，文字记载缺乏且相互矛盾，亦难详考。然酒在中国的历史之悠久，酿制技艺之精湛与成熟，却是不争的事实。在商代，饮酒之风炽烈，以致周灭商后，周公还要专门发布禁止殷商遗民饮酒的文件《酒诰》。在出土文物中有大量的酒器，在甲骨文中对用粮食酿造的酒有明确的记载。商人不但饮酒，且酒在国家征伐和鬼神祭祀中占据十分重要的地位。一次祭祀便用酒十卣百卣的记载多见，说明酒在商代是最常用的祭祀品。商代的酒可能是各家各户自己酿造，使用的普遍说明其酿造业极为发达①。

到了周代，人们对酒的认识更进一步深化，酒的分类知识开始出现。周人已能根据酒体形态、酒液颜色、酿造时间、酒之用途等划分出不同酒类。② 其后，人们对酒的认识不断加深。北魏贾思勰所著《齐民要术》，除了记载制曲和酿酒的具体方法外，对酿酒用水、酿造季节及酿酒原料等，均有相当的论述。③ 宋元时期，蒸馏而成的高度酒在华夏大地出现。李时珍认为，“烧酒非古法也，自元时始创，其法用浓酒和糟入甑，蒸令气上，用器承滴露”。关于中国蒸馏酒的起始问题，学界争论不断，李时珍此说是最为学者所普遍接受的论断。但在当代，学者们先后提出了东汉说、唐代说、宋代说等不同的观点。但正如宋史和宋代酿酒史研究专家李华瑞教授所指出的，“虽然东汉说、唐代说和宋代说在否定中国烧酒起始于元代这一成说的过程中，作了一些有益的探讨，但也许是由于考证过于牵强，东汉说到目前尚没有引起人们的注意，唐代说除了一些名词以外似没有更强有力的证据，而宋代说的大部分论据亦被否定；不过元代说对宋酒能燃烧尚没有做出否定的解释，至于对金代烧酒锅的蒸馏性能也没有作出令人信服的否定解释。因而要想真正解决中国烧酒的起始

---

① 许顺湛.商代社会经济基础初探[M].郑州：河南人民出版社，1958.29.

② 王赛时.中国酒史[M].济南：山东大学出版社，2010：28－29.

③ 李生春.《齐民要术》在中国酒文化史上的意义[J].甘肃轻纺科技，1994(3)：38－43.

问题，仍需进一步发掘材料和进行新的论证”①。虽然这一结论所指甚早，然仍适应于今日。明清以后，烧酒因其制造便利、酒度较高、保存时间长久，在各地获得广泛发展。悠久的酿酒历史，为近代酒业的发展积淀了丰厚的历史养料，积累了详尽的技术经验，为近代酒业的发展提供了技术支撑和历史基础。

第二，中国各族人民饮酒习俗普遍，也是近代酒业发展的原因之一。在中国历史上，酒是一种极常饮用的饮料。以节日而言，人们在元旦、元宵、正月晦日、二月一日、寒食清明、上巳日、端午节、七月七、中秋节、重阳节、腊日等节日，都有相关的饮酒习俗。其他如社日、大酺、生诞、成年、婚礼、丧葬、饯行、接风等日子，以及各民族特有的节庆日子也是人们较为集中的饮酒日。比如春节，在清代以前人们将春节称之为“年”“元旦”。自汉代开始，就有元旦日饮椒柏酒的习俗。其饮法是让全家年龄最小的晚辈先饮，因为“正月饮酒先小者，以小者得岁，先酒贺之。老者失岁，故后与酒”。当时的人们认为，年纪小的，过年就长了一岁，值得庆贺。由于人生的寿限一定，而年龄大的长者过了一年就少了一岁，故应珍惜时光，不肯先饮这杯代表增长(或减少)一岁的椒柏酒。魏晋以后，人们在元旦除了饮椒柏酒外，还兴起了饮屠苏酒的习俗。《荆楚岁时记》云：“长幼悉正衣冠，以次拜贺。进椒柏酒，饮桃汤。进屠苏酒，胶牙饧，下五辛盘。”屠苏酒是一种用多味药材浸泡的酒，元旦时“合家饮之，不病瘟疫”。隋唐时，守岁的风俗尤为盛行，民间除夕饮酒守岁，帝王宫廷里也是如此。除夕之夜，豪华的宫殿内檀香缭绕，红烛高烧，酒席排列，歌舞升平，又有侍臣加制作诗，极尽豪华奢侈。达官显贵人家也是热闹非凡。宋代以后，饮酒守岁之风更盛。北宋的除夕之夜，百姓合家围坐在炉火旁，饮酒唱歌，奏乐击鼓，坐以待旦。南宋前期，民间老幼曾一度不讲究守岁，但很快又恢复了旧习，饮酒守岁之风又盛行起来。除了守岁之外，还增添了“馈岁”“别岁”等习俗。“馈岁”为腊月末邻里亲友间互相馈赠酒食，以备年前祝贺；“别岁”是在除夕日白天互邀饮酒之举，别岁后则是合家团圆的守岁酒了。元明清以来，除夕日守岁、元旦饮酒之俗依旧。② 虽然近代人们的饮酒习俗与古有别，然而酒在各种社会活动中所展现出的魅力和所发挥的作用，并未稍减。

作为华夏民族重要组成部分的少数民族，其酿酒和饮酒的历史均源远流长。大多数民族在长期的实践中探索出一整套独特的酿酒方法、工艺和技术，配制出风味各异、种类繁多的酒品。如蒙古族和哈萨克族的马奶酒，藏族的青稞酒，满族的糜子酒，水族的九阡酒，彝族的小锅酒，哈尼族的焖锅酒和紫米酒，黎族的座酒，傣族的树头酒，布依族的糖酒，苗族的泡酒和雪梨酒，纳西族的窨酒和“酥里玛”，高山族的姑待酒，朝鲜族的麻苛列酒，怒族和傈僳族的蒸酒，拉祜族的董棕树心酒，布朗族的裴翠酒，佤族的“布来隆”，独龙族的

① 李华瑞.宋夏史研究[M].天津：天津古籍出版社，2006.105.

② 郭泮溪.中国古代饮酒习俗[M].西安：陕西人民出版社，2002：137－142.

水酒等。受自然环境、历史条件和经济发展水平的限制，一些少数民族，尤其是生活在高山峡谷间的民族长期以来生活贫乏，饮酒则是他们日常生活必不可少的重要内容。由于历史和自然条件的原因，大多数少数民族的生产力水平与汉族地区相比较为落后，商品经济不发达，刀耕火种和游牧等生产方式占据了相当比重，狩猎是许多民族主要生活来源的补充，酿酒业是其最主要的一项手工业。如 1948 年云南武定县彝族聚居的万德区万宗铺，从事工商业活动的农户 8 户，其中酿酒自售的 5 户，占工商户的 62.5%，从事工商业活动的劳动力 12 人，其中酿酒者 9 人，酿酒者占 75%。酿酒业是该村唯一的手工业①。

以各族杂居的青海为例，颇可见出民间饮酒之风的盛行。成于 1932 年 5 月的《西宁县风土调查记》记载，省会西宁人之“嗜好，汉民喜饮酒、吸烟。吸水、旱烟者十居八九，吸大烟者百分之一；酒则有以青稞自煮之酩醯酒，内置麻醉性药，久饮中毒，辄有精神错乱之弊。番、土均喜吸旱烟，亦嗜饮酩醯酒，唯回民嗜烟酒者极少”。大通县“除回民因宗教禁制不敢饮酒吸烟，汉人、土人、番民均嗜酒，好驰马，放鹰射猎”。乐都县“番、土民多有嗜酒者”。互助县民之“嗜好，只有烟酒。饮食，则麦、豆、青稞各面，杂以猪、羊、牛肉及各种菜蔬”。湟源县人“性嗜酒肉，嫁婚、庆贺，以及普通酬酢，无不以饮酒为第一之敬礼。而食品亦以煮羊肉为无上盛馔，盖邑人多以通商海外致富，方杂染番蒙气俗，手抓羊肉，合盘共餐，虽无他菜佐膳，亦所心喜。酒量甚豪，然因酒伤生者，数见不鲜也”。正月十余日或一月，酒食游戏，诸事不理，谓之“过年”，“近年以来，酒席酬酢，盛极一时，亦云奢矣”。《青海省湟源县风土概况调查大纲》亦谓“湟人性嗜酒肉，凡遇庆贺以及寻常往来，皆以酒为第一致敬品，而食则以羊肉为盛馔。盖以湟邑与番地接壤，人民半多出口贸易，番民亦杂居，故染番习，县境习惯颇尚番性之手抓羊肉，以大盘盛大块，在座共餐，虽无他菜佐膳，只此酒肉，欣欣然有喜色”。共和县番民“生活极行简单，每日除饮食两次外，必荷枪持刀至郊野牧畜或猎取野兽，或歌唱番曲。至其嗜好，最喜乘快马、持利械、打仗斗殴。身着衣服，以红、黄、紫、赤为上色，蓝、黑、青、白等为下品，又喜戴礼帽，喜着皮靴，喜饮酒，爱吸烟。较之中原，则大不相同”。都兰县民“嗜酒成癖，每逢宴会不醉无归，此蒙、藏族生活嗜好之概况也”。青海人民虽嗜好烟酒，然其出产，极为有限。今日以互助青稞酒驰名的互助县“县城内除有烧房五家外，又有小商二十余家，出售零用小品而已”。其他各地虽无具体记载，但都兰县“商人均由内地而来，货物多系茶、布、烟、酒、针、线等物，夏季向各处放卖，冬季则收各种皮毛及鹿茸、麝香等以归。每年一次，多不久居”。大概其酒，多来源于外地商人之转输。② 青海除回族不饮酒外，各族各地人民普遍饮酒，可视作近代中国饮酒场景的一个缩影。

---

① 何明，吴明泽.中国少数民族酒文化[M].昆明：云南人民出版社，1999：2—3

② 王昱，李庆涛编.青海风土概况调查集[M].西宁：青海人民出版社，1985：44—225.

第三，中国地域广阔，农作物品种丰富，为酿酒业的发展提供了多样的原料。中国自古以农立国，及至近代，种植的主要粮食作物有稻谷、大麦、小麦、燕麦、高粱、玉米、小米、糜子、大豆、豌豆、甘薯等，均可作为酿酒的原料。稻谷主要产于秦岭淮河及黄河以南地区，此线之北的陕西渭水流域、东北图们江流域、绥远后套、天津附近以及甘肃、新疆、宁夏等省区内水源充沛地区也有出产；秦岭淮河以南地区，凡平原及沿江低地、河口三角洲等区，如珠江流域、成都平原、太湖流域、湘江流域、赣江流域、汉水流域、巢湖流域等地，都是稻谷的主要产区。我国小麦分布较稻谷为广，北自黑龙江，南至琼崖，均能生产。主要产区在长江以北，江南诸省也有出产，但产量甚低。长江与秦岭淮河之间，是稻麦并种区域，故江苏、安徽、四川、湖北等省米麦产量均甚丰富，淮河以北的黄河下游平原山东、河南等地，是小麦的主要产区。高粱、小米为夏季作物，产于稻作区之北的干旱地区。高粱产区为黄河下游平原与松辽平原、山西汾河河谷。小米耐寒耐旱，为北方主要粮食作物之一，南方也有生产。主要产区为山东、山西、河南、河北等省，东北各省产量也较多。玉米为山地居民主要作物及食粮，分布广泛。近代中国玉米种植区域，可自东北黑龙江省东边之虎林至云南西边之澜沧做一直线，主要产区均分布在此线两侧。主要产区有北方杂粮区（河南、河北、山东、山西）及西南稻作区（云南、山东、四川等省），多出产在丘陵高地。大麦、豌豆等作物分布，均以长江流域为中心，北方次之，四川、江苏、湖北等省为主要产区。燕麦、糜子则以黄河流域为中心，与大麦、豌豆等成南北对峙之局。糜子以山东、河北、甘肃、陕西、山西等省出产较多，燕麦则以塞北平原、察绥等省产量为丰。甘薯因其易于种植，分布地区广泛，没有规律可循。四川中部、江苏北部、豫西山地与闽、粤、河口三角洲等地为主要产区。① 各种粮食作物不但在其主要产区广为种植，就是在其他地区，也种植广泛。如高粱虽主要产地为北方平原地区，但在僻远之地的云贵高原，出产亦颇不少。粮食作物为人们提供基本的食粮，同时也是酿酒的原料。各种农作物的广泛种植，为酿酒业的发展提供了必需的原料。

近代以来，随着农业科技的发展、种子的改良、农药化肥的使用及新式种植方式的推广等，粮食作物种植与产量也有一定的发展。1931 年到 1947 年间，中国主要粮食作物产量变化如表 2－1 所示。据表 2－1，1931 年中国稻谷产量为 930353 千市担，1947 年为 942794 千市担，稍有增长；小麦 1931 年产量为 464238 千市担，1947 年为 430570 千市担；高粱 1931 年为 221531 千市担，1947 年为 203027 千市担；小米 1931 年产量为 188183 千市担，1947 年为 198602 千市担；玉米 1931 年产量为 167734 千市担，1947 年为 215440 千市担。这几种主要粮食作物产量，玉米产量增加较多，小米、稻谷产量略有增长，小麦和高粱产量略有下滑。此可能是 1947 年国共内战加剧所致。若将比较年份设置为 1946 年，则各种作物除小麦外，其产量均较 1947 年为丰（小麦产区恰为国共战区）。若以稻谷、小麦、小

① 行政院新闻局编.全国粮食概况[M].南京：行政院新闻局，1947：1－3

米、高粱、玉米数种主要农作物合计产量计，则1931—1936及1946—1947八个有统计数字的年份中，只有1934年合计产量(1829899千市担)略低于1931年(1972039千市担)，其余年份均较1931年为高。

表2—1 1931—1947年主要农作物产量情况表(单位:千市担)①

作物	1931年	1932年	1933年	1934年	1935年	1936年	1946年	1947年
稻	930353	1055923	1034275	833977	1032210	1034125	956926	942794
小麦	464238	477524	468109	462261	446639	480987	430955	430570
高粱	221531	222828	222969	204966	212454	233201	228411	203027
小米	188183	184825	198594	179452	195961	196544	234782	198602
玉米	167734	175873	158224	149243	178781	170455	230261	215440
合计	1972039	2116973	2082171	1829899	2066045	2115312	2081335	1990433

注：表中数字不含台湾；稻包括籼稻、粳稻、糯稻、旱稻。

但近代中国粮食问题却较为突出，成为当时乃至今日学者讨论的热门话题之一。有学者统计，20世纪30年代中期全国稻谷生产量为1026011千市担，实际消费数量为959872千市担，剩余66139千市担；小麦产量为446339千市担，实际消费量为462435千市担，缺口为16096千市担；杂粮全国产量1089462千市担，实际消费数为887912千市担，剩余201550千市担。照此计算，则食粮尚能剩余251593千市担。但在作者的测算中，其所指的实际消费数，实际上仅含人们作为食物用途者，而用于种子、牲畜饲料等粮食不计在内。米82%用作食物，小麦为74%，杂粮仅66%。故实际上中国粮食呈现出不足态势，然而若能通过开垦荒地和改良耕种双管齐下，完全可以实现粮食自给。当时中国的粮食问题，因交通不便、政府粮食政策的差错以及外国进口米麦的倾销，导致国内粮食生产及分布不均，一些地区严重缺粮，另一些地区则因捐税繁重、运输不便，而导致采收不足，在山西洪洞、曲沃等地，麦收季节因工价上涨，捐税繁重，粮价跌落，农民只采收足够一家全年食用之粮，剩余者则加以焚毁。而湖南武冈、东安等地米商，也有因新米上市，米价大跌，出运耗费工脚及捐税繁重，堆放又无栈房，故只得将陈米焚毁②。中国粮食供求之间的失衡，更多的是不平衡因素所致。正如今日学者通过考察中国粮食供求在总量、地域、时间、种类四个方面平衡的表现后所得出的结论，“依据粮食产量与消费量的缺额与盈余或者通过粮食运销数量来论证近代中国粮食是否能够自给，其结论均不仅不可靠，而且反映的是历史的表象，事实上国产粮食没有满足自给”。“近代中国粮食没有自给不表明中国农业养不活国人，缺粮是国内外诸多因素交互作用的结果，其实质是中国经济乃至中国社会处于病态和

① 严中平，等编.中国近代经济史统计资料选辑[M].北京:科学出版社，1955.360.

② 蒋学楷.中国食粮供求的新估计[J].国际贸易导报(第8卷第6期)，1936:51—64.

衰败之中。中国粮食没有能够自给主要是半殖民地半封建社会农村破产所致”[①]。由于粮食供求的诸多不平衡因素造成中国粮食市场具有虚假性和残酷性。故近代粮食产量的丰歉情形，对酿酒行业颇有影响。然而即便是政府因节约粮食消耗而采取的禁酿政策，也并非酿酒业发展的常态。

第四，近代交通的发展情形，也是近代酿酒业发展的重要背景之一。清代同治光绪年间，中国开始创办轮运、铁路等交通事业，进入民国后，汽车公路也开始较大规模地修建，中国交通事业“逐渐走上现代化的路子”。中国新式交通事业与以前相比有两点不同，一是交通工具的科学化，逐渐以机械的力量替代单纯的人力、畜力、水力和风力；二是交通组织的商业化。鸦片战争后，外国轮船开始在中国沿海沿江地区出现，其后并创建轮运公司。国人亦起而效法，创建轮船招商局。到 1925 年，招商局有轮船 30 艘，载重 400398 吨，有各等客位 24887 个。其他如大达内河轮船公司、政记公司、吉林官轮局、宁绍商轮公司、肇兴轮船公司、广信公司，三北轮埠公司、鸿安商轮公司等，也是活跃在近代中国水上的交通组织。到 1928 年，中国内河如长江、黑龙江、珠江等各大水系能通轮船及帆船者，总计达 38948 公里。铁路方面，清同治三年英国人史蒂文森首倡在上海及苏州间修建铁路，因阻力重重未果。然而人们对铁路的认识也在逐渐改变，清末官办铁路有京汉铁路（又称“芦汉铁路”，全长 1213 公里）、京奉铁路（北京至奉天，全长 849.39 公里）、津浦铁路（自天津至浦口，全长 1013 公里）、京张铁路（达张家口，为中国自建铁路之始）、沪宁铁路（上海至南京，311.04 公里）、沪甬杭铁路（全长 186.15 公里）、正太铁路、汴洛铁路、道清铁路、广九铁路、吉长铁路、齐昂铁路等 13 条。商办者虽不及官办者，然亦有新宁铁路、南浔铁路、漳厦铁路、潮汕铁路，以及日人经营的南满铁路、俄国人经营的中东铁路、德国人之胶济铁路、法国人的滇越铁路等。进入民国后，中国铁路事业无较显著的进步，其主要成绩为汴洛铁路展修为陇海铁路及粤汉铁路建成，以及东北铁道建设、杭江铁路、同浦铁路等。到 1936 年，全国铁路建成者 1.3 万公里。[②] 公路方面，国民政府在 1919 年 11 月公布《修治道路章程》15 条，1920 年 10 月公布《修治道路收用土地暂行章程》，将全国道路分为国道、省道、县道及里道四种。南京国民政府成立后，将全国道路分为国道、省道、县道三种。国道为由一省省会到彼省会之道路、直达商港贯通全国的干路、宽度在 10 米以上者；省道为由省会到各县县城之道路，以及由此县城到彼县城之道路、联络本省区内工商要地及衔接国道的道路，其宽度在 8 米以上者；县道为由县城到重要村镇之道路及各乡镇相互连接的道路，由县城到铁道国道省道以及其他临近工厂矿区之道路，宽度在 5 米以上。国道由国民政府核定筹办，省道由各省拟定办法经国民政府核准后建设，县道由各县拟定办法经各省建设厅核准

① 徐畅.表象与事实：近代中国粮食供求平衡研究[J].思想战线，2011，37(5)：104－111.

② 白寿彝.中国交通史[M].上海：商务印书馆，1937：211－244.

后办理。同时，国民政府规定全国公路干线为京桂线、京滇康线、京藏线、闵新线、京蒙线、京黑线、张远线、甘藏线、绥新线、黑蒙线、迪疏线、陕桂线。到1929年年底，全国建成土路69366里，已通车之路42657里，已有路面之公路8023里。1930年6月，全国通车公路达27400余公里。[①] 近代交通事业的发展，客观上对酿酒业原料获取及成品运输产生了一定的有利作用。

第五，急遽变动的近代社会，使得人们的饮酒活动趋于频繁。一部中国近代史，可说是一部苦难的历史。内部军阀纷争不断，土匪横行，国无宁日。外有列强环视，乃至日本帝国主义大举入侵。这样的社会环境，个人的命运被无情的时局所牵绊，只有在酒中寻求醺醉与安宁。“在月月有战事，天天有人死的残酷的战争年代——民国，国家的命运、个人的安危、颠沛流离食不果腹的生活，无不成了人们心头的重压，此时，何以解忧？唯有酒！在微醉里，人们聊聊美食，谈谈文化，侃侃时局，诉说一下乱世带来的烦恼；在大醉里，人们撒泼打滚、肆意谩骂，发泄心中的不满，一吐乱世的烦忧。但更多的人则是轻轻互碰一杯：'嘘！杯中有好酒，莫谈乱世忧。'此刻，眼中只有酒，胃里只有酒，心中暂时忘却乱世的烦忧，只享受美酒的滋味儿。”因此，酒“成了民国时期一种不可缺少的味道。不管是低档的酒还是高档的酒，不管是拿在平民百姓的手中还是达官贵人的手中，酒的作用似乎都一样，它不仅麻木了人的味觉，也迟钝了人的感觉，稀释了人的烦恼”[②]。

二、传统酿酒业发展概况

在近代中国，烧酒、高粱酒、黄酒等是最常见和消费最多的酒类，葡萄酒、啤酒等新式酒类在中国虽有出现，然而并不占据主要地位，药酒、配制酒等酒类占比更小。关于酒业发展的具体情形，历来缺乏相关统计。民国成立后，农商部连续九年开展了全国农商调查统计。因时局及其他因素，酒业发展具有全国代表性的只有前四次统计数据。其余年份统计数据多残缺不全，不足以代表当时全国酒业发展情形。故本节主要依据1912年[③]及1915年[④]的统计数据展开分析。如图2—1所示，1912年全国酒业制造户82052家，1913年有120267家，1914年为92365家，1915年为123542家。虽然四年间酒业制造户数增减无常，但在8万到12万余户之间。

---

① 张心澂.中国现代交通史[M].上海：良友图书印刷公司，1931：170－183.

② 董鹏.民国味·道[M].北京：中国财富出版社，2013：233－234.

③ 农商部总务厅统计科编纂.中华民国元年第一次农商统计表(上卷)[M].上海：中华书局，1914：36－39.

④ 农商部总务厅统计科编纂.中华民国四年第四次农商统计表[M].上海：中华书局，1918：382－385.

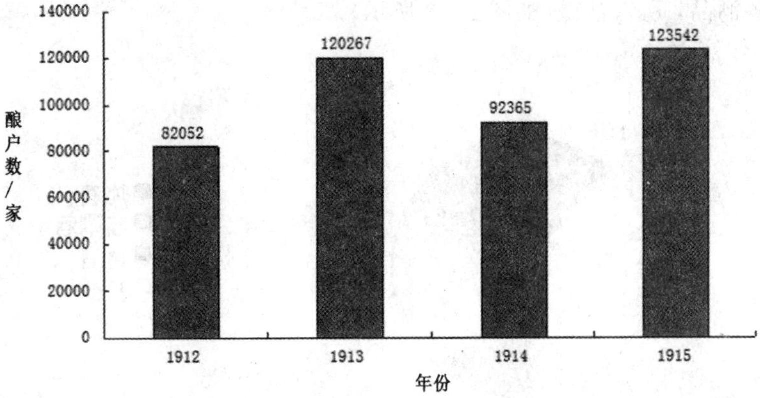

图 2—1　民国初年酿酒户数变化

据图 2—2 可知，1912 年有酒业制造工人 695468 人，其中男工 673857 人，女工 21611 人；1913 年有 665643 人，其中男工 645641 人，女工 20002 人；1914 年为 508186 人，其中男工 492348 人，女工 15838 人；1915 年为 594141 人，其中男工 573208，女工 20933 人。酿酒工人在 50 万到 70 万人之间，女工所占比重甚少，仅 3%左右，绝大多数为男工。

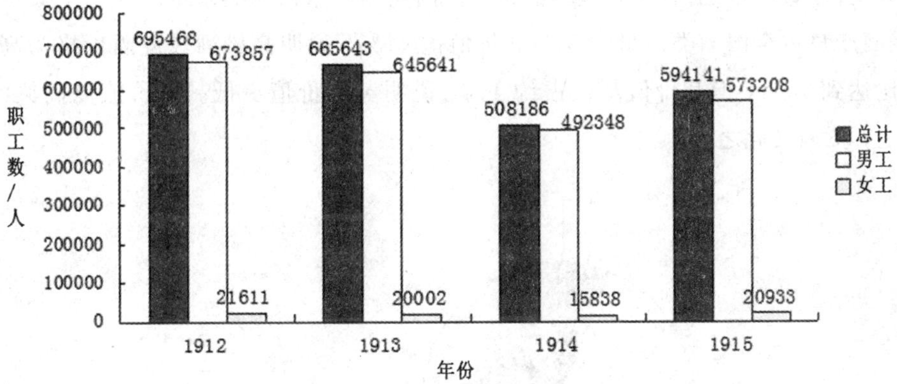

图 2—2　民国初年酿酒业职工数

以 1912 年为例，酒类产量为 18063040259 斤又 490 坛 34300 打，折合计 18063500859 斤(以每坛 100 斤、每打 12 斤计，约合 903 万吨)。其中黄酒年产量 1753969753 斤又 240 坛，合计 1753972153 斤(约 87.7 万吨)，占全国酒类总产量的 10%；烧酒 9206524007 斤(460 万吨)，占总产量的 51%，高粱酒 6742702871 斤(337 万吨)，占总产量的 37%。果子酒 1473116 斤又 13550 打，合计 1635716 斤(约 818 吨)；药酒 1862692 斤又 250 坛，合计 1887692 斤(944 吨)；其他酒类 356507820 斤又 20750 打，合计 356756820 斤(17.8 万吨)，约占总产量的 2%。其中烧酒和高粱酒产量合计达到 797 万吨，占 88%；其次为黄酒，约占 10%。可见在当时国人的酒类生产和消费格局中，是以蒸馏酒为主，黄酒次之。啤酒、葡萄酒、药酒等各酒品，所占甚微(如图 2—3 所示)。

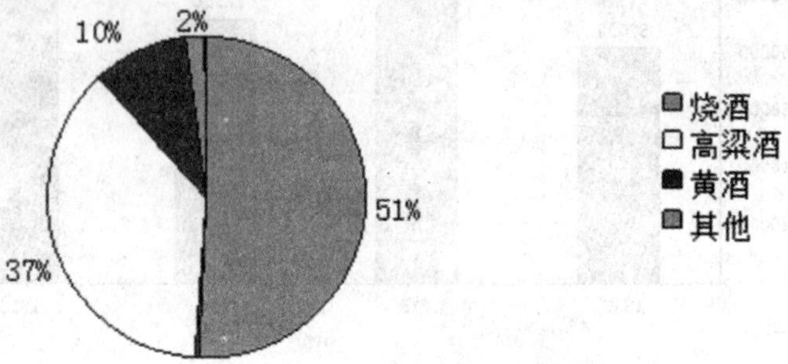

2—3　1912 年各种酒类产量占比图

1912 年全国出产各种酒类价值总计达 949497477 元，其中以高粱酒所值最多，超过 5 亿元，占 53%；其次是烧酒，值 385026146 元，占 41%；黄酒约值 10994652 元，约占 1%；药酒价值 705249 元，果子酒价值 717781 元，几乎无足轻重。其他酒类值 46087093 元，占 5%。(见图 2—4)高粱酒和烧酒两项合计占全国酒类产值的 94%，可见酒类产值以高粱酒和烧酒为主(今日所言之白酒)，与产量有关。高粱酒产量占酒类产量的 37%，其价值却占 53%；烧酒产量占全国酒类产量的 51%，价值占 41%，说明高粱酒较烧酒价格为高。黄酒产量占比达到 10%，但其价值却仅占约 1%，说明黄酒价值更低。其价值以高粱酒为高，烧酒次之，黄酒又此之。

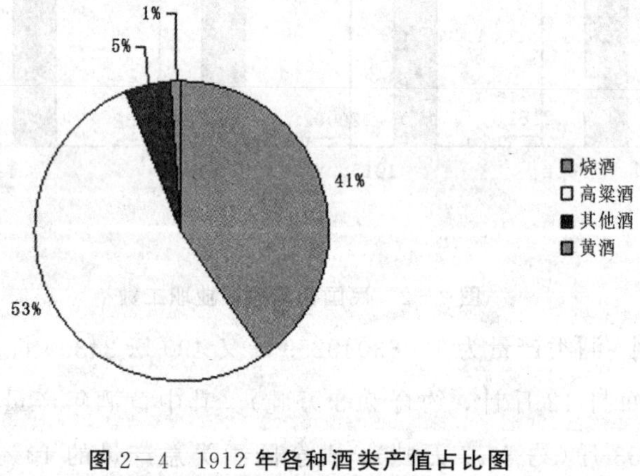

图 2—4　1912 年各种酒类产值占比图

民国初年，国民政府农商部对全国农矿工商进行的一系列较大规模调查，使各业发展情形有了可资参考的统计数字。以 1915 年第四次农商统计为例，其下发调查表式虽经各县知事负责填报，覆盖面较广，然因时局或其他因素，也并非全貌。如绥远、云南、川边三省未报；京兆、奉天、安徽、福建、甘肃、广东、贵州等省也间或有数县未报；四川因上报极晚，数字也多未纳入统计。就全国而言，这次调查仍不失为较全面的统计，是现存较为可靠的数据之一。其时政治上虽然乱象纷呈，但以袁世凯为首的中央政府仍然享有较高的威望，是全国唯一的合法政府。其统计数据较为全面和可信，故下文选取 1915 年作为分析对象，以此展现民初中国酒业发展情形。关于酒业发展的各项基本数据，均来源于农商部总务厅统计科编纂《中华民国四年第四次农商统计表》工业部分中酒类一节。第四次农商统计酒类有数字可查的省份为 23 个，分别是京兆、直隶、奉天、吉林、黑龙江、山东、河南、江西、江苏、安徽、江西、福建、浙江、湖北、湖南、陕西、甘肃、新疆、广东、广西、贵州、热河、察哈尔。

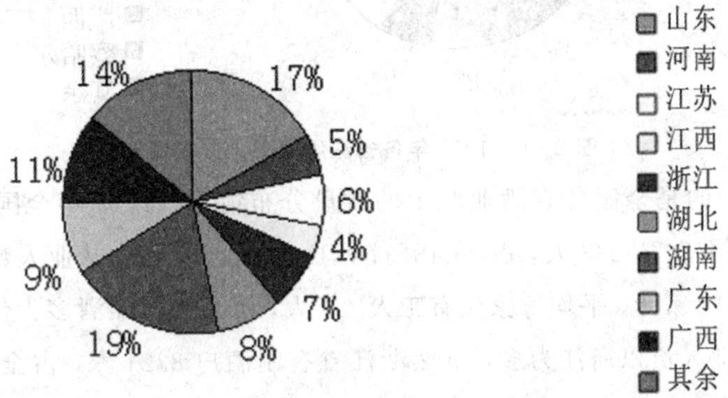

图 2—5　1915 年各省酿酒业分布情况

图 2—5 所示的是 1915 年全国酒业制造商户数量分布。全国 23 省(除云南、四川)酒类制造商户 123542 家，其中以湖南为最多，达 24151 户，占总数的 19%;其次为山东，有 20927 户，占 17%;广西有 13058 家，占 11%;广东 11551 家，占 9%，四省酒类制造家数合计占 56%。其他如河南有 6672 家，占 5%;江苏 6933 家，占 6%;江西 5554 家，占 4%;浙江 8324 家，占 7%;湖北 9631 家，占 8%。余下 14 省区合计有酿酒户 16741 家，占 14%。从制造商户数量分布来看，全国酒类制造集中分布在如下几个区域:山东、河南北方地区;长江流域中下游地区，包括江苏、浙江、江西、湖南、湖北;两广地区。这几个地区都是中国农业较为发达的地区，与粮食作物即酿酒原料主要产区分布相吻合。山东、河南为高粱、小麦主要产区，以出产烧酒著称;长江中下游为水稻、小麦产地，以黄酒、烧酒为主;两广出产水稻、杂粮，酿酒业也较为繁盛，广西因出产蔗糖，以糖清酿酒较为普遍，故其酿酒业也较为发达。

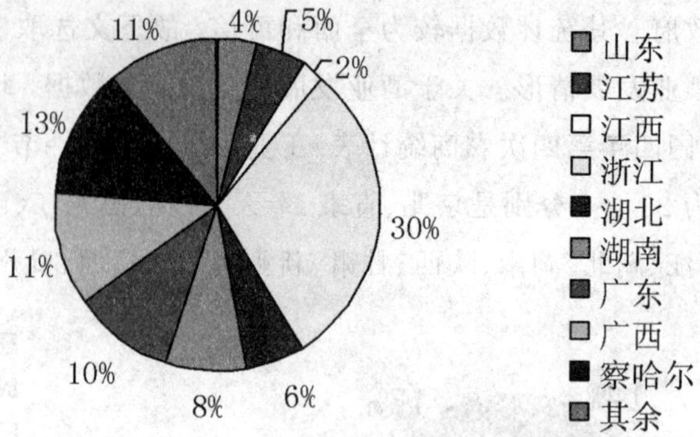

图 2—6 1915 年各省酿酒业工人分布情况

图 2—6 展示的是全国各省酒业职工的数量分布情形。1915 年全国酒类制造从业者 594141 人，其中男工 573288 人，占 96.48%；女工 20933 人，仅占从业人数的 3.52%。以全国酿酒商户 123542 家计，平均每家仅有工人 4.8 人，可见当时酿酒多为作坊性质，较少大规模生产。其从业人员以浙江为多，虽然浙江省有制酒户 8324 家，占全国总数的 7%；但有从业人员 181609 人，占全国总数的 30%。众所周知，浙江以黄酒酿造著名，可视为一大地方产业。18 万人的从业者，无论是在当时还是放置在今日，都是一个从业人数众多的产业。而其平均每家约 22 人的雇工规模，也是不小的，可见这一时期浙江酿酒业的繁盛。另一显著特点是察哈尔一省，共有酿酒户 188 家，却有 77521 人的从业人员，平均每家超过 412 人。如果这一统计资料属实，则察哈尔酒业制造从业人员的集中度较高。其以较大规模的烧锅著称，如此规模似亦不无合理之处。其次如广西 62619 人，占 11%；广东 59030 人，占 10%；湖南 46622 人，占 8%；湖北 36966 人，占 6%；江苏 28215 人，占 5%；山东 23912 人，占 4%；江西 14218 人，占 2%；余下 14 省合计 63429 人，占 11%。酒业从业人员分布与酿酒商户数目分布大体一致。河南统计酿酒商户 6672 家，职工数才 6320 人，若非统计数字出错，便是以小规模之家庭酿造为多，而未有雇用工人。

表 2—2 所示的是全国黄酒分布情形。黄酒主要分布在浙江、江苏、江西、湖北、福建等省区，尤以浙江为最。浙江省 1915 年黄酒统计产量 173130452 斤，占全国黄酒产量（328654565 斤）的 52%；价额 10147475 元，占全国黄酒总价额的 47%。无论是产量还是价额，浙江一省都占据半壁河山。黄酒产量较多的省份还有江西（31327500 斤，占 10%）、湖北（34410645 斤，10%）、江苏（29185927 斤，9%）、福建（22243600 斤，7%），其他地方如湖南、广东、山东等地出产也不少。从价额来分析，除浙江一省独占 47%外，其次为江西（3411565 元，占 16%）、山东（3125736 元，14%）、江苏（1820782 元，8%）、福建（795834 元，4%）。以山东一省最为特殊，其出产黄酒产量仅占 2%，其价额却占到 14%，疑其原始统计数据不太完全。但仍可看出黄酒产量和价额分布区域，主要为浙江、江西、江苏、福建，

以及湖南、湖北、广东等省区。这一地域分布与中国水稻种植区域分布几乎一致，也与黄酒酿造主要以稻米为原料的特征相符。而从均价方面而言，则全国黄酒均价约为 0.066 元/斤，即每斤黄酒价格不到 7 分。以省别看，山东每斤 0.47 元，安徽 0.42 元，江西 0.109 元，其余如直隶每斤 0.07 元，江苏、陕西 0.06 元，浙江 0.059 元，广东 0.052 元，福建 0.036 元，湖南 0.027 元，湖北 0.017 元。其中山东、安徽两地黄酒均价较高，山东黄酒酿造以黍米为主要原料，不知是否与酿造原料不同有关；而安徽与江浙毗连，而其均价高出两地不少，或因原始统计资料误差所致。其他如浙江均价为 0.059 元每斤，与江苏、陕西、直隶、广东等地接近，由此可以断定，当时黄酒每斤价格，在 0.06 元左右。

表 2—2　1915 年各省黄酒产量产值

省别	产量(斤)	占比	价额(元)	占比	均价(元)
直隶	2125493	1%	150971	1%	0.071
山东	6620435	2%	3125736	14%	0.472
江苏	29185927	9%	1820782	8%	0.062
安徽	673680	0%	283002	1%	0.420
江西	31327500	10%	3411565	16%	0.109
福建	22243600	7%	795834	4%	0.036
浙江	173130452	52%	10147475	47%	0.059
湖北	34410645	10%	600766	3%	0.017
湖南	10936825	3%	289842	1%	0.027
陕西	2708250	1%	162495	1%	0.06
广东	6506703	2%	336187	2%	0.052
其余	8785055	3%	485386	2%	0.055
总计	328654565	100%	21610041	100%	0.066

表 2—3 所示的是烧酒地域分布情形。烧酒分布地域广泛，南北各省均有出产。1915 年全国产量合计 500914655 斤，价额 4558 万元。从产量方面言，烧酒出产较多者为东北各省、江浙、两湖两广地区。湖北 91322030 斤，占全国总产量的 19%；其次为江苏，产量 82396758 斤，占 17%；广东出产 81656307 斤，占 17%；再次为奉天，产量 52178974 斤，占 10%；山东 31461696 斤，占 6%。湖北、江苏、广东、奉天、山东五省产量占到全国总产量的 69%。其余如湖南、广西、吉林、安徽、浙江等省出产也不少。从价额来看，以江苏和广东二省为多，江苏价值 8223072 元，广东 8683933 元，两省合计占全国烧酒总价额的 36%。其次为广西，价额 3958814 元，占 9%；山东 4038765 元，占 9%；湖北 3913904 元，占 9%；吉林 2718127 元，占 6%。前述江苏、广东、奉天、山东、湖

北五省占全国总价额的69%。产量与价额分布大体一致，以江苏、广东、湖北、山东等省为最。这一分布趋势大致又可分为北方地区和南方地区，北方以东北数省及山东等地为代表，是烧酒分布的重要区域，主要以杂粮小麦等为原料；南方以江浙、两广两湖为主，为稻米产区，同时也是黄酒生产的重要区域。烧酒也多以稻米为原料，甚或是以压榨黄酒后之酒糟复蒸而得。从均价而言，各省烧酒均价从每斤0.043元到0.207元，也即每斤价格在4分到2角之间。各烧酒出产大省均价，江苏为每斤0.10元，湖北0.043元，广东0.106元，广西0.207元。全国均价为每斤0.091元，也即每斤不足0.1元，烧酒均价约为黄酒均价的1.5倍。

表2—3 1915年各省烧酒产量产值

省别	产量(斤)	占比	价额(元)	占比	均价(元)
直隶	10893530	2%	1225886	3%	0.113
奉天	52178974	10%	799496	2%	0.015
吉林	16565770	3%	2718127	6%	0.164
山东	31461696	6%	4038765	9%	0.128
江苏	82396758	17%	8223072	18%	0.100
安徽	16882805	3%	887824	2%	0.053
江西	11866470	2%	1003883	2%	0.085
浙江	17295751	3%	1983467	4%	0.115
湖北	91322030	19%	3913904	9%	0.043
湖南	19681542	4%	1343516	3%	0.068
广东	81656307	17%	8683933	18%	0.106
广西	19142388	4%	3958814	9%	0.207
热河	11221000	2%	1569538	3%	0.140
黑龙江	9165891	2%	1185464	3%	0.129
其余	29183743	6%	4044849	9%	0.139
总计	500914655	100%	45580538	100%	0.091

表2—4所示的是高粱酒地域分布情形。高粱酒分布，以东北数省及江苏、两湖地区为最多。京兆、直隶、吉林、江苏、湖北、湖南、热河、黑龙江八省占据全国高粱酒总产量的90%以上，可见高粱酒产地较为集中。1915年全国总产量达到157686419斤，价额18998840元。据统计，产量最多者为江苏省，达67191910斤，占全国总数的43%，价额7619981元，占全国高粱酒总价额的41%。在江苏苏北地区，高粱出产颇丰，且江苏毗邻上海，酒

类消费旺盛，故出产亦多。产量较多者其次为湖北省，出产高粱酒 18810010 斤，占 12%；价额 1642418 元，占 9%。其次为北方数省，直隶出产高粱酒 16030327 斤，占 10%，价额 2047400 元，占 11%。吉林出产 9956970 斤，占 6%，价额 1351217 元，占 7%；湖南出产 9434130 斤，占 6%，价额 473317 元，仅占 2%。高粱酒出产大省江苏每斤均价 0.113 元，湖北为 0.087 元，湖南最低，为 0.05 元每斤，黑龙江最高，为 0.15 元。各省高粱酒均价从每斤 0.05 元到 0.15 元之间，全国均价为每斤 0.12 元，较烧酒均价高出约 0.03 元，是黄酒均价的 2 倍。

表 2—4　1915 年各省高粱酒产量产值

省别	产量(斤)	占比	价额(元)	占比	均价(元)
京兆	12179500	8%	1343642	7%	0.110
直隶	16030327	10%	2047400	11%	0.128
吉林	9956970	6%	1351217	7%	0.136
江苏	67191910	43%	7619981	41%	0.113
湖北	18810010	12%	1642418	9%	0.087
湖南	9434130	6%	473317	2%	0.050
热河	4365260	3%	574152	3%	0.132
黑龙江	5403300	3%	812792	4%	0.150
其余	14314949	9%	3133921	16%	0.219
总计	157686419	100%	18998840	100%	0.120

据上述，全国酒类生产大致可划分为如下几个特色区域：东北烧酒、高粱酒产区；江浙、两湖黄酒、烧酒产区；两广黄酒、烧酒产区；北方黄酒以山东为著，且有烧酒出产。各酒类地域分布有相互重合之处，如江浙一带是黄酒的主要出产地域，也盛产烧酒；两湖两广福建亦如是。黄酒产地分布与今日类似，现今黄酒分布，仍以江浙沪及广东、福建为最。东北各省仍以高粱酒出产为主。而两湖、两广地区的米酒（烧酒）亦较出名。只是名酒产区，有所变更，籍籍无名的四川、贵州等偏远之地，今日却有茅台、五粮液、泸州老窖等全国名酒，几乎占据全国白酒业半壁河山。

到 19 世纪 30 年代，政府加强了对酒税税源的管理，但仍缺乏翔实的统计数据。1933 年，国民政府在江苏、浙江、安徽、江西、福建、湖北、河南七省实行土酒定额税，七省酒类产量合计接近 274 万石。如江苏以徐淮海高粱酿制的高粱酒，江宁、泰兴、泰东各县麦制土烧酒，上海、无锡、吴县以米制黄酒为大宗，其中土烧酒 40.9 万石，仿绍酒 54.2 万石，高粱酒 9.1 万石，杂酒 2.2 万石，合计产量达到 106.4 万石。浙江以米制的绍酒、黄酒为大宗，烧酒、高粱酒次之。绍酒 613722 石，土黄酒 434931 石，糟烧 15555 石，土烧酒 44367 石，白酒 14163 石，合计接近 123 万石。有统计可查的酒类产量仍以江苏、浙江为多。而山东、河北、湖南、云南、山西、陕西、甘肃、绥远、察哈尔、热河、广东、广西等省份仍实行酒类公卖制。其酒类产量较多者，如山东年产高粱酒 3000 千万斤，湖南产米酒 1819 万斤，山西产高粱酒 1000 万斤，热河年产高粱酒和麦酒各 1000 万斤，广西产米酒 1418 万斤，广东年产麦酒 1286.6 万斤、米酒 1303.5 万斤，果酒 1346.4 万斤，色酒 2811 万斤。其他酒类各省均有零星产出，或未纳入统计，故数据仍只能见出酒业发展的部分情形。表 2—5 列出 1933 年各省主要酒类产量统计数据，可作为了解当时酒业发展情形的参考。

表 2—5　1933 年各省酒类年产数额表

省别	酒类	产量	备注
江苏①	土烧酒	409000	以徐淮海高粱酿制的高粱酒，江宁、泰兴、泰东各县
	仿绍酒	542000	麦制土烧酒，上海、无锡、吴县米制黄酒为大宗
	高粱酒	91000	
	杂酒	22000	
浙江	绍酒	613722	以米制的绍酒、黄酒为大宗，烧酒、高粱酒次之
	土黄酒	434931	
	糟烧	15555	
	土烧酒	44367	
	白酒	14163	
安徽	高粱酒	52000	以高粱、小麦为原料，阜阳、涡阳、六安、合肥、休宁
	土烧	60000	宿松、亳县、泗阳等地盛产
江西	水酒	20000	以高粱、米、麦为原料，著名产地有安吉、泰和、吉
	土高粱	6000	水、南昌、新建、浮梁、乐平等县
	土烧酒	7000	
福建	土黄酒	153759	以高粱、米、麦为原料
	土烧酒	不详	
湖北	汉汾酒	70000	以武汉、汉阳、汉口三属高粱制汾酒为大宗
	南酒	130000	
	土绍酒	4000	
	米酒	3000	
河南	白酒	45500	以麦制者较多，米制者次之。产地以开封、宝丰、汝
	黄酒	400	南、南阳、安阳、灵宝、禹县为著

续表

省别	酒类	产量	备注
	酪硫酒	500	
山东②	高粱酒	1400	各县皆有，以高粱、米为原料
	米酒	850	
河北	高粱酒	3000	以大宛等二十县及天津等处所产高粱酒为大宗
	麦酒	1	
	米酒	50	
	果酒	10	
湖南	膏酒	500	以长沙土汾烧酒、湘潭堆花等类为大宗
	麦酒	800	
湖南	米酒	1819	
	色酒	58	
云南	高粱酒	9	以米制者最多，高粱制者次之
	麦酒	95	
	米酒	380	
山西	高粱酒	1000	以白酒味大宗，产地以阳曲、平介、代县、繁峙县、崞县、怀仁等县为多
	麦酒	0.8578	
	米酒	250	
	色酒	357	
	果酒	390	
陕西	高粱酒	390	以凤翔八属所产为大宗，高粱制者为多
	米酒	24	
	果酒	0.15	
甘肃	高粱酒	5	以天水、徽县、咸宁各属制者为多
	麦酒	7.9	
	米酒	2.1	
	色酒	3	
	果酒	5	
绥远	麦酒	100	
	米酒	3	
察哈尔	高粱酒	340	以高粱酿制者为佳
	麦酒	0.6	
	米酒	30	

续表

省别	酒类	产量	备注
热河	高粱酒	1000	以赤峰、绥东、阜新、朝阳、多源、平泉各县所产者为大宗
	麦酒	1000	
广西	麦酒	618.1	以邕宁、雷平所产为最著名
	米酒	1418.1	
	色酒	60	
	高粱酒	80	
	果酒	458.1	
广东	麦酒	1286.6	
	米酒	1303.5	
	色酒	2811	
	果酒	1346.4	

注:①江苏、浙江、安徽、江西、福建、湖北、河南七省实行土酒定额税区域，其产量统计单位为石(每石为100斤)。

②山东、河北、湖南、云南、山西、陕西、甘肃、绥远、察哈尔、热河、广东、广西等省仍实行酒类公卖制，其产量统计单位为万斤。另外，四川、西康、贵州等省因中央政权统治未达，相关统计数据暂付阙如。

资料来源:实行土酒定额税省份酒类产量税额表[J].工业中心.19343(8):253－256.

因各地粮食作物生产种类不一，加之气候差距较大，形成了各地独特的酒类生产情形。如江苏省，即有以糯米为原料的土甜酒，酒精度不超过5%，每月酿酒1次;也有以高粱、小麦、淮麦、大麦、白米、玉米、糯米、籼米、秫等原料酿制的土烧酒，酒精度20%～50%，每月酿2～5次;以高粱、玉米为原料的高粱酒，酒精度40%～70%，每月酿2～3次;以糯米、籼米为原料的土黄酒，酒精度5%～20%;以糯米为原料的仿绍酒，酒精度15%～20%，每年冬月至次年3月为酿造期。浙江省有以粟、红粮、籼米、大麦、苞米为原料酿制的土烧酒，月酿2～3次;以糯米、小米为原料酿制的土黄酒，以糯米酿制的绍酒、仿绍酒，以粟米、糯米、酒糟为原料酿制的生酒，每年冬月至次年3月酿造;还有利用土黄仿绍等之酒糟制的糟烧及黄酒、烧酒内蒸提出之酒汗。各地酒类名目繁多，所用原料差异较大，酒精度数也高低不一，酿制设备、酿酒周期也各不相同(详见表2－6)。

表2－6　20世纪40年代各地酒类酿造情形表

地区	酒类名称	原料	酒精度(%)	酿具	月酿次数	备注
江苏	土甜酒	糯米	5	缸	1次	
	土烧酒	高粱、小麦、淮麦、大麦、白米、玉米、糯米、籼米、秫	20～50	缸	2～5次	
	高粱酒	高粱、玉米	40～70	缸 窖	2～3次	
	土黄酒	糯米、籼米	5～20	缸 坛	冬酿11月至次年3月	
	仿绍酒	糯米	15～20	缸 坛	冬酿11月至次年3月	
浙江	土烧酒	粟、红粮、籼米、大麦、苞米	25～60	缸	2～3次	
	土黄酒	糯米、小米	3～4.5	缸	冬酿11月至次年3月	
	绍酒、仿绍酒	糯米	20	缸	冬酿11月至次年3月	
	生酒	粟米、糯米、酒糟		缸	冬酿11月至次年3月	
	糟烧	酒糟		缸	利用土黄仿绍等之酒糟制	
	酒汗	酒汗并非专制，系于黄酒及烧酒内蒸提出，土黄酒一小缸可提酒汗一斤余				
安徽	土烧	米、杂粮、大麦、高粱	20～65	桶 池 缸	2～4次	
	小曲	大麦、高粱、稻米	20～40	缸	2～4次	
	黄酒	稻米	20	缸	2次	
福建	土黄酒	糯米	10～14.5	缸	1次	有季节性，8月至次年2月酿
	土红酒	糯米			1～3次	
	土烧酒	米	40			
	地瓜酒	地瓜、红糟、番薯		缸	1～4次	

续表

地区	酒类名称	原料	酒精度(%)	酿具	月酿次数	备注
	白水酒	糯米	2	缸		
	高粱酒	高粱	75	缸 窖	2～4 次	
湖南	土烧酒	苞谷、大麦、小麦、高粱、番薯	20～40	桶 缸	3～4 次	
	水酒	谷米	3	桶 缸	1～2 次	
	土汾酒	高粱、大麦	40	缸	2～4 次	
	米酒	谷米、糯米	3～25	缸	2～3 次	
	酞子酒	糯米	0.4	桶 坛 缸		秋冬 2 季酿
	甜酒	糯米		蒸 钵		
湖北	南酒	大麦、高粱、小苞谷	10～30	缸	2 次	
	汾酒	高粱	40～50	缸	1 次	
	仿绍酒	糯米		缸	1 次	
	土米酒	土米		缸	1 次	
	土烧酒	稻谷、苞谷、杂粮、荞麦		桶	3～5 次	
	麦酒	大麦	65	缸	1～2 次	
江西	土烧	高粱、杂粮、糯谷米、小麦	20～45	桶 缸 坛	2～4 次	
	水酒	红糟、杂粮、糯米	3	缸 桶 盆	2～4 次	
	丁坊烧	糯米		缸		仅南昌出产
	冬酒	糯米、米谷	20	缸 盆		12 月至次年 2 月酿制

续表

地区	酒类名称	原料	酒精度(%)	酿具	月酿次数	备注
	土甜酒	糯米、酒糟	15	缸 桶	3～4次	秋冬时酿
	仿绍酒	糯米	15	缸 桶	1次	
广西	三花酒	糯米、糙米	35～45	罐 坛	2～3次	
	双酒	米	25～30	缸	2～3次	
	单酒	玉米、谷米	18～25	缸	2～3次	
	料半酒	糙米	15～23	缸	2～3次	
	糖泡酒	糖泡蔗水		缸	3次	
	包粟酒	包粟	20	缸		
	平酒	糯米	8～18	缸	2～3次	
广东	水酒	杂粮、米、番薯、桔水	10～28	桶 缸 罐	2～6次	
	三花酒	米	32～40	缸 埕	1～2次	
	双蒸酒	米	18～24	埕 缸	1～2次	
	料半酒	米	15～8	埕 缸	2次	
	土黄酒	糯米		缸 瓮	1～3	
	糖泡酒	糖泡水	30	缸	5次	
	豉味	米		缸		
河南	烧酒	豌豆、大麦、小麦、谷皮、小米、高粱黍、谷籽	30～60	缸 池	2～4次	
	酪流酒	大麦、高粱、糯米、玉米	10～35	缸 窖	1～3次	
	大曲	高粱、大麦、小米	30～40	缸 窖	3次	
	白酒	高粱、大麦、谷子	30～45	池 缸	1～3次	
	黄酒	黍米	20	缸		冬酿，11月至2月酿制
	小曲	高粱	30	缸	1次	
河北	土烧酒	高粱、玉米	60～65	缸窖	3～4次	

续表

地区	酒类名称	原料	酒精度(%)	酿具	月酿次数	备注
	黄酒	黄米、黍米	20	缸	10月至次年3月酿制	
	仿绍酒	江米		缸	同上	
热河	烧酒	红粮	50～60	窖	3～4次	
陕西	南酒	糯米		缸	1次	
	黄酒	糯米		缸	2次	
	水酒	毛稻		缸	1次	
	小曲	谷子、苞谷、高粱、麦糜	20～50	窖桶	1～3次	
	大曲	苞谷、高粱	30～60	窖池	2～3次	
	稠酒	糯米	12	缸	3次	
川康	烧酒	高粱、大麦、玉米、青稞	20～65	桶	4～7次	
	陈色	高粱	54	窖	2次	
	大曲	大麦、高粱	45～70	窖	1次	
	仿绍酒	糯米		缸	1次	
	老酒	糯米		缸	1次	
	漏水酒	漏水		桶	4次	
	干酒	高粱	30～60	窖	4次	
	糯米酒	糯米		缸	1次	
	自然酒	高粱、麦		窖	1次	仅重庆出产
贵州	高粱	高粱、苞谷		桶 窖 缸	2次	
	烧酒	高粱、苞谷	20～48	桶 缸	2～4次	
	茅酒	苞谷、高粱、麦子	55	窖 池	3次	
	仿茅酒	苞谷、高粱、麦子		窖 池	3次	
	土酒	糯米	20	缸	2次	
	土水酒	米	20～35	缸	2次	
云南	米制土烧酒	糯米、大麦、苦草、大米、玉米	30～45	缸 窖 坛	1～3次	
	白市酒	谷子、杂粮	40	坛	月酿2次，仅峨山县产制	

续表

地区	酒类名称	原料	酒精度（%）	酿具	月酿次数	备注
山东	烧酒	红粮、地瓜干、玉米、大麦、红枣、小麦	30～65	缸 池 桶	2～3次	
	米酒	米		缸	3～6次	
	老酒	薯干、柿干、黄米	5	缸	2次	
	白干	红粮、瓜干	44	缸	2次	
	黄酒	红谷、黍米		缸	1次	
甘肃	土烧酒	高粱、小麦、谷糜	20～52	窖 桶	3次	
	青稞酒	青稞	40	窖	2～3次	
	小曲	糜子、苞谷	40～45	桶	3次	
	黄酒	小米、黄米		缸 桶	2次	
青海	青稞酒	青稞	40	窖	1次	
宁夏	黄酒	糯米		缸	1次	
	烧酒	高粱	50	窖	3次	

资料来源：财政部财政年鉴编纂处编纂.财政年鉴三编（下册，第八篇“货物税”第十五章“国产烟酒类税”）[M].出版地不详：财政部财政年鉴编纂处编纂，1948:58－63.

第二节　各地区酿酒业发展情形

一、东北地区

东北地区多出产高粱、大麦之类作物，故其酿酒也以此为主要原料，出产以高粱酒、烧酒为主。东三省人民最常饮用的酒类有老酒、绍兴酒、黄酒、高粱酒等，绍兴酒和黄酒差不多都由华南和平津等地输入，以粟为原料的黄酒，全是家庭酿造。高粱酒酿造业（烧锅）是东三省最具代表性的酒业。随着人口的增加，高粱种植面积的逐渐扩大，高粱酒酿造业也逐渐发达。经营烧锅的，大多是当地的地主，且多兼营油坊、粮栈和当铺，甚而发行私钞，在经济和金融上都占有一定的地位。东三省高粱酒酿造业以满铁沿线为主，就是边陬之地，也随处可见。其组织形式多为作坊式，酿造方法也大同小异。酿酒原料为高粱，制曲原料为大麦、赤豆、豌豆、黑豆、玉蜀黍等。高粱与黄豆是东三省最重要的特产，年产3500万石，高粱酒的原料随处可得。高粱的种类很多，主要有米高粱及楂高粱两种。烧锅常用的原料，都是品质稍劣、价钱便宜的楂高粱。大麦、赤豆是制作高粱酒曲的原料，东三省内产量不多，年产大麦约300万石，赤豆约200万石。重要的产地有辽河流域、海城、辽阳、长春、吉林以及松花江沿岸的宁安、海伦等处，有些地方用黑豆、豌豆代替赤豆，有些地方用荞麦、玉蜀黍①。

酿造高粱酒的"曲子"，以大麦及赤豆为原料。大麦1石可和赤豆3斗，用豌豆或黑豆的时候也一样。大麦1斗8升和赤豆6升，可做10个曲子。制作时先将大麦和赤豆粉碎搅拌，加上少量清水，放在木制曲模内，用脚踏成砖型。取出排列于曲室，分三层堆积，将室门闭住。温度亦渐增高，次日就可看到白色菌丝渐渐发育，然后使室内温度及湿度保持稳定。及时开闭窗门，调节曲子排列的距离，交换叠置的位置。整个制曲过程约需40天，移至曲库保藏以备用。有专门从事高粱酒曲制造的团体，以四五十名十二三岁的少年组成，在各个烧锅巡回制曲，一天可制曲6000个。制曲时间在每年4月到10月之间，故烧锅需要大量储存以备用。长时间存放有使曲子失效的可能，且有受市价涨落的危险②。

高粱酒酿造一般采用半固态发酵法。酿酒时先将高粱捣碎蒸熟，冷却后和以捣碎的曲子，用木锹充分搅拌，加入适量清水，然后置于长约七尺、宽三尺五寸、深约六尺的长方形的"窖子"里，上面用泥土涂封。发酵九日后，取出蒸馏。第三次蒸馏时加入新高粱，再入窖发酵。第四次蒸馏后可不用再加新粮。每酿作一"班"(烧锅酿造的单位叫作"班"，一班每日有工作人员六至七名，从事酿造)，要用高粱5石3斗，曲子110～120个，约可得1石8斗高粱酒，酒糟1800斤。高粱酒无色透明，有大众喜好的清香，酒精含量为60%乃至70%。高粱酒市价，由原料时价高低及华南山东等地的输出状况而定，如1932年的平均市价是每石30元。酒糟是各地饲养家畜的饲料，与高粱酒占有同样重要的地位。1932年平均1800斤(即一班的产量)约值11元。东三省所出的高粱酒，大部分就地消费，少部分由营口、安东、大连诸港运赴华南、山东诸港。东三省烧锅使用设备大同小异，沿用旧式酿造方法从事酿酒，以辽阳为最著名。一家烧锅有三四班，只一二班的也很多。据辽阳兴茂海烧锅西村茂的调查，东三省高粱酒酿造如能改良发酵方法，利用机械蒸馏，自可提高产量；应用现代酿造科学，改良酒曲制造及保存方法，能减少大量制备酒曲对资本的依赖；酿造工具的改良，以及燃料的充分利用等，也是需要现代科学帮助的③。

察哈尔酿酒业，"俗名缸房。所制之酒，通常名为白干及干榨两种。若怀来之煮酒，宣化之兑酒，均为当地之特种工业，他县不能仿制。酿酒手续，先制酒曲，亦有购自他处者。酒曲制法，将红粮(亦有用大麦或豆类者)及草麦、酵药和水装罐内，闭置煖室中，不使空气侵入，历数日，即成酒曲"。白干，"一名生酒或烧酒。制法，将五谷杂粮蒸之，再和入高粮蒸之，取出散热，俗曰出仓。拌入酒曲，再蒸之。锅上设锡帽，内置冷水。锅内(亦有用缸者)气体，遇

① 日本工业化学会满洲支部编，沈学源译.东三省物产资源与化学工业[M].上海：商务印书馆，1936：249－250.

② 日本工业化学会满洲支部编，沈学源译.东三省物产资源与化学工业[M].上海：商务印书馆，1936：251－252.

③ 日本工业化学会满洲支部编，沈学源译.东三省物产资源与化学工业[M].上海：商务印书馆，1936：252－254.

帽上之冷气，化为液体，自锅（或缸）内管子流出，是为头帽酒。剩余之糟，取出使冷，再蒸之，其酒又出，是为二帽酒。如法再蒸，则为三帽酒。头帽最硬，三帽极软，唯二帽最适口。通常市售者，多搀以水，亦奸商取巧伴利之道。下余之糟，用以饲畜”。

干榨，“一名老酒或黄酒。先将黍米（即黄米）蒸熟，和入生酒及曲，使之发酵。再蒸毕，装入布袋，榨之，则酒流出，故呼之曰干榨”。兑酒，“系用生酒为原料并薏米制成之酒，配和药料而兑成之，故曰兑酒。黄色，似绍酒味，为宣化特制”。煮酒，“以生酒加酒药，如红枣肉桂等物，盛入陶器，密封之，入水大煮，不使空气透入。数日后，止火视之，器内药材皆溶解，乃成煮酒，色红味佳，颇著名，为怀来县周沙城地方之特制。盖煮时，陶器密封，器内空气，压力极大，偶不慎，即有爆裂燃烧之虞，他地不谙此者，不敢轻易尝试之也”①。

黑龙江省酿酒所用原料有高粱、谷子、苞米、稷子、糜子以及一切不含油脂的粮食，曲药用豌豆、赤豆、小豆、大麦等制成。制造时先将粮谷碾碎，和曲加水拌匀，每日翻转数次，经堆积发酵后上甑蒸馏。制造期以秋冬为佳，春夏次之。烧锅一班用粮 5 石以上，下曲料 100 余块，柴 6 车，计钱 400 余吊，人工费用 30 余吊。可得酒 400 斤（16 两），售出时以 10 两计，每斤八九百文。资本大的烧锅在粮食上市时低价购入，预备足够的柴薪曲料等，便能获利颇丰；若临时需粮再行购买，价格自高，获利亦少。烧锅出酒每斤征银圆 2 分，按月缴纳。而其时烧时辍的“小�”（资本薄弱，不能酿造大桶者），亦复不少。如呼兰县有烧锅 9 处、小酺 3 处。据 1914 年的统计，黑龙江全省领有牌照的烧锅合计 116 家、小酺 37 家，其所出产酒类达到 15079091 斤②。热河有烧商 272 家，年产酒 2100 万斤。各烧商酿制之酒，有就场出卖者，有运赴他地销售者，每斤约合平银 1 角 3 分，平均负担税额 1 分 1 厘，获利约 1 分③。

二、北方地区

据 1917 年酒税征收部门的统计，京兆地区共有烧锅 143 家。烧锅最多者为通县（17 家），其次为武清（14 家）、顺义（14 家）、密云（12 家）、宝坻（10 家）；少者如平谷、房山、良乡、霸县、永清、固安、安次等县皆只有 3 家及以下，怀柔且无一烧锅，仅有代售酒铺④。

1931 年统计，河北省各地酒业分布极不平衡。全省有统计数据的 78 县合计有酒业 682 家，职工 6310 人，男工 5690 人，童工 602 人，女工 18 人；资本合计 5696868 元，年耗粮 569042600 斤（合 284521.3 吨），价值 7838718 元；出品 41316980 斤，价值 7883293 元。

---

① 李延墀、杨实辑.察哈尔经济调查录（新中国建设学会丛书之九）[M].上海：新中国建设学会出版科，1933：91－92.

② 黑龙江省制造酒类调查表[J].烟酒杂志（第 1 卷第 7 期，“统计报告”）.1918－09－03：39－43.

③ 热河酒类出产调查表[J].烟酒杂志（第 1 卷第 7 期，“统计报告”）.1918－09－03：50－52.

④ 京兆公卖局变更区域各分局驻在地及所辖县属烧锅数目清单（1917 年 12 月 31 日奉财政部批准）[J].烟酒杂志（第 1 卷第 6 期，统计报告），1918－08－03：66－68.

全省78县中，有酿酒业1～5家者40县，占一半还多；6～10家者19县，酿酒业在10家以下者合计59县，即河北3/4以上的县份都只有10家以下酿酒业，酒业集中度低。其中邢台、内邱、兴隆三县仅有酿酒业1家，赵县、柏乡、高邑、文安、望都等13县2家，安兴、正定、大城、曲周等9县各3家，邯郸、乐亭等7县每县4家，玉田、任县、武邑等8县每县5家。11～15家者9县，15家以上者10县。以东明县为最多，有50家酿酒业。其次为遵化，有酿酒业41家，再其次为安平、行唐、丰润等4县，各有30家①。

河北沧县，"素以酒业驰名，每年行销华北一带之酒达到数千万斤。惟年来多不景气，波及一切商业，均有江河日下之势。故素称沧县百业之冠的酒业，亦一蹶不振"②。沧县酒业因地区经济发展条件所限，多不能独资经营，每每系3～5人合股设立。各家资本数额大不相同，如有房屋及用具，300～500元即可开张，否则非1000元不可。制酒厂房需15～16间，尚需存酒处。用具颇简单，最重要者为石磨，每一店须用磨3～4盘，其余则有锅镦等物。各酒店制酒原料，以土产高粱、大麦、豌豆为大宗，价钱并不昂贵。高粱市价每石3元6角，大麦每石4元5角，豌豆每石4元。制酒法与他处稍异。先用大麦、豌豆、陈曲若干，以适当的温度浸泡，再和高粱蒸之，置缸内发酵十余日即成。制成之酒，不分等级，有白干、花河、金波、玫瑰露等名目，以用水及制法之优劣以别高下。1933年全城共有酒店百余家，城内有30余家，出酒最好者为丰盛和等几家。各家除在沧县设立总庄外，北平、天津、上海、武汉等地也有分销处。每年每家平均出酒30万斤，行销外埠者占40%～50%。花酒每斤成本500文，零售640文，批发560文。因连年商业不振，经济困难，各酒家开销繁大，到20世纪30年代初期，已无多少盈利，每一酒店，须用工人二十余人。

民国初年，山西酒类"以汾阳、潞城、浑源、大同各处所产之白酒为最多，而黄酒、葡萄酒、柿酒次之。每年产销之额，按各处报税之数，估计约800万斤。唯报税之数，万不足据为产酒之数。就汾阳一县论，每年产酒约160万斤，而商家就20余万斤报税。现在虽加税一倍，亦只40余万斤，比较实在产数，不过四分之一。就此一县，推而广之，全省所产酒额绝不止800万斤。外省输入之南酒亦复不少"。③ 估计山西全省产销在1000万斤左右。每斤价格以1角计算，则约值100万元。

1926年刊布的一份调查材料称，"山西夙为产酒之区，其酿酒之原料，大别有三，一曰高粱及小米，二曰柿子，三曰葡萄。至酒之品名，其大亦有数种：一曰汾酒，产于汾阳县者（旧汾州府），著名已久；一曰潞酒，产于长治潞城一带（旧潞安府属），亦颇驰名；一曰柿酒，产于河东道属各县（旧平蒲绛各府州属），亦知名于河东一属及兴河南毗连之所；一曰白酒，

---

① 河北省实业厅视察处编.河北省实业统计：民国二十年份（版权页题"河北省二十年份实业统计"，"工业类"）[M].河北省实业厅第四科，1934：7－10.

② 沧县酒业渐衰[J].实业部天津商品检验局检验月刊（8月号，"工商要闻"），1933－09－01：9.

③ 山西公卖筹备处详报筹备山西烟酒公卖情形及预拟逐年递加公卖费办法并送分栈统系表文（1915年8月12日）[J].烟酒杂志（第1期，"公牍"），1918－03－03：11－12.

即普通本色高粱酒，俗称白干，全省各县除河东道属外皆有之；一曰本地黄酒，近二三十年来用小米仿照绍兴黄酒而酿造者，中路北路产酒各县皆有之；一曰葡萄酒，近年始仿照外国葡萄酒而酿造者，其产地限于汾阳、清源、榆次三县。潞酒、柿（酒）、白酒、黄酒之酿造，均系旧日缸坊酿法，汾酒有改用机器酿造者，葡萄酒则全用机器酿造。在数十年前，晋省酒类之驰名于省外者，厥推汾、潞二种。近年来汾酒改良制造，销路渐增，潞酒则墨守旧法，产销之额逐年减少，葡萄酒为后起之秀，外省销路日渐扩张”①。白酒有头白、二白之分，柿酒有柿子、花子之名。头白与柿子酒皆第一次所酿，味醇力大，二白与花子酒则二次所酿，味暴力薄。潞酒、汾酒、葡萄酒，名目繁多。潞酒有玫瑰露、状元红、杏仁露、橘子露等，其实皆以高粱所酿，染以红、绿、黄等颜色。汾酒有老白、玫瑰、佛手、木瓜、白玉、状元、茵陈、竹叶等名目，以白玉为最佳，老白为普通品，玫瑰、桂花、佛手、茵陈等酒不过以果品、药品酿入酒内，实不及白玉汾酒。葡萄酒有红、白两种，白色者为佳，其原料系白葡萄所酿，红者以紫葡萄所酿，皆不及张裕公司出品醇厚。汾酒一种，在汾阳酿造者有 20 余家，“向以该县杏花村申明亭义泉涌所酿者为最佳。当前清末年②曾送往美洲巴拿马博览会陈列，得有一等金质奖章。其商标为高粱穗，亦经农商部注册，瓶口木栓用机器打入，封装甚固，便于携带。在省垣桥头街设晋裕汾酒公司，为总发行所。葡萄酒酿造者，在清源县有益华、永益两公司，在汾阳县有华盛公司，在榆次县有豫慎公司。葡萄产清源者最佳，是以所酿之酒，亦以清源为胜，尤以清源益华酿酒公司所出者为各家之最，其商标用三十字（卉），亦已依法注册。其他如豫慎、华盛、永益，出品彼此均无甚出入。此外益华等公司，又有炼白酒、高红酒、茴香酒、薄荷酒等名目，益华有仿造外国白兰地酒一种，但皆货品不高，销数甚微也。综上列各项酒类，以白酒、柿酒价格较低，且合普通社会所用，故销路最巨。汾酒、葡萄酒渐为上等社会所用，省外销路亦逐渐推广。惟潞酒销行最滞，产额因之日减”③。

1937 年实业部国际贸易局的调查则云，山西酒类酿酒原料“大别为三：一为高粱及小米，二为葡萄，三为柿子。近以河东道各县遭受风灾，柿树尽被吹折，向之以柿子为酿酒原料者，今则不得不改用高粱矣。晋酒种类繁多，其最著者，曰汾酒、潞酒、葡萄酒，次之为黄酒、白酒。汾酒以产于汾阳县杏花村者为最佳，盖其地井水味甜性软，适于酿造故也。自来汾酒即博有杏花美酒之令名。潞酒产于潞城、长治一带，以其酿造方法不知改进，近年渐见衰落。葡萄酒产地限于清源、汾阳、榆次三县，而尤以清源为最著。清源县之新记益华酿酒公司，采用机器制造，为山西葡萄酒酿造业中规模最大之厂家。至于黄酒，系用小米为原料，仿照绍兴酒之酿造方法，中路南路产酒各县均有仿制。白酒即为高粱酒之别

① 中国之酿酒业[J].中外经济周刊(第 162 号)，1926－05－15：19－20.

② 此处误。美国举办巴拿马国际博览会的时间为民国四年，即 1915 年，而非清末。

③ 中国之酿酒业[J].中外经济周刊(第 162 号)，1926－05－15：21－22.

名，产地殆普及全省”[①]。根据此次调查，山西酿酒厂家及较大的作坊有 474 家，全省 105 个县中有重要作坊者 79 个县，占总数 75%以上。其中以崞县家数为最多，达到 20 家。河曲、武乡、汾阳、浑源次之，其他各县酒厂或作坊数均不满 15 家。山西省酿酒所用原料，除少数县份采用玉蜀黍、黄米、葡萄外，其余大多以高粱为主，辅料有大曲、谷糠两种，全年需用高粱 264694 市担(有 8 个县不计)，大曲共计 1475688 块(有 28 个县不详)，谷糠 44157 市担(有 49 个县不详)。以上原料均为山西省内出产，采办便利，高粱价格每担 3 元 7 角，大曲每块 1 角 5 分，谷糠每担 4 角。

山西重要产酒区 79 个县，全年产量总计 9754900 余斤，价值 1209459 元，其中以盂县产量独多，计 1423900 斤，占总产量的 14.6%。浑源次之，产量 80 万斤，再次大同 343810 斤，平遥 322740 斤，汾阳 30 万斤，黎城产量最少，仅 2000 斤，综计产酒在 2000 斤以上不足 1 万斤者 3 个县，1 万斤以上不足 5 万斤者 26 个县，5 万斤以上不足 10 万斤者 20 个县，10 万斤以上不足 20 万斤者 16 个县，20 万斤以上不足 30 万斤者 9 个县，30 万斤以上不足 40 万斤者 3 个县，产量 80 万斤及 140 万斤以上者各 1 个县。出产的酒之价格，以清源益华酿酒公司所产白兰地为最高，每斤价格 6 角，其次葡萄酒每斤 2 角，黄酒每斤 1 角 6 分，高红酒每斤 1 角 3 分，炼白酒每斤 1 角 3 分，白酒(高粱酒)之价格，以汾阳所产汾酒最高，每斤 2 角。普通白酒价格，每斤 8 分至 1 角 5 分不等，以上所举各种酒类之价格，均指酒坊批发价格而言，市面售价当不止此。且白兰地、葡萄酒、汾酒等均装在玻璃瓶，市面销售以瓶为单位，并不以斤计算[②]。

山西最出名者，非汾酒莫属。民国年间，汾阳县杏花村义泉涌酿酒厂酿制的酒，在美国巴拿马万国博览会上获得一等金质奖章。后经阎锡山倡导，另行召集股本，在省城开设晋裕汾酒股份有限公司，资本 5 万元，专售此厂产品，“以冀发展此项特别著名之土产，因之厂中营业颇有起色。不意近年来厂中旧股东，因感受经济恐慌难以维持。于 1932 年将此厂资产完全让归晋裕汾酒公司接办。现在此厂已成晋裕汾酒公司之事业”[③]。组织设置如下:经理 1 人，月薪 17 元，副经理月薪 15 元，各部主任 4 人，月薪 5 元至 8 元，事务员 8 人，月薪 2 元至 4 元，学徒无定额，月薪 1 元至 1 元 5 角。成年工人 5 人，男性，工资每日 0.9 元，每日工作八小时，全年工作日数 280 日。出品“高粱穗”汾酒，日出 300 斤，全年工作日 280 天，年出产 8 万斤，售价 0.40 到 0.48 元，销往山西全省及外省各埠，原料来自本县杏花村。因交通及其他种种不便，以致销路不广，难以充分发展。

这一时期内，天津烧锅业的发展也颇具代表性。近代天津酿酒业是随着埠际贸易的扩展逐步发展起来的。到 20 世纪 20 年代，天津酿酒业进入全盛时期，酒坊约 80 家。当时资金最为雄厚的首推“三大丰”(永丰玉、永丰太、永丰成)，其次是“三同”(同源涌、同兴涌、同

① 实业部国际贸易局.中国实业志・山西省[M].上海:实业部国际贸易局印，1937.231－232.

② 实业部国际贸易局.中国实业志・山西省[M].上海:实业部国际贸易局印，1937:236－237.

③ 刘杰，樊元丑，刘建都，等.山西造产年鉴[M].太原:造产救国社，1936:82－84.

华涌)以及义聚永、义聚承、存益公等。此外实力较强的还有义丰涌、福源公司、益盛涌、益盛源、益和、永和裕、福源昌、义丰永等。平均每年产高粱酒达到 30 万斤，除去淡季或因气候临时停产外，实际年产量达 27 万斤。以 80 家酒坊计算，年总产量为 2160 万斤。天津的传统名酒是高粱酒。制酒的原料是酒曲、高粱、高粱壳或稻壳。早期各酒坊都是自己制曲，名为“大曲”，原料是芒大麦、小麦和豌豆，其中芒大麦 60%，小麦 30%，豌豆 10%。到了 20 年代，天津有曲房制作“小曲”，以麸皮为主要原料，也叫“麸子曲”。这种酒曲成本低、售价廉、使用方便，所以有些酒坊不再自己制曲。初期大、小曲搭配使用，后来逐渐以小曲为主，导致高粱酒质量的不断下降。玫瑰露酒也是天津传统名酒之一。制作玫瑰酒，先露玫瑰母。用白酒 40 斤，放入玫瑰花 20 斤，经过蒸馏后，玫瑰花的香味便完全溶入酒中，露成了玫瑰母。每 2 斤玫瑰母，含花的香量为 1 斤。所用玫瑰花以北京近郊生产的为最好，朵大瓣肥，香味馥郁，为全国之冠；其次是山东平阴县所产，亦称佳品；甘肃苦水乡的玫瑰花，又逊一筹，尚可使用。玫瑰酒的制作，以高粱酒为主料，佐以玫瑰母及白糖，即可制成甘美爽口的玫瑰露酒，其酒度为 41 度。五加皮酒也较出名。以高粱酒为主料，配以多种药材。义贸永酒坊生产的五加皮酒，采用聚兴和药店成方，包括中药 16 味，其他药店成方也有 17 味或 18 味的，大同小异。先将药材浸泡在 30 斤装的白酒坛中，封存三个月至一年，中药成分即溶解到酒中。配制时以高粱酒为主，加入用酒浸泡过的栀子、红曲、糖浆和经过炮制的玉竹黏液即成，其酒度多为 39 度。五加皮酒具有开胸顺气、辅助消化、舒筋活血、除湿祛瘴的功效，最适宜居住在潮湿地带的人们饮用，尤其深受南洋橡胶园和锡矿的工人所欢迎。状元红所用副料与五加皮相同，只是减去桅子，增加红曲使酒色更为鲜艳，在喜庆寿诞和年节设宴时饮用，以示吉庆之意。自 20 年代末期起，天津酒业开始衰退。1937 年抗日战争爆发前夕，天津酒业仅剩下永丰玉、义聚永、同源涌、同兴涌、同华涌、同丰永、福源公司、义丰和、义丰永、同兴源、益和、福源昌、福源祥、福源永、福源合、恒源、恒昌、恒永、恒和、天泉、同和兴、义泉永、荣昌、永记栈、德成永、永和裕、同和玉、庆诚永、庆丰涌、辅盛、辅兴德、辅盛永、鼎兴涌、德茂永、永成昌、鼎兴润等 36 家，全行业倒闭了一半。酒的年产量下降到 970 万斤。国内市场严重衰退，山东销路中断，只有上海能保持一定的销量，每年也不超过 250 万斤。国外销路更不稳定，每年也就是 100 万斤上下。后来，天津在日本人统治之下，津酒对外销路中断，衰退至极点①。

三、南方地区

南方最出名者，则为绍兴酒。其产自绍兴者，呼为“绍兴酒”；产自别处者，则曰仿绍酒或黄酒。黄酒产区并不仅限于浙江绍兴一地，北方有以粟米为原料酿制的土黄酒，两湖、两广地区黄酒产量亦复不少，但仍以浙江一省为最著。

① 董梦松.天津酿酒业发展沿革[C]//天津文史资料选辑(第 28 辑).天津:天津人民出版社,1984.106－111

绍兴酒“为浙江之特产品，驰名于国内者已久，全国各省无不知有此酒者。其行销之广，南至两粤，北达燕晋，西而甘新，均有绍酒之输入。……鉴湖佳酿之名，蜚声于私家著述者已数百年。近来北方称为南绍，亦曰黄酒，南方称曰绍酒。亦有以其坛称之，如京庄、行使、花雕等类。至绍兴本地，则统称曰老酒。老酒之得名，一在绍人酿法之认真，一在鉴湖水质之优良。鉴湖居绍城西南隅外，约十里，其水清而腴，以之酿酒，味特醇美。无论何省，依法仿造，其味终不及老酒之佳。老酒之酿造，每年于旧历小雪节后，先以糯米造娘酒数缸，名曰淋饭。每缸用酒若干斤，糯米一石七八斗，水三两桶，六七日即成娘酒。于是再以糯米蒸熟，按日装入缸内，普通之酒，每缸用糯米一石五斗，娘酒十斤，曲三十六斤，原米浆三桶(糯米蒸饭之先，以水浸之，故有米浆)，鉴湖水四桶，俗称三浆四水。所成之酒名市酒。其上等者，每缸所用原料，加重至一石八斗或加至二石，用娘酒十五斤或二十斤，曲三十六斤，原米浆二桶，鉴湖水三桶，所成之酒名曰加饭，实即京庄花雕之类也。每一酿户，约有缸十余只至二十只，每酿一次，装入各种原料(即糯米饭、娘酒、水、浆、曲等)，至迟过一日夜，即须开醅。因曲之作用不匀，全缸发酵，不能一致，必须以人力为之调匀，故开醅后，须视其冷热有不匀之处，则以木棍拨匀，仍加盖封固。逐缸开醅，调匀冷热，第一次开醅后，间一二日须再开醅检视，见有发酵不匀之处，仍以人工拨匀之。如是者约行两三次，已近七日，全缸之发酵都匀，而糯米之精汁亦悉出，而入于酒浆之中，于是酿造之事粗毕。乃将缸内之酒带糟，分装坛内储藏之。而各缸又可为第二次之酿造。一切手续，仍如前。及过七日，又另行带糟装入坛内储藏之。如是往复酿造，至立春节前后，多者可酿八九次至十次，少者可酿六七次。及过阴历新年，第一次所酿之酒，储在坛内者，已近百日左右，乃重复倒入缸内，分装绸袋，榨取酒汁，而去其糟。再以酒汁入锡锅熬煎，锡锅盛于有水之铁锅内，俟酒汁沸透，灌入于大坛之内(是项酒坛，先经蒸过)，至是始为新酒，乃以荷叶箬壶(一种草叶之坚硬者)包封坛口，外敷黄泥，而酿酒之事完毕。其所去之糟，每缸约有一百斤至一百十余斤(市酒一百斤上下，加饭一百余斤)，此糟尚可蒸酿烧酒数十斤，最可用为饲养牲口之食料”①。

新酒入坛后，过半年即行出售，加饭(即京庄等)则过一年后始行出售。“销路以江浙为最多，闽赣皖等省次之，岭南河南，近以税重运艰，至其地则价值过昂，销数已大不如前。其装坛名目有京庄(60斤)，加大(50斤)，行使(32斤)，放洋(18斤)，小京庄(10斤)，花雕(轻重多有)等项。普通重量以50斤为最多，其价值在本地售卖者，每坛自4元至5元之间。”绍兴酒的产量，“在前清末年，绍兴城乡各处，共有酿户2000余家，每年酿酒在29万缸至30万缸之间。自民国四年(1915)而后，公卖费既创行于前，酒税复增加于后，缸照牌照继续开办，以致酿户之负担日重，即酒之成本高，而售价遂昂，远省及通商大埠之销路，遂多为洋酒攘夺。洋酒之输入无费税，近来年盛一年。本年虽有征税之议，迄未见诸实行。故重重担负之绍酒，不能与之竞销也”。到20世纪20年代中期，“仅有酿户七百余家，每年酿酒不过五万缸，较之前清，仅存六分之一。酒之产品，绍属各乡均有，而以东浦

① 绍兴之经济状况[J].中外经济周刊(第181号)，1926-09-25:6-7.

软社两镇为最多，东浦最著名之酿户，有汤中山萧恒裕等，软社著名者有章东明等，鲍家村有王松茂，林头村有王宝和，湖塘有田德盛，城内有沈永和、言茂源等。前清时软社最大之酿户，每年约酿5000缸；东浦最大之酿户，每年约酿3000缸。今则无及1000缸者。前清之季，本地销每缸捐银一元，出远捐银一元二角（出远，离本地之意，故运至杭州售卖者，即为出远，须于酿酒时报明）。其时每50斤坛之酒，售价不过二元上下。今则本地销售者，每缸收公卖费四元，酒税四元三角二分，较之前清税率，约增八倍。出远者另加酒税三元六角；此外更有缸照牌照附加等各项名目，统计每缸出远之酒，酿户须纳税额十二元之谱，较之前清税率，为一与十之比例，以现在酒价与税率相较，为值百抽二十四五之比。惟若再运至他省，各省又各有捐税。故酒之运行愈远，税额愈增，价值愈昂，而销路亦愈滞矣。以前清产额30万缸计算，比年有300万坛，值银600余万元。今之产额，不逾5万缸，每年约有50万坛，纵价比前几年增二倍，而所值不过银200余万元。故以缸数计，约减六分之一，以银数计，约减三分之一，前途之发展殊少希望矣”①。

酿酒业在绍兴遍布全境，尤以绍西之东浦、软社、柯桥为最，产酒量约占绍兴全境产量六成。其次则为绍兴市区及皋埠，东关、钱清及安昌又次之。到1934年，东浦有酿坊576家，软社435家，柯桥414家，都市区359家，皋埠282家，东关85家，钱清59家，安昌36家，共计2246家。各酒坊之产量，估计时以坛计算，每坛贮酒500斤，各地酒坊中以软社的章万润规模最巨，年产酒约2200坛，其次为章濬记、叶万源、陈源和等各月产1000坛。绍兴每年产酒约8000万斤，值600万元。因市面不景气，“九一八”后又失去东北数省市场，产量锐减。如表2—7所示，1931年9426.2万斤，1932年8200.9万斤，1933年7402.81万斤，1934年6148.618万斤。1934年产量较之1931年减少3278万斤之巨。

表2—7　1931—1934年各地绍兴酒产量表(单位:斤)②

地别	1931年	1932年	1933年	1934年
软社	21540000	21142400	20200000	16570400
东浦	27400000	17042000	15283000	13598680
皋埠	15100000	14741600	13060000	11555920
都市区	12380000	12122000	11480700	9180820
柯桥	11000000	10700000	9602000	8421600
钱清	4652000	4200000	3012100	1183780
东关	1350000	1250000	911140	520260
安昌	840000	810000	579160	454720
共计	94262000	82009000	74028100	61486180

① 绍兴之经济状况[J].中外经济周刊(第181号),1926—09—25:7—9.

② 抱寰.绍兴酿酒业[J].商业月报(第16卷第11期),1936—11—30:12—13.

另据建设委员会经济调查所调查，到1935年，绍兴酒产量锐减至4030余万斤，产值仅200余万元。绍兴一地酿造户由1934年的2246家减少至1647家。（见表2－8）1936年，因货币改制，物价上涨，绍兴酒的销路逐渐顺畅。产值和1935年比较稍有上升，但没有恢复到历史最高水平①。随后不久，日本帝国主义入侵中国，绍兴酒产区落入敌手。到1947年，浙江全省产酒仅682496市担，不及6825万斤②。可见，绍兴酿酒业所遭受的破坏未能恢复。

表2－8　1934—1935年绍兴各地酿户变化③

地区	1934(家)	1935(家)	备注
软社	435	327	1934年数字根据第六区营业税局征收牌照税调查结果
东浦	576	380	1935年数字系根据浙江省烟酒税局纳税户数统计
皋埠	282	233	
城区	359	308	
柯桥	414	282	
钱清	59	43	
东关	85	66	
安昌	36	17	
合计	2246	1647	

南方烧酒重要产地，则为江苏。“江苏所酿之酒，产于江北各县者，多为大麦所制之白酒，产于江南各县者，多为糯米所制之黄酒，此因原料产区不同，有以致之。黄酒本以绍兴所产者为最著，江苏江南各县与浙江临近，每年产糯数量亦甚可观，故绍兴制酒之法，自易流入。至于江北之白酒，向以产于泗阳之洋河镇者著名，国人所谓洋河大曲者，即此种白酒也。今则洋河二字，已成白酒之代名词矣，犹绍兴之称黄酒也。”④

而江苏酒业最为集中的区域，则为海安。海安位于泰县东南境，西距泰县姜堰镇60里，距泰县城130余里，南距如皋县城50余里，北距东台县署80余里。有盐运河自海安向西经姜堰而达江都，向东南可通如皋，南通海门而抵吕四，向北则有串扬河可通东台、盐城、阜宁等县，兴化、高邮均有河道可通。因地理位置特殊，是各水道之集会点，清初叶便已是泰县要镇，是南通、如皋、海盐、泰县、东兴、盐城、阜宁、兴化八县土产集散市场。民国初年内河小轮通行后，海安航运更为便利，商业更见繁盛。其后因匪徒屡扰，荒歉相乘，商业稍受影响。泰县、东兴、盐城、阜宁、兴化五县之米稻，运销临近各县以调济民食，大麦、高粱之酒转运各地以供民用者，都以海安为集散市场。故海安不特是江北之米码头，也是江北之酒运码头。

① 建设委员会调查浙江经济所统计课.浙江之绍酒[M].杭州：建设委员会调查浙江经济所，1937.2.

② 浙江省银行经济研究室.浙江经济年鉴[M].杭州：浙江省银行经济研究室，1948.431.

③ 建设委员会调查浙江经济所统计课.浙江之绍酒[M].杭州：建设委员会调查浙江经济所，1937.3－4.

④ 杨大金.现代中国实业志(上)[M].长沙：商务印书馆，1938.734.

江苏各县大麦、高粱用途，高粱除少数用来制糕饼食料、大麦养猪外，大部分皆用以制酒。因此四县乡村都市中，制酒糟坊开设颇多，更以泰县、东台为最盛。泰县境内，1921年最盛时期糟坊多至700余家，东台800余家。后因受土匪扰乱及1928年、1929年两年荒歉，泰县糟坊减至400余家，东台减至240余家。盐城境内亦由40余家减至30家左右，兴化境内由49家减至20余家。到1930年，四县糟坊只有700余家。泰县、东台两县较大糟坊每年蒸酒300作，每作出酒至少为120斤，年产360担；较次糟坊每年蒸酒120作，得酒144担；最小糟坊每年蒸酒60作，得酒72担。若以平均196担计，泰县糟坊400家，每年出酒为78400担；东台糟坊240家，每年出酒47040担；盐城糟坊30家，每年出酒5880担；兴化糟坊20家，每年出酒3920担，合计四县每年产酒135240担。泰县酒税4万余元，东台酒税21300元。据规定，公卖费每担七角，则仅此两县每年产酒当在87570担以上。四县所产之酒集中于海安，因东台、泰兴南北毗连，酒类产量丰富。更因海安地势水道关系，以海安为中心，西60里、西北70里、北50里、东北30里、东8里、南3里，在此3700方里之间，海安为酒类运销之大本营①。

东台、泰县制酒原料，以当地产高粱、大麦为主，间用元麦、玉蜀黍。泰县以高粱为多，东台大麦约70%，高粱占30%。制酒时将原料加水浸泡，过一昼夜取出洗净，入蒸原料锅中蒸煮后铺置地上。地面以稻壳和泥制成，可保持温度并吸收水分。蒸熟原料铺置地面时，拌以酒药，每担原料约需酒药1斤。拌入酒药后聚成堆，盖上蒲席，保持温度，每过六七小时搅拌一次。24小时后转置缸中，缸上加盖，并用黏泥密封。天暖时经六昼夜，天冷时经八昼夜，将酒醅取出，入蒸酒器中蒸馏。蒸酒灶乃挖土成穴，以砖筑灶，灶在地平面下，上口与地面平，口圆形恰适合蒸酒器。烧煤炭者灶门在灶之旁面，灶内成葫芦瓢状；烧稻壳者灶门在灶之斜上方，灶内成圆柱筒状。蒸酒器以木制成圆桶状，高2尺，直径也约2尺。酒醅装入蒸酒器后，燃火发热蒸煮，约半小时后开始出酒，二小时后酒尽始止。海安蒸酒器每次可蒸原料2担，每蒸二次名曰“一作”。但高粱每作为4担，大麦每作为3担，元麦与玉蜀黍每作为二担半。因此每作所酿出的酒也有差异。高粱每作4担，价格17.6元，出酒海安秤150斤，每斤成本0.12元；大麦每作3担，价格12.6元，出酒120斤，每斤0.11元；元麦每作2.5担，价格12.7元，出酒120斤，每斤0.11元；玉蜀黍每作2.5担，价格12.3元，出酒120斤，每斤0.11元。每作用酒药、柴炭、人工等费用，将酒粕、酒糟及浆水之值(约值2元)，可以开支。故高粱酒的成本约等于高粱的成本，酒的成本随高粱市价涨落。其他如大麦酒、元麦酒、玉蜀黍酒，情形大致相同。②

江苏武进出产陈酒(亦名兰陵陈酒)、糟烧、酒酿三种。陈酒以糯米、麦曲、酵药蒸透后，

---

① 泰县海安酒之产销调查[J].工商半月刊(第2卷第24期),1930-12-15:1-4.

② 泰县海安酒之产销调查[J].工商半月刊(第2卷第24期),1930-12-15:8-9.

和水成之。自立冬至立春为酿酒期，过此则色味不良。糟烧以陈酒榨余之糟，加酒药、蒸汽成之。酒酿，以糯米加酒药，盛以陶器，盖以稻草，藏于室中，暖以棉絮，不使空气侵入，三五日成之。酿酒工场名曰糟坊，以四乡占80%，附郭占20%。产量则附郭占1/3，四乡占2/3。其著名者附郭如公记、泰记、鼎恒元、源大成，四乡有江万聚、恒大等。在清季未经公卖时，仅纳厘金，有酿酒作坊300余家。自施行公卖后，捐税增加，除纳厘金外，牌照有捐、坐贾有税，于是日就衰歇。至20世纪20年代末仅存不满150家。酿酒期工资每人自30元至100元，余则以耕种为生。糟坊资本自千元至八九千元不等。所用糯米纯系本地产，如遇荒歉，则购自金坛、丹阳等地；麦曲则为本地所产。年产陈酒5万石，糟烧千余石，酒酿三百余石，均销本邑①。

因受抗日战争的影响，战后酒业发展颇不如战前。江苏省川沙县制酒业，"战前可称发达，战后因敌伪粮食统制及用煤来源断绝，一落千丈。胜利后，黄酒酿造坊亦仅三家开始复业试办，烧酒制造坊则因燃料缺少，且价格昂贵，开制者仅一二家。且时蒸时辍，烧酒制造成本高于外来客酒市价，无法竞争。故均陷于被迫停业之境，除非用煤来源畅达外，烧酒前途，未许乐观也"②。全县仅有土黄酒酿造作坊3家，每家年产约4万斤；土烧酒1家开酿，年产亦约计4万斤；酒类贩卖商合计98家。泰兴县出产土烧酒较多，与地方经济发展情形密切相关。泰兴地区除西部滨江一带有少量水田之外，其余多数都是高田，只适宜种植小麦、高粱等旱地作物。土地贫瘠，需不时施肥。肥料来源，又靠养猪积粪；而养猪饲料，又要依赖于酒糟。旱作酿酒，以酒糟养猪，猪粪施肥，循循相因，成为农村经济发展的主要决定因素。农民之生计，因此维持。所以泰兴酿酒业，几成家传户习，所以土烧酒产量蔚为大观。战前烧酒产量，每年至少有十几万石。抗战以后农村破产，民不聊生，原料燃料均感缺乏，洵至生产力疲，酿制情形与战前相较不啻天壤之别。其酿酒时节大致分为两期，第一期5月至9月，以小麦酿制；第二期9月至4月，以高粱酿制。酿制糟坊，与江南之备资自营者不同。土名叫作搭烤，即每一村镇设置糟坊一家或几家，在酿制季节专代农户酿制，糟坊本身并不备资自酿③。武进县城区酒类酿户29家，除八仙糟坊酿制土烧酒外，其余都是酿造土黄酒、仿绍酒等季节性酒类，可产3.8万余担。乡区酿户散漫，只有江南、牛南两家酒厂达到派员驻厂征收标准（年产2.4万斤）④。江苏省仿制洋酒商号，只南京市区有七家，范围极小，1946年共制瓶酒5714打⑤。国产酒类本为江苏省"大宗税源，惟产制场所散漫不堪，大多均为农村副业，本来不易统计，控制尤感困难"。"交

① 于定一.武进工业调查录[M].武进：武进县商会，1929：17—19.
② 吕鉴明.川沙县通讯[J].江苏货物税通讯（第1卷第2期），1946—08—01：9.
③ 孙炳熙.泰兴分局业务概况[J].江苏货物税通讯（第1卷第6期），1946—12—01：3.
④ 武进分局卅六年上半年度业务概况[J].江苏货物税通讯（第2卷第5、6期合订本），1947：9.
⑤ 钱启榕.卅五年度江苏货物税厂制课税物品产量分析概况[J].江苏货物税通讯（第2卷第3、4期合订本），1947—04—30：1.

通不便，清查产量，更属不易。所列年产数量，仅就可以达到控制税源之数加以统计，并不十分准确。其中或有因米麦价贵，燃料缺乏，中途停酿者；或有因改用杂粮酿制以致出酒减少产量降低者。如年谷丰登，米麦价降，酿制较多，产量亦即增加。再如内战停止，交通畅达，税务工作人员能深入乡区，则产制可以彻底查清，税源亦能相当控制。"①江苏省每年约产土黄酒 247840 担，土烧酒 267637 担，仿绍酒 169000 担，高粱酒 132245 担，甜白酒 130440 担。

吴县有仿绍酒酿造作坊 70 余家，大多分布在城区附郭及虎丘、陆墓、朱家庄等地。独资酿造者不足 2/10，大部分都是苏州、上海的酒商临时合伙或以米寄做，俗称"搭做"。作坊本身只有场地、酿造器具及工人而已。酿造器具大致有蒸饭用的灶、甑、竹席，浸米用的清水缸，酿造用的酿缸、醪坛、草盖、缸衣及水桶、水船等。全部雇用工人 2000 余人，酿造时期在旧历 12 月初到次年 4 月止。酿造方法均采用摊饭法，每缸平均装米 2 石 2 斗，在清水缸中浸米约 20 天，取出与水浆分离，用蒸桶蒸熟，大约需要半小时。但工人多数是依据经验，不以时间为准。平铺在竹席之上，使其均匀吹凉。等温度降到 60℃左右，即可下缸。将先置好的三浆四水，倒入缸中搅和，其温度不宜过热过冷，必须适中。同时倒入淋饭酒酿十余斤及麦曲 3 斗 3 升，由工人两三名各持木耙将混合物拌匀。至 32℃时将缸盖蓑衣盖上，经过一周时间的发酵即可开头耙。此时工人以手验其温度，鼻嗅其香气，口尝其酒味，耳朵听其发酵的声音，以辨别发酵情形是否得当，再开始第二耙工作。有时为了查验酿缸中的温度，工人脱了衣服将手臂伸到缸底检查。这项工作最为重要，需要查看酒味使之调节。酿造之发坯，尝之过甜或有酸味即效果欠佳，须略带涩味方合。间或因温度不足不能完全发酵，往往影响产量，此时工人常利用烧酒少许，倒入缸中以助长发酵，大约发坯在缸中继续发酵至 70 日后即可开榨煎制。因酿缸数量有限，将首批发坯灌入坛中，继续轮作。经过榨酒剩下的糟粕，倒入缸中密封贮存一两个月后方取出蒸馏，所制成的酒俗称"绍烧"。蒸剩的糟粕可以作为喂养家畜的饲料，或未曾蒸过的糟可以供染坊染色用。榨出的新酒不能久贮，等酒液澄清后，放入特制的锡锅中煎煮。大抵仿绍酒开榨煎煮时期约在次年立春后半月至 201 日左右。须煎煮至泡沫集中一处时方可，为了增加成色与浓度，常加入砂糖汁（即浆色），装入清洁的坛中，坛口用竹篾包口瓦碗盖上，并用浆糖与炼过的泥土封固，即可运销外埠②。

长沙本有烧酒作坊 41 家，因受到"一火四战"（长沙大火及长沙保卫战）的影响，多数只能合资经营，业务不振，奄奄一息。生意的盈亏，全靠出酒率为转移。一石高粱出酒 40 斤左右，有时只能出 20 斤，如此则不但无利，尚要亏损很多。"本来酿酒以高粱等杂粮为主

① 第一科撰述.江苏货物税税源概述[J].江苏货物税通讯(第 1 卷第 4 期)，1946－10－01：4－5.

② 吴县仿绍酒酿造概况与运销情形[J].江苏货物税通讯(第 2 卷第 5、6 期合订本)，1947：15.

要原料，可是在秋收时期，常有少数败类，见利忘义，以新谷酿酒。这一方面是政府禁令不够彻底，另一面还是新谷价额比杂粮贱的关系。守成不变，是我国民族的特性。酿酒也不像外人能够利用果类做原料。市面所贩卖的佛手酒、冰梅酒，都是酒里面泡了佛手或冰梅，并不是以之为原料酿成的。今后应如何利用果类做酿酒原料，这点很值得从事酒作业或关心酒作业者研究。”在抗战时期，“湖南省酒精厂设在益阳及乔口，当时曾派人专驻长沙，采购土烧酒作为酒精原料。同时长沙烧酒还向衡阳等地销售，可说是长沙酒作业的黄金时期。后来酒精厂停办，衡阳等地遭受战争的创伤，几乎成为焦土，商业不准，销路不畅。加上外来之汾酒、茅台等充斥市面，特别吃香。长沙烧酒，便被上流社会的人们遗弃，而且浏阳、靖港以及长沙四乡的临时秘密酿户，也将酒偷运进入长沙，因是偷税之品，故价格低廉”。这些都是长沙本土酒业的致命打击。“酿酒是很好的化学工业，酒作业如果能除去缺点，力求进步，应该有其光明前途。老实讲，像目前这样的场面，是绝对难以发展的，要使这古色古香的闺秀能够赶上时代，金融机关与税务局所应该挺身而起，多予扶植，爱好几杯的先生们，该不致掉头不顾吧！”①

在抗日战争爆发之初，武汉有上百万人口，每年酒的消耗为数甚巨，酒业经营较为发达。汉口市上行销的酒有汾酒、绍酒和南酒三种，销路以汾酒最大，绍酒次之，南酒又次之。南酒“在汉口之势力虽次于汾酒绍酒，而往年在市场活跃时期，其销售数量，亦达数十百万斤之多。其在商业上，亦颇占地位”。南酒制造业者，俗称“南酒糟坊”，以有别于汾酒等糟坊。制南酒的方法，与其他酒类酿制原则大致相同，原料为大麦、高粱两种，燃料为烟煤。因战时烟煤来源缺乏，政府禁止以煤烤酒熬糖等，故停业者多，少数酿制者多以木柴为燃料。武汉出产酒类完全在本市销售，出运甚少。除本地糟坊酿制外，尚有府河黄陂四乡一带南酒糟坊。糟坊以批发业务为大宗，趸售与各杂货店及酒店。门市零售，兼亦有之，销量较批发为少。每家糟坊之产量视业务大小为定，平均每家每日产酒数百斤。战前有南酒糟坊六七十家，战时减至三十余家。且南酒糟坊业务远逊于汾酒糟坊，汾酒糟坊资本动辄数万以至数十万，产量自大。南酒糟坊资本甚微，每家不过数百元，最多者仅数千元。抗战爆发后“政府实施经济统制，举凡一切奢侈品营业，皆在取缔之列，故汉市南酒业于去年(1937 年)11 月间即奉市政府明令，禁止烧酒。因是停业者甚多，几占原有糟坊之过半数。现时(1938 年)所存三十余家之南酒糟坊，亦不过时烧时歇，呈半开工状态。而每次制造之产量有限，盖因原料不易购得，尤以燃料(烟煤)缺乏，制造困难。而同时又因政府禁止公开烧制，故产量大减，业务一落千丈。此战时应有之现象，在此奢侈品之商业，自不能与他种日常生活必需品营业相比较。必须抗战胜利以后，市场恢复常态，南酒业始

① 致之.闲话长沙的酒作业[J].金融汇报(第 27 期)，1946－10－09：12.

能恢复昔日之繁荣也”①。

四、西南、西北地区

据东亚同文会的调查，1917 年云南产烧酒 15155266 斤，价值 780607 元，酿户 2401 家；产高粱酒 2560751 斤，价值 333926 元，酿户 375 家；果子酒 5500 斤，价值 600 元，酿户 31 家；药酒 8755 斤，价值 1751 元，仅 8 户生产；杂粮酒 3326938 斤，价值 361774 元，酿户 790 家。全年合计产酒 21057210 斤，价值 1478658 元，酿酒户 3605 家②。在云贵地区，铁路沿线制酒较为发达，可见交通之重要。据 1930 年调查，云南宣威制酒铺户约有 100 户，瓮安制酒工业每年出品 6 万余斤，铜仁酿酒户 20 家，出品销售本城四乡。江口酿酒户 80 家，工人 80 人，每年出品约 32000 斤，销往本地及铜仁。思南每年产酒数万斤，销内地及邻县③。总计湘滇线云贵段附近各县制酒者有 17 个县，产量以贵阳、安顺、平彝、关岭、龙里为最多，足够各县消耗。昆明本市人民性喜酒，而尤以一般劳力者为甚，有无酒不可终日之势。唯制酒户仅 13 家，女工 420 人，出酒有市酒、肥酒、升酒三种，工作时间每日 8 小时至 12 小时。嵩明制酒户 8 家，男工 106 人，年出烧酒 10.5 万斤。霑益年出市酒 13 万斤。平彝年出烧酒 61.2 万斤，工人 517 名。龙里市酒年产 20 万斤，贵阳年出市酒 180 万斤，工人 200 名。贵定酒年产 6 万斤，关岭市酒年产 35 万斤，平坝市酒年出 4.8 万斤，安顺年出沙仁酒、高粱酒等 50 万斤，行销川滇湘桂等省。清镇年出市酒 6 万斤，施秉酒年产 1 万斤，麻哈、平越各产 6 万斤，炉山各区年出酒 8 万斤，主销本地。镇远年产 15.5 万斤，青溪米酒年产 5 万斤④。

据 1937 年 10 月四川省甘蔗试验场调查，内江造酒消耗粮食甚多，高粱酒每年耗粮至 6660 石以上。至于漏水酒（甘蔗榨糖后，其残渣仍余留糖分，再榨后可用以酿酒，四川名“漏水酒”，福建名“桔精酒”或“桔水酒”），每年至少亦需耗糖 1000 万斤，倘以此漏水造酒精，可取酒精 250 万斤。酒精可代汽油，又为兵工厂所必需。漏水酒年产 500 万斤，多产于沱江流域两岸各乡镇，销往成都附近各县，每百斤约值 9 元 4 角，每月每只桶抽税 2 元 3 角 8 仙；高粱酒产于不通河道之各乡镇，多在县内各地零售及成都城内，每百斤 13 元，每月每只桶抽税 8 元又 6 仙。漏水每万斤价值约 250 元，产酒 5000 斤；高粱每石约 14 元，可制酒 150 斤。内江约有 50 家酿坊，所产高粱酒（当地名“红酒”）不足供应本地零售及转卖，大部分买自毗连的隆昌、荣昌两处。制酒时期分淡月旺月，旺月（二月到五月，八月到冬月）一只桶每月可烤五座，淡月（六月、七月、腊月、正月）一只桶只烤酒四座，淡月因天候太

---

① 本社统计调查部调查.武汉之工商业 35 · 南酒制造业[J].汉口商业月刊(新第 2 卷第 9 期)，1938－02－10：7－8.

② 东亚同文会编纂.支那省别全志 · 第三卷 · 云南省[M].东京：东亚同文会，1917：681－682.

③ 铁道部财务司调查科.湘滇线云贵段附近各县经济调查报告书[M].出版地不详：铁道部财务司调查科，1930：51.

④ 铁道部财务司调查科.湘滇线云贵段经济调查总报告书[M].出版地不详：铁道部财务司调查科，1930：114－115.

冷或太热，取酒成分最低，故多不愿烤酒，但酒虽未烤，每月捐税照常缴足，因之各糟房也忍痛烤取①。

四川绵竹县以出产大曲酒闻名。“绵竹大曲和泸州大曲同负盛名，当地酿户言其不加入任何物质，故其味醇香，色洁白。……这种大曲酒只是一种比较可口的兴奋剂，对于人身的健康，并没有什么益处的”。先以大麦和小麦在伏天制曲，制成曲块后用纸包上，用时磨碎。酿酒时以谷壳为底，将大麦、小麦、高粱、燕麦、稻子等磨曲和之，下窖发酵，以40日为一轮，取出蒸馏出酒。步入酒坊一带，酒香扑鼻而来。大曲酒有陈酒、五种子酒、花酒三种，以陈酒为最好，五种子酒次之，花酒最劣。陈酒酒精含量在60%以上，五种子酒在50%～60%，花酒在40%上下。每年产量约20万斤，行销成都者最多，约占总产量的65%，本地销售10%，余则销往绵阳、什邡、德阳、中江以及遂宁等邻近各县。除了大曲酒之外，绵竹还产烧酒，当地叫作小曲酒。酿造烧酒的原料为酒米和土药120余种，在窖内发酵7日，起出上甑蒸馏取酒，年产300万斤以上，行销临近各县，可以用来提炼酒精，四川广汉酒精厂便大量采用。据1944年统计，绵竹大曲酒酒户9家，年产169400斤，烧酒酒户99家，年产1951862斤，合计产量达到2121262斤；大曲酒缴税5184720元，烧酒缴税14834014.48元，合计纳税20018734.48元。烧酒酒户较多，产量也多于大曲酒，原因是烧酒成本低，税收较轻，利润也较多。时有大曲酒以烧酒税票出运逃税者。“在百物高涨的现时(1945年)，‘朱门酒肉臭’的现象虽仍不免，但大曲酒的销量确已逐渐减少了。”②

近代泸州大曲酒也较为出名。但因为各种原因，产量较少。第一是酿酒所需的窖池较少。各酿商在创办之初，仅有一两个窖池，1912年前后，全泸州只有10个作坊，窖池50个，年产量大约240吨。第二是老窖缺乏。泸州大曲酒之所以品质优良，主要是由于其老窖，但老窖有限，当时著名的“温永盛”有14个老窖，年产量仅10吨。第三是由于酿酒并不专业，多为酱园等兼营。多数酿酒作坊都不是专业经营，有的是酱园、糕饼经营者附属经营，有的是烧酒糟房内经营，专门经营曲酒的只有少数几家。由于泸州大曲酒声誉日隆，销路逐渐扩大，从事经营业务的人也就多了起来。在1912年以前，共有温永盛、天成生、协泰祥、春和福、爱人堂、李荣盛、预顺、豫丰同、双荣昌、大兴和等10家。到1937年，裕厚祥、陈兴盛、义和春、生发荣、秫誉村、洪兴和、鼎丰恒(后改为定记)、福星和、蓬莱春、鸿盛祥、同发生等11家也陆续开办。窖池扩充到86个，产量逐渐增加，销路也逐渐扩大，最高年产量约达800吨。主要销售市场是重庆，约占总量的50%，省内其他县市销量约占45%，省外如昆明、贵阳等地约占5%。重庆之所以是泸州大曲酒的主要销售市场，是因为川东、川北酒商并不直接去泸州买酒，而是在重庆购买，重庆是泸州大曲酒行销川东、川北

① 刘建纯.内江县产酒概况[J].建设周讯(第4卷第6期)，1937-12-12:7-9.

② 苏亦农.绵竹县的特产——酒、烟、煤[J].四川经济季刊(第2卷第3期)，1945-07-01:295-296.

的转运地。上海、宜昌、沙市、广州等地销售的曲酒，都是由重庆转运，只有极个别的地方直接去泸州购运销售。

抗战期间是泸州大曲酒的极盛时期，也是一个“粗制滥造的时期”。当时由于四川人口激增，曲酒的销量也随之增大。一般运销商争相购买，大多采用先付款再交货的办法，曲酒产量供不应求。一些地主和经营其他业务的资本家也开始投资曲酒生产。有富生云、福寿同、连记、唐福和、罗卓如、泉记、利生、春林、协成、邓子鼎、锡成、胜发祥等 12 家陆续开办。是故到 1945 年，泸州大曲酒作坊达到 33 家，窖池 249 个，资本总额约十万元。在销路毫无问题的情况下，作坊只追求产量，不顾质量，趁机大量掺假，乱打牌号名称，一律称其产品为老窖。如福寿同的新窖酒也打“老窖”的招牌出售，被同业讽刺为“百日老窖”。还有的作坊冒充“温永盛”招牌出售；而温永盛因资金有限产量不多，也不顾声誉，买其他作坊的曲酒打自己招牌出售。掺杂掺假更为普遍，一是所谓“干烧”，直接在曲酒内掺入烧酒，有的作坊一个月要买进几万斤烧酒掺入，降价销售。一是所谓的“湿烤”，就是用大曲酒糟铺在烧酒甑上蒸出来，美其名曰“改良曲酒”，实际上就是今天的串蒸串烧工艺。

抗战胜利后，还乡的迁川人口多将泸州大曲酒作为土特产携回，故其销量还算稳定。1946 年内战爆发，泸州大曲酒的主要销售场地重庆人口日益减少，产量销量急剧下降。至中华人民共和国成立前夕，在抗战中开设的 12 个作坊，由于是投机开窖，新窖产酒质量差，难以销出，先后停业。其余 21 家作坊，因产品积压，也大多停酿。仅存数家，原来 249 个窖池所剩只有 10%左右。中华人民共和国成立前泸州大曲酒业发展的主要原因有：第一，泸州大曲酒有较高的知名度，销路毫无问题；第二，产品畅销，可以长期持续经营；第三，投资不大，一般利用旧房舍加以改造，开挖窖池也花钱不多，只需天锅、酒甑、挑运工具等简单设备，1000 元左右的流动资金便足够周转；第四，工人都是雇用的，出窖时才雇工人，封窖后便放工，工资不多；第五，生意稳当，有利可图，正常利润至少在 15%左右。虽然物价疯涨，但酒坊掌握了酿酒原料粮食和成品等实物，未受较大影响。

当时酒坊之间的竞争，主要表现在以下几个方面：第一是争夺市场。在泸州本地拉拢零售商，资金雄厚的先货后款，挤掉资金短缺的作坊。外销方面，主要是拉拢重庆运销商，互相抬价杀价。第二是抢购粮食。大多为了收购更多的原料，哄抬原料价格进行收购。第三是新老窖之间互相排挤。老窖自恃招牌，不惜采取各种手段降低新窖信誉；新窖自知质量不如老窖，便用杀价的方法以争夺市场。第四是利用增加工资等各种手段抢夺酿酒技术工人。第五是大挤小，互相竞争，竞争多元化。小作坊资金短少，靠贷款经营，产酒后急于出售。大户则乘机杀价，将小作坊所产之酒买过来加价出售。有的作坊在重庆、昆明等地设有专门负责售酒的组织；有的则是联合设立，进行竞争。盲目竞争的结果是质量下降，声誉受损，时人有“泸州人吃不到真正老窖曲酒”的说法。①

重庆则有生产黄酒之允丰正。重庆允丰正酒厂历史悠久，是近代重庆知名的酒业生产商。其最初创办的经历已经无从查考，据说早年是老酒作坊兼营油蜡业。而其酿制绍兴酒，则有一段颇为传奇但又不无道理的传说。前清大小官衙，其师爷多为浙江绍兴籍僚属担任，主官虽更替频繁，而师爷则始终不动，所谓“绍兴师爷”之称，已经成为清廷官场中的一种习惯势力。举凡宦场宴会，大多以绍酒待客，当时重庆市场却无绍酒，虽有老酒可沽，而绍兴师爷总觉不如家乡风味可口。这时，有人称韩四大人者由浙江到川做官，就住在允丰正左邻，便向允丰正老板建议酿造绍酒，以应宦场需要，并愿意为他介绍浙籍酿酒老师傅。这样，允丰正便开始酿造绍酒。最初产品不如绍酒香醇，后来质量逐渐提高，定名“仿绍”，又称“渝酒”。

其后经营逐渐发达，成为重庆市场最为知名的仿绍酒类。道光十九年(1839)允丰正改组，合计股本4620两，分为十四股，每股330两，股东每人最多只能占三股。股东不愿经营的时候，可以退股，但股权不能自行转让，应由允丰正公款垫付收回，再合议转让于适当之人。每年四月一日结算，盈余一次分发，允丰正不提留。盈余分配按十五股分配，多出的一股作为工人红酬。每股每年可分红利300两左右。并规定股东中只能由其中一人管理，其他人不在允丰正任职，但可凭借股份按月支取息金，在结算时扣除。这一规定一直沿用到1924年再次改组。新改组后的允丰正名为“康记允丰正”，专门聘有经理人员和法律顾问。仍为合伙经营，保留14股的传统，将每股股本改为银圆3200元，连同房产及存货在内合计资本七万元。后来产量激增，但营业不善。1934年由川盐银行接管，改组为股份有限公司，到1936年营业好转。未几抗战军兴，重庆作为战时陪都，中央机关及教育机构大量集中于重庆，需求量激增。然而货币不断贬值，物价上涨，允丰正盲目增加产量和投资，经过几次增资，企业方能继续经营。1949年产酒15944坛，销售13746坛，亏损870万元，应偿还债款200万银圆。

允丰正在成都、万县、泸县、宜昌等地先后设有分店，成都店一年能销八千余坛。允丰正占据重庆三分之一以上的市场，成为达官贵人和一般重庆民众及外来人员喜爱饮用的酒品。一般每年均能销售3万至4万坛，即便是在战乱不断的1949年也能售出1万余坛。1948年出掌允丰正董事长的卢澜康在总结允丰正立足百余年时，认为其优良的品质和充裕的资本，是必不可少的条件，而历任经理人员与上层名流的结交周旋，也是其风行不衰的一大原因②。

---

① 屈重容，汤天瑀.解放前泸州大曲概述[C]//四川文史资料选辑(第15辑).成都：中国政治协商会议四川省委员会、四川省地方志编辑委员会编印，1964：177－179.

② 卢澜康.我所知道的允丰正[C]//重庆工商史料选辑(第1辑).重庆：中国民主建国会重庆市委员会.重庆市工商业联合会合编印，1962：91－106.

西北各民族除哈萨克人、布鲁特人不饮酒外，各族人民大都嗜酒，故西北制酒业亦甚普遍。其中以陕西凤翔的制酒业为最著名，民国初年有制酒业 70 余家。后因受兵匪影响，递减至 30 余家，后复增至 60 余家，遍及城乡各地。其中以柳林一村最多，品质也最佳。其次如城内、陈村、长同、彪角镇、南务村、尹家坞等处均有。制酒原料为当地出产的高粱、大麦及豌豆。每年 4 月麦收后，各酒坊即收购大麦、豌豆，以大麦 60%～70%，豌豆 30%～40%，用石磨磨碎，招工人制曲，储于曲房内。中秋节后即开始造酒。其造法系先置地窖 9 口，将曲及高粱磨碎后混合成砂。用高粱 5 石，曲 1 石 2 斗，共入一窖。向窖内蒸装原料名为“立砂”。立砂之初，每窖先装大砂三甑，拌入高粱空壳，多寡有差，每日只装一窖。各窖装毕，即由第一窖取砂蒸馏。初次蒸馏之后，酒未蒸完，原砂仍须入窖，以备下次再蒸。同时并蒸添大砂一甑一并入窖，大砂装入窖底，蒸过之砂置大砂上。各窖均如此，经九日后开始第二轮蒸酒。取蒸三次后，每窖必有一甑是糟粕，一甑是差糠，四甑是熟砂，熟砂拌曲入窖，差糠入窖不再拌曲，或亦拌少许，下次即成糟粕。糟粕售予农民拌草饲畜或做肥料。另蒸添生砂一甑入窖以补其缺，如此轮流蒸馏，次第添取。蒸馏之际，砂装甑内，上盖大坛，鳖底即接有溜子，由甑腰小孔，横出甑外，下置小坛。然后以火从甑底之锅烘之，即有水蒸气，触于鳖底，合流于鳖底之最尖处，经过溜子，入于坛内，是即为酒。接至 2 小时，酒味已薄，即行停止。甑内之质料，亦即按蒸过之次数予以取舍。再继续接酒，酒盛于酒海内，以便分销。自 8 月开锅，至次年 4 月停止，以此 8 个月为酿造时期。其余月份如气候较冷，也能制造。每家每日需高粱 5 石，曲 1 石 2 斗，每日出酒约 240 斤。凤酒销路极广，可沿陇海销行青岛、上海等地。陕西除凤翔产烧酒外，其余各地亦有制烧酒米酒者。甘肃酒业以成县为最著。其主要原料为高粱、青稞、豌豆、小麦、黑豆等。制法大约与凤翔相同，但品质不如。此外永登之黄酒也较著名。青海之藏人、蒙人、汉人均嗜酒，制酒业多在东部农业区域各县。如贵德农村中，每年可产烧酒 3.5 万余斤。制酒除原料高粱外，多为青稞。蒙古人善制乳酒，似清水，无色透明，饮之易醉。宁夏东部各县产烧酒，其品质大致与甘肃同。宁夏玫瑰酒也很著名，西部之蒙古人则多制乳酒。新疆产酒以南部为多，如阿拉克、巴克孙、七噶葡萄酒等。阿拉克系用沙枣酿成；巴克孙系用大麦、稻米、糜子酿成，磨碎不除糟粕，味淡而甜，似绍兴酒；七噶系用马乳酿成，最富滋养成分，葡萄酒产于新疆南路，以葡萄或桑葚制成，味极佳美①。

第三节　传统酒类酿制工艺的发展与成熟

我国酒类酿造历史悠久，技艺精湛。清末民国时期，浙江为全国黄酒酿造中心，绍兴

---

① 朱宝亭.西北的手工制酒业[J].西北世纪(第 4 卷第 3 期),1949－04－30:14.

则是黄酒最著名的产地。绍兴酒成为一个特定的指称，是优质黄酒的代名词，其酿造技艺也成为黄酒酿造中的杰出典型。高粱酒产制遍及大江南北，是近代中国酿造和消费较多的酒类之一，其酿制技艺也达到当时历史条件下的顶峰。在南方地区，除了出产黄酒外，米制烧酒产制也较为普遍。在西南地区，则以杂粮酿制烧酒为主。本节分别就绍兴酒酿造工艺及其鉴别、高粱酒酿造工艺、江西东乡米制烧酒酿造工艺、云南杂粮酒酿造工艺展开叙述，阐释近代酒类酿制工艺的发展情形。

一、绍兴酒酿造工艺与鉴别

绍兴酒以糯米和小麦为主要原料，通过不同种类的霉菌、酵母菌和细菌等参与发酵酿造而成。因产于浙江绍兴地区而得名，俗称老酒，通称黄酒，是一种低度发酵酒①。中国黄酒酿造的历史极为悠久，及至近代，黄酒酿造仍采用传统工艺制曲和酿造，以手工操作为主。然其原料选择与处理、酿造工艺、包装贮藏等均达到了一定的高度，特别是对黄酒质量的鉴别，更是达到了前人所未及的高度。

(一)绍兴酒酿造原料的选择与处理

酿造绍兴酒的原料，有酒药、酒曲、米、水等。绍兴酒所用之酒药分为黑白两种。白药材料较黑药简单，其所起之作用大致无别。白药以辣蓼草、早米粉为原料，黑药除了辣蓼、米粉外，更加陈皮、花椒、甘草、苍术等药末。白药制造法：在盛夏时节，采取未开花的野生辣蓼草，晒干去茎存叶，磨成细末。至11月间，以鲜辣蓼浸出汁液，和早米粉拌匀。蓼末为米粉的1/10，蓼汁以能浸润米粉黏合为宜。置榨器中踩踏，以曲刀切成寸许块状，然后用陈曲药粉敷其上，使菌类繁殖。移到模具中，转成圆形，放到草席上。再以草或麻袋等覆盖，密闭房屋窗户。经一二日后，酒药周围如出现白色菌丝及分生孢子，除去覆盖之物。将酒药取出放置架上，制成后晒干并研成粉末备用②。

小麦是酿造绍兴酒的重要原料，制曲时用。挑选小麦的时候应注意之点有：1.色泽清白，形式整齐，颗粒完整成熟；2.麦粒丰肥，呈淡黄色，两端不带褐色；3.品质同一，收获后不满一年；4.干燥适度，软硬合宜，无不快臭味及黑穗菌；5.无秕粒尘芥及其他种实混杂其间；6.每百粒重量在3～5克之间，其含淀粉量较多，适于酿造之用；7.麦粒中胚乳状态，分为粉状、透明状，呈粉状者合用，呈透明状者不适于酿造之用③。制曲大多用小麦，但也有间用大麦者，然大麦最多占二成。夏初新麦成熟上市，依照上述标准采购拣选后贮存备用。9月开始，气候高爽、温度适宜，为制曲的最佳时间。将麦磨成原粒1/4或1/2。碎麦

① 浙江省工业厅编.绍兴酒酿造[M].北京：轻工业出版社，1958.4.

② 周鑑农.绍兴酒研究之报告(续)[J].中华农林会报(第10集)，1920-09-01：2.

③ 周清.绍兴酒酿造法之研究[M].上海：新学会社，1928.18.

五斗，掺水10斤。在曲桶中拌匀，待水与麦粉均匀后，压成三尺长之圆柱形，以稻草包裹，依次直立在室内，关闭门窗，半月成曲。也有在拌曲后，将其装入木框用脚踏实，再用刀切成2寸厚5寸方的曲块。此法为少量制曲时用，取其易于发酵。"拌曲勿须另加药料，只求其原料于适当温度中，自然发酵，繁殖曲菌。但于曲菌繁殖时，别种微生菌，当然亦有繁荣之可能，惜乎制曲之作坊，不事研求，事先预防，成曲优劣一任各人之命运。不知于制曲之先，将贮曲室及拌曲桶杀菌，及注意拌曲者之清洁，以预防他菌之混入，使纯曲菌可安然繁荣也。"①成曲之选择，依如下标准：菌丝发育整齐，呈黄色或黄绿色，黑色者不可用；含有特殊香气，有恶臭者不用；味甘，苦味者不用；曲粒坚硬干燥，带黏性者不用。

绍兴酒的原料为糯米。"此等糯米，皆采自江苏之无锡，而为金坛、溧阳、丹阳三县所产者，其颗粒大而力量厚，为浙江本省糯米所不及，间有用绍兴本地所产之糯米以酿酒，其味必较薄于同分量苏米所酿之酒，故比较优良之酿户，必采苏米以为原料，盖苏米浙水两者相合，始成名酿。近年绍人有在苏州仿造老酒，糯米虽高，而水非鉴湖所产，酒味即不能如真绍酒之醇也。"②酿造绍兴酒所用之米"以绍地所产者不敷用，且其质亦不甚大佳，故制行销于本地之酒，大约用本地产米，余则皆购之于无锡、丹阳、金坛、溧阳、河墅各埠。……绍地制酒者，以多年之熟练经验，一见即得鉴别米之优劣。大约以均一丰肥，光泽单纯，外皮薄，重量硬度均大，捣白时，碎米少，干燥十分，而炊生美味者为佳。"③择米要点如下：

1.气味优良。米无特别气味，干燥或储藏不善者，有异味异臭。

2.纯洁。不可含有碎米、虫害米、赤米、青米及其他夹杂物，且米粒充实，形状齐一。

3.容量及比重。依米的重量、容量及比重不同，同一重量时，容量、比重大者，米质较优，因米粒充实，富含淀粉。

4.色泽。米的色泽齐一，不成熟的米或储存不良者，色泽不佳。

5.硬度。因米的种类及其所含水分而异。优等米硬度高，劣等米硬度较低。

6.水分。依米的成熟程度、收获前后之气候、干燥及储藏方法而异。米中水分不宜太多，否则不宜储藏。

7.虫类、谷象等不宜混入。

酿酒所用的米挑选好之后，还需精白、浸渍、蒸熟等程序。精白之目的，在除去外部之胚膜胚子，留下胚乳。胚膜胚子中的蛋白质、脂肪等，会对成品酒的风味产生不良影响，所以精白除之。酿酒用米，必用水力、人力或畜力捣白，除去之杂物，在一成左右。收获的稻谷碾磨

① 建设委员会调查浙江经济所统计课.浙江之绍酒[M].杭州：建设委员会调查浙江经济所，1937.7.

② 绍兴之经济状况[J].中外经济周刊(第181号)，1926－09－25：7－9.

③ 赵燏黄.绍兴酒酿造法之调查及卫生化学的研究[C]//国立中央研究院文书处.国立中央研究院总报告(第一册"民国十七年度").南京：国立中央研究院总办事处，1929：105－106.

去壳，为糙米，约可得79%；糙米再经捣白，是为白精米。经过精白之后，米中原含有的蛋白质、脂肪等亦随之除去，可避免在酿造过程中产生大量的高级醇。精白后的糯米，用风箱吹去糠秕碎米等，以水浸泡。每缸浸米一石五斗至一石六斗，加水至米之表面上三寸到五寸。浸渍时间因米质及水温而异，太过则米中成分溶解水中，不及则蒸米时淀粉不能充分糊化，故酿酒用米须浸渍36小时。浸渍过程中因米中成分溶解水中，微生物容易滋生繁殖，在蒸煮以前将浆水抽出，并用清水洗涤2～3次，洗米之水留下备用。精白米浸渍洗涤之后，蒸熟以使淀粉糊化，以便下一步的发酵。蒸饭之器为甑，即木制大桶，底有孔，垫以棕线或丝瓜络编成的圆垫。一缸米分二甑蒸熟，约1小时可成饭。黄酒酿造选用糯米，亦有一定的讲究，“日本造酒用粳米，中国则用糯米，而其所以不同之故，大约因日本产糯米少，且因其制法不同也。糯米与粳米之组成，虽无甚大异，然糯米比重比粳米轻，且糯米中所含之淀粉与普通之淀粉异，故欲知二者之优劣，必须研究其糖化速度及其成分也。然糯米之蛋白质及淀粉，比之粳米为少，糯米之蛋白质少，似为优点，盖以蛋白质虽可为酵母之营养品，然太多则他之有害霉菌，易于繁殖，以之作酒，易于腐败也”①。

水与绍兴酒酿造，也大有关系。“酿造上所用之水，与酒之品质，大有关系，必调查其适否而后用之。……我国绍兴地方之黄酒，多仰给于鉴湖、霞川、若耶溪等水，以水自群山万壑而来，经过土砂岩石，清化作用既盛，有害物质已少也。故无论为浸渍用，为洗涤用，为发酵用，皆用河水，而不用井水，以绍地河流交错，湖水澄清，固勿必绠深汲短为也。绍酒名驰中外，各处所难以仿造者，水质之不同，有以致之。水质由土性、雨量、地质、地势等而有异。”②酿造用水之选择，务要其清澈透明，无杂物；无臭味苦味咸味；碳酸气体含量多，有机物含量少者；近于标准硬度，稍含有各种盐碱类物质。在有条件的情况下，最好利用各种实验方法测定水中固形物、灰分、盐分、硫酸盐等各种含量，以确定其是否适用于酿酒③。

酿制绍兴酒所需设备用具，有约五十种，其形制与日常用具相差不大，数量之多寡以酿酒户规模大小而定。常用的用具有：地灶（蒸饭煎酒并用）、曲灶（蒸烧酒用）、瓦缸（浸米酿酒用）、瓦坛（大小四五种，贮酒用）、酒榨（榨酒时用）、饭甑（蒸米）、糟甑（蒸烧酒）、铁釜、风箱、木砻、锡制缸底、石磨、榨梯、榨凳、臼杵、竹筛、担桶、旱桶（盛糟）、水桶、扁担、缸索、坛索、箕斗、簸斗、淘镬（蒸饭煮酒）、锡甑、太壶、斗升、挽斗（取水）、水撩、放汤桶、米抽、箕、箅、袋、秤、箩、板盖、缸盖、锹锄、绸袋（滤酒用）、牌印（印牌号、酒名、年份）、接口、船、竹杠、木楫、木耙④。

---

① 赵燏黄.绍兴酒酿造法之调查及卫生化学的研究[C]//国立中央研究院文书处.国立中央研究院总报告(第一册“民国十七年度”).南京:国立中央研究院总办事处,1929.108.

② 周清.绍兴酒酿造法之研究[M].上海:新学会社,1928.10.

③ 周鑑农.绍兴酒研究之报告[J].中华农林会报(第9集),1920-08-01:16-18.

④ 周清.绍兴酒酿造法之研究[M].上海:新学会社,1928:51-52.

(二)绍兴酒酿造方法

绍兴酒酿造常用的方法，有淋饭法、摊饭法、加饭法等。而以淋饭法和摊饭法为最常用，其他方法均是以这两种酿造方法为基础。

淋饭酒。淋饭酒的酿造，在米饭蒸熟后，将木甑抬至木桶上，用清水浇淋以降低饭的温度。经饭流出的水，流入下置的桶中，淋水多少视饭之温度高低而定。淋饭后，将饭倒入缸中，拌以酒药粉末少许，做成凹形，缸的外面以稻草包围，经一日或二三日后，即有酒液出于凹形处，俗名“浆凹酒”。味甘美，工人以经验观察酒饭的糖化程度，加水 10 斗(约 170 斤)，酒曲四斗，用酒耙充分搅拌。因酒醪温度较低，不适合微生物生长繁殖，须加盖缸盖，缸外围以稻草，使缸内温度不外散。候缸中糖化发酵渐盛，温度升高，用酒耙自酒面至缸底搅拌多次，使其气体溢出，降低温度，名曰“开耙”。开耙的次数以温度高低及所产生的碳酸气体多少而定。温度高时，每日四五次，温度低时每日二三次。发酵温度约在 30℃，六七日后发酵作用逐渐减退，温度降低，酒醪分为上澄酒与沉淀两部分。如是可灌入坛中，作为酿造绍兴酒的酒酿用，因酒药中的酵母菌已经充分繁殖，若用作酒酿，类于培养酵母菌。淋饭酒也有用作饮料的，酒醪澄清后，静置缸中，不加搅拌。压榨时先将酒醪灌入绸袋中，以麻线扎紧袋口，叠置于榨床内。因其自身重量，便有酒液由床底流注缸中。待其流出的酒液减少，在榨床上加压，使糟中酒液全行榨出。榨出之酒放置数日，浮游物大部分沉淀，移置澄清缸中，将酒糟取出。新酿之酒，尚有较多的微生物，如要久贮，还须杀菌。杀菌时将酒倒入釜中，加盖后徐徐加热到 50℃至 60℃，酒中蛋白质类似物凝固上浮，以竹筛除去，加热至沸腾，名曰“煮酒”“煎酒”。淋饭酒酒精含量在 8.70%～10.89%。

摊饭酒是绍兴酒中的代表酒，酒质醇厚，气味芳香馥郁，常陈至二三年，行销全国。有陈十年之久者，价格高昂，风味绝佳。其原料之选择，与淋饭酒同。酿制时将米蒸为饭，取出摊晾在饭席上，饭席为竹篾制。饭摊席上，堆成二寸至三寸厚，使之冷却至约 25℃，即可下缸。先加清水于缸内，将米饭落缸，以长柄酒耙搅拌，使饭粒散开，再加入酒曲、酒酿、浆水等，并竭力搅拌，使团块匀散。天气温和时，不必另加防寒器具，寒冷时可覆缸盖，缸外围以麻袋稻草之类。饭粒逐渐下沉，麦曲一部分上浮，下沉饭与液面相距在 5～7 公分，温度 25℃。第二日开始糖化发酵作用，温度逐渐升高，酒醪为碳酸气涌高，可行开耙。开耙时间与次数，全凭工人经验断定。耙工是专门人员，其工资较一般工人为高。开耙时，以手探验酒醪温度，然后以鼻辨其气味，从而确定开耙时间。温度高时，每日七八次，温度低时每日三四次。发酵五日后温度渐高，至第十日左右发酵结束。此时将酒醪灌注于瓦坛中，名曰“带糟酒”;存于酒缸中，则名“缸养酒”。然后加盖静置，不加搅拌，使其逐渐发酵。压榨时间的选择很重要，过早则后发酵未完成，过滤困难，且不易澄清;过迟则糟粕上浮，影响酒的香气。压榨方法与淋饭酒同，榨出之酒仍须煎煮装坛储存。

加饭酒常称加饭花雕，质厚味甘，为淋饭酒或摊饭酒发酵期间加饭以增厚成酒之品质。依其酿造方法，有淋饭法的加饭酒、摊饭法的加饭酒及特制的加饭酒三种。其酿制方法与余同，只是在发酵未完成时加入蒸成之糯米饭①。

绍酒除前述淋饭酒、摊饭酒、加饭酒外，尚有竹叶青、福橘酒、善酿、仙酿、香雪等名称(见表2—9)。

表2—9　绍兴酒名品②

名称	品质	色	香	味	价格(元)	占绍酒比重	酿造特点	销路
状元红	和	赭红	浓	微甜	0.05	30%	加糖色汁	各省
竹叶青	和	青	清香	微冽	0.05	20%	加浸过竹叶之烧酒	各省
福橘酒	和	微红	橘香	微甜	0.08	5%	加福橘	沪宁
善酿	醇和	微红	浓	微甜	0.10	6%	陈酒代水	江浙
仙酿	醇和	微红	浓	微甜	0.10	6%	新酒代水加烧酒	江浙
香雪	醇烈	白	浓	冽	0.20	5%	陈酒代水加烧酒	江浙

竹叶青，即以加饭酿成之酒，于煎煮时，不用糖汁杀沫，每坛加以竹叶浸过之“镜面”(最醇厚的烧酒)四两。然后装坛，陈酿三年始行出售。其酒味冽而香浓，色如碧波，嗜饮者咸珍视之。福橘酒，亦以加饭酒制成。在装坛时，每坛加真福橘二枚，封固贮藏三年后出售，其色淡红而性和平，有活血功效，年老病衰者饮之，有益无损。善酿，为绍兴珍贵名酒，色红而味稍甜，香冽而性和平，价昂不易沽得。其酿造之特点，即于蒸饭落缸时，以陈酒代清水。即普通酿酒，本用三浆四水，善酿则以陈酒四桶代替清水。故其酿成之酒，为双料之成分，是故酒味醇和，价格昂贵。仙酿，与善酿齐名，其色艳红，味芬芳，略甜，性和平而较醇。制造时以新酒代清水，在装坛之前，每锅加“镜面”四两，与善酿同为绍兴酒中的精品。香雪，其名清高艳丽，是绍兴酒中的珍品。酒色如玉液，香味浓馥。酿造时也是以酒代水，装坛之前加“镜面”烧酒四两，不加调色，然后封固贮藏，可存至数十年③。

在绍兴酒的酿造过程中，其需注意之点有：1.宜培养优良健全的酵母；2.宜制成优良的酒曲；3.忌用酒醪为酒母；4.加入酒母时，其醪温度当在30℃上下；5.原料配合浓度适合；6.水质清洁，硬度适宜；7.用具宜清洁；8.表面发酵时之温度，绝不可超过38℃；9.酒液杀菌装坛时，杀菌完全，酒坛清洁；10.宜贮藏在阴凉处所④。

(三)绍兴酒的包装

绍兴酒，“煎煮杀菌完成后，即装坛、封固、贮藏，以待出售。然其装置之手续，亦至繁

① 金培松.绍兴酒之酿造法[J].工业中心(第5卷第4期)，1936—04：169—178.

② 建设委员会调查浙江经济所统计课.浙江之绍酒[M].杭州：建设委员会调查浙江经济所，1937.21.

③ 建设委员会调查浙江经济所统计课.浙江之绍酒[M].杭州：建设委员会调查浙江经济所，1937.20.

④ 周应璜.酿制绍酒失败之原因及其防制法[J].国立浙江大学季刊(第1卷第1期)，1932—01：87—91.

复，由蒸坛杀菌，而灌注封口，而泥头加戳，以及刷灰、装络、彩绘包箬，然后可以贮藏或运输”[①]。其包装大致经历如下步骤：

蒸坛杀菌。在蒸坛之前，需要检查装酒之坛是否有隙漏，若有隙漏，须请坛工即行修补。因新购酒坛不免有微隙或裂痕，应仔细检查。坛工每天工资 2 角半至 3 角，每天可补坛 12～15 个。修补完整，然后在锅中煮水，上置一有眼木板。眼数少者蒸大坛，多者蒸小坛。待水沸后将坛倒扣其上，使蒸气进入坛中，蒸至坛底烫手，然后再易一坛。将蒸过之坛倒置于干净木板上备用。

灌注。绍兴酒置于锅内，煮至相当时间，即将已蒸过之酒坛放置锅旁，上插漏斗形接口，将热酒灌入。另放于地上，次第灌毕后，再以锡制大酒壶盛酒，检查各坛容量。如见有缺少，须行补灌，其酒坛之大小、重量之多寡，均有一定之规。灌注完毕，待其冷却后，即行封口。

封口。各坛灌酒以后，先在坛口上置一荷叶，复加一瓦器小盏(当地名曰“灯盏头”，其大小以适合坛口为度)，上加竹箬二片，以草绳或篾丝紧扣。如是封口已毕，下一步是泥头。如系包装名酒，则在瓦盏上，加一牌号及名称之纸片于内，以示识别，名曰“酒票”。

泥头。用本地泥土，加草茎与水搅拌，至温度相当，泥草均匀，绝无硬块，然后堆置坛头，砌成高六七寸，大小适合的圆柱形。乘其尚未干燥变硬之时，加盖年份、酒名、牌号之硬皮印记于其上，以资识别。

刷灰。酒坛外部粉刷石灰，一为美观，作为预备彩绘之底；二可预防外面空气潮湿，或其他细菌侵入。

装络。酒之运销外省者，于装卸搬动时，若酒坛无着手之处，小者尚能抱提，而数十斤之大坛，搬运不便，且易损坏。故于每坛腰部，装一篾络(或用藤制)，左右有圆，如是则上下装卸，较为便利。装络工人多为本地籍，每坛工料 3 分 8 厘，每工每日可装 50 个。

彩绘。凡酒之名贵者，装坛后，均绘以彩色之花卉人物。此种彩绘系小工所做，市面所称花雕者，即因此之故，其实并非特酿之酒。酿户以为历来之装潢如此，否则不足以表示绍酒之名贵。画工之工资，亦以件记，每坛自 6 分 5 厘至 1 角 5 分，视坛之大小、绘之粗细而定。

包竹箬。名贵之酒，须运销远方者，于彩绘之后，包以竹箬，以防损毁。其封扎之形状，亦绝不臃肿。绍酒各项装潢，以此最为得体，其工料每包一坛，须大洋 1 角，每日可包扎五坛。

(四)绍兴酒的鉴别

近代绍兴酒酿造专家周清认为，绍酒在全国知名，是因其具有如下优点。第一，酒精

---

① 建设委员会调查浙江经济所统计课.浙江之绍酒[M].杭州:建设委员会调查浙江经济所,1937:22－23.

适度。绍兴酒“酒精平均记之，含12%至15%，既非若烧酒、白兰地之含量太多，刺激神经特甚，亦非若麦酒、葡萄酒之含量较少，不足以厌饮者之量”。第二，香味浓郁。“凡酒类如含苛性及不快之臭味，不足以为饮料。绍酒因有沉淀，能使所含酸类，被后发酵作用渐次分解，与酒精化合，成固有之芳香佳味，为人类所赏爱，是以绍酒愈陈，其香愈浓，善饮者，尝于个中得真味也。”第三，贮藏耐久。“酿造业之最重要者，在输送善良之酒于需要地，以引起各界之所好。是非酒之酿造法保护法，有合理的技术，使其耐长途运搬历久远不变者，不足以语此。间尝调查京市，有阅数十年百余年之绍酒，质味愈觉佳美者。较之日本清酒，未及一年，每虑变质，其贮藏久暂为何如耶?”第四，增进食欲。“绍酒以米麦为原料品。性温辛，能行经补血，助药力上行，所含酸类，又可刺激味神经胃神经，以逞消化作用，是以民间习惯，每饭不忘。自古名医，借杯中物以作调剂上之要品也。”第五，装置合宜。“欲得佳酿，其最要条件，在装置器具，绍酒所用瓦坛，因容量大小，分为五种，要皆陶土烧成，便于远运;其质亦历久愈佳。非若日本清酒之杉制圆桶，西国葡萄酒之槲制圆桶，因含香气酸类，有害酒品，七八年后，便不适用。亦非若各国酒类所装之玻璃瓶，易致破坏。且透光线，于酒质上，殊多损碍也。坛口缚以竹箬，封以泥土，使空气流通，水分蒸发，后熟作用十分完全，实为改良风味之一;则彼日本滩地方之酿造家，近亦改用素烧瓦坛，其有鉴于绍酒之装置者欤。”第六，酬应咸宜。“酒为交际社会之流行品，亦已久矣。我国习惯，大凡表示敬爱，联络情感时，靡不惟酒是赖，而以用绍酒者为最郑重。因绍酒为吾国名产，中外人士久已传闻，其风味高尚，品质优美，有非浦酒、沧酒、汾酒、潞酒、沛酒所能比拟者，此绍酒之所以销行日广也。”①

据许植芳对绍兴酒的研究和分析，一般绍兴酒的酒精浓度、总酸含量、干燥物、比重等理化指标如下：

1.酒精。纯良绍兴酒酒精之含量为10%～16%(重量，以下均以重量计)，平均为12%～15%。若饮之适量，可以兴奋神经，助消化，为有益嗜好品，与外国专卖之药酒(酒精含量14%～18%)相差不远。

2.总酸。纯良绍酒及黄酒之总酸含量为0.3%～0.5%，在0.6%以上者则觉酸味稍强。酸度过高，可能是因采集试样时，其盖打开已久，酒已变酸所致。

3.干燥物。绍酒与黄酒内所含干燥物多者，表示酒中含有溶解之有机质，如糖、糊精、药料及其无机质之磷、钙、铝、镁等。(1)糖分。糖分之含量不一定，纯良绍酒含0.6%以上者甚少。黄酒含至4%以上者即非佳品，因发酵不完全则糖分较多。(2)灰分。绍酒与黄酒灰分之含量亦不一定，一般在0.11%～0.40%之间，绍酒与黄酒中所含成分0.037%～0.543%，此灰分中所含之无机物磷居多数，并含少量之钙及铝镁等。(3)糊精。糊精之含量亦不一定，通常

① 周清.绍兴酒酿造法之研究[M].上海:新学会社,1928:7-9.

在 0.2%～0.5%之间，黄酒较多。然亦以 1%～2%上下为限，多则不良。

4.比重。佳良绍酒及黄酒之比重，在 15℃时为 0.995～0.998 之间，黄酒在 1.004～1.030 之间，过此范围者颇少。①

中央研究院化学研究所根据详细研究，指出判别绍兴酒之良否的标准 14 条：

1.纯良绍酒及黄酒，系用米及曲、水等为原料，依正当发酵而成的酒精饮料。

2.纯良绍酒及黄酒，为褐黄色澄明液体，有爽快浓郁香味，黄酒略带甘酸，不宜有不快异臭与辛烈异味。

3.纯良绍酒比重，在 15℃时在 0.995～0.998 之间，黄酒在 1.004～1.030 之间，出此范围者颇少。

4.纯良绍酒每 100 毫升中酒精含量为 10%～16%(重量)，平均为 12%～15%，但市中贩卖酒品，往往因掺水而减少酒精含量，其余各成分随之减少，此皆非纯正之品。

5.纯良绍酒每 100 毫升中提取物含量为 3～4g，黄酒为 4～6g，若超过此数者，由于发酵不充分，酒精成分也随之减少。

6.纯良绍酒及黄酒总酸含量在 0.3%～0.5%之间，在 0.6%以上者，则酒酸味较强。

7.纯良绍酒及黄酒之挥发酸含量在 0.06%～0.10%之间，超过此数者为酒精酸化，变成醋酸之证。

8.纯良绍酒及黄酒之不挥发酸在 0.3%～0.5%以内。

9.糖分含量不定，纯良绍酒在 0.6%以上者甚少，黄酒在 4%以上，则非佳品，盖发酵不充分，则糖分较多。

10.糊精含量不一定，多在 0.2%～0.5%之间，黄酒含量较多，然以 1%～2%上下为限，多则不良。

11.甘油含量为 0.11%～1.20%之间。

12.灰分含量在 0.11%～0.40%之间，纯良之品，常为 0.2%～0.3%之间。

13.若含高级醇，饮之则起头痛，故卫生上不许含入，然因发酵上之原理，而又不能尽免，不得已仅许其有痕迹。

14.酒中加防腐剂，为近世酿造业所不能免。绍酒防腐，往往用硼砂，若其含量极微，亦只得允许极少量存在。其他防腐剂绝对不宜掺入。

前引中研院研究报告并指出绍兴酒具有如下特点：一、绍兴酒有后熟作用。新酒之味辛烈，香气也少，不适于饮用。绍酒坛底沉淀物中，有后熟酵母在内，其后熟作用能使蛋白质分解，产生各种氨基酸，与酒精化合，变为芳香性之脂类，而赋予酒体爽快浓郁的风味。二、绍酒能贮藏耐久。酒之不能耐久贮藏，往往遭受经济损失。绍酒得合理的贮藏瓦坛，

---

① 许植芳.中国各省各种酒之分析及其研究[J].科学(第 15 卷第 3 期)，1931－03－01：355－356.

封以泥土，覆以竹箬，既不接触光线，又能使空气自陶土孔隙中自然流通，水分徐徐蒸发，补助后熟作用十分完全，不若他酒贮藏过久而易腐败，此则贮藏愈久而愈佳。三、绍酒酒精含量适度。绍酒之酒精含量一般在12%～15%(重量)之间，饮之适宜，可以兴奋神经，辅助消化，促进食欲。四、绍酒效用广泛。绍酒除饮用之外，添入烹饪调味料中，能使肴馔更加鲜美，增加食品中之营养成分，用于制药，复能使药性移行于酒液，表现其功效，一如白兰地与葡萄酒皆可供医药上之应用。[①]“有此纯正之国产，既得卫生化学上之保证，而复具种种之特长，则此绍酒，当认为吾国酒类中之正宗，即国际酬酢上，亦可引为酒类中之代表，占国酒首要之地位者，非此莫属矣。”[②]

二、高粱酒酿造工艺

高粱酒研究专家魏喦寿曾说:“中国大江以北各省，几无不产高粱酒。其行销之广，南达闽粤，西尽滇黔。其气味之浓烈，嗜者每以得涓滴为快，其酒力之醇劲，利膈达腹喻之以刀，敌雪冲风比之以襖。其营业之发达足加油坊而上之。产酒最盛之县年逾数万石，纳税万余元。东北之牛庄，河北之京津，山西之汾潞，江北之徐沛洋河，出售外省者尤巨。然皆墨守成法，一凭传授，殊少进步。司技术者率皆有术无学，对于产品之多少毫无把握，对于原料之配合处理绝少精确之数目记载，其间虽不乏优良之结果与丰富之经验，然于发酵之理论及改善之途径，则皆茫如也。不合理、不经济之损失，不可以数量计。作者有鉴于此，特印制表格，详细调查各地酿造方法状况，并临酒厂参观，有所疑惑，辄求决于实验，得诸研究报告者亦复不少。”[③]魏喦寿对于中国高粱酒酿造墨守成法，颇有微词，但也认可其中不乏丰富的经验。实际上，及至近代，高粱酒酿造无论是酒曲制造还是酿酒技术，都达到了一定的高度。时至今日，某些技术经验尚广为使用。

要而言之，高粱酒酿造主要分为两大步骤。第一步是制曲，第二步为制酒。高粱酒曲制造又有原料选择、原料处理、踩曲、曲块发酵、曲块鉴别与保存等;制酒也有原料选择、粉碎、蒸煮以及加曲、下缸、发酵、蒸馏等步骤。高粱酒曲制造步骤如下所述:

1.原料选择。小麦为制曲的主要原料，有全用小麦者，有用部分小麦者。故小麦在制曲上用量较大，应选择颗粒整齐、干燥、断面呈玻璃光泽、质地紧密、腹沟较深者。大麦为制曲原料之一，其用量约占原料用量的二分之一，选用标准类于小麦。小豆或豌豆等豆类也用于制曲，制大麦曲时约用四分之一，小麦曲通常不用豆类，其挑选应以种皮薄、颗粒较小

① 赵燏黄.绍兴酒酿造法之调查及卫生化学的研究[C]//国立中央研究院文书处.国立中央研究院总报告(第一册“民国十七年度”).南京:国立中央研究院总办事处,1929:138－139.

② 赵燏黄.绍兴酒酿造法之调查及卫生化学的研究[C]//国立中央研究院文书处.国立中央研究院总报告(第一册“民国十七年度”).南京:国立中央研究院总办事处,1929.139.

③ 魏喦寿，何正礼.高粱酒[M].上海:商务印书馆,1935.45.

而比重较大者为好。制曲中水的使用也很关键，用水要求无臭无味，有甜味者更好，澄清不混浊，煮沸后无沉淀；理化方面要求其硬度低、含有机物少、不含妨碍发酵之矿物质、含氮少、接近中性者(pH7.0)；要求微生物含量少且没有妨碍发酵的细菌等。

2.原料处理。制曲原料的配合各地不同，如唐山及其附近地区，所制者多为大麦曲，其用料为:大麦五斗，小麦、黄豆各二斗五升。常因原料价格关系，有将小麦和豌豆之类用量减少者。山东济南、烟台、威海各地，所制者多为小麦曲，全部使用小麦为原料。山西太原附近等地所制的大曲，用料与唐山等地的大麦曲相同，只是用豌豆代替黄豆。又有不用小麦的大曲，其豌豆与大麦的比例约为三比七。原料配合之后，用畜力或机械将其粉碎。碎粒大者如粟米，小者为粉末。

3.踩曲。踩曲的基本工作组织，称作“曲班”。每班人数五十人到百余人不等，其中三分之一为成人，其余为孩童。曲班视人数多少而轮流工作。其组织为:1.管厢者 3 人，其中监工 1 人，验曲 1 人，喊厢 1 人；2.和粉者 4 人；3.接团者 4 人；4.量料者 2 人；5.推模者 1 人；6.踩曲者 35～60 人；7.站板头者 3 人；8.摆板者 1 人；9.开曲者 1 人。量料者用小斗量料，每量一斗刚好够一块曲用。量好倒入面盆中，和粉者以小瓢盛水倒入，水量约为曲粉的40%。加水后和粉者以双手迅速和匀成团，由盆中拿出转给接团者，盛入曲模。曲模为井字形木架，外长 1 尺 4 寸、宽 7 寸 6 分，内长 6 寸 5 分、宽 5 寸 9 分，高 2 寸 2 分。接团者用脚踏两三下后，传到后面。踩曲者站在板上，板分上中下三条。上板中板的踩曲者皆用脚跟，下板末端有一开曲者将曲由曲模中开出。验曲者以指验曲之软硬，不够硬者再踏。踩好的曲块由搬曲者运入曲室，监工者威坐不动，巡视各人工作。

4.曲块发酵。曲室地上铺厚约寸许的高粱叶，其上放置生曲。曲块均侧面放置，排列成行。行间及曲间的距离约七八分，曲块上置高粱秆六根，再放曲一层，不致倒下。曲室放满后，用席子将曲四周围起来，上部也用席子盖上。曲室门窗都用席子封闭。生曲入室后经 20～32 小时，其表面生白色斑点，俗名生“衣”，此时可将门窗打开，揭去席子，使空气流通。曲块表面水分蒸发，温度逐渐降低，曲面也渐渐变硬。开窗之日将曲块翻转一次，增为三层。放冷约二昼夜后，复关闭窗户。第四日曲块上火，室内温度增高，再翻转一次，加高为四层。以后每日翻一次，每次增高一层，行间及曲间距离逐日增大。七日至十日曲面发生多数毛霉菌后，即可开窗。每日下午六点左右关闭门窗，到其温度增高至相当程度(约八至十二小时)则开窗。温度是曲块发酵的关键，故开关门窗以调节温度显得十分重要。十余日后曲块发酵完毕，可移入贮藏室待干备用或发售。

5.曲的鉴别。(1)曲块表面有白色斑点或黄黑色长毛者为优良，无斑点的“光面曲”或“白色曲”为不良。(2)曲块表面层是生曲，为无用之物，故此层越薄越好，生曲入曲室后若温度不足，在未生衣前曲块表面已经变硬，微生物不能繁殖，即成“光面曲”，曲皮厚而品质低。(3)曲块横断面呈纯净白色者名曰“清渣”，为优良曲块；掺有杂色者为病曲，但金耳除外。(4)

曲块横断面有一点或两点红黄色斑者为优质曲的表征。一点者名为“单耳”，二点者为“双耳”。若红黄色斑甚多而集成一圈者为劣曲。(5)曲块内部呈褐色者系温度过高所致，是不好的曲。其内部呈红心者系受风之结果，同样不佳。(6)曲块内部呈暗灰色者系水分未充分挥发出的结果，也是不好的曲，名“窝水曲”。(7)曲块中心部分能与曲皮分开者系温度过高所伤，名曰“神主匣”，也为不良。(8)曲块移入贮藏室后，有时呈反火现象，温度增高，曲渐现黄色，使曲变坏。(9)曲块内部发霉气者不良，发清香者为佳①。

高粱酒酿造步骤如下：

1.原料的粉碎。高粱粉碎以畜力或机械，其程度以细者为粉状，粗者每粒皆破碎为两粒或三粒，以无整粒为好，有整粒影响糖化和发酵效果。曲药粉碎，先用铡刀将其切成小块，然后用磨磨细。其细者为粉状，粗者如粟米粒大小。曲粉粗细影响发酵效果，过细容易早发酵，稍混有粗粒能使发酵较为缓和。

2.高粱蒸煮。高粱粉碎后，加水浸渍，用水量为原料的50%。拌匀后堆压，盖以苇席。次日开始有微生物繁殖，粮堆温度上升，高出5℃～6℃，用簸箕缓缓装入甑中蒸熟。蒸约1～2小时，用木锨铲出置地上摊晾。同时加温水少许，将粮反复翻转，使粮饭散开，直至其完全冷却。此时之高粱名曰“馇子”。

3.加曲与下缸。馇子充分凉后，其温度夏季24℃，冬季在28℃～30℃。然后加入曲粉，用曲量为原料的28%～32%。续馇法分四次加入，清馇法分两次加入。馇子和曲后送入发酵室，发酵罐埋在地里，排量成行。不但工作方便，且能保温。下缸装至半缸时，用脚踏压使之紧密。天气热时务须压紧，天冷时可稍疏松。装满后用器具将其压平，铺上一层厚约半寸的高粱糠壳，以防馇子与泥接触。糠上涂泥层密封，天寒时糠壳层铺得较厚，以利保温。

4.发酵。发酵时温度逐渐上升，温度增高快慢、增高度数与发酵也有密切的关系。一般情形下，下缸后第三天温度增加到最高，在32℃～34℃之间。发酵原料中的酸度也逐渐升高。发酵期间的注意事项有：(1)发酵病。由于入缸时压榨不紧，内部空气过多，导致发酸，有害菌繁殖，温度上升后，发酵馇子呈酸味，只要在入缸时注意松紧则可避免。(2)发边病。由于下缸后封泥不密，空气潜入，有害菌乘机活动。分冷发边、热发边两种，冷发边之秕子颜色深褐，表面生片片白毛，捏之发黏，闻之无味。(3)早发酵与迟发酵。馇子入缸后第三日温度升高为妥，若下缸后第一日温度增高，为早发酵，于发酵不利，会导致出酒较少。其原因在于曲粉过细，补救之法在将秕子压紧。迟发酵是由于下缸后温度过低，微生物不能活动。其补救之法在将秕子用木棍插洞，以曲粉填入，并灌入热水后封固。发酵方法有续馇法和清馇法。续馇法盛行于东三省及河北、山东，清馇法多在山西、陕西等省。续馇法高粱可蒸酒两次以上。清馇法用地较广，出酒较少而发酵效果良好。

① 金培松.中国高粱酒之酿造法及其改良之途径[J].工业中心(第3卷第7期)，1934－07：222－223.

5.蒸馏器具与工艺。高粱酒蒸馏器常用者有锡壶式和锅式两种。锡壶式冷却器为锡制，东三省和河北、江浙等地使用较广；锅式冷却器有锡制，也有铁制，流行于山西、陕西及江北各地。锡壶式蒸馏器可分为四部分：锅、甑、盖、锡壶。锅有生铁锅和熟铁锅之分，深尺余，口径3尺7寸。甑用柏木制成，板长3尺8寸到4尺2寸，甑之形状为上大底小，上部口径约4尺3寸，底部口径约3尺7寸。甑外围用铁箍三道箍紧。盖为喇叭头状，高2尺1寸，直径与甑之上口同。上口较小，与锡壶之坐子相接，也用木板合成，外有铁箍两道。锡壶系用锡焊成，上口与底径同大，中央稍大，上部盛冷水，下部为酒的凝结处。锅式蒸馏器全体组成，可分为灶、沸水锅、甑、冷缩锅、盛酒匙等部分。灶建于地下，灶口有在地上的，也有在地下旁边的。沸水锅为铁制成，口径2尺6寸，深尺余，上与甑相连。甑有生铁制成者，也有用木板合成者，高约3尺，口径2尺7寸，腰间有一孔，一边插入盛酒匙柄。冷缩锅为铁制和锡制，与普通的深锅相似。盛酒匙口如漏斗，柄长为管状，伸出甑外，备流出酒用。冷缩锅上配有木制圆圈，备贮大量冷水，以为冷却之用。蒸馏时先将锅中的水烧沸，将秕子取出摊晾。若是续馇法则加入生粮装甑，若是清馇法则直接装甑。通常需加入糠壳少许，让秕子疏松，以利蒸汽透过。装甑时先将秕子用小簸箕轻轻撒在箅子上，平铺一层，厚3～4寸，待蒸汽上升，再行增加一层，如此反复装至甑满。切忌一次装满，如是则秕子紧凑，出酒不齐。装满后将盖子抬上，用手抚平，再置锡壶，壶内装冷水，立时可出酒。无论是使用锡壶式蒸馏器还是锅式蒸馏器，其装甑方法都是一样的①。

三、米制烧酒酿造工艺

江西烧酒产地以乐平为最有名，其次为东乡、金溪、南城等县。但因交通不便以很少运至远处销售者。然每年制酒所耗之谷，实不在少数。仅东乡黎墟，居民不过三百余户，而糟坊即有七处，全年耗粮不下5000担。其他各村虽不能皆依此类推，然全县糟坊数目，当在三四十以上，且蒸糯米酒者不在此内。酿酒“影响于粮食之足乏，似有大关系。但糟坊数目之多少，当视年岁之丰歉以为断。至米谷仅足供地方食用时，各地糟坊即必自行停业，或奉官厅禁止，务以不妨害民食为原则，故吾乡糟酒业之兴盛，不但不致妨害民食，且可提高丰年谷值，减杀丰年成灾之现象。尤以近年吾国所需酒类，多数来自国外，利权外溢，良深慨叹，若能对本国固有酒业，加以改良发展，则对漏卮杜塞，亦不无少补”②。

据一位从事酿酒业者所述，东乡烧酒酿造③与乐平等地相比无甚差异。制造原料为黏谷，间有用大麦。所需设备器具主要有：木蒸甑一座，蒸谷用，口大底细；木取甑一座，蒸

① 金培松.中国高粱酒之酿造法及其改良之途径(续完)[J].工业中心(第3卷第8期)，1934－08：249－252.

② 王继善.东乡烧酒酿造法[J].江西教育(第18期)，1936－04－30：126－129.

③ 王继善.东乡烧酒酿造法[J].江西教育(第18期)，1936－04－30：126－129.

馏酒液用，口细，底与蒸甑同大；大木桶一座，盛水浸谷及泡酿用，较蒸甑须大半倍；大水缸一口，盛水用；锡锅一口，蒸馏酒液用，口与甑流口等大，底尖凸起；四足木盆一，蒸馏酒液用，罩于锡锅口上，中部有一孔，插有一细竹管，伸至锡锅底部；湾形锡喇叭管一件，蒸馏酒液时用以导已液化之酒，使出甑外；竹编甑盖一件，蒸谷时用；挑水桶二担，挑水用；陶缸二十余只，盛酿母及烧酒；长方形土簟二床，摊酿母用；铁研槽一只，研碎酒药用。此外如飏扇、竹箩、火铲、扫帚、木勺、挖桶等器具，亦必尽量备全，方足应用。至"坊址地位，务求高爽，且须近池塘井旁之处；不宜离水源太远。坊舍所需面积，以大为佳，至少亦要长七八丈宽四五丈，以能铺摊大土簟一床，酿母及盛酒缸二十余只，与灶坛及水缸大木桶等之放置地位，以及各部间之通路为宜，但最好邻近灶坛处，须有一定空场，以便堆积柴料及放置酒糟等用"。灶坛"虽(离)地面约二尺余，周围以砖砌成，中放一铁锅，炉下掘一深尺四五寸之沟，以流通空气。灶颈长三尺左右，自灶口至内部，渐次倾斜，以便添加燃料，灶口上部，有烟囱突出屋外，与普通烟囱无异。至于酿母缸之处置，夏日无甚问题，冬日则应以稻草结窠，被于缸外并加壅谷皮，借保温热，免使酿液冰冻也"①。

酒药制法"极为一般酒业家所注重，然其制造方法，言之虽觉平易，但把握性甚小，一般老手，且往往有意外之失败，新学者更无论，故须极加注意:酒药之制造，极受天气限制，过热过冷，皆不适宜。一年中有五、六、八、九数月较佳，制药原料，以辣蓼草、陈皮、花椒、甘草、苍术等药末，及早米粉浆、嫩糖等为重要成分。制法，先以药末混于糖内拌匀，药末中糠分量五分之一。再倒入早米粉浆加以搅拌，使能黏合为止。然后再以手揉成蛋状圆粒，用陈药粉敷散其上，摊放于草席上，上面用稻草或麻袋覆盖，并密闭房屋，一二日后，药团周围，即能现出白色丝状物，且发高热，并放出水汽，覆盖之物，悉为蒸湿。此时稻草麻袋等物，皆须撤去，且逐粒将粘着之谷皮搓下，另盛于通空气之竹器内，但尚不能过于冷凉或置日光中，更须每日置换一二次，使其所受热量，上下相等，俟天气晴朗，搬出晒干，即可储藏备用矣"②。

制酒时，于第一日晚将谷浸入冷水内，至次日晨将水放出，置湿谷于甑中，加猛火，使热气上升，然后用木锹搅拌 2～3 次，稍泼以水，俟谷壳皆开，则覆以甑盖，蒸半时余，全部换置开水中，泡八九分钟放水。复倒入甑中加热蒸干水分，至谷粒不粘手时，即停火，取出，摊于土簟内，反复耘翻，放散其热。至温度降至与人体温度相同时，即可加入酒药末，翻耘数次，使其均匀。然后再做成圆堆，将土簟两端卷拢掩盖(冬日更须加围稻草把)，经 8～9 小时(冬日时间较长)即起发酵作用而温度增高，又须摊开以降低其热，否则将分泌出甜汁，而使酿母烂化。若加适当处置，即成甜酒，但量微少，价亦较低，故无制者。酿母

① 王继善.东乡烧酒酿造法[J].江西教育(第 18 期)，1936－04－30：126－129.

② 王继善.东乡烧酒酿造法[J].江西教育(第 18 期)，1936－04－30：126－129.

摊开后，尚须时时翻动，使其内外热量均等。经5～6小时，即能放出异香，且有黏汁。此时必须从速撮入缸内，缸中预先配好水分（水宜夏冷冬温），水量以在酿母面下1寸为宜。如此再过17～18小时，缸内即发生如蛙鸣之闹声，液面上升将酿粒没盖，水液现乳白状，稍带甜味，发生气泡，若稍拨动，闹声更烈。此时缸内即宜以泥密闭，再经3～4日，便可取出蒸馏。

酿酒全部工作，以蒸馏一段最费劳力，因需挑大量冷水应用，但亦以此段工作为最易，技术上最简单。蒸馏时将密封于酿缸中之酿母，连液取出，倒入蒸馏甑内，甑底有细缝，使汁液滤入锅中。甑口衔置锡锅，甑口与锡锅相接之处，须密闭，使不漏气。甑内锡锅底下，承以锡喇叭管，管之前端，从甑之中部细孔伸出甑外，管口下承一盛酒缸。锡锅上部罩一木盆，木盆中部有一竹管伸至锡锅下部，以冷水加入盆内，即由竹管通至锡锅下部，使锡锅温度不致升高。甑内上升之热气，触于锅面，即成饱和状态而液化，集于喇叭管以流出甑外盛酒缸中，即为纯粹烧酒。如此蒸馏成之烧酒，以最初所得者含酒精成分较多，饮之极易昏醉。至后酒精成分渐减，最后且味淡如水。但另以缸盛之，至数月后，味即转酸，故为醋之原料。但醋的销量远不及酒，价值亦低。

酒之好坏，与每甑所出分量之多少呈反比例。鉴别酒之优劣法，除试味外，更有一妙诀："以碗自酒缸中挹出酒液半碗，再跌倾之于他碗中，若见液面满被细泡，且经时不散失者，俗名'合口酒'或'堆花酒'，即为上等烧酒；反之，若跌倾时无细泡发生，或一现即消者，此酒即欠优良。"① 此外如清碧者为佳酒，混浊者为劣酒等，皆为鉴别酒法之常识。蒸馏所余之酒糟及黄水，可供牲畜食料，或用以肥田。

四、市酒酿造工艺

云南则有"市酒"，也是一种由谷物酿造的蒸馏酒类②。酒精饮料因"原料与技术不同，故制品与品质亦异，例如我国北方之高粱酒，东南之绍兴酒，南方之烧酒，又如法国之白兰地，德国之麦酒，英国之威士忌及日本之清酒等是也"。世界各国皆用科学方法酿制，故其制品优良，"然我国墨守成法，数千年来递嬗相传，毫无改进，致不适应今日国人之嗜好"。国立中山大学农学院西迁到云南省澄江县后，方有学者开始注意及此。据调查研究，云南酒类可分市酒（含酒精容量约52%）、升酒（将市酒再蒸一次所得，酒精容量68%）、梅子酒、甜酒、杂果酒及大曲酒等六种。其中市酒为加酒药于蒸熟谷类中使其糖化发酵蒸馏所得的烧酒。市酒为制造升酒、梅子酒的原料，云南各地皆有制造，是云南最主要的酒精饮料。

中山大学农学院对澄江县第二区鲁溪营蒋文德酒房、澄江县城、江川县渔村、昆明市等

---

① 王继善.东乡烧酒酿造法[J].江西教育(第18期)，1936－04－30:126－129.

② 余蔚英，陈毅.云南市酒制造法之调查[J].农声(第222期)，1941－10－30:20－33.

地酒房酿制情形以及江川县渔村酒药制作进行考察后，详细记载了市酒的酿造原料、技术、工艺、设备等。制造市酒的原料为粳谷（谷子）、糯谷、大麦、小麦、玉蜀黍（苞谷）、高粱（高谷）以及酒药、水。粳谷与糯谷用收获脱粒而未经脱壳者，但糯谷价格太高，故多用粳谷。用谷粒而不是米酿酒，因稻谷脱壳和精白多耗工夫，且蒸谷较蒸米饭黏性小，操作方便，利于发酵。大麦也用麦粒；小麦因价格较高，也较少采用；玉蜀黍和高粱多在收获秋季用；水多用井水，也用湖水或山水。

云南酒药以江川、宣威及东川等处出产为多，其中以宣威为最，但江川为酒药制造的发源地，云南全省各处酿造所用的酒药大抵皆由此数处供给。各地方制造酒药所用的原料、分量与方法略有不同，成品形状各异，威信所产为球形，江川出产为中高扁圆包子形。江川县制酒药的集中地为安澜镇（即渔村），全村四百余户，人口两千余，几乎家家皆有人制造酒药，正式经营酒药者有 80 家左右。酒药制造纯粹为家庭手工业，不雇工人，制造方法与技术全由祖先传授。所用原料、分量与制法均代代相传，外人不易详悉。酒药制成后，并不运往他处出售，各地酿酒商人亲来此地采购。全村每年产酒药 4 万余斤，1941 年时市价每斤值 0.28 元，年收入达万余元。制造时期由每年旧历 1 月至 4 月及 8 月至 12 月，此时气候干燥，适于酒药制造。5 月至 7 月为云南雨季，潮湿多雨，酒药制作中容易腐败。

酒药制造原料用米、苦草、绿子等。米用精白之粳米；苦草为一种草本植物，其花叶均含苦味，采自县中山野；绿子产于沅江，为一种植物种子，丛生于山野中，果柄成黏穗状，干后呈绿色；并用前次制成的优良酒药及井水。用粳米 19.5 斤，苦草 2 两，绿子 2 两，水约 10 斤，酒药粉若干，可制干酒药 14.6 斤。在制作之前，先将米投入瓦盆中，加水使过米面约二寸浸泡。温度为 21℃（室温为 25℃），经 3 小时后，米粒吸收水分为重量 25.5%，质变软，用手能压碎。将米取出盛入竹篓内，静置 2 小时。倒入石臼捣碎，用小孔铜丝网筛筛成粉。苦草、绿子及酒药也分别以石臼捣碎，筛过成粉末。将苦草及绿子粉末投入瓦盆中，加水 6 斤搅匀，再加米粉 22 斤 12 两，加水拌匀后移入酒药房。将粉糊用手捣成直径 1.5 寸的粉团，排列散置于草席上，静置约十分钟，使其水分略为蒸发。另取米粉 1.1 斤与酒药充分混合，取少许擦于掌上，将所制成的粉团取起涂布其周围，再撒以谷壳后复置于草席上，即成中高之扁圆形。铺上稻草，盖草席三重，将门窗紧闭保暖，使酒药发酵。入酒药房 35 小时后，温度上升，将草席及门窗打开，2 小时后复铺草席，关闭门窗。再经 3～4 日，酒药温度与室温相同，即可移至日光下晒干保存。酒药品质良好者，表面为灰白色，具有特殊香气，内部组织疏松，多孔。内部空隙仍有白色菌丝繁殖，黑色孢子极少或全无，以手击之发不坚清之声音。每块酒药平均直径为 11 厘米，重 3.43 两。

酿酒原料的配合。粳谷 325 斤，用酒药 14～16 两，可制酒 140 斤；糯谷 260 斤，用酒药 12～13 两，可制酒 150 斤；大麦 390 斤，用酒药 16 两，可制酒 160 斤；小麦 400 斤，用酒药 16 两，可制酒 160 斤；粳谷及大麦混合 322 斤（内粳谷 130 斤，大麦 192 斤），用酒药 16

两，可制酒145～150斤；玉蜀黍300斤，用酒药24～32两，可制酒160斤；高粱490斤，用酒药14～16两，可制酒160斤；粳谷及高粱混合（粳谷150斤，高粱250斤）400斤，用酒药14～16两。市酒酿造所用的谷类原料虽有多种，但其酿造法大致相同，以粳米及大麦为最常用。原料经过浸渍、蒸熟后摊晾，加入捣碎之酒药，入发酵木桶内静置。经四五日后主发酵完毕，仍静置约十日。然后取出置甑中蒸馏，所蒸得之酒液，即为市酒。当地酿酒师傅云：稻谷酿酒品质最良，大麦及高粱酒次之，苞谷酒又次之。苞谷酒即玉蜀黍酒，因味道不佳，当地蒸馏时加玫瑰花于酒饭中，成芳香的玫瑰酒。市酒酒精含量52%，升酒为68%，酒性强烈。市酒可直接作为饮料，也可再次蒸馏成升酒。市酒酿造的副产品为醋，本地名为甜醋。将酒饭蒸馏后所得酒精含量少的酒液，盛瓦瓮内暴露在空气中，令空气中的醋酸菌在其中自然繁殖，经十余日即成醋。酒糟也是副产物之一，蒸馏完毕后用石磨磨碎，可做猪、马等家畜的饲料。

第四节　本章小结

近代中国民族灾难深重，社会文化急遽变迁，但酒业仍在艰难发展。中国数千年的酿酒历史，为近代酿酒业的发展积累了宝贵的技术和经验。华夏各族人民普遍的饮酒习俗，以及变动时代人们更加需要精神和心灵上的慰藉，饮酒活动反更趋频繁。中国辽阔的地域，农作物出产品种丰富，为酿酒业提供了多种多样的原料。加上各地气候、水源、环境上的差异，形成了各具特色的酒类品种和酿酒技艺。近代交通运输工具的发展和水陆交通道路的改善，使酒品长距离大量运输成为可能，一些名品运销全国甚至海外各地。民国初年，中国有酿酒业10万户左右，从业人员达到数十万人，总产值9亿多银圆。

从产业结构上来看，近代中国酒业形成了白酒（高粱酒、烧酒）独大，其他酒种为补充的结构。当时的统计资料显示，民国初年中国酿酒业家数在10万家左右，从业人员约50万人，其中绝大多数是男性。以1912年为例，是年酒类产量约合903万吨，其中黄酒87.7万吨，约占10%；烧酒460万吨，约占51%；高粱酒337万吨，约占37%；果酒、药酒及其他酒合计仅占2%左右。高粱酒和烧酒二者合计占到总产量的88%，可见白酒是当时酿酒产业中最为重要的部分。其次为黄酒，占到10%，其余酒种占比仅约2%。若以产值而言，1912年中国酿酒行业产值9亿多元，高粱酒以5亿多元的价值独占53%，烧酒以3.85亿元占41%，二者合计占到整个酿酒业产值的94%，黄酒产量虽然占到总产量的10%，但其价值仅占1%，这与黄酒单价较低有关，其他酒类占比也低。无论是从产量还是产值方面而言，白酒（高粱酒、烧酒）都占据绝对优势，其他酒种几乎难得较大发展。因白酒酿造原料如大麦、小麦、高粱、玉米等全国各地皆有出产，故产制亦最为普遍。高粱酒酿造和烧酒酿造作坊遍布全国城乡各地。而黄酒酿造对原料和酿造用水较为讲究，其产制具有明显的地域性。特别是形成了以绍兴地区为核心、以江浙沪皖等省为外围的产制区域，大致集中在长江中下游各省和广东、福建等盛产稻米的区域。

从区域分布情况来看，近代中国酿酒业形成了明显的区域特征。根据民国初年的调查统计，中国酿酒业无论是酿酒家户与从业人员，还是酒类出产数量，都主要集中在中东部及东北地区，这与这些地区社会生产力较为发达、消费水平较高有关。江苏、浙江、湖南、湖北、安徽、山东、吉林等省都是酒类出产较多的省份。因各地农作物栽培种类不一，产量不同，加上区域气候、水源等方面的差异，形成了不同的酿酒技术传统，酿酒业区域发展特色鲜明。如在大米出产丰富的浙江、江苏、安徽、江西及两湖地区，历来是稻米的主要产地，形成了以黄酒和米制烧酒为主的特征。浙江绍兴所产黄酒更是举世闻名，成为一个年产数百万银圆的产业。而在黄河以北及西南地区，多出产旱地作物，其酿酒也以小麦、高粱等杂粮为主。特别是高粱，因其不适合直接食用，反而成为酿酒的上等原料。即便是在近代名酒版图中，贵州茅台酒、汾酒、洋河、泸县大曲、绵竹大曲等，都主要是以高粱为原料酿制的。从整体上言，近代酒业发展版图可以概括为北方高粱酒、烧酒产区，南方黄酒、烧酒产区，以及西南、西北杂酒产区。

在酿酒技术方面，无论是绍兴黄酒，还是高粱酒、烧酒，其酿造技术都已相当成熟。黄酒酿造方面，无论是在原料选择与处理、酿造用水的讲究、酿酒工具的置备，还是淋饭酒、摊饭酒、加饭酒乃至花雕酒、状元红、竹叶青、福橘酒、善酿、香雪、仙雪等名目绍兴酒的酿造，以及蒸坛杀菌、灌注、封口、泥头、刷灰、装络、彩绘等工序，都奠定了今日黄酒酿造的基础。而对绍兴酒和优质黄酒的鉴别，则发展到了一个新的高度，至今仍受用无穷。在高粱酒酿造方面，从原料的选择与处理、制曲、成曲的鉴别以及高粱粉碎、蒸煮、加曲与下缸、发酵、蒸馏、取酒、储存等流程都已经相当成熟，若抛开酿制器具与规模不论，则近代高粱酒酿制已经达到了当时历史条件下的顶峰。其他如江西等地的米制烧酒酿制、云南的杂粮烧酒酿制，也都发展成熟，具有鲜明的特色。

第三章

洋酒输入与新式酿酒业的发展

如前所述，中国传统酿酒业在近代取得了一定的发展。随着中国门户的不断开放，洋人逐渐在沿海和内地取得居住、经商、传教等权利，在华外国侨民增多。另外，在与洋人贸易和交往的过程中，中国产生了最早的买办资产阶级，他们也是中国最早受到西方文化影响的国人群体。其日常习惯诸如语言、居处、饮食等多受到外人的影响。这可说是洋酒最早在中国出现的社会基础。中日甲午战争之后，中国主权进一步丧失，外国资本取得在华筑路、采矿、开办工厂的权利。外国资本的涌入，导致华夏大地上出现了一批新式企业，它们采用先进的管理理念，运用西方先进技术和设备。与之相对应的是，中国民族资产阶级也逐渐觉醒，开始登上历史舞台。具体到近代中国酒业的发展，洋酒输入最初只是为了满足外国在华侨民的需求，国人也逐渐仿效消费。洋酒输入为数甚巨，遂有各路资本在中国开办酒厂，如烟台张裕酿酒公司、青岛啤酒厂、上海啤酒厂等。葡萄酒在中国虽古已有之，但其发展缓慢，并未成为中国酒类消费和酒业发展的主流。及至西方事物在中国普遍出现，葡萄酒再度活跃在中国的餐桌之上，且开始利用近代西方葡萄酒酿造技术和先进的机器设备进行生产。其他如啤酒、威士忌、白兰地、香槟酒、朗姆酒等外国酒类，也开始涌入中国。受到西方酒类输入的刺激，中国民族资产阶级创办了一系列酿酒企业与之抗衡，如烟台醴泉啤酒、北京双合盛五星啤酒等。在当时的中国，除了啤酒之外，葡萄酒、威士忌、白兰地、香槟酒、朗姆酒等无论是国产还是进口，均统称“洋酒”。这与此种酒类最初均由外国输入有关，其后在中国虽有制造，但在消费者与政府管理者的眼中，都以“洋酒”目之。本章所要论述的对象便是当日的“洋酒”，其所指与今日洋酒有一定的区别。今日之言洋酒，多是指特产于某国且由外国输入者，而当时的“洋酒”则无论进口国产均囊括在内。本章首先介绍近代中国新式酒类的消费基础，进而详述进口酒类在中国的基本情况，接着分别就葡萄酒和啤酒在中国的发展展开研究。

第一节　中西文化交流视野下的洋酒输入

史家罗志田言："'西潮冲击——中国反应'确实是一个重要的历史现象，是中国近代历史研究不可回避的一大主题。用这一典范去囊括一切固然是不可取的。但因为这一典范被用得太滥就转而以为它已可功成身退，恐怕也未必就恰当。"近代中国"面临西潮荡击，被迫做出反应，从而引出一系列文化、社会、经济、政治以及思想的大变化"。① 在近代中国酒业变化的过程中，洋酒输入及其所导致的消费习尚的改变，确实刺激了国内新式制酒业的发展。可以这样说，近代中国新式酒品和制酒业的出现，是近代中国社会文化剧烈变革的结果，也是对西方刺激所做出的反应。鸦片战争后中国社会出现的新变化，是中国酒类消费嬗变的原因。口岸城市的开放与发展、外国在华侨民的增多、中国新社会阶层的形成乃至传教士传教活动的活跃，都为洋酒文化在近代中国传布起到了一定的作用。

一、近代早期洋酒在中国的传播

洋酒最早在中国出现，是随着国外使节和商人而来。徐珂《清稗类钞》记载，嘉庆某年冬至前二日，"仁和胡书农学士敬设席宴客，钱塘汪小米中翰远孙亦与焉，饮鬼子酒。翌日，严沤盟以二瓶饷小米，小米赋诗四十韵为谢。鬼子酒为舶来品，当为白兰地、惠司格、口里酥之类。当时识西文者少，呼西人为鬼子，因强名之曰鬼子酒也"。时人更有诗记其事，中有"制自鬼子方法韬"等句②。可见在嘉庆年间，就有外国酒品进入中国，只是时人少识西文，并不知道其为何种酒及制法如何，勉强将之名为"鬼子酒"。嘉庆皇帝1796年至1820年在位，是则在1820年之前中国大地上就已经出现了洋酒，且有士大夫的吟咏唱和之作。

到19世纪下半叶，走出国门的中国人不但直接感受国外酒文化，而且在著述中向国人加以介绍。1866年随斌椿出使欧洲的19岁青年张德彝，记下了他在各国的见闻。在由马赛到里昂的路上，"有山冈，长七十余里，盛植葡萄，高皆二尺许，每株每岁只结实四五枚，色红味酸。国人以之酿制红酒，名'番鲁石'，其味仍酸，饮必加凉水一半"。在英国海关"看造苦酒处，见其取送麦子以及碾磨，皆不费人力，悉火轮机也。而其机半在地下扇火，令机轮转。数十间屋，每屋四壁皆悬活轮，轮上绕以皮条。此皮连彼轮，彼轮连火机。若火机大轮一转，则各物小轮皆动，极省工力。汉武侯木牛流马，较逊于此，洵乃一劳永逸之举也"。后"入酒窖，上下皆以石累地，铺锯屑。酒共一百二十余万桶，桶形如鼓，入者秉烛，形如鸦片烟具。曲折僻暗之处，亦有玻璃灯燃照"。在瑞典时，瑞典国王劝饮"三鞭

① 罗志田.变动时代的文化履迹[M].上海：复旦大学出版社，2010.2.

② 徐珂.清稗类钞(第13册)[M].北京：中华书局，1984：6290－6291.

酒”(香槟酒之转音)。在比利时首都布鲁塞尔，某日出游“回店后，闻本店庖丁邀斌大人之长随等五人，往酒肆饮‘必耳酒’。其色黄，味极苦，酌以大杯，容半斤许，有酒无肴，各饮三杯。旋出，庖丁忽遇其友，与之言故，其友大悦，复约另至一肆畅饮。将出，又遇其友之友，亦约至别肆痛饮。如是者六饮，众皆大醉而归”①。张德彝是最早实地体会西方酒文化，并将其观感向国内介绍的中国人。

负有与洋人交涉之责的中国官员是较早接触洋酒的中国人群体。《清稗类钞》记载，李鸿章“负中外重名。西人称之曰东方俾士麦。晚年历聘各国，使节所莅，人摩肩，车击毂，虽贩夫牧竖，莫不辍业聚观，争以一见颜色为快。任北洋大臣最久。尝有德国海军大臣，至津投谒……订期而别……坐既定，德帅执瓶酒亲注于杯，为文忠晋颂辞毕，曰：‘中堂冒涉风涛，惠临敝舰，鄙人绛灌无文，不足以娱乐嘉宾。’乃以余酒置文忠前曰：‘不腆敝产，敬效野人献曝之忱，祝中堂归途余福。’文忠虽起谢，颇异德帅以残酒相饷。归署，译其文，始知此酒酿于西历十五世纪，已阅四百余岁，值英金二百镑，约我国银币二千余圆，为世界第一古酒，宜德帅以之作缟贮也”②。这则记载没有说明李鸿章所得的是何种酒，只是突出了其酒之古与价值之昂，自非一般人所能有之口福。

洋酒且进入宫廷之中，成为宫中宴请洋人的必备物品。在今人的一篇文章中，作者如是写道：“慈禧太后在鬼子酒面前也闹过不少笑话。有次，外国使臣曾把‘三鞭酒’奉献给她，她命令太监启瓶，但无人懂得开，后经几番辛苦才弄开由铁丝紧箍的软木塞，砰的一声巨响把木塞飞弹升空，酒液带着汽体冲出十尺之外，慈禧见状惊喜交集，转而对太监发脾气，骂他们无能，数人处以每人几十大板，打得屁股开花。之后，太监们认真研究如何对付这鬼子酒。他们也颇聪明，知道软木塞飞弹而出是因瓶内的气体作怪，于是先在软木塞上钻个小孔，让气体先跑掉，然后再拔出瓶塞，安全无恙，用现代人的眼光去看，此事处理得窝囊加老土，可对当时的太监来说却应领取发明奖!”③在作者的笔下，作为中国最高统治者的慈禧似乎是一位对外国香槟酒毫无所知的暴君，而太监们则更是愚蠢至极。

实际情况却绝非如此。美国女画家凯瑟琳·卡尔(1858—1938)曾长住宫中为慈禧太后画像，她在后来出版的书籍中有多处涉及了当时宫中的酒品与饮酒场景。根据记载，在皇宫第一次为卡尔准备的宴席上，“置备了外国碟子刀叉之类餐具和外国酒、荷兰水等多种饮料，真可谓一例齐备，来宾尽可以各取所需”。虽然卡尔对这里的外国酒全无兴趣，但其记载却说明清廷很是懂得接待礼仪。宫中一般人就餐时不常饮酒，偶尔小饮也只用极小的酒杯。而且所饮的酒还要在暖锅中温热，其酒壶为一种银器制品。酒的品种极多，但大多性

---

① 张德彝著，钟叔河校点.航海述奇[M].长沙：湖南人民出版社，1981.38、68—69、121.

② 徐珂.清稗类钞(第13册)[M].北京：中华书局，1984.6351—6352.

③ 董业声.话说“鬼子”[J].酿酒科技，1988(3)：42.

味温和。酒的名称往往带着文学色彩，如玫瑰露、佛手之类。慈禧太后专门吩咐太监为卡尔“预备香槟酒、红葡萄酒及盘根丹酒等多种低度酒”。在一次宴会中，“几位贵妇向我敬上香槟酒，举杯邀我同饮，雅合西方礼仪。饱酒醉德，极欢而罢”。根据卡尔的记载，慈禧是不饮酒的，酒当然不会成为她的嗜品。她在宫中仅见慈禧“饮过两次酒。当时宫外恰有新葡萄酒进呈，她只略微尝试了一点味道”①。可见慈禧虽不常饮酒，但对西方酒类和饮用习惯相当了解，多次专门为卡尔等西人参与的宴席准备西方酒品，且宫中贵族妇人也颇懂得西方饮酒礼仪。因为对外交流和接待洋人的需要，西洋酒及其文化在晚清宫廷的日常生活和礼仪中占据了一定的地位。

而在涉洋接待中，不是宫中，就是一般地方抚院，备西餐洋酒在晚清也成为一种必要的礼节。刊刻于清光绪二十九年(1903)的小说《官场现形记》第七回“宴洋官中丞娴礼节办机器司马比匪人”中，抚院拜访洋总督，那总督拿出几种洋酒、洋点心敬客。其后抚院意欲回请总督，传令州官办理。州官亦不懂洋人礼节食俗，费尽心力才得师爷一个为外国人做翻译的朋友指点，写了一张菜单，开了十几样菜、五六样酒。酒菜品种多样，准备的酒有白兰地、魏司格、红酒、巴德、香槟，外带甜水、咸水。外国酒送到之后，州官叫人先打开几瓶备用，以免临时手忙脚乱②。在第五十三回“洋务能员但求形式外交老手别具肺肠”中，又借制台之口道：“吃顿大菜，你晓得要几个钱？还要什么香槟酒、啤酒去配它。还有些酒的名字，我亦说不上来。贫民小户可吃得起吗？”③虽然地方上对于洋酒西餐的礼仪并不熟稔，但也知道在接待洋人时需要做专门的准备，且借制台之口道出了当时的西餐洋酒不是贫民小户所能消费得起的。

国人对于洋酒的观感，也是一值得关注的问题。第二次鸦片战争中的一位外国随军传教士记下了最初接触洋酒的普通中国人的感受。当他们在中国村庄驻扎后，“一群人聚在我们周围，为了表达我们对当地人的信任，并尽量让自己随意一点，我们把马嚼子拿了出来，松了松自己的腰带，去除了装粮食的袋子。在喂饱我们的马后，我们坐在墙上，拿出面包开始进食，周围一群人投来羡慕的目光。部分当地人立刻充满好奇，他们尝了我们的雪利酒，但是更喜欢 A 君的长颈瓶里装的白兰地。尤其是一位独眼老头，如果让他尽情地喝，他准能喝个醉。我们的食物好像他们也喜欢，烟草特别受欢迎”。或许是他们所处的北方地区，人们更习惯度数较高的酒品，所以当地人较能接受同是蒸馏酒类的白兰地。在一所战地医院中，这位传教士遇到了一些受伤后接受英国人治疗的清军士兵，显然“他们已经喜欢上了英式苦啤酒。真是让人奇怪，有些爱好这么容易就形成了”。④ 这两则材料

① ［美］卡尔著，张宽整理.慈禧与美国女画家［M］.沈阳：春风文艺出版社，1993.14、22、53、147－148.

② 李宝嘉.官场现形记(上册)［M］.天津：天津古籍出版社，2004：59－61.

③ 李宝嘉.官场现形记(下册)［M］.天津：天津古籍出版社，2004.636.

④ ［英］麦吉著.我们如何进入北京：1860 年在中国战役的记述［M］.叶红卫，江先发译.上海：中西书局，2011.44、67.

表明，一般中国人对来自外洋的新酒品并不排斥，而且是乐于接受的。

二、20 世纪上半叶洋酒输入状况

在 20 世纪之前，较少有具体的材料说明洋酒在中国的输入数量及其流行程度。20 世纪上半叶洋酒之输入大致可分为两个时期。以 1929 年为分界线，在 1929 年以前，进口酒类只需缴纳约 7.5％的税率(5％关税加 2.5％子口税)。借助低税率与当时对国产酒类管理的重税制度，洋酒在中国大量倾销。1929 年，国民政府首度提高进口物品关税。酒类进口关税逐步提高到 1934 年的从价约 80％，其后稳定在这一水平。加上 1937 年抗日战争全面爆发，对酒类进口加强管制。在这样的背景下，洋酒进口逐渐衰退，但文化上的影响力却更大。限于资料，本节将关注 20 世纪 30 年代以前的洋酒输入情况。

据调查所得，1912 年中国进口烧酒价值 1836492 元，到 1920 年增加至 2259795 元，增幅 23.05％；进口啤酒价值 1104981 元，到 1920 年为 1521427 元，增长 37.69％；1912 年进口未列名酒价值 1756745 元，1920 年为 3436907 元，增长 95.64％；其他酒价值 106803 元，1920 年为 245790 元，增长 130.13％；1912 年合计进口酒类价值 4805026 元，1920 年为 7463919 元，九年间增长 55.34％。同期中国出口酒类价值却微乎其微，1912 年仅 1697213 元，入超达 3107813 元；到 1920 年，中国酒类出口价值为 2167016 元，九年间增长 24.15％，其增幅远远低于洋酒进口。同时，入超数额扩大到 5296903 元，九年间增加 70.44％(见表 3－1)。就总体情况而言，中国酒类出口保持较低水平的增长，整体上入超数额拉大。"一战"爆发后，因受世界局势的影响和消费市场所限，洋酒输入增长幅度有限，1917 年且略有下降。到 1918 年后便迅速攀升，中国酒类入超数额继续拉大。

表 3－1　1912—1920 年中国酒类输入输出比较表(单位:元)①

年份	输出			输入					入超
	酒	药酒	合计	啤酒	烧酒	酒	其他	合计	
1912	787727	909486	1697213	1104981	1836492	1756745	106803	4805026	3107813
1913	878375	995582	1873957	1086266	1491972	1818339	80429	4477006	2603049
1914	750234	925392	1675626	1206260	1284396	1828611	96279	4415546	2739920
1915	739516	953885	1693401	1095598	1765937	1513847	108432	4484814	2791413
1916	728816	959967	1688783	1223030	1375868	1867614	170655	4638167	2949384
1917	731009	946863	1677862	1399620	1026590	1744154	122535	4292899	2615037
1918	765852	776043	1541895	1686354	2012682	2145156	159666	6003858	4461963
1919	993966	783335	1777301	1393487	1596707	3024656	308538	6323388	4546087
1920	1086170	1080846	2167016	1521427	2259795	3436907	245790	7463919	5296903

1905 年以前，中国啤酒输入主要来自德国。但日本啤酒价格低廉，开始在中国市场上与

① 农商部总务厅统计科编印.中华民国九年第九次农商统计表[M].北京:1924.285.

德国货竞争，逐渐侵夺德国啤酒销路。“一战”时德国啤酒来路断绝，日本啤酒独步中国市场。由英国、美国、比利时等国输入者品质较优，但多因价格高昂，难与日本货竞争。国产啤酒虽有酿制，但产量甚小，不足与外国竞争。中国输入啤酒价值逐年增加，到20世纪20年代初每年高达百余万海关两①。“一战”结束后各国进口啤酒，以日本为第一，土耳其、波斯、埃及次之，英国、中国香港又次之。德、美二国进口总数增长缓慢，然而大体上都在呈逐年增加之势。“一战”时德国啤酒输入终止，战后乘马克贬值之机，极力恢复在华销路。1920年德国啤酒输入价值6万余两，较之上年增长不下十倍。土耳其、波斯、埃及等输入的啤酒，也多是德国产的。是以两项合计，德国啤酒在中国已不亚于战前。但其品质大不如前，加之战后德国经济发展形势不稳定，鲁尔危机②爆发后更加剧了不确定因素，马克贬值厉害，汇率涨落无常，故德国啤酒输入仍大受影响。日本啤酒以1918年输入数额最大，达77万余两。其后因欧战结束后欧美输入增多，兼之日本啤酒不合国人口味，输入逐渐减少，但到1921年仍占中国啤酒输入半数。1918—1919两年间美国啤酒进口骤增，因其国内禁酒，故其存货消化后，输入渐趋绝迹。英国啤酒入华也逐渐恢复到“一战”前的水平，中国香港进口者仍逊于战前。英国啤酒价格较高，黑啤多为英国在华侨民消费，华人消费极少。1923年夏季英国啤酒每箱15元到17元，而德日啤酒不过13元到14元。始于1903年的青岛英德啤酒公司，日本占据青岛后改为日本麦酒株式会社分厂。中国人经营的国货啤酒以1915年成立的双合盛啤酒汽水公司为最早，其售价较之德日等货更为低廉，每箱12元左右。据当时上海酒商言，当地啤酒销售中外国人消费者约及60%，日本人消费者30%，国人消费者仅10%。这一时间段内中国啤酒输入呈现出如下两个显著的特征：第一，输入价值逐年增加，1912年为736657海关两，1918年增至1124236海关两，1921年为1185114海关两；第二，输入国在欧战前以德国为最多，欧战爆发后则是日本啤酒一枝独秀，占据中国进口啤酒半壁河山。

啤酒输入数量最多的口岸是上海和大连，其次是天津、汉口、广州。大体言之，各关口啤酒输入均呈增加趋势(见表3—2)。1921年中国海关进口啤酒为118.5万余海关两，各关输入者含国产啤酒在内为152.3万海关两。其间差额约为33.8万海关两，此数字基本可假定为国内啤酒产值，其在本地销售未曾外运者尚未计入。上海及附近销数年约7万箱，其他长江沿岸约3万箱，北方销量较小，所余者大约销往东三省及广东、福建诸省。啤酒消费量逐年增加，但啤酒业在中国的发展，却成为一个问题。首先是啤酒酿造所需的啤酒花中

① 又称“关平银”“关银”“关平两”，近代中国海关使用的一种记账货币单位。因各地货币不一，折算标准也不一致。1930年国民政府废除海关两，改用海关金单位作为海关征税计算工具。

② “一战”结束后，凡尔赛和约规定了对德国的处置。为确保德国履行赔款规定，协约国于1920年协定若德国不支付赔款，可以采取制裁措施。1923年1月11日，法国和比利时以德国不履行赔款义务为借口，出动7个师约10万军队占领德国鲁尔工业区，酿成“鲁尔危机”。德国采取“消极抵抗”政策，号召企业主与工人抵制占领军当局，同时故意滥发纸币，造成严重的通货膨胀，原本脆弱的德国经济更濒临崩溃。

国全无种植；其次是国产大麦有待改良，不适于酿制啤酒；最后是交通较为便捷的城市，工业用水不良。加之国内啤酒消费以外国人消费为多，外国人多喜其本国出产者，而国人对啤酒尚缺乏认识和消费能力，是故啤酒业之发展与其销路均甚堪虞。

表 3－2　1918—1921 年中国各关口啤酒入口情况(单位:海关两)①

关口	1918	1919	1920	1921	关口	1918	1919	1920	1921
瑷珲	650	1268	272	3158	安东	72363	82750	65873	37349
大连	234747	359711	406254	422226	牛庄	93122	52251	53856	35457
秦皇	2142	1318	614	473	天津	199332	159320	121693	144066
烟台	13032	7266	12045	11582	重庆	7694	12116	2140	3281
胶州	10290	13093	16043	27857	万县	1176	1123	1952	320
宜昌	4009	6317	5864	9172	九江	3849	4980	3616	5277
沙市	1182	1245	976	3516	上海	327898	285857	491595	605742
长沙	10204	6654	5319	9320	芜湖	3637	3678	3017	3882
汉口	94685	64388	64218	69730	镇江	2246	1809	2050	1625
宁波	—	242	80	1092	南京	9072	5487	2443	3070
福州	20617	10515	6511	57527	南宁	2957	3208	1884	2515
厦门	58363	42236	25299	38290	张北	1093	2523	287	494
汕头	19652	13615	7180	12071	蒙自	6246	9485	2900	3019
梧州	2656	2946	4158	6047	合计	1262763	1222769	1354149	1522909
广州	70088	55833	33222	50236					

进口烧酒种类甚繁，最多者为白兰地酒、高月白兰地(Cognac)、威士忌、杜松烧酒(Gin)、糖酒(Rum)、阿克维酒(Aquavit)、倭得喀酒(Vodka)、扑恩奇酒(Punch)等烈性酒类，以前每年“至多不过八九十万两，专供西人饮用。近则国人奢侈日增，通都大邑，宴会时动以白兰地、威士忌等酒飨客，因之外国烧酒进口顿增”。② 主要输入港为上海、大连、天津、广州、汉口。烈酒进口国以英国为最多，1918 年中国烈酒进口净值 1341788 海关两，英国以 649477 海关两独占 48.40％；1920 年从英国进口者 826609 海关两，占总进口净值 1506530 海关两的 54.87％；如果加上从当时的香港转口输入者，则为数更巨(见表 3－3)。

① 农商部总务厅统计科编印.中华民国九年第九次农商统计表[M].北京:1924.5—7.

② 陈重民.今世中国贸易通志(第三编“进口货物”)[M].上海:商务印书馆,1924.207.

表 3—3　1918—1920 年中国烈酒进口情况表（单位：海关两）①

年份	货值	中国香港	英国	法国	日本	美国
1918	1341788	267921	649477	61086	153318	135324
1919	1064471	339716	328800	67307	224899	103809
1920	1506530	385787	826609	191722	81257	102661

汽酒以及红、白、浓、淡葡萄酒等类 1913 年进口值 121 万两，1920 年增至 290 万两。来自日本最多，美国次之，英法等国又次之。主要输入上海、大连、安东、天津、胶州等。香槟酒（Champagne）及标名香槟酒（来自法国、意大利等国）、阿思梯汽酒（Sparkling Asti）及他种汽酒（也为葡萄酒的一种）、红白葡萄汁酒（葡萄天然发酵酿制而成）、布尔得葡萄酒（Port，一种甜葡萄酒）、马赛里葡萄酒（Marsala，一种甜葡萄酒），马德拉（Madeira）、马拉牙（Malaya）、舍利（Sherry）等甜葡萄酒，威末酒（Vermouth）、白酒（Byrrh）、金鸡那酒（Quinquina），日本清酒（Sake，来自日本，味淡薄，专供日侨饮用，进口不多）。其中各种葡萄酒占据多数，以前多来自法国，后日本葡萄酒渐占优势（见表 3—4）。日本产品质低劣，不能长期保存，价格较西洋货低廉，故销路较广。宣化葡萄酒公司、汇中果酒公司及烟台张裕公司所出之红白葡萄酒，声誉远在日货之上，唯出品无多，不敷行销。

表 3—4　1918—1920 中国葡萄酒进口情况表（单位：两）②

年份	货值	中国香港	英国	法国	意大利	朝鲜	日本	美国
1918	1430104	69591	68312	46097	26998	63152	833353	341651
1919	2016437	129489	123965	150277	34260	95322	1161563	417043
1920	2291271	137829	360133	349959	42600	70818	1047062	598452

注：日本一栏数字包括清酒。

整个 20 世纪 20 年代是洋酒在国内最为畅行的年代，虽然中国各地战争不断，但洋酒消费似乎并未受到大的影响。1927 年国民政府北伐成功后，在南京成立新政府，中国近代历史进入一个新的发展阶段。南京政府力主收回中国关税自主权，以保护国内工商业发展和平衡金融财政收支。1929 年颁行新的海关进口税则，逐步提高洋酒进口税率，到 1934 年洋酒税从价税率普遍提高到 80%，其后稳定在这一水平。是故洋酒价格趋高，进口值逐年降低，加上国内厂商产制增多，进口洋酒强劲发展势头受阻。如表 3—5 所示，30 年代初，洋酒进口值达到 4019347 金单位③，出口值仅 462053 金单位；1933 年，洋酒进口值

① 陈重民.今世中国贸易通志（第三编“进口货物”）[M].上海：商务印书馆，1924.207.

② 陈重民.今世中国贸易通志（第三编“进口货物”）[M].上海：商务印书馆，1924.207—209.

③ “金单位”是南京国民政府时期海关用以计算税收的金本位制单位，与银圆、法币折算比值各个时期并不一致。以 0.601866 克纯金为一金单位，折合 0.4 美元。

1858811 金单位，出口值为国币 816190 元。其后洋酒进口价值年年走低，1934 年为 1566648 金单位，1935 年为 1547761 金单位，1936 年仅 675631 金单位；中国酒类出口值则大约在国币 100 万元，其中 1934 年为 1064981 元，1935 年为 1013096 元，1936 年为 1129152 元。

表 3—5　1932—1936 年中国酒类进出口比较表①

		出口值	进口值			出口值	进口值
1932	一季度	129323	1087965	1934	三季度	225560	355923
	二季度	137282	1709297		四季度	306785	349075
	三季度	76302	719566		全年	1064981	1566648
	四季度	119146	502519	1935	一季度	278296	398821
	全年	462053	4019347		二季度	235015	493439
1933	一季度	185819	475226		三、四季度	499785	655501
	二季度	223799	547999		全年	1013096	1547761
	三季度	127592	396991	1936	一季度	287123	233305
	四季度	278980	438595		二季度	251627	156632
	全年	816190	1858811		三、四季度	590402	285694
1934	一季度	217090	357508		全年	1129152	675631
	二季度	315546	504142				

注：1932 年出口值单位为金单位，其后各年为国币元；进口值单位为金单位。

每年由上海一埠输入的洋酒，占进口洋酒的 60％以上。以威士忌、金酒、啤酒三种酒类输入最多(见表 3－6)。瓶装威士忌每打抽税 21 关金两，附加税 10％，浚浦捐 4％。金酒每打须纳各种捐税 12.54 关金两；啤酒照价纳税 20％，附加税及浚浦捐照加。重税导致中国境内走私成风，华北各口岸私酒输入甚多，不但影响政府税收，也使洋酒正当营业遭受损失。上海一埠有著名外国商行两家专营洋酒进口，其他附带兼营洋酒的洋行商行十余家。

① 资料来源：实业部国际贸易局编印：民国二十一年第一季度、第二季度贸易报告，24；民国二十一年第三季度、第四季度贸易报告，30；民国二十二年第一季度、第二季度贸易报告，33；民国二十二年第三季度、第四季度贸易报告，37；民国二十三年第一季度、第二季度贸易报告，29；民国二十三年第三季度、第四季度贸易报告，41；民国二十四年第一季度、第二季度贸易报告，31；民国二十四年第三季度、第四季度贸易报告，40；民国二十五年第一季度、第二季度贸易报告，35；民国二十五年第三季度、第四季度贸易报告，41.

表 3－6　20 世纪 30 年代洋酒分类输入情况表[1]

		1933 年		1934 年		1935 年	
		输入额(升)	价值(两)	输入额(升)	价值(两)	输入额(升)	价值(两)
威士忌	瓶装	81859	182524	78726	157875	97078	190486
	桶装	—	—	99305	110033	134940	143596
金酒	瓶装	91321	107874	99179	107439	89295	96702
	桶装	—	—	24873	16168	34296	22492
啤酒	瓶装	2517966	384614	2629257	345479	2444834	330670

注：价值单位为关金两。

在 20 世纪二三十年代，日本仍是中国最大的酒类进口来源国之一。1925 年的一则商业新闻如是写道："日货畅销世界，无微不至。过去日本拙于制造之洋酒，近亦出现于市场。新近仿造之威士忌酒，其制品以大麦为原料，酒味与装置，均可与英酒匹敌，且价较英酒低廉。日本酒商，已决定来沪推销，沪上洋酒界，将因日酒出现而起变动也。"[2] 到 1928 年，日本输入中国酒类、啤酒、烧酒等达 2849333 关金两，1929 年为 2577306 关金两，1930 年为 3378454 关金两，三年总计达 8805093 关金两[3]。而在中国货物输往日本的相关表格中，并没有酒类的记载。说明日本酒类对华贸易占据绝对优势。

到 1937 年上半年，中国国内局势更加动荡，洋酒输入更是减少。据江海关 1937 年 5 月份统计，中国进口香槟酒 1788 升，值 9846 元；瓶装葡萄汁酒 1215 升，值 2892 元；桶装葡萄酒汁酒 17954 升，值 10660 元；瓶装日本清酒 28 升，值 62 元；桶装日本清酒 10480 升，值 41223 元；瓶装浓啤酒、桶装啤酒 67361 升，值 4942 元；瓶装白兰地酒、干邑白兰地酒 554 升，值 4733 元；瓶装威士忌酒 4509 升，19069 元；瓶装杜松烧酒 1342 升，值 3270 元；汽水泉水 3005 打，值 10777 元；未列名烧酒啤酒等值 83030 元。[4] 各项合计价值国币 163404 元，较 4 月份总数 144486 元增加 18918 元。随着中日战争的全面爆发，洋酒进口颓势已难逆转。

三、上海的洋酒品牌

输入中国的洋酒，大部分为外国侨民和中国商绅阶级消费，而以在华外国侨民消费为最多。洋酒作为一种近代都市文化的表征，其消费主要集中在上海、大连、汉口等外国人较为集中的区域。20 世纪 30 年代中期侨居中国中部及东部各地的外国人，总计约 9 万人，其中日

① 中国中部及东部洋酒进口概况[J].工商通讯(第 1 卷第 7 期)，1937－01－22：13－14.

② 日货威士忌在沪推销[J].贸易(第 61 期)，1925－11－12：25.

③ 实业部编印.中日贸易之统计[M].1931.4.

④ 五月份洋酒进口统计[J].国际贸易导报(第 9 卷第 7 期)，1937－07－15：183.

本人约3万，白俄人1万余。日本人及俄国人均嗜饮其本国出产的日本啤酒及俄国伏特加酒，所以除这两种酒类以外，其他欧美各国出产的酒类，因销路有限，进口已逐渐减少①。

20年代上海洋酒市场的变幻，颇能说明问题。财政部驻沪货价调查处的官员1923年在述及上海洋酒市场时说："自欧战以后，业洋酒罐食者激增。业者愈多，竞争愈烈。于是各思招徕顾客，减价放盘，时有所闻，市面混乱异常。近来趋势，竟有每况愈下之概。"而"影响市面之重大原因，厥唯成本之贵贱，及来源之衰旺。盖成本贱，来源旺，则其价自跌；反之则市价飞昂矣。(1923年)四、五两月，因到货甚少，且汇价亦无大上落，市面稳定，与前数月无大高下。及交六月而后，到货大旺，先令步缩。兼之时局不靖，客帮添办停顿，市面遂日见清淡"②。三星斧头白兰地(轩尼诗，Jas. Hennessy's Three Stars)为沪上最著名品牌，行销中国各地，声誉极隆，销路最广。到货一批，往往数百箱乃至数千箱。1923年6月到货尤多，导致存货山积，市价疲软。5月维持在26～27元，6月降至24元。如老恩老达香槟酒(路易王妃香槟，Louis Roederer Extra Dry，Champagne)、狮牌呈酒(金酒，Booth's Old Tom，Gin)等均因销路滞呆而降价。猫牌葡萄酒(Gate E. J. Burke's，Port Wine)等因到货稀少，价格稍增。洋酒各货大都来自欧美，日货只有啤酒一种，但也被上海、三星等品牌挤压，销路几乎完全停顿。

洋酒"现货居多，由各洋行经理发售，如源和、嘉泰、正广和、永昌等。其价格非遇有特别原因，鲜有变动，间或一二订货，随定价高低，或汇票涨落，而定拆价。然绝对不因销数增加，抬高市价，以为奇货可居也"。③ 轩尼诗白兰地为订货之一，是洋酒中销路最大者。1923年夏秋间各家存货充分，足供市场所需，价格无大变动。不料9月末法郎汇率高于以往，售价不但上涨无望，且迭次下落，照到沪价格计算，售价仅敷成本。狮牌金酒市场行情也不甚佳。三星麦退尔(马爹利，J. & F. Martell's Three Starts)白兰地，向来售价较轩尼诗为高。但轩尼诗销路愈广，来货愈多，导致存货充斥，市面疲呆。马爹利销路本不及轩尼诗，当然随之疲跌。正广和经售的顺发黑牌威士忌(尊尼获加黑牌威士忌，John Walker Black Label，Whisky)以前销数稀少，后因源和行之海轧海威士忌(黑格，Haig & Haig，Whisky)断货，日渐行销于市，价格且随之增高。秋末，轩尼诗仍存货充斥，市面沉寂，11月后各商号存货陆续运往外埠，价格大有转机。各种香槟平时销路极少，因临近圣诞节，外侨需要增加，市场大有起色。以龙东经销的毛姆(玛姆香槟，G. H. Mumm's Extra Dry)、永昌的路易王妃、正广和的拍密罗(Pemmery Greno Extra Sec.)、汇昌的马铁抢同(酩悦香槟，Moet et chandon)等品牌销路最好。威士忌则以尊尼获加红牌、黑牌，黑白(Black

---

① 中国中部及东部洋酒进口概况[J].工商通讯(第1卷第7期)，1937-01-22：13.

② 市况说略·洋酒食物[J].上海货价季刊(第2期)，1923：9.

③ 市况说略·洋酒食物[J].上海货价季刊(第3期)，1923：4-5.

& White)、哈未(哈维，Harvey's)、常海(约翰·海格，John Haig)、肯乔治、道生(Damson's)、白马等销路较好[1]。

到1924年春季，玛姆、路易王妃等香槟酒有少数交易，但因时令关系，远不及上一季度。马爹利交易甚少，轩尼诗于1月间因旧岁定订尚未到埠，市间存货又不充足，大有供不应求之势。然值阴历岁末，沪市商家例须结束营业，外埠亦早经采购齐备，市间仅有零星买卖，无大宗交易，故市面平稳。1月末，法汇步涨，订货加价，市面价格略趋上涨。然因交易微少，对市场影响不大。其后外埠客帮来沪采运，但市面存货不多，价格微涨。威士忌销路如常，价格无甚变动。以尊尼获加红牌、哈维、道生、约翰·海格、黑白等销场最畅。伏特加类似我国的高粱酒，唯俄国人喜饮。自大批白俄到沪后，销路突然扩大[2]。夏季因汇率关系，来自法国的酒类价格都有趋涨之势；来自英国者无大变动。法国轩尼诗际此销路畅旺之时，受汇率影响，售价转高。幸存货丰富，涨势还算平稳。法国老牌万满(诺瓦丽·普拉味美思酒，Noilly Prat & co.，French，Vermouth)存货不多，加以新到之货成本上升，市价随涨[3]。秋季香槟销路不佳，但市价稳定。葡萄酒价格也较稳定，销路以Gilbbey's最旺。三星轩尼诗7月份交易最盛，自8月末至9月，因江浙战事影响，银根奇紧，销路随之呆滞，市价逐渐降落。三星马爹利、金叶(Five Stars，Gold Leaf)等白兰地，成交量甚少[4]。冬季香槟酒销路较之上年同季减色不少，正广和之拍密罗自11月始价格奇跌，因市面沉寂已久，急须贬价以广销路。白兰地、威士忌、烧酒销售基本平稳。甜酒除贝不明(Peppermint，Liqueurs)、川力白兰地(樱桃白兰地，Cherry Brandy，Hurings)、口立沙(柑桂酒，Curacao，Nuyens)外，其他销路皆甚呆滞。但12月各酒类因圣诞节而销路大为活跃[5]。

1925年春天，因各埠采办旧历年货，如三星轩尼诗以存货不丰，交易畅旺，3月市价迭涨。威士忌中的尊尼获加红牌、约翰·海格，狮牌金酒、个登达兰(Gordon's Dry Gin)，甜酒之樱桃白兰地、意大利(马天尼，Martini & Rossi Italian)、法国诺瓦丽·普拉味美思酒，销场均极畅旺[6]。夏季轩尼诗到货时有不继，价格屡见飞涨。销数较次者为马爹利。啤酒、葡萄汁等，受五卅惨案影响，销行受阻[7]。秋季三星轩尼诗销路甚畅，尤以中秋节为最旺。但因海员罢工，装卸不便，稍受影响。9月间到货充斥，汇率较好，市价回落。甜酒如樱桃白兰地，销路较前季为旺，尤以8、9两月为最盛。味美思酒存货甚丰，虽销路不恶，

① 市况说略·洋酒食物[J].上海货价季刊(第4期)，1923:3.
② 市况说略·洋酒食物[J].上海货价季刊(第1期)，1924:2—3.
③ 市况说略·洋酒食物[J].上海货价季刊(第2期)，1924:2.
④ 市况说略·洋酒食物[J].上海货价季刊(第3期)，1924:5.
⑤ 市况说略·洋酒食物[J].上海货价季刊(第4期)，1924:2.
⑥ 市况说略·洋酒食物[J].上海货价季刊(第1期)，1925:2.
⑦ 市况说略·洋酒食物[J].上海货价季刊(第2期)，1925:67.

市价也不免跌落。威士忌英货居多，受五卅惨案影响，华人方面销路大受挫折，恰芳经销的道生牌便断货[①]。冬季为洋酒一年中销路最旺的时期，虽然南北用兵，而沪埠交易尚未受影响。香槟酒、白兰地、威士忌、葡萄酒、烧酒、甜酒、味美思酒等无不利市三倍。轩尼诗市价时有变动，然销路未受影响。先宁洋行之伏特加，因经营者众，竞争甚烈，12月价跌[②]。

1926年起因受汇率影响，洋酒存货丰足者，尚能新旧相抵，维持原价。新到之货售价增高。白兰地定价，自1月后改法郎为先令，其时市货尚丰，又值旧历年关，交易不旺，尚无影响。迨及3月，存货告乏，市价乃继长增高。进入4月份后，轩尼诗价格迭涨，销路并不受影响，至6月份更形畅达。威士忌以红牌尊尼获加销场最畅，约翰·海格和哈维次之，黑白威士忌自4月涨价后，销路不佳。啤酒销路6月最旺，销量首推上海牌。美女牌在3月中涨价时销路受挫，入夏略有好转。[③] 秋季各种洋酒除五星金叶、三星金叶白兰地销路沉寂外，余均不弱。尤以红牌尊尼获加、约翰·海格、哈维等威士忌，三星轩尼诗、三星马爹利白兰地，狮牌、个登达兰金酒及Gilbbey's葡萄酒为最畅。[④]

1927年3月间，外汇缩小，且进口酒类加征2.5%附加税。故虽受战事影响，外埠交易停滞，市价仍然趋高。三星轩尼诗存货不丰，后货到价又继涨。买家踊跃犹昔，4月后外埠也来采购，市面益坚。威士忌之红牌尊尼获加、约翰·海格、哈维等销路较好。狮牌金酒2月间缺货，售价上涨，销路始终称旺。入夏后啤酒销行极畅，上海啤酒大有供不应求之势。[⑤] 自国民政府颁布《国定关税暂行条例》，洋酒进口税将于1927年9月1日起加至62.5%的消息传达市面以后，繁销各货，如三星轩尼诗，红牌尊尼获加、海格、哈维等威士忌酒，各方尽量收罗囤积，交易顿盛，市价骤涨。即销路较次之货，亦多带高。各商号一致决议，凡已经抵埠之洋酒寄存洋栈者，暂不提出；所有已出栈之货，亦一律封贮，意存观望。所以8月间售价任意拔高，毫无标准。月末上述条例奉令展缓实行，市面始稍有统系，然如轩尼诗等存底既丰，又有新货陆续到达，年关快到，商家不敢多所存积，故逐次跌价以求脱售。然销量除8、9两月外，始终较大。上海啤酒销路极畅，顺发美女则一蹶不振，太阳牌（朝日）虽因受抵制销路顿减，但实行削价销售后日有起色[⑥]。

四、洋酒在华市场与价格

大连的近代化颇具一定的典型意义。作为一个海港城市，大连近代化与中国近代化几

① 市况说略·洋酒食物[J].上海货价季刊（第3期），1925:71.
② 市况说略·洋酒食物[J].上海货价季刊（第4期），1925:67.
③ 市况说略·洋酒食物[J].上海货价季刊（第1、2期合刊），1926:71.
④ 市况说略·洋酒食物[J].上海货价季刊（第3、4期合刊），1926:66.
⑤ 市况说略·洋酒食物[J].上海货价季刊（第1、2期合刊），1927:65.
⑥ 市况说略·洋酒食物[J].上海货价季刊（第3、4期合刊），1927:66.

乎同步。晚清时期因海防建设的需要，加强了对大连湾的建设。后俄国与中国签订不平等条约，强租旅顺和大连，在旅顺建立统治机构，并加强对大连的建设和规划，欲将大连建设成自由贸易的港口。1905年，日本在对俄战争中取得胜利，旅大租借权由俄国转让给了日本。到1945年抗日战争胜利，苏联人实际控制了大连。① 因此大连近代化的发展受到俄国和日本的影响，其外国居民中俄国人和日本人占多数。故其西方餐饮如咖啡店、西餐馆都相当发达。到20世纪20年代后期，原为富豪专用的西洋酒如白兰地、威士忌、葡萄酒等也逐渐普及于一般民众。且大连洋酒关税极低，酒价之廉为各大都市之冠。洋酒销售亦极畅旺，每年达70万元以上。大连酒商且拟使大连成为世界最大的洋酒市场。威士忌在产地英国一石课酿酒税1500元，然英国政府为奖励出口，出口者免税。如在上海入口课税50元，日本则课150元，大连则仅纳20元消费税而已，故洋酒价格以大连为最廉。若在大连酿造洋酒，威士忌一打仅课酿酒税0.85元；若出运日本，则课值百抽百进口税。每打售价，较大连原价贵25～26元，故洋酒原价又以大连为最低。在大连制造洋酒输出外国，也极有利可图。大连销售的洋酒中以威士忌、白兰地、葡萄酒为最多，其次则为西洋烧酒、雪莉酒、香槟酒等类。日本人嗜好威士忌，故多为日本人消费；华人及欧美人嗜好白兰地，故当地白兰地九成由华人消费。②

汉口属于湖北省夏口县，为全国四大名镇之一。地濒长江，交通便利，有平汉、粤汉、湘汉铁路相通。两岸田亩富饶肥沃，隔江与武昌、汉阳掎角对峙成鼎足之势。商业繁盛，在各都市中仅次于上海。华洋杂处，租界毗连，人口约80万。1927年后英、德、俄三国租界渐次收回，故汉口“洵为中外观瞻之所系，竞争角逐之商场也。物产丰富，冠于全国。唯国产销路，甚形欠佳。舶来品贸易，非常畅达。……即以汉口一隅，洋酒类调查其畅销情形，已可骇人听闻，每年漏卮之巨，约有300万元。我国国制酒类，反一蹶不振。虽有山西之汾酒、牛庄之高粱、山东之烧酒、天津之茄皮、广东之冯了性药酒、绍兴之竹叶青陈酒，皆我国著名之佳酿。其他如白酒、红酒、玫瑰、木瓜、佛手、福橘、化红、人参、风湿酒等亦属美酒，名目繁多，不胜枚举。惜不加改良，墨守旧法，未能与洋酒并驾齐驱。故汉口经营酒类商家，近以洋酒兴旺，国酒滞呆。且中产以上之家，好嗜洋酒，喜庆宴会，概用白兰地、威士克、香槟、啤酒，间有沽国酒作为饮品者，数亦寥寥。因此汉口经营国产酒商，多改变方针，纷纷向西商经销洋酒，兼售国酒。可胜浩叹。职是之故，国酒销路之呆，大有一落千丈之势矣”③。

1929年汉口经销洋酒的商号有38家，各家经销品类及营业各不相同。其最大的特点

① 王珍仁.大连近代城市发展的历史阶段及特征[C]//大连市近代史研究所、旅顺日俄监狱旧址博物馆编.大连近代史研究(第7卷).沈阳:辽宁人民出版社,2010.484－490.

② 大连洋酒消费年达七十万元[J].东三省官银号经济月刊(第1卷第5号),1929－09－15:10－11.

③ 汉口洋酒畅销情形[J].工商半月刊(第3卷第1期),1931－01－01:12－13.

为，第一，经营洋酒的商号多样化，极少专营洋酒者。或由进出口洋行办理，既有洋行经销者，如俄国波楼馆、禅臣洋行、裕兴洋行、金迩洋行、美丰洋行等；也有食品公司代销，如陶陶食品公司、广东食品商店、冠生园支店等；有在餐馆食店经销者，如万国面包行、一江春西菜馆、复兴楼、东记饭店；有酒吧酒馆销售者，如万国酒排间、新星酒吧间等；也有中国人开设之店铺代销者，或卷烟商店带售，或糖果公司代销，或掮客兜货等，不一而足。

第二，经营洋酒品类丰富。除裕兴洋行专销德国啤酒外，其他商号均经销多种洋酒，白兰地、威士忌、啤酒等均有。如位于特三区太平街的昌升泰，每月销售三星白兰地 4 箱，红牌威士忌、狮牌金酒、红字葡萄酒各 1 箱，元芳雪莉酒、葡萄酒各半箱，五星啤酒 75 箱。

第三，洋酒中销路最广者，首推啤酒，白兰地、威士忌、香槟酒等次之，葡萄汁酒、金酒、白葡萄酒、清酒、朗姆、味美思更次之。金迩洋行每月销售啤酒 100 箱，狮牌金酒和白兰地各 35 箱。在各酒类品牌中，以三星白兰地(轩尼诗)最为常见，每月在汉口销售达 37 箱。狮牌金酒、元芳牌葡萄酒、红牌威士忌等也是汉口洋酒市场上的常见品牌。①

汉口洋酒均由上海转口而来。各国制酒厂家将酒运到上海，再由上海装载长江各公司商轮转运汉口。除海关估价完纳关税外，洋酒到达汉口市场销售，每箱或瓶，再加贴值百抽三十的印花凭证(实际上并未能照此率完纳)。汉口各种洋酒价格较上海高约 40%。例如太阳、上海、青岛、三星、三光、德国、美女等牌啤酒，在上海每瓶只售 2 角 5 分至 3 角 5 分，而汉口须 5 角至 6 角。三星白兰地(轩尼诗)、红牌威士克(尊尼获加红牌)在上海每瓶只售 3～4 元，而汉口须 6～7 元。“沪汉两地，其价相差如是。但汉口之洋酒，反较上海为畅销，以其食户嗜奇之故。”②

在 1929 年中国政府改定关税税率之前，洋酒价格上涨幅度较小且缓。以啤酒为例，其在上海批发价格上升缓慢，但 1930 年之后迅速攀升，与国产啤酒价格差距拉大(见图 3－1)。在 20 世纪 20 年代早期，德国美女牌(girl brand)啤酒与上海本产挪威啤酒(Norwegian beer)批发价格相差无几。1923 年冬季美女牌每箱 10.75 金单位，挪威啤酒 8.674 金单位。在整个 20 年代呈缓慢上升趋势，但变化不太大。到了 1930 年，无论是进口国产，批发价格逐渐攀高。德国美女牌每箱批发价格达 18.847 金单位，较之 1929 年上涨约 50%，1931 年较之 1930 年又上涨 10 金单位以上。这主要是由于中国实现关税自主，对进口啤酒征收较高关税所致。而国产啤酒批发价格也略微上涨，但涨幅甚小。至 1930 年左右，进口啤酒与国产啤酒价格差距拉大。1931 年和 1932 年挪威牌啤酒(12.363、12.697 金单位)批发价格不到德国美女牌啤酒(28.933、25.592 金单位)的一半。

---

① 汉口洋酒畅销情形[J].工商半月刊(第 3 卷第 1 期)，1931－01－01：13－19.

② 汉口洋酒畅销情形[J].工商半月刊(第 3 卷第 1 期)，1931－01－01：20－31.

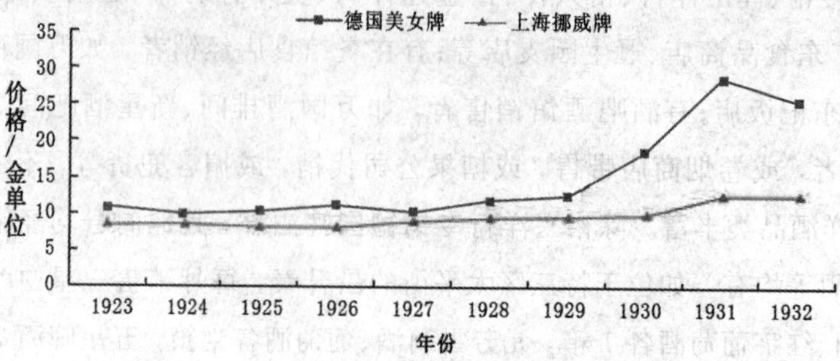

图 3—1　1923—1932 年上海啤酒批发价格①

从 1923 年到 1932 年的十年内，尊尼获加威士忌、三星轩尼诗白兰地和张裕 16 年白兰地在沪批发价格均呈上涨趋势(见图 3—2)。唯在 1931 年之前，尊尼获加价格稍高于轩尼诗，1932 年轩尼诗反超尊尼获加。与所有进口酒一样，到 1929 年后批发价格开始猛涨，这主要是由于中国开始增收酒类关税。十年间张裕白兰地批发价格上涨了 5.459 金单位(从 12.252 金单位涨到 17.711 金单位)，涨幅 44.56%。而尊尼获加从 21.918 金单位上涨到 55.489 金单位，涨幅达到 153%以上。1931 年更高达 58.864 金单位。三星轩尼诗价格从 17.012 金单位上涨到 63.050 金单位，涨幅达 270.6%。轩尼诗批发价格涨幅最大，不断接近尊尼获加并实现反超。从总体上看，国产烈酒价格虽有上涨，但幅度有限，与同类进口酒价格差距进一步拉大。1924 年轩尼诗批发价格是张裕的 1.34 倍，1932 年扩大到 3.56 倍；尊尼获加 1924 年批发价格是张裕的 1.79 倍，1932 年扩大到 3.13 倍。价格差距拉大，更加深了国人对国产酒低质廉价、进口酒优质高档的认识。

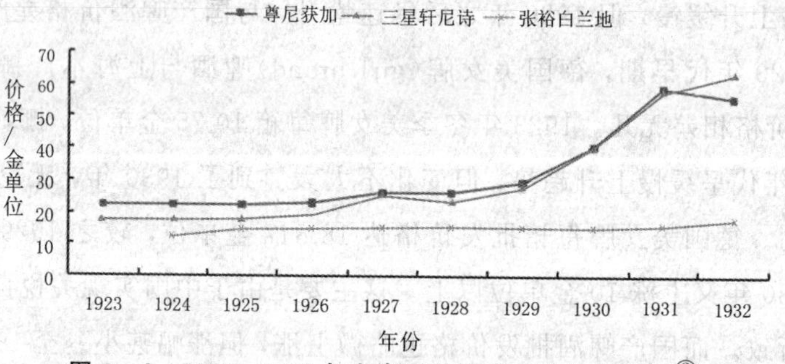

图 3—2　1923—1932 年上海三种酒类价格变化趋势②

葡萄酒在上海市场的批发价格，其变化趋势也与其他各种进口酒类类似(见图 3—3)。以英国产葡萄酒品牌 W. A. Gilbey's 为例，其一箱 12 大瓶装者 1923 年在沪批发价格为 10.

① 中国银行总管理处经济研究室.中国最近物价统计图表[M].上海：中国银行总管理处经济研究室，1933.97—98.

② 中国银行总管理处经济研究室.中国最近物价统计图表[M].上海：中国银行总管理处经济研究室，1933.99—101.

524 金单位，1929 年上升到 13.875 金单位，次年为 21.698 金单位，1931 年更高达 34.583 金单位。从法国进口的白葡萄酒和英国进口之 St. Julien 牌红葡萄酒，其价格变化趋势也相同，说明中国关税制度变革对进口酒类价格产生了最直接的影响。

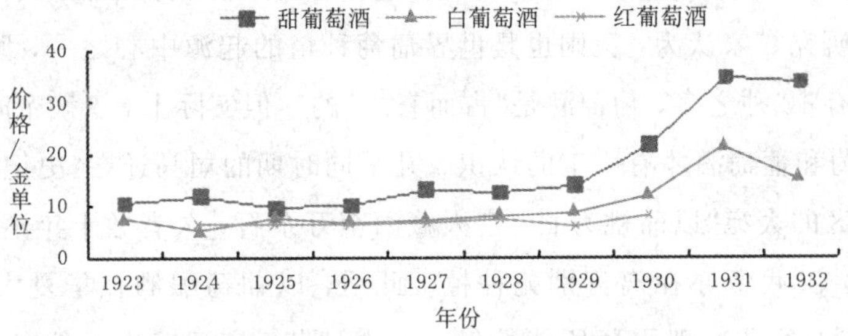

图 3－3　1923—1932 年进口葡萄酒批发价格 ①

香槟酒是较为小众的洋酒品类，其价格也较其他进口酒类为高，且不断攀升。法国毛姆牌(G. H. Mumm's Champagne)香槟绝对是一种奢侈品，其批发价格远远高于一般红白葡萄酒，甚至高于白兰地、威士忌等酒品。其价格也是逐年上涨的，十年间上涨了 1.35 倍。1925 年受时局影响，略微下降。到 1931 年达到每箱 12 瓶装 97.103 金单位，1932 年下降到 88.179 金单位(见图 3－4)。

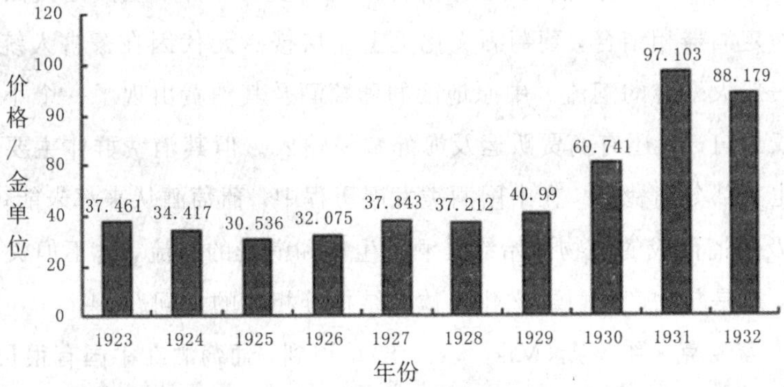

图 3－4　1923—1932 年上海香槟酒批发价格 ②

第二节　葡萄栽培与葡萄制酒的历程

现有研究证明，世界葡萄酒文化起源于底格里斯河与幼发拉底河流域的美索不达米亚盆地地区，大致为今天的土耳其东南部、叙利亚东部和伊拉克一带。世界葡萄酒文化从这一地域发端，随着国际贸易和人员迁移传播到古代埃及、希腊、罗马乃至整个欧洲，向东传播到包

① 中国银行总管理处经济研究室.中国最近物价统计图表[M].上海：中国银行总管理处经济研究室，1933.92－94.

② 中国银行总管理处经济研究室.中国最近物价统计图表[M].上海：中国银行总管理处经济研究室，1933.91.

括中国在内的东方国家。美索不达米亚是第一个世界葡萄酒文化中心，而古埃及则可能是继之而起的中心地域[①]。在当代，西欧是葡萄酒产业和文化的中心地带。当然，新世界的葡萄酒文化如美国加州纳帕谷、澳大利亚、新西兰、南非、智利等地的葡萄酒也逐渐在世界葡萄酒文化版图上占据一定的位置。对中国而言，葡萄酒绝对是一种舶来品及外来文化。

当代葡萄酒研究专家认为，我国也是世界葡萄种植的起源中心之一，原产于我国的葡萄品种及其变种有42种之多，葡萄酒是“古而有之”的。但实际上，汉武帝时期的张骞通西域后，国人对葡萄和葡萄酒才有一定的认识。几乎同时期的司马迁在《史记·大宛列传》中言位于今中亚地区的大宛“以蒲桃为酒，富人藏酒至万余石，久者数十年不败”。张骞并引进西域葡萄种子，汉武帝亦在离宫别苑种植。此后，以葡萄酿酒在华夏大地上虽间或有之，然其价值甚昂，绝非一般平民所能接触。史书记载，东汉时人孟佗“以蒲桃酒一斛遗让，即拜凉州刺史”，张让为汉灵帝时宦官，以贪渎著名。孟佗用少许（李华考证说一斛大约为20升，约合26瓶）葡萄酒就能换取一个刺史职位，可见其时葡萄酒之珍贵难寻了。魏文帝曹丕在一件诏书中言及葡萄时写道：“酿以为酒，甘于曲蘖，善醉而易醒。”[②]。其时的葡萄酒，还是甜味居多，酒精度也极低，仍与大众绝缘。唐代，中原与西域文化交流复趋频繁，葡萄酒逐渐平民化。在唐代诗人的作品中不乏吟咏者，如王翰脍炙人口的《凉州词》云：“葡萄美酒夜光杯，欲饮琵琶马上催。醉卧沙场君莫笑，古来征战几人回？”当时葡萄酒饮用，已经与特定酒器相结合，葡萄酒文化更上一层楼。元代因在蒙古人统治之下，地域广阔，出现了民族大融合的潮流。中原地区的葡萄酒及其消费出现了一个小高潮。既有西域进贡，也有汉地自产，还有商贾贩运及海外贸易输入。但其消费群体主要还是宫廷和官员，当然民间也有部分消费。[③] 在中国酒类发展历程中，葡萄酒从来都未能占据主要地位。而以曲蘖发酵及蒸馏而成的谷物酒始终是酒类生产和消费的主流，这不但关乎葡萄及葡萄酒本身的发展，还是与物产、气候、文化及饮食结构等相连的大问题。[④]

葡萄酒业专家麦克·维塞斯（Mike Veseth）认识到，葡萄酒在中国有很长的历史，可以追溯到两千年前从中亚进口的第一批葡萄酒。但“直到19世纪才有稍成规模的葡萄酒生产与销售。西方传教士将葡萄和葡萄酒随《圣经》带到了中国，正如他们在其他国家一样。如今葡萄酒真正的根源则在19世纪80年代晚期才种下，当时成立了张裕和其他酒庄，主要为商业中心的外国聚居群体酿造葡萄酒”[⑤]。他指出了中国葡萄酒的舶来性质，到了19世纪张裕酿酒公司的成立才开创了葡萄酒近代发展的历程，但其服务的消费群体却并非普罗

---

① 吕庆峰、张波.考证世界最早的葡萄酒文化中心[J].宁夏社会科学，2013(3)：133－135.

② 李华.中国葡萄酒发展史回眸[N].华夏酒报，2010－05－10：15.

③ 杨印民.帝国尚饮：元代酒业与社会[M].天津：天津古籍出版社，2009.43－46.

④ 吕庆峰，张波.先秦时期中国本土葡萄与葡萄酒历史积淀[J].西北农林科技大学学报(社会科学版)，2013，13(3)：157－162.

⑤ [美]麦克·维塞斯著.葡萄酒战争[M].马捷译.济南：山东画报出版社，2013.246.

大众。实际上，在康熙皇帝在位年间，西洋传教士带入中国的葡萄酒就已经进入宫廷生活，朝廷近臣也将之视为时髦高档饮品。[①] 只是到了近代，中国境内原产品种及新引进葡萄品种的种植更加广泛，种植技术也较前发展，葡萄酿酒在南北各地得到一定的重视，张裕葡萄酿酒公司则是近代葡萄酒业发展的顶峰。

一、近代中国的葡萄种植

中国葡萄栽培的历史极为悠久。但真正将其上升到一定高度来思考，则是清末的事。1897 年维新派喉舌《时务报》译述一则日本消息道："中国北方，近年以来，多栽培葡萄。拟取其为酿酒之料，其初酿酒，实在千八百九十三年（指 1893 年之张裕酿酒公司）。品质佳美，欧美人亦颇称善焉。甚或以为远轶法国香宾酒之上。盖中国北部地质，必合于种植葡萄也。中人注目于此，欲开利源，将来必有足观者焉。"[②]日本人认识及此，乃是将葡萄种植及葡萄酿酒，上升到了开辟"利源"的高度。在清末广泛流传的商战思想中，广开利源是思想界和实业界孜孜以求的梦想。深受康梁维新变法思想影响的汪笑侬（1858—1918），在读到报载消息云沙田宜于种植葡萄后赋诗一首："无端平地起波涛，海外石田空力劳。此土总难生万物，幸能新法种葡萄。"[③]他对新法栽种葡萄寄予了厚望。清末维新思想家陈炽更提出了一套种植葡萄酿酒以与洋酒争衡、挽回利权的具体计划和设想（详后）。在这样的思想背景下，人们将庭园中种植的一种普通植物，提升到了关乎民族权利与命运的高度。其后论及葡萄种植的专家，都循这一思路阐述。

农学专家罗世嶷（1889—1956）在 1918 年论及中国葡萄种植的状况时说道："我国至今葡萄之种植犹微，不独无出口之价值，即国中盘实之供，亦所罕见。夫以发见既久之名植物，而传至今日，已然产量未丰，不足据农业上一重要位置。"他认为如下两个原因导致了这一状况。一是"种植之法，讲之不精。故产量不富，而获利甚微。浸假而农人愈弃不经意，不独无繁盛之希望，其必至衰退至此审矣"。二是由于葡萄的用途未加推广。我国葡萄"仅采供盘实，未能引入制造中以充原料品，故推广种植极难。若欧美人则匪独用葡萄充鲜果，城野争重，销行甚易。且别类用途尤大，或制作干葡萄，或蜜葡萄，或制葡萄糖，而尤以造葡萄酒一端为制造之最大者。于是葡萄遂成为原料品，利厚售易，人争植之，弥漫郊野，有如吾国之种桑蔗矣"。罗当时在法国勤工俭学，他观察到，欧西各国种植葡萄除做鲜果食用等外，还做酿酒之用，且是其最大之一端。相比之下，葡萄酒"亦常见称于吾国，但未通行。余常饮之，乃与欧美葡萄酒不类，不得称葡萄酒。盖其制法，乃以他类酒

① 王赛时.中国酒史[M].济南：山东大学出版社，2010.256.

② 论中国葡萄酿酒[J].时务报（第 20 册），1897：536.

③ 汪僢.阅报知海上沙田宜种葡萄口占二十八字以寓意[J].大陆（第 2 年第 2 号），1904－02－20：125.

浸葡萄，涵出其色味而已。非如欧美之制，乃用葡萄为原料，而酿成名酒也。余在农校肄业，曾手酿之，其法颇简，故农人皆能于田间行之。其最重要之点，则利用发酵作用，将葡萄中所储糖汁发酵成酒。……欧美人咸称葡萄酒为佳品饮料，每餐必具，如吾国人之饮茶然。酒质有优劣之别，其价亦大差。劣者值百钱一壶，佳者数千钱至数十千钱一壶不等。当秋末酒初酿成，再加精治，时以木桶盛之，输至城市出售。往往逾国境出售，而近纪巴尔干半岛诸国及北非南美等，已多步欧人后，酿酒殊佳，运售欧洲，久成劲敌，欧人颇以重税之法限其入境”。我国“久植葡萄，天津、陕西等处所出鲜葡萄，何减欧美？则非葡萄不宜于吾国土地气候可知。今若采西法以谋精其种植，广其用途，利源既开，农人将自谋种植。制糖酿酒，吾国有高粱酒米及蔗以供给原料，习用已久。则葡萄酒将必为出口货之大宗，获利可丰，实无可疑”。[①] 他最后的落脚点，也是将葡萄种植及酿酒提高到开发利源的高度，其思想渊源上承晚清时期的维新派无疑。

毕业于山东公立农业专门学校的林国华，在1925年论及山东省葡萄种植业的情形时也说道：“慨自古人明农教稼，而中国之农业始开。然亦自古人习故蹈常，而中国之农学日锢。土地有限，生齿无穷，农学不讲，农政不修，农业之组合不明，一遇凶荒，饥寒立至，事理之常，无足怪也。近者中国时局危迫，风雨飘摇，政事丛脞，灾害频仍，民生问题日重，经济形势愈张。近几年来，较前尤甚，我东省各地，首当其冲，小民受环境之逼迫，将何以卒岁，同胞被兵匪之蹂躏，更何以谋生，纷争骚扰，俨若沸汤，恐祸乱起于萧墙，悲民命危在旦夕，目击心伤，计唯有发展农业，可以挽救于万一，以济燃眉之急耳。夫东省地大物博，土质肥沃，地处温带，寒暖适中，对于种植事业，固无不宜，特为目前收效计，而攫固有之利，以补食粮之缺者，农作而外，不有果树事业乎。盖吾东省枕山带河，沃壤千里，其适于果树种植，早为外人所称仰，嘉木珍果，几遍全省。著名佳品，如莱阳之梨、肥城之桃、曹属之柿饼、乐陵之鲜枣，诸如此类，不可殚述。若能推广树艺，改良品种，则将来为产销大宗，可预期也。奈一般人民，多弃本逐末，舍近求远，此诚未知辟利之源，不明生财之道也。且果树种类甚多，经营者自当酌量种植，察吾东省最近情形，其他种植事业，虽不甚发达，而有进步可言者，厥唯葡萄之种植是也。盖葡萄为今日主要果品之一，采用者日见增多，嗜好者亦逐渐繁盛。唯是一般人民，虽知其为必要良品，而对于种植改良，未见有若何发展也。为今之计，必努力改良，善为推广，以增加将来之收量，而弥补已往之缺点，则获利之厚，可操左券矣。”[②] 他将葡萄种植与农业发展、农村开发、农民增收联系起来。其对改进山东葡萄种植业的设想，也是立足于葡萄不但可补粮食之缺，还能经营而获利，也可看作是晚清以来广开利源思想的发展。

---

① 罗世嶷.葡萄圃之建设[J].农学杂志(第2卷第4期)，1918－12：1－3.

② 林国华.改良山东种植葡萄事业之刍议[J].山东公立农业专门学校校友会杂志(第8期)，1925－05：16－17.

但在葡萄种植具体效益的认识上，并未能一致。番禺北山乡的一位作者写道："葡萄之树，除石质沙质之外，不拘如何土质，皆可种植。不虑潮湿，不虑天旱。树最粗生，寿最延长，历数百年亦不枯朽。"作者认为种植葡萄有如下十种好处："一、驳枝法收成速，种后六七年期乃有果收获；用籽秧出种法收成较迟四五年。二、初种一二年用泥培高，自后不用时常料理，免多费工银。三、种后十五年树高一二丈，周年秀茂，甚小落叶，可以避风灾，可以防水患。四、树根深插入地，虽最大飓风不能吹倒。五、叶长厚，花坚实，虫蚁不能伤损。六、逢春必有花，有花必有果，未闻葡萄有失收者。七、二三月开花时，花蕊多含糖质，蜜蜂最喜采之。凡养蜜蜂者，亦宜多种葡萄。八、五六月成熟，果香腻，味清甜，除作食品外，可以蒸美酒。九、树每株每年可得果数十至百余斤。每百斤价银十二元，每亩地可种二十株。十、葡萄之果有公母，所称公果者身尖、核小、肉厚、价高；母果身圆、核大、肉薄、价银较低二三元。"[①]实际上，作者所说的十大好处并不一定确实。如其所言不惧飓风等，带有广东一隅的地域特色，并不具备普遍意义。

有人认为，葡萄在我国"从未大规模之种植者。近如烟台张裕酿酒公司，始辟地试种，然只足供其酿酒之用。今将种植之法及利益，详列于后，以供实业家之研究"。[②] 一、择地。土质宜松肥，含有沙质者。二、水利，宜临河畔，便于灌溉者。三、交通，宜在大埠附近之地，水陆便利之区易于运销者。四、种子，宜用美国种子。五、种植之法，每亩至多只能种120本，每年春季用竹剪剪其独苗，使其多分枝。每一亩相隔之间，开小沟引水，以资灌溉。夏令宜用喷水筒，将水射入空中，以润其枝叶。六、杀虫，葡萄架下，宜多备杀虫药水。七、畜鸡，可在葡萄园内养鸡，以充分利用场地。八、收益。葡萄每本每年收半担，每亩约收六十担，每担以最廉价值10元计算，可值600～700元。除开支外，可得纯利400元。每只鸡每年产蛋180枚，每亩园地养鸡300只可产蛋5.4万枚。以每百枚最低价值1元计算，可值540元。除开支外，可得纯利240元。每年春季孵蛋一次，亦可得厚利。以此计算，每年每亩园地可获利640元。若以千亩计，则可获利64万元之巨。作者设想了一种较具生态观念的方法，就是葡萄种植与养鸡相结合，从而增加收益。但实际上，这种设想的可操作性并不强，对葡萄种植业的发展不具备实际的指导意义。

在近代中国，葡萄种植没有形成规模产业，多是零星种植。如在东北地区，葡萄栽培的地域虽较广泛，然亦多是几亩十几亩而已，没有大规模栽植。东北原生的野生葡萄分布广泛，若有防寒设备及温度适宜，均能栽种。东北所栽种的葡萄品种，有龙眼、红鸡心、白鸡心、牛奶种、紫电霜、晚香玉、玫瑰香等。其栽种方法多用条沟式、圆沟式、土壁式、改良式四种。其整枝、修剪等与别处无异，只是因气候关系要注意防寒防冻。山海关附近为最适

---

① 莫棣圃.种葡萄之利益[J].农事月刊(第1卷第6期)，1922－21－01：26－27.

② 汉翔.种葡萄之利益[J].中华农学求新会农智月刊(第13期)，1923－10：3－4.

宜栽培葡萄之地，“一村亦有相当之种植，有葡萄村之称，产额甚丰。均集中于都市之处，大部均运至果实不生产地，如在热河省提倡栽培，则将来定有相当之发达，其果实不但可以供给国内生果之用，并能加工制造，如葡萄干、葡萄酒等，供给国内外之用也”①。昌黎位于河北省东北部，其葡萄栽培为全省之冠。农民对于葡萄病虫害防治，也有一定的经验和知识。多采用农业推广机构引进的美制药剂进行喷雾杀虫防病，据时人调查，未闻有因病虫害而导致产量减少。学者认为“我国农民知用化学防治法以治果树害虫，恐以昌黎为最早，外人之有惠于吾农民者，实非浅鲜”。② 然其产量也极微小，与今日之赫赫产区相比，寒碜不少。

河南虞城“古为纶邑，葡萄之栽培，亦不过自改为虞城后始渐盛行。因在纶邑时，人烟稀少，园艺事业，尚未发达，加以交通不便，需要甚微，多半农夫，对葡萄皆不注意。故栽培者甚属寥寥。及改纶为虞，人口日渐繁多，需要亦甚宽广，栽培者始渐繁盛。考其栽植最盛时期，则在1850年至1909年”。其“气候温和，无过热过冷之弊，并无过旱过涝之虞。间或有之，亦是例外，实最适于葡萄之生长地域，以城西南两方面栽培为多，北方次之，东方更少”③。虞城西、南两方多为沙质土壤，亦间有碱土，北部多为碱土和沙土，东部以黏土为多。虞城葡萄成熟期较早者在八月，较晚者在十月。栽培多用插条法，因其生长迅速，繁殖容易，在春季插条者居多。条长约尺许，埋于地下，即可发芽。株间距多为15尺至20尺，行间距以20尺到38尺为多。虞城葡萄对于整枝多不太注意，任其自由生长蔓延，不按科学方法管理。结果产量亦佳，品质丰美。唯至夏日，多有摘心，目的为使长枝多多发芽，并免过于伸长。葡萄架多用方棚式，每株用一个至三个方棚，连成长方形。方棚大小以植株范围而异，长宽各一丈见方为多。病害以霉病为多，叶上皆白，伸长如丝，芽变黑色，果裂开腐烂，为害颇巨。害病多在温高无阳的连阴天，栽培者多无良法治疗。虫害只有咬根虫一种，虽极繁茂的葡萄树，一旦遭遇此种虫灾，即渐行枯死。若发现此种虫害，可将根苗拔出移植他处。虞城葡萄品种有大白珠，果穗与果实皆大，呈圆形，皮薄，成熟时果面为灰白色，内部透明，味甚甘美，在八月内成熟；紫葡萄果穗小而密，形小略圆，皮较厚，熟后呈暗紫色，微甜而略酸，在八九月间成熟。虞城葡萄多做鲜果食用，也有以之酿酒者。

新疆一直是葡萄的知名产地。吐鲁番在20世纪40年代每年出产约40万担，全疆当在100万担以上。新鲜葡萄味美无核，除制葡萄干外，尚可酿造葡萄酒，迪化各商店以玻璃瓶盛装发售。葡萄酒“为紫红色，有甜香味，在普通宴会中，均以葡萄酒待客，虽不善饮酒之人，

---

① [日]渡边柳藏著.东北葡萄之栽培[J]焦裕权译.浙江建设月刊(第10卷第3期,“柑橘与葡萄特辑”),1936－09:68－74.

② 吴达璋.葡萄害虫药剂防治之调查[J].农农学月刊(第1卷第3期),1935－12－01:93.

③ 杨海居.虞城县葡萄[J].河南中山大学农科季刊(第1卷第1期),1929－12:63－64.

闻之亦垂涎欲滴，开怀畅饮，不知不觉之间，而入醉乡，与贵州之茅台酒，可称媲美，而各有千秋”。[①] 中华人民共和国成立初期，和阗地区葡萄栽培面积58800多亩，其中和阗18377亩，皮山15000亩，于阗10978亩，墨玉8482亩，洛浦3000亩。其中约60%制作成葡萄干，其余为鲜食酿酒等用。用鲜葡萄或葡萄干可以榨汁酿酒，维语名“买扎甫”。味颇似啤酒，维族人甚喜饮用。此种葡萄酒一年四季均可酿制，在葡萄收获季节多用鲜葡萄榨汁酿制。其法为将葡萄榨汁后，盛入锅中以缓火煮之，除去上层浮沫，约两小时后停止加热，待冷后倒入坛中，加入曲子使其发酵，数日后便成酒可饮。葡萄干制酒之法则稍不同，将葡萄干与凉水同置锅中用缓火煮沸，随时加水搅拌，约煮六小时，以水将葡萄埋没为度，即可榨出汁液，余下程序与鲜葡萄汁制酒同。所制成之酒，不耐久贮，三日后色即变黑，味亦变酸，若饮之有上吐下泻之虞。此类酒房，和阗有20余家。民国末期每到下午，男女拥挤一处，一面饮酒，一面谈笑。每家酒房每日制酒在二三坛以上(每坛约25斤)。中华人民共和国成立后，政府为矫正社会风俗，限制公务员及女人进入酒房，因之酒房生意一落千丈，乃至一二日方制酒一坛。[②]

时人认识到，葡萄“为色味兼具之佳果，且富于糖汁，其大宗用途，即依于此，如制糖造酒是也。其质之美恶，其量之多寡，虽常依种植培护之得法与否而定。而据葡萄业家历试不谬之说，尚有关于天然情形者三大要素，极为重要。往往人力培植法不能与之争胜，种葡萄者须先研究而求其适当。此关于葡萄之质量极大，造糖酿酒之优劣系焉”。[③] 这三大要素为：气候、泥土与葡萄种类。关于气候方面，葡萄园所处的经度、海拔、坡度斜度与方向关乎日照、温度、风霜，都是种植葡萄所需要考虑的。泥土酸碱度、矿物质含量、土质与肥力等也极为重要。葡萄之栽植方法较多，常用的有插条法、压条法、实生法等。插条法乃选枝条之适合于繁殖者，其法颇便。又分为杆插法(插葡萄枝)、芽插法(采春季发芽枝条)、绿条插法(夏天取绿条插植)。压条法多用于不容易生根的葡萄品种，在春季发芽前从葡萄树下部所生健全枝条，埋于地下，盖上厚土，注意灌溉保温，夏秋季节自能长出根芽。因葡萄种子不易发芽繁殖，故要用其籽实培育者，须先用酸碱溶液或温水浸渍。[④] 此外，对于由外间输入而不适于当地土壤之葡萄品种，亦可用嫁接法繁殖，然所用甚少。[⑤] 也可采用室内盆栽之法，“室内栽培之葡萄，香味绝佳，露地产品，远非其匹。故在欧洲方面，价值殊高，常有求过于供之势。我国之栽培葡萄者，对于室内培养，多未注意。其故非不知室内培养之有利，实缘建筑温室与葡萄之栽植管理，均需特别设计与技能，未敢轻于常识

① 欧阳明.新疆特产之葡萄[J].现代邮政(第2卷第6期),1948-06-01:15.

② 和阗区葡萄栽培概况[J].西北农林(第1卷第11期,“新疆农业专号”),1951-09-20:32-35.

③ 罗世嶷.葡萄圃之建设[J].农学杂志(第2卷第4期),1918-12:3-14.

④ 业荣.葡萄繁殖法[J].农民须知(第4卷第4、5期合刊),1937-06-15:17-19.

⑤ 庄国熙.葡萄栽培法(“农业浅说丛书”第50号)[M].南京:国立中央大学农学院农业推广组,1933.6-7.

耳”。[①] 葡萄之盆栽培养，渐为人所重视，以为优于温室培养。其理由有五：同样可于室内促成结果、搬运便利、栽培简易、可利用普通温室、可供室内陈设。有此五端，时人以为我国农场庭园之筑有温室者，不妨一试其法。适于盆栽的葡萄品种有 Black Hamburg，Foster's Seedling，Madresheld Court，Royal Muscadine，Royal Ascot 等五种，第一种在普通苗圃店多有出售。其种苗挑选、生长促成、温度湿度之保持、果粒挑选等均有一定之法，与单纯小型盆栽及大片葡萄园管理稍异。葡萄栽种后需要修剪，其“本年生殖枝蔓，于其叶腋发生花芽，翌年伸长而为结果枝。以开花结实故，宜于冬季整理枝蔓之顷，择其枝蔓之坚实者，相其树形而剪定之，以存留其发达良好之腋芽。倘不加剪定，则位于枝蔓尖端之不完全花芽，延伸而为结果枝。而枝蔓下端之良好花芽，不能伸长。总令结果稍多，难得良好之果实”。[②] 其他有关葡萄之田间管理、施肥、除草、病虫害防治、储存等，这一时期均有较多的文章进行介绍。

在葡萄品种的选择上，主要应该考虑其产量、品质、抗病虫害、色泽、结果情形、果穗形状、对根蚜虫的耐抗以及是否适宜保藏等因素。[③] 当时常见的葡萄品种有中国种、日本种、欧美种。[④]

除了葡萄种植与加工不上规模之外，葡萄种植、保藏的方法也极为原始。“摘取葡萄者，大都用手。以其可免于伤本也。顾伤本虽免，而欲速则不能。一日之人工，所摘几何，殊为不值。加利福尼省某园主，近发明一新法，颇可两全。先制特别之剪一，形若手套然。其一片套于指间，一片则任意活动。于是齐葡萄之根剪下之。剪下后其四指立即接住。树本与葡萄，乃两不伤损，而愈能速于事工。业此者咸拜其嘉赐，谓物虽微细，惠则无穷云。”[⑤]这种小发明在中国的推广和使用情况我们不知其详，然实际上凸显了当时葡萄采摘技术与设备的落后。有人介绍葡萄存储之法云：“取糠半箩，用火焙干(若不用糠，用干灰亦可)。再取啤酒桶或别样木桶一只，以能载水而不漏者方可。将糠满填桶底，糠之上放葡萄。一层葡萄之上，又再加糠，如是一层葡萄一层糠，装至桶满为止，然后以糠铺面，用盖盖密，使空气不能入内，如此便可贮至 9 个月或 12 个月之久而不变坏。临开桶时，若想其鲜美，可将每札葡萄之茎，剪去少许，然后将茎插在红葡萄酒中，如插花一般。便可使其鲜美，与新摘之葡萄无异。若是白葡萄，可插在白葡萄酒中。贮藏之葡萄，须在好天时候下午所摘而未十分成熟者为佳。落糠之时要子(仔)细将每札葡萄隔开，勿使粘连为要。”[⑥]这在今日看来，颇为古朴，却多少显得有些无奈。

即便是最为简单的技术，也多不为一般农人所掌握，故需要加强改良与推广。推行葡

---

① 盛国成.葡萄盆栽之促成法[J].农学(第 1 卷第 5 期)，1924－03－15：35－42.

② 葡萄剪枝法[J].广东农林月报(第 1 卷第 8 期)，1917－05－01：95.

③ 徐满琳.葡萄栽培法之检讨[J].浙江建设月刊(第 10 卷第 3 期，“柑橘与葡萄特辑”)，1936－09：76－77.

④ 沈亚五.略讲葡萄之品种[J].现代生产杂志(第 2 卷第 12 期)，1936－12－31：62－64.

⑤ 摘取葡萄新法[J].进步(第 7 卷第 5 期)，1915－03：6.

⑥ 谢益芳.简易贮藏法：葡萄(生葡提子)[J].中华农学求新会农智月刊(第 3 期)，1922－12：5－6.

萄种植改良，有诸多好处。如免除病虫害、促成早熟、增加糖分含量、提升产量、使葡萄繁殖旺盛、改进果品外形、改良品种、保持品质、抵御风雨、耐干耐湿等。有人还提出了改良计划，如提倡集约合作经营、在农村设立讲习所、实业推广机关购置苗木以便农民栽种、提倡设立葡萄加工制造所、研究销路推广、建筑贮藏室以便长期保藏、设立试验场以便展开试验与研究、广泛传播葡萄种植方法以便农人采用、设法减轻运费及关税以便出售、各机关应保护果苗经营者之利益等。"改进种植葡萄之利益既如彼，而改进之需要又如此，故种植葡萄，实为经营果树中之重要事业，而为农家之唯一副业也。诚能照前计划办理，广设制造厂，多加制造(如葡萄酒、葡萄糖等)，其所获利，宁有量哉！吾东省自开埠以来，烟台有张裕者，首见是项事业有利可图，乃于烟台附近，广购场所，遍植葡萄，并设葡萄酿酒公司于烟台，加工制造，迨至今日，不过数十年间，而其出品之精美，已驰名全球，此非种植葡萄获利之一实例乎。"①

二、葡萄酒业发展的思路设计

发表于 1931 年的一篇科普文章写道："考中国的葡萄，古籍中又常书为蒲桃。同此一物，而屡同音异字，故可知其为翻译外国名词。此物亦可断定系由外国输入者。据先民传说，多谓自张骞使西域，始带此物归中国。唐段成式在某书上有云：'此物实出于大宛，张骞所致，有黄白黑三种，成熟之时，子实逼侧，曰生编珠聚，西域多酿以为酒，每岁来贡。'照这样看来，葡萄输入我国，始于汉武开通西域时。而其发源地则为大宛。但那时中国能否以之酿酒，却不知道。遍翻当时所遗下普通书籍，葡萄的名词，尚未有见。等到唐王翰《凉州词》一首，始标出葡萄酒之名。其词云：'葡萄美酒夜光杯，欲饮琵琶马上催。醉卧沙场君莫笑，古来征战几人回？'又据《唐书》云：'唐破高昌，收马乳葡萄实，于苑中种之，并得其酒法，始传入中国。'由此观之，葡萄虽由张骞携归中国，民间解垦种此物者必无多。及唐破高昌，始再度输入，以之酿酒，自是始有国产之葡萄酒。"②作者认为，葡萄与葡萄酒都是外来之物，最初是由西方东传大宛，然后再传到中国的。在张骞通西域葡萄传入中国之后的数千年中，葡萄和葡萄酒的发展都是极为缓慢的。

清末所设立的直隶农务学堂，曾试制过葡萄酒。据当时的一篇札文："兹呈上试验场芦粟糖二筒，栗子粉二匣，薯芋粉二匣，番茄酱油二瓶，烟草一匣，红白葡萄酒二瓶，白葡萄糕一瓶，伏乞赏收查验。并呈石瑞霖试制火酒二瓶，流动肥皂四瓶，定质肥皂一匣，原石质玻璃料一盒，均请查验。其所制火柴料、白火药、硫强水均以有险，未便即呈。合并声明。批。据禀，已悉送到制成芦粟糖等十二种，除烟卷呼吸难通，尚需极力讲求外，其余

① 林国华.改良山东种植葡萄事业之刍议[J].山东公立农业专门学校校友会杂志(第 8 期)，1925－05：18－33.

② 葡萄酒小史[J].农声(第 147、148 期合刊)，1931－08：22.

十一种当即发交工艺学堂化验。兹据该学堂逐一化验，开折呈送前来，应将原折随批发去。仰即查照，再行详细考校，改良具覆核办，并将原折一并呈缴。此札。”所制成品经工艺学堂化验，其红葡萄酒“并非本色，系用尼亚林所造。其质甚劣。所用之料，唯葡萄汁加糖作成，无酒精质。至酿法亦不合宜”。白葡萄酒“质亦甚败劣，其做法与制红葡萄酒同，惟不加尼亚林而已，实不堪用”。酒精“质甚佳，大有用于平常化学及酒精灯等”。葡萄糕“质甚佳，若再改良作方形硬块，加之以柠檬水，其味益美，足可畅销”。其他制品如番茄酱油“质劣极，实难胜用”；芦粟糖“甜味太少，质亦不佳，只可用之以作次等糕点”；栗子粉“质佳味美”，薯芋粉“洁白尽善”。① 设于河北保定的直隶农务学堂，是晚清新政时期创设的农业研究和推广机构，由直隶总督亲自出任学堂总办，可说是近代农务研究的第一机构。但对于红白葡萄酒的制造，却难得其法，只能加工简单的栗子粉之类。这与当时中国葡萄栽培和利用途径不广以及葡萄酒酿造知识的匮乏相关。

在清末，外国葡萄酒汹涌而来，激起了具有民族思想之士的担忧，开始对葡萄酿酒给予重视。陈炽是清末维新派重要思想家中最为突出的一员，是近代中国历史上最为关注葡萄酒业发展的思想家。陈炽(1855—1900)，江西瑞金人，原名家瑶，字次亮，晚号瑶林馆主，清末维新派思想家。曾遍游沿海各商埠，并考察香港、澳门，留心天下利病，深研经济学，主张学习西方以求自强。以前对晚清思想界的研究，多注重于康有为、梁启超等领袖人物，而对其他思想家则少有重视，近来方有对陈炽思想进行深入研究者②。陈炽思想涉及方方面面，但最主要的却是晚清时期较为流行的商战思想。在《续富国策·自叙》中，陈炽写道：“农也、矿也、工也、商也，为华民广一分生计，即为薄海塞一分漏卮；为闾阎开一分利源，即为国家多一分赋税；为中国增一分物业，即为外国减一分利权。”③无论农矿工商，中国增加一分，即洋人在华商业势力便减一分，这是很朴素也很客观的与洋人争利权的思想。面对洋人对中国的经济侵略，陈炽的核心观点是，发展民族工商业，以与洋人竞争，增加国家赋税收入。具体到葡萄酿酒业，陈炽也有较为集中的论述。

葡萄制酒是陈炽酒业发展思想中的一环，也是其商战思想的重要组成部分之一。陈炽认为，中国仿照西洋方法，酿制酒类以增加利权。“外洋酒税甚重，酒价甚昂，酒之销路甚广，能仿造以分其利，固属美举。”④陈炽认为，外国酒税较高，酒价昂贵，若是能仿造洋酒争得利权，是很好的措施。“中国旷土猥多，自应取膏腴而弃硗确，如造糖、造酒、取牛乳、收贮果品之类，自应参用西法机器，始能精洁。”⑤而中国地域广阔，出产丰富，仿造的办

① 直隶农务学堂制成芦粟糖等品物呈请查验禀并批[J].东方杂志(第1年第1期)，1904-03-11：183-184.

② 张登德.寻求近代富国之道的思想先驱：陈炽研究[M].济南：齐鲁书社，2005.

③ 陈炽.续富国策·自叙[C]//赵树贵、曾丽雅编.陈炽集.北京：中华书局，1997.149.

④ 陈炽.论振兴工艺须择民间繁用之物本轻价贱者先行制造[C]//赵树贵、曾丽雅编.陈炽集.北京：中华书局，1997.383.

⑤ 陈炽.论农会书[C]//赵树贵、曾丽雅编.陈炽集.北京：中华书局，1997.357.

法，唯有参用西法，采用西式机器制造，才能成功。在《续富国策·饮食之工说》中，陈炽写道："一曰洋酒。中国之酿酒也，以粱秫，泰西之酿酒也，以苹果、葡萄。其酒有香冰、红酒、巴兰地、巴得醴、皮酒各名目。华人初疑之，继而试之，终乃甘之，大餐酒馆遍于通商各埠，综计入口之酒，岁不下千万金。因西国酒税过昂，其价之贵无以为比，而华人不顾也。此洋酒之应自酿者。"[①]陈炽从中西酿酒原料及方法的不同入手，接着讲到了洋酒在中国的畅销情形，他认为，洋酒已经严重侵害了中国的利权，中国应该自酿洋酒。

陈炽的葡萄酿酒业发展思想主要体现在其《续富国策》一书中。《续富国策》是清末最早出现的汉译经济学著作，其翻译蓝本是英国经济学家亨瑞·法思特（Henry Fawcett，1833—1884）的政治经济学著作 Manual of Political Economy 一书，最初由美国传教士丁韪良与其京师同文馆学生汪凤藻合作翻译。该书叙述了商品生产、消费、分配与交换等经济学理论，详细介绍了资本、地租、利息（利润）、价值、工价、钱币、邦国通商等经济学概念以及创立西方经济学理论的主要代表人物，是近代中国知识分子学习西方经济学理论的最重要著作，对近代中国人了解接受西方经济学理论具有重要作用[②]。陈炽不但有《重译富国策》数篇，且撰著《续富国策》四卷六十篇，系统阐述其发展中国经济的思想。在《续富国策》中有一篇《葡萄制酒说》，陈炽详尽论述了开发土地种植葡萄酿酒以获利的思想[③]。

在《萄制酒说》篇首，陈炽写道："尝观海关出入货税册，而叹通商之弊。北方数省之受其害者为尤大也，何则？两言以蔽之：南方之土产多，北方之土产少而已矣。上海一口，东南七省百货荟萃之区，每岁出口之货浮于入口。闽浙各口约相抵。北方之烟台、天津、牛庄三口，则迥不同矣。牛庄一口以出抵入尚不甚相悬也，然油豆诸物，皆以洋舶运销江浙，出洋者寥寥。烟台入口之货岁及千万，出口之货，二百余万，是岁耗八百万金矣。天津入口之货每岁约三千万，出口之货仅三百万，是岁耗二千七百万金矣。官民上下有限脂膏，安能禁此莫大漏卮，岁岁敲吸，欲其不穷不困也，得乎？"陈炽言"通商之弊"，并不是反对通商，而是对当时的通商情况不满。南北各口出入悬殊，中国处于入超地位，陈炽认为是由于土产不丰的缘故。入口远大于出口，欲中国"不穷不困"，亦不可得。

那么，有没有补救的办法呢？经过思考与对比，陈炽显然找到了一条他认为可行的道路，那就是"葡萄制酒"。他认为："救之之法，须辟利源，唯葡萄制酒一端，足以挽既去之狂澜，而使之东转。而办理之法，非地方官吏尽心民事，维持劝导不为功。曩见法人游历奉天所著日记，谓奉天一省，天时土性皆宜葡萄。苟能广种葡萄，仿西法以酿酒，则奉天一省之利，可以敌法兰西一国。后访之出使法国者，乃知法国葡萄制酒之利，岁合华银六

① 陈炽.续富国策·饮食之工说[C]//赵树贵、曾丽雅编.陈炽集.北京：中华书局，1997.216.

② 傅德元.《富国策》的翻译与西方经济学在华的早期传播[J].社会科学战线，2010(2)：112－119.

③ 陈炽.续富国策·葡萄制酒说[C]//赵树贵、曾丽雅编.陈炽集.北京：中华书局，1997.159－161.

万万两，居全国出口货物十分之七。而法之国用，全资酒税，岁入约三万万两，亦居全国赋税十分之九。每酒值一元者，税亦一元。西人以酒能乱性，无益人身，故重税以困之也。然香槟红酒，价值虽贵，销路日增。近且营销中国海疆，浸淫内地，岁值华银千余万两，岁岁加多，方兴未艾。而海关以为西人饮食之品，照约免税免厘，亦可慨矣。"他从法国的酒税情况着手分析，并援引外国旅游者对中国北方利于种植葡萄的说法，认为"地方官吏尽心民事，维持劝导"，仿照西法酿制，可以堵塞漏卮。

他接着写道："葡萄一物，来自西域，性宜沙土，尤喜天寒。泰西法德两邦，种植最盛，其气候皆与山左京东相若。盖葡萄结子之后，须渐渐红熟，始能变尽酸味，一律成甘。中国南方亦有葡萄之种，而色味俱劣，远逊北方者，职此故也。日本自改行西法以来，亦尝自种葡萄，如式酿酒。然子小味薄，所造之酒，行二十里则香味全变，恶劣异常，此举因而中废。西人考求其故，乃知日本天气炎热，地少沙土，本与葡萄不宜。且果木之种最恶海潮，宜近接高山，吸山泉之清冽。酿酒之水，如略带海潮碱性，即不能经久不变，且不能转运长途。日本三岛孤悬，潮水不到之处甚少故也。若中国直隶之西山北山、山东泰山、山西太行、河南嵩山、陕西华山附近之区，土厚泉甘，含灵孕秀。如能开辟大利，广种葡萄，参用西国机器，酿造名酒，允当冠绝人寰，风行海外。盖法国造酒之局，葡萄之园，皆附近比里牛斯各山，在海潮不到之处耳。"陈炽详细地分析了葡萄的习性，将中西各国气候、土壤、温度、湿度等条件相比较，并得出了如下结论：日本因是岛国与海洋气候，不适于种植葡萄，且其葡萄酿制的酒不适宜长途贩运及贮存；法国则远离海洋之地，为优质葡萄及葡萄酒的产区；而中国北方各省则与日本不同，与法国相似，适于大力种植葡萄以酿酒。

他又道："西人之言如此。而惜乎中国之民不知，中国之官不问。坐使北方数省岁受盘剥，无一土产可以出洋。苟能开此利源，中国断无泰西之重税，酒既增美，价又倍廉，海外诸邦，皆将购之于中国。各国酒税为国用所系，虽欲减税敌我而不能，此项利源岂有涯涘！奉天一省之广远，亦与山东等耳，而法人以为，广种葡萄，其利可敌法国一国，是岁有华银六万万两之进款也。又况北方五省，同时振兴，其获利之丰盈，虽隶首不能计算矣。"虽然中国北方是种植优良葡萄的地区，那实际上又是什么样的一个情况呢？显然，"中国之民不知，中国之官不问"，从而使广泛利源没有得到开发，坐失厚利。为了抵御外国酒类的进口，也为了增加税收，中国应该广种葡萄以酿酒。

而具体的操作办法，陈炽亦有论述。他写道："西人尝谓中国土地，寸寸皆金。惜华人掩聪塞明，不知取用，非虚言也。唯非常之原，黎民惧焉。创办之初，必以官绅为倡，宜令各省均筹闲款，购地一区，择其近山而多沙者，向外洋购觅佳种，如法栽培。闻法国所种葡萄，根老枝繁，与吴越之种桑相似。所结之子，糖多水少，出酒始佳。诚宜选觅聪颖学生，通达各国语言文字者十人，分赴英法德奥俄意六国，专考葡萄酿酒之事。六国均有葡萄，一国不能独秘也。一二年后，学成而归，分派各省，专任此事。比及三载，铁路亦成，运售海疆，利源辟矣。然后将成法颁布民间，广行栽种，分设局厂造酒营销。利之所在，人所必趋。各省风行，捷于影响。即仅销中国海疆，已及一千余万矣，况其他哉？至烟台一隅，现亦造酒，且有专利廿年之议。闻办理不善，终恐无成。此事销路甚宽，关系甚巨，正宜速行推广，补救方来，安得徇一人之私情，挠天下之大计哉！”

陈炽认为，发展中国葡萄酒业，首先应该仿照西法选种栽培葡萄；其次是选派熟悉各国语言文字的学生，赴英法德奥俄意六国留学学习酿酒技术，学成回国后分派到各省指导实践。待到酿酒技术成熟，然后再将方法颁行全国，分设局厂酿酒销售。“利之所在，人所必趋”，在陈炽的心中，中国葡萄酒业的长足发展，似乎已然成风了。然而，陈炽对现实也有清醒的认识。1892 年，华侨张弼士创办了烟台张裕酿酒公司。对此陈炽已有耳闻，他说：“烟台一隅，现亦造酒，且有专利廿年之议。闻办理不善，终恐无成。”以专利权（垄断权）鼓励实业发展是清末的通用方法，但陈炽认为葡萄酿酒“销路甚宽，关系甚巨”，应该迅速推广以补救中国经济不发展之弊端，而不能“徇一人之私情，挠天下之大计”。他认为专利之法，只会阻碍整个葡萄酒业的发展。

简言之，陈炽认为，只有广泛种植葡萄，仿照西法酿制葡萄酒，才能与洋酒争衡。对于如何种植葡萄、如何参用西法酿酒、如何推广等问题，陈炽都有精到的论述。陈炽对葡萄酒业发展的设计和思路，代表了近代中国思想界对这一问题的最高认识水平。陈炽关于葡萄酒业发展的论述，是其整个酒业发展思路中的重要一环，也是其发展中国实业以与外国展开竞争的商战思想的重要组成部分。即便是在百年之后，其所揭示的问题以及所设计的发展思路，都不乏启发意义。

三、葡萄制酒的认识与发展

近代中国的葡萄种植，并未取得突破性的进展。在整个农业体系中，葡萄种植并未能占据应有的位置。葡萄多直接供作鲜果或制作葡萄干之类的原料，或者是凶年饥荒粮食不足时的一种补充。近代国人对葡萄酒的认识极为肤浅，以知识广博著称的徐珂曾言，葡萄酒“为葡萄汁所制，外国输入甚多，有数种。不去皮者色赤，为赤葡萄酒，能除肠中障害。去皮者色白微黄，为白葡萄酒，能助肠之运动。别有一种葡萄，产西班牙，糖分极多，其酒无色透明，谓之甜葡萄酒，最宜病人，能令精神速复。烟台之张裕酿酒公司能仿造之。其实汉、唐时已有葡萄酒，亦来自西域。唐破高昌，收马乳葡萄，实于苑中，种之，并得其酿酒之术”。[①] 他记录了当时流行于中国的葡萄酒，主要有红葡萄酒、白葡萄酒、波特酒三种。但对葡萄酒饮用功效的认识上，颇有偏差。从他的这段记载看来，葡萄酒似乎被看成一种调剂肠道功能和补充养分的营养品，而非日常饮品。如此认识，自然不利于葡萄酒的推广和发展。

① 徐珂.清稗类钞(第 13 册)[M].北京：中华书局，1986.6325.

在葡萄酒酿制知识的认识方面，也存在极大的局限。随着近代科学技术在中国的传播，国人也开始对葡萄酒酿制有了一定的认识。一批留学欧美研习农学和农艺、化学、生物、发酵等方面的学者，在亲自体验了中外不同酒品及其文化后，也开始将各种酒类酿造知识向国内传播。曾留法勤工俭学的化学家方乘、留学比利时习生物和发酵的微生物学家方心芳等，都是其中的佼佼者。

方乘(1897—1968)，生于湖南省新化县，是近代中国一位很有影响力的化学家和化学教育家。留法时习造纸、发酵、生物化学，获理科硕士学位。回国后历任湖南大学讲师，广东大学教授，广州黄埔军校普通学(数、理、化)主任教官，上海暨南大学、上海劳动大学、北平大学工学院、上海中法大学、四川乐山中央技艺专科学校、兰州西北师范学院、兰州大学、湖南国立蓝田师范学院、湖南大学、西北农学院和西北大学等校化学或生物化学教授①。方乘对葡萄酒酿造工艺颇为娴熟，曾撰有多篇文章在国内刊物发表。他认为，葡萄酒与其他酒的相异之处有两点：一是其他酒多用淀粉类物质为原料，淀粉先经糖化方能实现发酵，而葡萄汁中即含有糖类，经由酵母菌的作用可直接发酵为酒精；二是酿制葡萄酒的酵母，存在于葡萄的表皮上，不需要另外加入酵母，也能实现发酵作用。方乘详细介绍了葡萄种类、酿造前的准备、葡萄的收获与酿造场地、葡萄榨汁、葡萄汁性质与改良、发酵等各个环节的相关知识与应当注意的事项②。并介绍红葡萄酒酿造、发酵时可能发生的意外、出桶、榨取以及白葡萄酒酿造、窖藏、葡萄酒的鉴定、葡萄酒的缺点和病患等③。方乘对葡萄酒的鉴别，有相当精到的论述。他说："造酒是一种艺术。酒的鉴别，尤其属于艺术方面的成分多而属于科学方面的成分少。盖科学与艺术的最大区别，一则能用数学计算量之多寡，数之大小，色之深浅，香或味之浓淡；一则只可心领神会而不能定其数量。……葡萄酒之为物，能与饮者以不可思议的美感。古来诗人墨客，常借此为遣愁助兴之资。它的功用，在不超过一定限度的时候，可使神志清明，身心舒适，增进血液的循环，促起精神的兴奋，科学家每将此等作用归功于酒精的飞发性。然而葡萄酒的品质，却不尽在酒精的含量的多寡。"④因此品鉴葡萄酒的优劣，必须有相当的审美学识，还要具有长时期品饮的经验。所注意者乃视觉、味觉、嗅觉，葡萄酒是"一种有生命的物体"，也有生长和死亡的过程，更增添了鉴别与品饮的乐趣。虽然方乘文章所举为法国葡萄酒，实际上也是关于葡萄酒酿造与品鉴的通论，是这一时期相关领域最具科学意义的论文。如果将其所刊文章合观，基本可以了解到葡萄酒酿造与品鉴的相关知识。

方心芳(1907—1992)，则将葡萄酒酿制的认识提高到了微生物学的层面。方心芳 20

---

① 罗志腾.化学教育家——方乘教授[J].化学通报，1985(12)：54－55.

② 方乘.法国的葡萄酒[J].中法大学月刊(第 2 卷第 1 期)，1932：65－93.

③ 方乘.法国的葡萄酒(续)[J].中法大学月刊(第 2 卷第 2 期)，1932：89－136.

④ 方乘.葡萄酒的鉴别与艺术[J].中法大学月刊(第 5 卷第 5 期)，1934：1－14.

世纪 30 年代曾在比利时、荷兰、法国、丹麦等国修习与研究，是我国现代工业微生物学的开拓者和传统发酵产品科学研究的先驱之一。他撰有关于葡萄酒微生物学方面的论文，他自述道："关于各发酵工业内，所遇到的微生物、益菌和害菌，我们早想加以简单的介绍，且说明其管制之道，备作同好之参考。近见葡萄酒酿造微生物文章数篇，皆名家之作，遂加以编译，集为是篇。首先说明一般的微菌，再述纯种酿酒法及二氧化硫之作用，最后殿以酶之关系。"①对葡萄酒中微生物诸如酵母菌、细菌等的作用及控制，葡萄酒杀菌方法及其优劣，酶的作用原理等都有详细的探讨②。方心芳所介绍的，是当时国际学术界关于葡萄酒微生物学方面最为先进的知识。

但在一般知识界，对葡萄酒的认识仍停留在较低水平，多是向大众介绍基本的常识，类于今日之自酿葡萄酒。一篇文章写道：葡萄酒以葡萄酿成，其最重要之原料为葡萄汁，故葡萄含汁多者始宜酿酒，葡萄含汁 75%，实际榨取后仅得 66%～72%。果液成分中最要者为糖分及酒石酸，果液含糖量 20%，酸 0.6%。果液不呈此比例，须加糖补正。酿酒葡萄采集期，待其果皮透明、梗色褐实易落、汁浓厚味极甘，是时色泽极美，气味极馨。采摘之后，去其未熟腐败之果及果梗等，榨取其汁，白葡萄酒则除去果皮发酵。发酵全恃附着于果实上的酵母，故无须另加酵母。白葡萄酒将葡萄汁移置发酵桶内，自然发酵约一个月可成。因发酵时不宜有空气侵入，宜用能密封的桶。以热水或蒸汽扑灭其中微菌，然后将果汁入盛桶中。酿红葡萄酒时，葡萄汁中有果皮果肉能引起醋酸发酵，须以有小孔之板或格子形木板装入桶中，使果皮果肉不得上浮。经一二周后，发酵完毕，白葡萄酒即取其澄清之液，红葡萄酒则加以滤净然后移入地窖内桶中。地窖内温度低于地面，故葡萄酒入窖后，容积渐减。是时复起第二次发酵，除去少许酒精外，液中之酒石蛋白等亦沉淀分离，故须换桶二三回。如是二三周，发酵终了，是为生葡萄酒，再移入他桶皮藏，即成为熟葡萄酒。酒既熟，通以空气，历数日后其浑浊之度不见增加，始用别法滤清。其法有二：一以海沙玻璃粉或压榨过滤器滤之，二加陶土或胶或其他蛋白质，务使其浮游物沉淀而去之，滤清后欲装瓶者，至少须历一年。赤葡萄酒须带白红或暗红色，白葡萄酒须有淡金黄色，有固有之芳香，微带酸味者为贵。③

一篇译文述白葡萄酒之制法云：葡萄酒中有白葡萄酒、红葡萄酒、波特葡萄酒等之别，颜色、味道及种类甚多，故制法亦异。庭院之一隅或仓旁皆可作为酿造厂，制造量大时，可用旧啤酒桶，少量时可用小木桶。制造少量时可置于袋中用手拧，大量时宜用压榨机。选择原料果后，压榨取汁，发酵时用瓮或桶，装至七八成满，加入一定量的白糖。天暖时二

---

① 方心芳.微生物与葡萄酒[J].黄海发酵与菌学特辑(第 9 卷第 2 期)，1947－10:32－46.

② 方心芳.微生物与葡萄酒(续)[J].黄海发酵与菌学特辑(第 9 卷第 3 期)，1947－11:57－69.

③ 蛰民.葡萄酒之制造法[J].大华农报(第 5 期)，1930－12－15:37－39.

周左右，天寒时三四周左右为发酵期。再逾二月浮物下沉，而为透明液体，此时即移至其他贮器，将酒注满塞紧，每一二日调查一次，若发现桶口有空间，再注酒使其满，每三个月左右换一次贮藏桶，每次换桶时，只留上部澄清酒液，酒质自臻佳境，贮藏时期愈长酒质愈佳美。所制之酒，因技术稍劣，以能于第二年夏季以前用完为最合宜，再久则欠佳。若注酒于瓶杀菌后尚能耐久，杀菌时放入55℃或60℃水内，浸二三十分钟①。颇值得注意的是，此篇文章刊于《农村副业》，或可说明其时人们对葡萄制酒的认识。虽然文章并没有提及葡萄制酒的性质，然而编译者却是将其当作一种副业来介绍给读者的。在其他一些文章中，作者便直接标举葡萄制酒可作为副业之一种。如一位试验葡萄酒制法的山西学者写道："吾晋葡萄产区，北有沂醇，南有安邑，中有清源，其他各县，产之者亦殊不少。我们农家，若能依法制造，权作副业之经营，不特可为物质界增加产物，既于自己经济方面，亦不无他山之助，故特就实习所得，爰笔记之，以资有心经营斯业者，有所取法也！"②其经验之得来，乃是经过亲身实践，颇为可贵。所讲述的葡萄制酒之法，也颇有可行性，便于一般喜好者操作。作者将葡萄酿酒提升到了"副业之经营"的高度，而不仅仅是一种自我满足的休闲品。

将葡萄制酒当作农村副业或者农业的简单补充，与晚清思想家对中国葡萄酒业发展的设计相差甚远。就近代中国葡萄酿酒业的发展情形来说，也还有相当远的路要走。中国近代葡萄酿酒业，始于1892年的张裕葡萄酿酒公司。1912年8月20日，孙中山应袁世凯之邀赴北京路经烟台。次日在商会午宴上演说制造业之重要云："中国商业失败，不止烟台一埠，凡属通商口岸，利权外溢，到处皆然。为今之计，欲商业兴旺，必从制造业下手，如本埠张裕公司，设一大造酒厂，制造葡萄酒，其工业不亚于法国之大厂，将来必可获利；又如玻璃公司亦然。张君以一人之力，而能成此伟业，可谓中国制造业之进步。"③孙中山将张裕公司视为"中国制造业之进步"的主要标志之一，但就是这样一家公司在近代中国的发展也是困难重重。

早在1912年，山西清源县就有拟设葡萄酒公司的记载。"葡萄酒一项，销路甚广。向日多从外人购入，失利颇巨。杨君仁轩有见于此，因集合同志，募得股本二千元，在帽儿巷内开设协和葡萄酒有限公司，以制售葡萄酒为主，兼售洋广杂货。既可改良国货，并可扩张商业。俟将简章修订妥洽后，即呈请劝业道立案保护云。"④但直到1921年才创办了新记益华酿酒公司，为股份有限公司性质，资本2.6万元。厂址设在县城菜市街，专门酿制葡萄酒。内部组织分为总务、庶务、业务、会计、调查、考工各股。并设经理协理各一人，

---

① 葡萄酒之制造法[J].农村副业(第1卷第6期)，1936：27.

② 黄务伦.实习制造葡萄酒志略[J].农铎(第19期)，1929－11－01：10－11.

③ 罗刚.中华民国国父实录(三)[M].台北：正中书局，1961－1988.

④ 拟设葡萄酒公司[J].山西实业报(第1卷第14期，"本省纪闻")，1912－09－21：1.

总理一切事务，经理年俸 150 元，协理年俸 130 元。事务员 12 人，年俸 60 元。工人 5 人，每日工资 0.3 元，工作 8 小时，年工作 300 日。[①] 山西清源县所产之葡萄与交城皮货、汾阳汾酒、平定煤炭同为晋省四大名产。到 30 年代中期，除平定煤炭采用机器开采，产量丰富外，其余各项都是手工业，不但没有长足进步，且日渐衰落。故晋省制订计划，改办公营。清源葡萄系产于该县西山一带，每年产量甚巨，品质亦佳，成熟时除运往各处销售外，剩余者即制成葡萄干，运往各处售卖，其销路以东三省为大宗，唯因制法不良，包装欠雅，不能与舶来品竞争，因之销路日减。其余如葡萄酒、葡萄汁等销路，亦不见佳。定为该县公营事业实行后，即筹集雄厚资本，延聘专门人才，设厂机器制造。[②] 虽有山西省当局及阎锡山的支持，但因交通及其他种种不便，销路仍旧不畅。

在烟台一地，还有光华酿酒公司，为埠内名医刘福民等合资创办。技师为张裕公司老技师，经验丰富。该公司"规模较张裕虽小，而其出品颇称不恶，堪与张裕公司媲美。海内外各商埠，均有代理，甚受各地欢迎，国府并颁有奖状，以资鼓励。此项工厂，国内只有两家，均设于烟台。该公司正拟再事扩张，以期杜绝舶来货品。又该公司曾得铁道部出品展览会之超等奖状，实为国货争光不少。并闻该公司均有统税局统税员，驻厂征税，以免有遗漏情事"[③]。其具体经营和发展详情难知。

在无锡还有昆仑酿酒股份有限公司，厂房设在江苏无锡县城外惠泉山下。以"其泉水特佳，故酿成之酒，得清冽之美。创始于民国十二年(1923)，资本十五万元。去年(1925)呈请农商部核准注册，给予执照，并转咨财政部及税务处核准。按照机制洋式货物税现行办法，特准免税。本年(1926)3 月间，又呈请江苏实业厅转咨江苏烟酒事务局核准免征酒税。所酿之白兰地红白葡萄大红砵酒等，咸超乎舶来品之上。厂中现有机器工具，合数十工友。每日最低限度能出各种酒百余箱。其采用之原料，概以土产为大宗;制造之法，概以科学为原则。最近计划增设农业部，开辟果园，种植葡萄，以为供给酿酒之用。并创办安乐村，以利华侨安居乐业。盖该公司资本，以华侨居其多数。总行在上海四川路，第一支行在广州一德路，汉口、天津、香港等处，闻不日亦拟分设支行。查道途辽远输运维艰，如四川省，每月亦有销售不少。其总理人马星樵君，去月正首途赴美考察农务，以为开办农业部及安乐村之准备，将于明年春间归来即行着手筹办。该公司日谋展拓，无时或息，前途无可限量，今日商战场合吾国一最有希望之实业公司也。"[④]昆仑公司产品主要行销沪市，在报纸杂志上大做广告，颇有声势。虽然其建有蒸酒、装瓶、贴牌、装箱等部，但其所出之白兰地等酒，多是以烧酒调制而成，市场名声不美。

---

① 刘杰，樊元丑、刘建都等编辑.山西造产年鉴[M].太原:造产救国社，1936.84—86.

② 晋省府改进皮货及葡萄业计划[J].实业部天津商品检验局检验月刊(第 9—12 期合刊)，1935—01—01:34.

③ 刘精一.烟台概览[M].烟台:胶东卍字报社 复兴印刷书局，1937.134.

④ 昆仑酿酒公司之调查[J].商业杂志(第 2 卷第 1 期)，1927—01—01:1.

四、近代张裕酿酒公司发展情形

关于张裕酿酒公司的创建过程与早期发展史，众说纷纭，但多本张弼士之《奉旨创办酿酒公司记》一文。清同治十年(1871)，张弼士受荷兰友人邀请去法国驻巴城领事处座谈。法国领事“出葡萄酒请饮，云：‘此酒甚佳，在法境每樽价英金一镑。’试之，果美。又言：‘此酒如能以中国北方天津、烟台等处所产葡萄酿之更佳。’勋问其故，乃谓咸丰年间法兵进天津时，伊亦在焉，有人曾将该地所产葡萄用小机器试制故也。彼等即欲设立公司，酿造此酒，后因战事和息，将地交还，事不果行，后复恐人仿造，乃废其机器而去”。这番谈话，张弼士铭记于心。到光绪十七年(1891)，张弼士应盛宣怀之邀到烟台商谈矿务及铁路等事宜，闲暇座谈间言及此事。盛宣怀说也曾试过，并查悉附近所产葡萄甚多，每担百斤仅售三元，惜无酿酒师而未果。因国内玻璃工业不发达，张弼士以酒瓶一物难得。盛宣怀云上海已有玻璃厂，可以无虑。张弼士回南洋后，便致函泰西专家询问制法。1893年，西方友人为其推荐一名“精于此术，声望久著”的酿酒师，遂订立合同。1894年，张弼士派人携小机器往试，然酒师为病所困。乃重聘酒师在烟台试办，1895年将所制成之酒寄往张弼士处，让英、荷化学家试验，云“葡萄甚佳，惜未熟，力量欠足，下药欠妥”。张弼士知其事可为，乃做持久打算，于是致函美国，采办有根葡萄两千株，先行购地试办，待有把握后再募集股份设立公司。并欲仿泰西专利(实为垄断)之例，呈请盛宣怀转请北洋大臣兼直隶总督王文韶准予专利十五年，免税三年，于1895年8月初4日奉旨准办。1896年复重聘酒师，其到烟台后认为“本地所产葡萄，种植未得法，故力量不足，酿酒不佳。且泰西葡萄科酿酒者数十种，而本地所产仅一种，为可酿白酒”。是年冬，致函奥地利觅购葡萄秧苗14万株，1897年夏到烟台，栽植成活者约十分之三。冬天又购买葡萄苗50万株，次年春到烟台，可种地200亩左右。所购葡萄种苗均是上品，可酿酒者数十种。凡一切备用之物，都由张弼士自备资本购置齐全。后“核定章程，募集股份，设立公司，以符奏案体制。将来大著成效，渐推渐广，所以兴中国自有之利益者在此，所以挽历年外溢之利权者亦在此。其于国计民生，裨益岂有穷哉！”①

根据张弼士1898年拟定的预算，买地100亩，地价每亩约洋120元，共1.2万元；每100亩种5万株，买种及活秧苗、损失，每株成本1角3分，共洋6500元；用木竿5万根，每根成本3分，需1500元。三项合计2万元。长年看守工头薪金约100元；打理葡萄园之粗工20人(十个月)，以及采运葡萄回厂工资约900元；四年后补贴木杆1万根，并围铁线铁钉，约500元；自出葡萄之年起，三年后另加肥料，约500元。四项合计2000元，为每年需要耗费之成本。每百亩地自种植之年起三年以后，每年每株出葡萄5斤，约2500担，成

① 张振勋.奉旨创办酿酒公司记[C]//中国史学会主编.洋务运动(七).上海：上海人民出版社，1961.581－583.

本洋8角；加老本息按周息1分，每担也不过洋16元。每担可做红葡萄酒48石，即4小箱或1大箱。葡萄2500担，可得酒小箱1万箱。加箱1万只，洋3000元；酒瓶约8400元，塞子、锡头3250元；箱内加草及装运等费150元。老本息不计，每酒1万箱需成本1.2万元。1896年试种的2000株葡萄，次年已有少许挂果，预计三年后可达酿酒要求。制酒的葡萄，力量要大，度数要高，其酒将来售价必贵。但自种葡萄所出之酒，将来最低可兑4～5元，仍有顶好之酒、白葡萄酒南方每箱可达50元左右，其各出品之价格亦绝不低廉，其时买地40余亩建公司栈房、酒窖等用。已买葡萄地500亩，可以种植葡萄者约占八成。1896年试种4亩，2000株；1897年种20亩，1万株；1898年种活者4万株；1898年购置50万株秧苗，可种百余亩。若要多种，每地100亩需洋2万元，加酒窖等洋1.2万元，三年内每年加桶6000元。合计成本5万元，是为三年之用。机器等费用不多，只需搭建大厂房及其他粗工。每酒1万箱，除去老本息不计外，可得2万元左右；若制酒2万箱，可得7万元；若制酒6万箱，可得13万元到18万元。如能做到10万箱，可得25万元到30万元乃至40万元。若葡萄多种，则出酒多得利多。且公司发展之后，所需玻璃瓶等增多，或可达一二百万只。烟台离日本很近，日本玻璃瓶每一百只取价6元，小者4～5元，成品不佳，每年所需不下10万元。欧西各国所制非但精美，而且价格更为低廉，然以堵塞漏卮计，张裕且拟奏请自设厂房制造，每年可省6万元以上①。

张裕酿酒公司奉旨开办后，经过长期的缓慢发展，直到1914年方才有大批酒品出厂。载于《协和报》的一则消息云："烟台之葡萄酒公司，苦心经营殆十余年。今始以前十二年所储藏之大批葡萄酒，先行发售，清洌可口，殆醇品也。该公司之创办人为广东某氏，其进取状况有足资吾人之楷式者。在1895年，氏经政府认可，得在烟台附近仿酿葡萄酒，以挽回利权。然烟台虽为产葡萄之区，而所产出之品含有之糖质，并不十分充足，且价值亦绝贵，以之为酿酒之用，不甚合宜。氏遂采取美国葡萄种，植之于其果园内，乃又以天气之不同，致产出之果，全为害虫所蚀，于是遭第二度之失败。然氏百折不回，并不因此灰心，更往奥国采取葡萄种试种于其农场之内，此为1902年之事也。氏恐再遭失败，故另聘一奥国农业专家专司其事，成效颇著。以之酿酒颇为合宜，至今种葡萄之田已达一百二十英亩。且附近又设一玻璃厂，为制造酒瓶之用。将来营业之发达，有非可以预料者。"②虽然这则消息与张弼士之自述颇多不合之处，不过也能说明张裕创业之艰与出酒之不易。

在创办之初，张弼士善于处理政商之间的关系，加上当时国货观念的增强以及政府政策的支持，张裕取得了一定的成功。③ 特别是一经名人品题，身价倍增。1912年8月孙中

① 张振勋.奉旨创办酿酒公司记[C]//中国史学会主编.洋务运动(七).上海：上海人民出版社，1961.583－586.

② 霆公.烟台之葡萄酒业[J].协和报(第4卷第34期)，1914－06－27：17.

③ 马智慧.张裕酿酒公司的创办及其早期发展研究(1892－1916)[D]：[硕士学位论文].长春：东北师范大学，2007.

山到烟台时，为张裕题写了“品重醴泉”四字。民国六年(1917)，康有为曾下榻张裕酿酒公司别墅，作有一首《咏张裕葡萄酒诗》。全诗云：“深倾张裕葡萄酒，移植丰台芍药花。且避蟹螯写新句，已忘蒙难征莲华。”十年之后，康有为再次入住，有《再咏张裕葡萄酒》诗一首，写道：“浅倾张裕葡萄酒，移植丰台芍药花。更读法华写新句，欣于所遇即为家。”①张裕之出品在南京南洋劝业会、上海总商会商品陈列所展览会获得过最优等奖章，巴拿马万国赛会金牌奖状。但据当时的调查，张裕的发展存在着一系列的问题。首先，其所产白兰地酒，间有过滤与染色不良导致发酵上发生化学变化。其次，为迎合国内消费者嗜甜的口味，张裕所产红白葡萄酒多含糖分，口味太甜。再次，葡萄产量不稳定，普通年份收获葡萄24万千克，丰年可得50万千克，有风之荒年则只得12万千克。其产量随葡萄丰歉而定，因葡萄储藏与运输不便，很少仰给予外来葡萄。最后，张裕在免税期内获利甚厚，然经营不当，免税期满后，税收增加，亏损负债严重。因同时期洋酒价格稍高而税额很低，故张裕并无明显竞争优势，亏损连年②。

在张裕酿酒公司内部，传统的宗族观念导致家族式管理模式。企业的出资者和经营管理者为一体，产权链条短，企业中基本不存在甚至很少存在委托—代理关系。随着企业生产规模和经营管理范围的扩大，家族式企业管理的弊端显现，公司的经营者不堪重负，最终导致决策失误以致影响企业后期的经营发展。③

《烟台概览》称张裕为“我国葡萄酿酒业者首创第一家”，其“出品之精良，亦深得中外人士之赞许”。1931年“遭受火灾后，全部精华，损失殆半，致告亏累。幸中国银行出资协助，将来复兴，尚有可望”。张裕创建后，张弼士“以海外商务缠身，遂命其侄张成卿，充当经理，及乃子张扶君与乡谊张剑师等协理一切。张成卿为美国留学生，博学多能，尤擅长工业智识。该厂之建设，咸为其一手所造成。不逾数载，其出品即名震国内，业务日渐开展。当又办理外洋出口，曾销至新加坡、暹罗、缅甸各地。在极盛时期，年中出品六万余箱，销价达三十余万元”。1931年，以“内部不慎，致祝融驾临，将楼房一所，悉数烧毁。全部精华，损失大半。事后虽经竭力周旋，未致停工，终以贷款过巨，债台高筑，艰于应付。其债权以中国银行为最大，该行以其一旦停歇，非但欠款无着，抑亦为国内实业界之大不幸。遂商准总行，愿出资以协助之。于民国二十三年(1934)八月，与该公司经理商洽妥协，当派员实行接管。现正设计筹划，图谋复兴”。其“酿造方法，将葡萄果实，除却枝梗后，储于桶中，以待发酵。至相当时期，再行榨取其果汁。以摆脱其皮壳，将果汁注入蒸汽机内，行蒸馏法，蒸汽上升遇冷凝结成酒，杂汁与水分下降，而成浊物。唯其制法，白

① 周琦，张世镕.张弼士创办张裕酿酒公司[J].春秋，2013(3)：49－51.

② 调查烟台张裕酿酒公司报告书[J].山东农矿工报(第2卷第2期，“调查”)，1930－12：1－3.

③ 姜雯雯.从非正式制度看张裕酿酒公司的兴衰(1892—1937)[D]：[硕士学位论文].杭州：浙江财经学院，2012.

兰地与葡萄酒，略有分别。白兰地须先去其果皮，免带色素。酒成盛在桶中，愈经长时之存储，其味愈为芳醇，而其色亦愈呈澄清。故此酒有存三十年以上者，该酒成分含 40%～56%。至葡萄酒之制作，则不去其果皮，故呈微红色，成分含 18%～30%。亦须经六月以上之保藏，始得出售。其种类，白兰地有红星、金星、金奖三种，葡萄酒有红玫瑰、樸甜香、正甜香、大宛香、作淡经六种。其原料来源，则系出自置之葡萄园。计其东山有园地二百九十余亩，西山七百余亩，每年出产二十余万斤，亦经聘有专门人才栽培，以期果实之肥硕”。①

30 年代中期，张裕酿酒公司的组织为经理 1 人，下设总务、文书、外销、会计四部，各部有主任 1 人及管理员若干。制造方面有酒师、葡萄园技师、化验师各 1 人及助理若干。其经理徐望之，乃烟台中国银行经理，干练多才，对于张裕之经营规划，不遗余力，复有欣欣向荣之象。酒师巴狄士多为意大利人，专学酿造。其余各部主任、技师，亦均国内外大学毕业之有专门学识者。张裕葡萄园分东西南三山，面积共有 3000 亩，葡萄数 10 万株，悉为欧洲种。该厂占地面积 30 亩，厂房占地 6 亩，有工人宿舍一所，职员宿舍一所。设有发酵房，原有发酵桶 16 只，到 1936 年仅余一半，不敷应用。桶为圆柱形，用橡木制成，每桶容量为 11000 升，购自捷克。电力葡萄去梗溃碎机一台，意大利制造；人工葡萄溃碎机一台，德国制；螺旋式压榨机一台，德国制；水力压榨机一台，最大压力三千磅，厂方在烟台本地监造。蒸馏房设有连续式葡萄酒蒸馏机二台，德国制，每日用工人 1 名，可蒸酒 1200 升；葡萄酒精大型蒸汽蒸馏机一套，德国制，每日可蒸得 75 度 Gay Lussac 之葡萄酒精 400 升。巴氏灭菌机一台，意大利制，每日可以杀菌 1500 升；旧式杀菌器一台，德国制，每日可杀菌 3000 升。包装房有过滤机一台，每日可滤酒 15000 升，意大利制；电力唧筒车一台，可以任意移动，意大利制；手摇唧筒二台，德国制；半自动虹吸装酒机一台，意大利制，每日可装酒 20000 瓶；压塞机二台，意大利制；压锡壳机二台，意大利制。洗瓶房有电力洗瓶消毒机一台，本地仿制。化验室成立很晚，主要分两部，一为化学部，一为微生物菌学部。前者主要化验原料及成品、酿造时发酵作用的化学管理以及原料选择；改良成品之研究，同时也接受外界委托之化验工作。后者从事发酵菌的研究，发酵进行时发酵菌的检查及人工发酵研究。化验室有价值 5000 元左右的仪器药品，有精确及普通天秤三架、电炉、增压锅、电热箱、液体比重计、韦氏液体比重计、比重瓶、沸腾计、pH 测定计及测量糖分的极光器等。酒窖为张裕工程最大的建筑，在厂房之下，面积六亩。深约 20 尺，完全用石块砌成。有酒桶四百余只，为捷克出产之橡木制成。容量为 477360 升，酒窖总藏酒量为 100 万升。1936 年存酒 30 万升。酒桶容量不一，自 100 升到 15000 升不等，最大的桶价值 220 金镑。张裕出产分为白兰地及红葡萄酒、白葡萄酒三种，白兰地有金奖、可雅、金星、红星等种类。红葡

① 刘精一.烟台概览[M].烟台：胶东卍字报社 复兴印刷书局，1937.132－134.

萄酒有林甜红、正甜红、玫瑰红、解百纳等，白葡萄酒则有大宛香、白玫瑰、佐谈经等。又有甜酒、味美思等。销行国内各大商埠，如南京、北平、上海、青岛、广州、汕头等地，且运销新加坡、南洋群岛、檀香山等地。每年销往东三省者甚多，自1931年“九一八”事变后东北市场大受打击。每年销酒在十余万箱[1]。

张裕内部管理混乱，以致遭受火灾的打击，在市场上之表现也不尽如人意。到1935年夏，复有产品出现于沪上。“华北著名之烟台醴泉酒厂与烟台张裕酿酒公司，均负有悠久历史，多年信誉，为国内设备最完善出品最优良之酒厂。近年又聘最良酿酒技师，精细提炼，色香气味，四美举具，实为国货中之杰出，且有过于舶来。只以华南各省饮料市场，向为外货所占，数量惊人，特请上海安慎企业全权担任，发展华南业务。凡陇海沿线及以南各省，均可向该公司订购或接洽承销。现当夏令之初，啤酒白兰地二种，乃卫生饮料要品，今有质良价廉之烟台啤酒及张裕白兰地起而代替舶来，爱国同胞，必予热烈之欢迎，从此华南饮料市场，将见此烟台张裕二酒厂之活跃云。”[2]经过不懈努力，张裕在内部管理和市场行销上均取得极大的进展。《烟台概览》作者对张裕之发展前景颇为看好，然有学者在调查后认为，张裕“当开办之始，以事属始创，既无可借之镜，暗中摸索，筚路蓝缕。其间三易酒师，葡萄亦改种十余次。悉心经营二十年，始初具规模。及民国以后，天灾人祸，内战外侮，所影响于商业甚巨。而内部复以管理失人，遂致连年亏损。六年前复不戒于火，全部厂屋，均遭焚如；一切机器、设备，大半俱成灰烬。仅地下酒窖，未及于火。遂至一蹶不振，益形不支，仅赖中国银行之放款，以延残喘。最近则已归中国银行代为管理矣”[3]。“苟延残喘”一语，确实是张裕后期发展的写照。1937年中日战争全面爆发，山东落入敌手。张裕因而受到影响，为日本人强行接管。部分设备和葡萄园遭到破坏，生产陷于停顿。1948年解放军占领烟台后，张裕重启了其在酿酒业上的征程。

第三节 啤酒业的产生与发展

啤酒在中国大地上出现的具体时间难以查考。《后汉书》记载，陈留外黄人范冉“好违时绝俗，为激诡之行。与河内王奂亲善。奂后为考城令，境接外黄，屡遣书请冉，冉不至。及至迁汉阳太守，将行，冉乃与弟步赍麦酒，于道侧设坛以待之”。此处是中国古籍中关于“麦酒”的最早记载，其出现与范冉“好违时绝俗，为激诡之行”相联系，可见当时“麦酒”绝不是主流酒品饮料。其具体制法不详，与近代啤酒当有相当差距。徐珂亦言：“麦酒者，以

① 张卫.烟台张裕葡萄酿酒公司概况[J].化学工业(第12卷第1期),1937—01:93—96.

② 烟台张裕二酒厂发展华南饮料市场[J].中国实业杂志(第1卷第6期,“实业消息”),1935—06—15:1177.

③ 张卫.烟台张裕葡萄酿酒公司概况[J].化学工业(第12卷第1期),1937—01:93.

大麦为主要原料酿制之酒，又名啤酒，亦称皮酒。贮藏时，尚稍稍酸酵，生碳酸气，故开瓶时小泡突出。饮后，有止胃中食物腐败之效，与他不同。后汉范冉与王奂善，奂选汉阳太守，将行，冉与弟协步赍麦酒，于道侧设坛以待之。是麦酒之名，我国古已有之。蒋观云大令智由在沪，每入酒楼，辄饮之。”[①]鸦片战争之后，中国国门被迅速打开，外洋事物随着外国人的步伐逐步深入中国。啤酒最初随外国遣华军人和侨民来到中国大地，随后国人中方出现接受者，空间上也从口岸城市外国侨民聚居地而渐及于内地大都会。根据一位参与第二次鸦片战争的随军传教士的记录，在他们携带的随军物品中，就包括啤酒等酒类[②]。到了20世纪初，中国大地上开始出现最早的啤酒厂，啤酒开始在中国渐次普及。

一、中国啤酒业的早期发展

“啤酒”一词是英文Beer的译音。啤酒最初由埃及发明，自埃及流传入希腊，再至高卢（今法国），高卢人称啤酒为“麦酒”。再传至德国，Beer词源为德文Bier，传至英国方叫作Beer。近代中国在未设厂制造前，啤酒概由日、德等国输入。[③] 近代中国啤酒的发展，大致可分为三个阶段。第一阶段为中国啤酒的萌芽期，从1900年哈尔滨出现第一家啤酒厂到1914年，主要是由外国人经营。第二阶段是国产啤酒的创制时期，从1915年中国商人在北平创建双合盛啤酒汽水厂开始，到1937年为止，国产啤酒开始在市场上与外资啤酒和进口啤酒竞争。第三阶段为挫折期，1937年全面抗战开始，至本书论述的下限1949年为止，是中国啤酒业遭遇挫折和停滞甚至倒退的时期。

第一阶段是1900—1914年的萌芽期。根据现存史料，中国大地上最先出现的啤酒厂是20世纪初俄国商人在哈尔滨设立的。“东三省地方，气候土质，适宜生产大麦。自中东铁路开通后，外侨居住者日多，啤酒之需要亦增。现在该处俄侨所办啤酒公司，沿中东铁路一带，已有八家，工人139名。”[④]在十余年内，仅哈尔滨一地就建成八家啤酒厂。1900年，俄国人乌鲁布列夫斯基在哈尔滨南岗投资建立啤酒厂，由俄国人经营。1901年，俄德商人在哈尔滨香坊合建哈盖迈耶尔·柳切尔曼啤酒厂。1903年，在哈尔滨道里又出现一家东巴伐利亚啤酒厂，由捷克人经营。1905年，在黑龙江一面坡又建起中东啤酒公司，资金15万元，年产能力50万瓶，由中国人杨连名经营。同年俄籍德国人考夫曼在哈尔滨道里建梭季奴啤酒厂，资金为8万元，年生产能力6万维德罗（1维德罗为12.3升）。1910年，俄籍捷克人在东宁县五站河沿街62号（现绥芬河市）建东方啤酒厂，1912年投产，资本为哈大洋8万元，年生产能力300石。1914年，前清候补道台李希珍发起成立股份制的

---

① 徐柯.清稗类钞（第13册）[M].北京：中华书局，1986.6325－6326.

② [英]麦吉著，叶红卫、江先发译.我们如何进入北京：1860年在中国战役的记述[M].上海：中西书局，2011.74.

③ 朱梅.中国啤酒历史[J].黄海发酵与菌学特辑（第10卷第5期），1949－04：132.

④ 陈重民.今世中国贸易通志（第三编“进口货物”）[M].上海：商务印书馆，1924.206.

东三省啤酒厂，资金25万元，年生产能力150万瓶，在当时是不小的数目。同年，中国人王立堂等四人建五洲啤酒汽水公司，资本为哈大洋10万元，年生产能力100万瓶①。在这一时期内，控制哈尔滨啤酒业的多是俄国人。这与俄国人对东北的渗透和殖民是紧密相连的。特别是中东铁路开通后，随着交通运输条件和区位环境的改善，外国移民继续大量涌入，为啤酒消费创造了最基本的前提；同时，也为原料和成品的运输提供了便利。是故中国大地上的啤酒工厂最初出现在哈尔滨，且呈逐渐增多的趋势。

1903年，英德商人在山东青岛开办有啤酒公司(The Anglo-German Brewery & co., Ltd.)，以满足不断增加的侨民和驻军的需求，是为今青岛啤酒的前身。1912年，有挪威人在上海开办斯堪的纳维亚啤酒厂，是上海最早的啤酒厂，出产啤酒品质精良。这一时期所创办的啤酒厂，总体规模较小，产量有限，多集中在东北和东部沿海开放口岸等外国人聚居的地区，所供应的主要对象也是侨居中国的外国人。中国人消费啤酒的比例很小，即便是在上海、天津、武汉等近代化都市，啤酒消费也不是常态。同时，这一时期所创建的啤酒厂，多数是由外国人所经营。间或有由中国人创办或经营者，也因资本有限或市场开拓不力，影响极小。且生产技术完全操纵在外国人手里，外国技师对这一阶段中国啤酒业的影响十分显著。原料和机械也全需外国进口，这种种因素限制了中国啤酒业的发展。

第二阶段从1915年起，到1937年抗日战争全面爆发前止，是国产啤酒的创制时期。国产啤酒创制以华商张廷阁等人所创办的双合盛啤酒汽水公司为标志。1914年，侨居俄国多年的华商张廷阁，携其在海参崴营商积聚的大量资本回国。拟在北平创办面粉厂(有言拟创建电车公司，因政局不稳而作罢)，后因一次偶然机会开凿一口洋井，其水质经化验后颇宜于酿造。同时，张氏睹行销于中国南北各地的啤酒，皆由外国输入，或由外国人在华投资建厂所产。即便有部分华商企业仿制，然其出品难以得到市场认可。国内需求日见增加，德、日等国啤酒趁机输入，数量惊人。遂动念挽回啤酒漏卮，将资本投资于啤酒酿造。因是与郝姓合资开办，故名双合盛啤酒汽水公司，出品名“五星”。其时有一名曾在法俄等国制造啤酒的捷克技师，恰好赋闲在北平，乃邀约其加入充任啤酒厂技师。先在广安门外平绥车站旁购地23顷，1915年开始建筑厂址并报部立案，次年夏季啤酒出厂。后因存麦、屯酒、窖冰、储瓶等皆须建筑房屋，陆续将厂址拓至70余顷，并追加资本30万元，是“我国人自行创办之第一个厂”②。

20世纪初，山东荣成人李介臣和王益斋在海参崴和人合伙经营钱庄汇兑业务，见俄国人经常喝啤酒，且销量很大，便有意在国内创办一家啤酒厂。1919年，合伙经营的银钱业因内部不和，李介臣和马祥云来到烟台、济南等地寻找地址，创建啤酒厂。烟台有一名胜

① 何冰.“中国啤酒之父”认为哈尔滨诞生中国第一支啤酒证据确凿[J].酿酒，2014，41(3)：113-115.

② 朱梅.中国啤酒历史[J].黄海发酵与菌学特辑(第10卷第5期)，1949-04：132.

名老虎岩，岩下有一眼泉清泉名“老虎眼”，水多而味甘，为烟台第一，被李介臣看重。1920 年 12 月，王益斋去烟台与李介臣共同筹资 10 万元买下老虎岩十亩河沟崖地，修建厂房，购置制冰机、蒸汽发动机、冷水管等设备，招收职工 20 多人。经一年筹建就绪，定名为“醴泉啤酒厂”，于 1921 年正式呈报北京国民政府农商部立案①。醴泉啤酒厂与双合盛啤酒汽水公司是近代中国历史上最为知名、影响力最大的国产啤酒厂，是近代中国啤酒业的翘楚。到 1932 年前后，上海市行销的国产啤酒有：“烟台啤酒，上海同孚路义成公司经理；无敌牌啤酒，上海南市地方法院西首，家庭工业社出品；五星牌啤酒，北京广安门外广安车站双合盛厂出品；马旗牌啤酒，天津特三区俄国花园旁，明星啤酒公司出品。”②

另外，1935 年广东创办有省营啤酒厂，出品“五羊”牌啤酒，虽因品质不良，影响有限。但其开创了中国官营啤酒厂的先河，利用官方渠道，也在广东占有一定的市场。广东省营产物经理处经理郑丰呈称：“广东饮料厂出产之五羊牌啤酒汽水两种，制造精良，味美价廉，实可与舶来及外省什牌饮料相颉颃(颃)，现值夏令大量出产，广为推销之际，除已订定章程招商代理，尤赖政府力为提倡，以利推销，而资发展省营工业。兹拟请由钧处转呈广东省政府通令所属，并转函本省军事机关，所有以后公私立会或茶叙需用啤酒汽水，务一律采用五羊牌出品，省营工业前途，国计民生，同深利赖。”广东省营工业管理处也称：“为发展省营工业起见，所请于公私宴全(会)时，采用省营饮料，以代舶来品。似属可行。”③广东省建设厅咨请广东省政府下令在公私宴会时采用五羊牌啤酒汽水，其后各政府机关亦下发相关文书。

同时，外人在华投资创办的啤酒厂也取得进一步的发展，并新开办了一批啤酒厂。其中最大的一个特点就是日本在华啤酒业的不断壮大。英德商人在青岛合资开办的啤酒厂，其中英国人占有 50%的股份。每年出品达 10 万升，在沿海一带销售，对日本啤酒的销路造成一定影响。1916 年，日本借口“一战”进驻青岛，将青岛啤酒收购，改为大日本麦酒株式会社青岛工厂，直属于日本总公司。成为日本啤酒公司在中国的生产基地，其出品中最知名者有“太阳”“麒麟”两种。1918 年，日本人在台北与台湾人合资创办高沙麦酒株式会社，主要股东为大日本麦酒株式会社及台湾银行。到 20 世纪 30 年代，日本占据中国东北数省后，更进谋垄断东北啤酒业。“东北啤酒消费数量，年在 70 万箱左右。而本地每年产量，不出 10 万箱，余则仰给予日本。日本人于是乃谋啤酒工业之统制，取缔自有私造，并以大资本设厂酿制，已拟设立啤酒公司如：沈阳设立满洲啤酒会社(股本 200 万元，大日本

① 林辉茂.醴泉啤酒厂创立与发展[C]//山东省政协文史资料委员会编.山东文史资料集粹·工商经济卷.济南：山东人民出版社，1993.99－100.

② 马立群.复本京德顺泰酒行函[J].华商季刊(第 1 卷第 5 号，公牍撮要)，1932：5.

③ 转知于公私宴会时采用省营饮料厂所造啤酒汽水以示提倡由(1937 年 8 月 1 日)[J].广东教育厅旬报(第 1 卷第 10 期)，1937－08－01：12.

麒麟啤酒合同股本)、亚细亚啤酒(股本百万元,增资200万元,代表森协松一郎)。哈尔滨:满洲忽布啤酒会社(股本50万元)、大兴公司啤酒部(该公司直营)、哈尔滨啤酒会社(股本百万元)。其他华人个人经营工场增加三处。以上各厂开始酿造者有满洲啤酒及忽布啤酒。自1936年起开始建设者为亚细亚啤酒与哈尔滨啤酒。奉天康德啤酒许可被取消。以上各工厂全部建成时,每年产量将达50万箱,日本人认为可以满足需求也。"①

另一方面,英法等国商人在中国开办的啤酒厂也有所发展,如新开办的国民啤酒厂、怡和啤酒厂等。1918年,有法国商人在上海开办中国啤酒厂,1935年改名为国民啤酒厂。1933年,英商怡和洋行开办怡和啤酒厂,出品怡和(EWO)啤酒。建于1912年的斯堪的纳维亚啤酒厂,也在1933年迁至上海宜昌路扩建新厂,1936年落成。新厂易名为"英商上海啤酒公司",出产"友啤"啤酒(UB),又名上海啤酒。这三家啤酒厂是上海地区主要的啤酒制造商,在上海市场占有较大优势。

到1936年,中国境内较大的啤酒厂有十余家,只有三家是由国人集资创办,其余全由外资控制。其中烟台、北京、广州各有一家属于中国所有;上海3家,分属于英德挪威等国商人;天津1家,为美国人所有;青岛、北平、沈阳、一面坡和台北各有1家属于日本所有之啤酒厂。从数量上言,中国啤酒厂的数目仅仅是比利时的12/1400,可见中国啤酒业之不发达了。1936年起,烟台啤酒厂技师为中国人朱梅,是中国啤酒历史上第一家用中国人做技师的啤酒厂②。

在这一发展阶段,另一个鲜明的特点是中国啤酒开始出口到印尼、菲律宾等国家和地区。随着中国国内啤酒厂的增多和产量的增大,中国啤酒也逐渐出口到南洋各地。菲律宾海关报告,1932年中国运入菲律宾之啤酒,达到31799升,价值菲银6237元,同比增长20%。为烟台啤酒公司出品,系委托酿泉酒厂公司独家代理经营③。菲律宾马尼拉侨商"酿泉酒商公司,最近由祖国运到大批烟台麦酒为在斐推销之用。查该种烟台麦酒系中国烟台麦酒公司之出品,该公司资本数十万,完全为华商创办。至今已历十余年,规模伟大,为祖国制酒家之首屈一指者。该公司所出之麦酒,系聘德国名师监制,其品质之精良,驾舶来品及本岛土产之上。该公司最近由德国运到大制酒机器,本埠酿泉公司所运到者,均为新机器所制出之新酒,其品质较旧有者更佳。该项麦酒在上海由义成公司在独家经理,菲岛方面则由酿泉酒厂公司任总代理。该公司在菲岛为造酒业之巨擘,信用卓著,预料该项国货麦酒,此后在菲销路必大为扩展"。④ 中国运往菲律宾的啤酒虽不及日本多,但销路却略显增长,日本啤酒则在萎缩之中。

根据外交部驻苏门答腊岛第一大城市棉兰的领事馆1935年调查,当地啤酒市场约分四种。第一为欧洲货,如钥匙牌啤酒等,出产于德国,由欧商转运至此。第二种为日本货,如剪刀牌啤酒、猫头鹰牌啤酒、鸡船牌啤酒之类,由各籍入口商转运至此。第三种为和印出产之啤

① 日本统制东北啤酒[J].贸易(第80期),1936-05-12:18.

② 朱梅.中国啤酒历史[J].黄海发酵与菌学特辑(第10卷第5期),1949-04:133-134.

③ 中国酒在菲市场之希望[J].华侨半月刊(第23期),1933-05-15:31.

④ 国货啤酒畅销岷埠[J].华侨周报(第32期),1933-04-15:42.

酒，如泗水之屋牌、吧城之锚牌。第四种为中国啤酒，如天津之三星牌啤酒及烟台之仙鸟牌啤酒等，皆有销售。畅销最久者，首推德国货，价值最廉者则为日货。因"日货之倾销，以致爪哇、欧洲所产啤酒大受打击，故当地政府遂有限制外国酒入口之条例，自此限制条例施行后，本地和(荷)人啤酒，非常活跃，几有统一市场之势，欧货因成本太贵，仍旧滞销。日货则受最大打击，我国啤酒本在萌芽时代，经此挫折，无形之中，渐归于乌有矣"。① 国产啤酒在南洋难销之原因主要有：一、在中国出口时须纳出口税；二、国内华商以华侨为奇货可居，索价过昂；三、荷属关税逐年增加，成本既贵，销场自难；四、国产啤酒，质地不如欧货，价廉不如日货，欧人巫人均不喜欢，仅在华侨中销售。销路不广，又遭限制，故其营业遂于无形中全被淘汰。自日本啤酒输入受限制以后，当地华侨也受相当损失。华人食品商店，往往兼售日本啤酒，其价廉而易于销售。土产啤酒虽亦由华商代售，但因厂家取利较厚，贩卖啤酒获利极微，也不如日本货容易脱手。

荷印政府于 1933 年 12 月 13 日制定《1933 年啤酒输入条例》，管理对象为瓶装啤酒，烈性啤酒不在内。在条例施行的三个月内(1933 年 12 月 13 日起)，啤酒输入不超过 175 万升。条例施行后啤酒之输入，须先得农工商部部长许可。此项许可只颁发给 1931 年之前即已在境内经营啤酒输入之商人，许可量不超过前述规定总量，且须与输入商 1931 年输入量及该年内其所占输入啤酒比例核算；输入啤酒来源国则依据 1932 年各国啤酒在荷印境内所占市场份额按比例核算。商人输入啤酒前，须由本人或代理人提交申请书，载明欲输入啤酒量、1931 年输入数量，并注明各输入国及数额。并附上相关证明文件证书等，不能提供证明者不予办理。农工商部部长许可申请后，颁给商人让渡书与许可书，输入定量在让渡书上注明，总量满额或期满后缴回。可向商人当次输入啤酒征收不超过总价 2%的费用。许可书载明有效日期，非得部长书面的许可，不能转让他人；商人若能向部长注明确因环境所迫而非个人意旨以致在规定有效期内未能使用者，可得适量延期。输入商人得缴纳押金，数额由部长规定，若商人不遵相关规定者部长有收缴其一部分或全部之权。每次输入啤酒之时，海关将输入数量载明许可书内，满额或期满后商人须将许可书缴回。② 1934 年 3 月条例期满后延期 3 个月，输入限制在 111.6 万升，主管人员由农工商部长变更为经济部长。同年 6 月期满后又再行延期 4 个月，输入啤酒限制为 148.8 万升。输入啤酒之限制期限，未尝间断。1935 年 4 月 13 日满期，又决定展期 9 个月，新定额规定 9 个月为 276 万升。③ 其输入月均限额也不断降低，1933 年月均输入限额为 37.2 万升，1935 年则下降到不足 31 万升。荷印政府啤酒输入限额办法的施行，成为中国出口啤酒滞销的一大原因。

第三阶段从 1937 年抗日战争全面爆发到 1949 年中国大陆大部解放为止，是近代中国啤酒业的挫折、停滞和倒退的时期。抗战期间，东部经济发达地区的国土大片沦丧，中国啤酒业也面临紧要关头。抗战胜利后，虽有部分啤酒厂恢复生产，但未能达到战前的最高水平，加之连年战争的破坏和影响，啤酒业几乎等于零。由前述可知，20 世纪 30 年代中期，中国啤酒

---

① 驻棉兰领事馆.国货啤酒在苏岛之市场[J].外交部公报(第 8 卷第 5 期)，1935—05：319.

② 外国啤酒输入条例[J].外交部公报(第 7 卷第 3 期)，1934—03：121—123.

③ 荷印政府限制洋灰啤酒砂糖输入[J].工商半月刊(第 7 卷第 10 期)，1935—05—15：90.

业大多集中在北部和东部地区。1937年中日战争全面爆发后，平津相继沦陷，山东半岛也被日本侵占。位于这些地区的啤酒厂自然受到战争的影响，大多被日本人征用。太平洋战争爆发后，日本占领上海，位于上海的啤酒厂也被日本征用。到20世纪40年代，中国所有的啤酒厂除烟台啤酒厂以外，全部被日本征用。有的厂用没收方式(上海、怡和)，有的收购(国民、U.S.)、管理(广州)和代制(双合盛)。抗战胜利后，物归原主者为上海、怡和，被中国政府接收者为青岛、北平、沈阳、一面坡、台北、国民、U.S.。已面目全非者为国民、U.S.两厂，在战争时期被日本改为酒精厂。U.S.厂只有烘麦芽部分尚存，国民啤酒厂的设备虽尚可继续制酒，但因无技术人员只得停工，烟台的情形亦大致相同。酿酒专家朱梅言："我国只须政治安定，税律改为合理化，啤酒业极有前途。以啤酒含维他命B_{12}丰富，极有营养，欧西人视为液体面包，食米的民族饮之为相宜。"① 中国啤酒业的大发展，却要等到最近数十年了。

二、国产啤酒之一：双合盛啤酒汽水公司

在近代中国啤酒业的发展历程中，五星啤酒和烟台啤酒居重要的位置。在外资啤酒和进口啤酒几乎垄断中国市场之时，尚有这样的国产啤酒与之竞争，在近代民族意识空前高涨的时代，自有其非凡的意义。故在当时乃至多年之后，还为人所津津乐道。五星啤酒为双合盛啤酒汽水公司出品，烟台为醴泉啤酒公司出品，然醴泉出品者尚有"双头鸟""斧头""双狮""飞鹰""三光"等牌号。

双合盛啤酒汽水公司创建于1915年，次年开始出品啤酒，是我国民族资本家最早创建的啤酒厂之一，也是近代中国较大的啤酒厂。然其虽有"公司"之名，组织形式却为旧式，设有经理1人，技师1人，有总账房一处管理营业，由文牍2人、司账4人掌其事，厂房及工人之管理则由场内管理员8人掌其事。②

到1937年，厂内设备有两座三层高楼房。第一座最下层为烘麦室，高五尺，面积约二方丈，地面铺浸过生根的大麦，厚可五寸，地底生炉火烘之；中层为浸麦室，有五立方尺跳槽十数，内贮水浸泡大麦，旁边有晾麦场，将浸过之麦铺积地上，约厚五寸许，麦在此处生根；最上层有吹风机室，吹风机三架，以电力引动；有分析机室，大麦经此机分析挑选；有磨麦机室，磨麦机二架，且磨且过箩筛细，两机同开每小时可磨麦千余袋。第二座最上层为煮麦锅、滤清锅，煮酒锅凡三个，直径丈余，深四五尺，三锅皆连以铜管，大麦煮后由铜管入滤锅，滤出之汁由铜管入酒锅。蒸煮、过滤均由机器操作，自第三锅煮后，便有酒味，即自锅内由铜管入地窖桶发酵。发酵室为三大间，每间有二十五六个容量为四立方尺的铁桶(以上各机总称为造酒机，购自天津运来之外国原料及零件，厂方雇工配制，共计两套，大者制于1915年，值价四五万元；小者制于1921年，值价万余元)。与发酵室相近者为屯酒室11间，制成之酒即由铜管入此室之木桶存储。每间有直径五尺、高丈许的木桶，自十余

---

① 朱梅.中国啤酒历史[J].黄海发酵与菌学特辑(第10卷第5期)，1949-04：134.

② 北宁铁路经济调查队.北宁铁路沿线经济调查报告[M].出版地不详：北宁铁路管理局，1937.154-160(本节所论双合盛啤酒资料，除特别标明者外，均来源于此。)

个至四十余个不等，桶之四周皆围以大冰块，装酒时用压酒机由桶中经铜管压至楼上装酒室，室内有灌酒机三架（压酒机及灌酒机均为德国制造）、刷瓶机七架（有自造者，有德制者）、加盖机一架，每分钟可装酒十瓶左右，装完即连瓶入锅煮之。锅长方形，共两只，每次可煮四百余瓶。厂中有空地铺设轻便铁轨，有人力推行的铁斗车十辆，载运煤炭、冰块及制就之酒。与铁路连接的私有岔道长三百余尺，由南厂通至平绥车站。此外尚有仓库二十间，存原料室六十间。

双合盛厂机器之发动均借电力，其原动力设备，有七十马力西门子磨电机一架，装设于 1925 年，值价 1.5 万元。七马力小磨电机一架，英货，购自北京市自来水公司，值价 3000 元。此外尚有五十马力旧式磨电机一架，1919 年自济南购来，购价约 4000 元。发动机有三十马力，北洋铁工厂制，装设于 1915 年，值价约 2000 元。有卧式锅炉 3 座，一座系天津柏成工厂包制，二座为厂方雇工配制，每架价值约 6000 元。

制造啤酒的主要原料为大麦，来源有三。一自保定徐水购买，价格每担 3 元 8 角；二自宣化一带购买，价格 3 元 1 角；三自天津购买，价格每担 3 元。由厂方派人至各地拣选，交货栈由铁路运回，每年用量约万担。酒花系德、美、捷克等国进口，与北京市德商雅利洋行订有合同，每年按时将货送来，其价格时有涨落，每磅自 2 元至 4 元，每年需 2 万余磅。酵母系丹麦出产，厂方直接到该国订购，由邮局寄来，每年所用约值 200 元。

双合盛啤酒的酿造工序，先将购来大麦置吹风机内，吹去麦芒等杂质，再入分析机分其颗粒为大中小三等，去其小者。将大麦粒洗净，置浸麦桶中浸三昼夜。浸桶为圆锥形，底部有卸口，水由底管导入，温度常在 10℃左右。俟麦粒吸水均匀后，始取起移至发芽房。房为三合土建，麦芽于此铺成四五寸厚。发芽房顶部置洒水机，如麦粒过干，则稍润以水。经八九日后，俟芽发出约为手指二节长时，即为发芽完竣，然后移至烘麦场。场分三层，每层均附铁锅及搅拌机。麦先放于最上层铁网上，以其下煤炉升上之热气烘之，热气先经净化。麦于最上层烘 24 小时后，再于第二层烘 24 小时，再落第三层烘干。放入除芽机除下麦芽，运至煮麦机煮之。煮麦机为圆桶状，内有蒸汽热管及搅拌器，麦芽加入后，和以适量热水，于 40℃～50℃煮半小时。取其三分之一，移至别个煮麦机，用 55℃温度煮半小时，复将其运回煮器，如是往复数次，经三小时后，即将温度增至 60℃。将啤酒花分数次加入，加入啤酒花之量，大约每 300 箱酒须加 35 千克。啤酒花加完后，即运至滤浆池滤去渣滓，滤液流至冷却池，冷却后加入适量酵母，移至发酵桶发酵。发酵 8～11 日后始成啤酒，然仍不能装瓶出售，须存贮于贮酒桶两个半月。贮酒桶放在冰窖内，温度在 10℃以下。酒经贮存后，始装入经过消毒的酒瓶，加盖，入 32℃热水煮二小时，将酵母杀灭后始行出售①。

① 国立中山大学化学工业考察团.中国化学工业调查[M].广州：国立中山大学出版部，1933.73.

双合盛本附设有玻璃工厂，专造玻璃瓶，先用人工制造。后因受工潮影响，乃改用机器[①]。但因技术和原料的限制，后亦不能自制。装酒之瓶多回收旧瓶，不足时在天津或北平市内料器厂定制，也有在日本或外洋定制者，但数量较少。瓶上铁盖在外国定购，北平德信化学工业社也能制造。

双合盛厂出品为遐迩闻名的五星牌啤酒，全年可产 7 万箱，每箱 48 瓶。畅销全国，南至两广，西及川陕，尤以天津、上海、汉口、济南、青岛、烟台为最大销售地。1930 年后，始由天津出口运销暹罗、新加坡、爪哇、苏门答腊及英属荷属南洋群岛。国内各地以天津销量最多，年 7000～8000 箱。销于国外者，盛时年有 1 万余箱，自荷属各地限制进口后，每年约销 8000 箱。出运前以稻草套裹，然后装于木箱内，每箱装 48 瓶。装置完毕，由场内铺设的轻便铁轨以人力铁斗车运至厂门外，再装入该厂自备载重汽车，或运赴车站交铁路外运，或运至市内分销处及批发庄出售。其由铁路运出者，凡销天津、青岛、烟台、上海及南洋群岛及暹罗者，均交北宁路运至天津出口，装轮运往。轮船保险费每值 1000 元纳费 2 元 7 角，运输消耗平均每百瓶损 4～5 瓶，轮运费用由天津装外船运至印尼每箱约 6 元，运至新加坡约 4 元，运至香港附近约 3 元，装船运至上海约 2 元。销保定、汉口等处者，均交平汉路运往。在北平销售的数量年约 1.5 万箱，在和平门内东半壁街设有分销处。零售每瓶 3 角 5 分，批发每箱 16 元，回扣 1 元，合 15 元。代为批发的商号，货售出后，厂方给予佣金，按值抽 5%。也有赠酒者，每销 1 百箱赠 1 箱，销 2000 箱赠 30 箱，销 3000 箱赠 60 箱。销售于国内各地者，与北平批发情形相同，购主须自付运费。销南洋者，批发价更低廉，因意在推销，不顾成本。每箱 15 元，运费、广告费、赠品、消耗均在内。

双合盛啤酒的成本包括原料、机械、电力、工资，每箱约需 7 元，若再加总务费用，则成本每箱需 10 元。因其出品制造精良，营业状况甚佳，每年均有盈余。1931 年前，因东三省亦可销往，且国内经济状况尚佳，每年盈余 5 万～6 万元，其后仅可盈余万余元。

双合盛所出啤酒在华北市场占有相当地位，尚无同业与其剧烈竞争。1931 年“九一八”事变后，日本啤酒渐来倾销，但五星啤酒已深得中外人士信赖，尚能保持固有销路。然在长江沿岸及山东省，因上海、青岛、烟台等处均有制造啤酒的工厂，致其未能畅销。在上海最大的竞争者是畅销于长江流域的上海啤酒，售价较双合盛厂略高。五星牌啤酒因双合盛厂自出货后，屡受战事影响，不能按时运往上海，致该处用户改用 U.B.牌，是以销路不畅。此外上海尚创办有国民啤酒厂，也是五星啤酒一大竞争者。日商在青岛所制造的太阳、一星、樱花等牌啤酒，因售价低廉，每箱 14 元左右，畅销于青岛、山东及在日本人掌握的东三省，以致双合盛厂出品颇受抵制。烟台有国人经营的醴泉公司制造啤酒，销往山东省及长江流域，其售价较双合盛厂略低廉。

---

① 欧阳谐编述.北平化学工业考察记[M].北京:国立北平大学校第一工学院,1929.37.

到1937年前后，该厂共有工人188名，全系男工，组织有工会，工资最高者每月40元，较有关系的工头每月支给40元，最低者每月13元，均按月支给。如工作较忙须加班者，加班费按每3小时3角计算。有工人宿舍50间，澡堂1所，并设有工人子弟学校，有学生40余人。饭食由工人自备，厂方概不供给。

双合盛与当时中国的啤酒厂商一样，其发展受到各种因素的制约。技术操之外人之手，是近代中国啤酒发展的一大滞碍。其捷克籍技师月薪200元，另外每销酒1箱，分给红利1角5分。① 以双合盛每年产量7万箱计，需要支付技师约1.3万元，是成本中不容小觑的数目。原料采购不易也限制了啤酒的发展。啤酒花及酵母亦仰赖于外人，多受市价和交通等因素的影响。在交通运输等方面双合盛享有一定的优惠权，如1935年，铁道部据北宁路局呈文以淡性啤酒及烈性啤酒(装桶、装箱或装篓者)，拟请改分优、普收费。铁道部长顾孟余准改为优等列二等、普通列三等分别收费，自1935年2月1日起实行②。1936年，双合盛啤酒汽水公司呈请工业奖励，实业部下发通知说"据奖励工业审查委员会审查报告，经本部复核，除啤酒所征统税系华洋货品同样待遇，未便独予豁免，暨制造啤酒需用之酒花及瓶盖均由外洋输入，碍难免征进口关税外，为提倡国货起见，准将国营航轮运输费核减三成，铁路运输照普通三等收费各二年，并分咨交通铁道两部核办"。③ 是则政府也有一定优惠，但其每箱啤酒2.6元的统税，不能谓之为低，故税收繁重，是阻碍当时啤酒业发展的一个原因。后因中日战争全面爆发，日本人占领北京后，双合盛落入日本人之手。抗战胜利后虽经国民政府收复，但其经营却未能再恢复昔日的荣光。

三、国产啤酒之二：烟台醴泉啤酒公司

烟台啤酒创建于1920年，其发展也颇为曲折。1940年进入醴泉啤酒厂当学徒的林辉茂，后来任会计直到1981年退休。林辉茂在晚年特意访问了1930年前后进厂的退休老工人孙桂春、滕世斌、王代言等，加上自己回忆，整理出"醴泉啤酒厂创立与发展"一文④，为我们了解醴泉啤酒厂的早期历史提供了有用的资料。根据林辉茂的回忆和记录，醴泉啤酒公司创建初期，酿酒用水都是汲取老虎岩新打的四口土井。由王益斋任经理，李介臣任工厂总执事。第一个酒师是从海参崴带去的俄国人，后发现其贪污遂解雇。后李介臣聘请一俄国酒师，王益斋聘一奥地利酒师。1921年产啤酒46吨，汽水6万多瓶。产品商标为"三光牌"，与北京双合盛啤酒厂之"五星牌"齐名。酿酒技术操纵在外国酒师手里，机器设备

① 国立中山大学化学工业考察团.中国化学工业调查[M].广州：国立中山大学出版部，1933.72.

② 电各铁路管理局、公司委员会[J].铁道公报(第1062期)，1935－01－12：5.

③ 实业部通知(工字第15534号)[J].实业部公报(第278期)，1936－05－09：36.

④ 林辉茂.醴泉啤酒厂创立与发展[C]//山东省政协文史资料委员会编.山东文史资料集粹·工商经济卷.济南：山东人民出版社，1993.99－107.

简陋，酒窖温度达不到零度，产品质量不高，经常发生坏酒事故，造成亏损。啤酒因短期内难以收回投资，醴泉面临资金不足、技术不高和销路不畅等困难。到1926年，资金赔尽，首次濒临倒闭危机。后多方筹得资金10万元，方才得以继续经营。1930年，受洋货倾销的影响，销路更为困难，亏损达7万元，再次面临倒闭。又因为奥地利酒师对技术保密，不让李介臣和工人过问，并与俄国酒师各行其是。在经营管理上，王益斋和李介臣各执己见，很难一致。李介臣一气之下，带着俄国酒师和一些技术工人与王益斋分道扬镳，到哈尔滨另设啤酒厂。王益斋四处奔走，筹资20万元，并将工厂更名为“烟台醴泉啤酒股份有限公司”。在上海、青岛等地设立代售处，年产达150多吨，汽水15万箱，经营稍有起色。

为了扩大生产，1932年王益斋去上海购置压缩机一台、60马力电动机一台、75马力柴油机一台，并扩建厂房，年产增至270多吨。1934年给上海华成公司发去啤酒2万多箱，因该公司经理故去，大批货款不能收回。致使无力按期偿还中国银行利息，亏损10余万元，资不抵债。后经中国银行烟台支行行长徐望之同意，贷款利息暂缓一年支付。但董事梁子薰见企业发展无望，主张就此歇业，拒绝签字，此议案未成。1935年2月，醴泉被中国银行烟台支行接管，徐望之延聘中国酒师朱梅去厂主持生产。1940年，王益斋等人分头在天津、青岛集资，筹得新股50万元，还清中国银行债务，重新接管醴泉。王益斋不甘落后，到1942年，又买得土地十几亩，职工由100多人增至200多人。职工待遇也有所提高，新工人入厂半年后就可与老工人同享受“插花”(奖金)。1943年工厂达到全盛，资金翻了一番，盈利50多万元，年产量达到600多吨，销路畅通，价格陡增，时价两箱啤酒可卖一两金子。工厂设备亦臻于完善，设有糖化室、发酵室、煮酒室、装酒室、机器室、制冰室、制汽水室及酒窖八部分。并有两部冷气机及电力马达、汽力发动机、柴油机、洗瓶机等多部。工厂还接连增加了烟台新世界商场、大光明电影院西邻、体育场、渔网厂地皮和广东街中兴楼等地产。1944年工厂生意开始衰落，工人插花取消。

1940年前后，醴泉的管理分工大致是：经理王益斋亲自主持产销业务，副经理王雨田负责批阅或草拟往来书信文稿及外出采购，酒师朱梅专门管理生产操作技术，工管头目(相当于厂长)吴道仁负责生产管理，动力设备师滕世斌，汽水制造师王培芳，会计主任毕元祯。在烟台设立发行所，主任王德崇负责推销产品。酿酒原料都是由王雨田负责出差到泰安地区以质论价采购并办理运输。全厂最高领导组织是董事会，由威海商会会长戚仁亭为董事长，副会长刘福堂任副董事长，设董事7人，监察5人，每月到厂开会一次，厂里每人每月支付车马费10元。王益斋对财务管理十分重视，会计要按时向他报账，即使在生病住院期间也不间断。每天乘车提前到厂上班，亲自审核头一天账务结算及询问生产情况，从不用别人代劳。连原始单据都亲自处理，一一审查盖章，会计账目日清日结。董事会每月开会一次，都由会计主任整理报表汇报。报表格式是在中国银行接管时期制定的，有资产负债表、损益表，还有车间记录、生产报表、电力损耗表等。在经营管理上，对原料和动力消耗都有记录，王益斋每天查看。

在抗日战争全面爆发前夜，醴泉啤酒公司共建有楼房平房四百余间，地址宽敞，建设宏壮。有制冰机三部、啤酒汽水机两部、锅炉三口，共分工厂及营业两大部门。机械冰一项只行销本埠，所制啤酒汽水畅销国内外各大商埠，如两广、香港、上海、长江流域，陇海路沿线西安、济南、青岛、天津等地，均设有经理处，以便利销售。其制造共经过煮沸、冷藏、装瓶、发酵、检验等程序后，啤酒汽水始告完成。对于检验程序极为注意，若带有渣滓或不澄清者，即予检出，以免混淆其中，损害公司信用。啤酒开征统税后，每箱课税 2.6 元，税务负担加重，成为阻碍烟台啤酒进一步发展的重要原因。① 1937 年卢沟桥事变后，烟台被日本人占领，烟台啤酒面临一系列的困难。时国民党烟台特区专员兼公安局长张奎文在秋间携眷逃跑，散兵、警察趁乱打劫，将王益斋等人绑票。后放回王益斋筹款，交纳赎金 3 万元方才完事。醴泉因王益斋被绑，亦分摊了部分赎金。1943 年日本人占据烟台时，也曾去醴泉打劫，抢劫现金千余元，并将会计毕元祯和副经理王雨田之妻以及工人孙德亮抓为人质，索要赎金 150 万元，后缴付 3 万元赎金了事。同年秋，醴泉又遭勒索一次。不断的事故影响了烟台啤酒的正常经营。临中华人民共和国成立前，啤酒原料紧张，生产处于瘫痪状态。最后迫使工厂解散，工人回家。对老工人每人发半个月工资，厂里留十几人看守。中华人民共和国成立后更名为烟台啤酒厂。

四、近代啤酒酿制工艺

中国啤酒制造，多是引进国外机器、技术与原料，酿造工艺与国际水平相差无几。这也造成各啤酒厂和啤酒品牌之间工艺上的相似或相同，其产品品质的差异来源于原料选择和质量控制。时人谓啤酒制造“集科学之大成”②，虽都是用谷物发酵酿制而成的饮料，但其酿制方法却较为复杂。首先要将谷物中的淀粉糖化，然后再发酵产生酒精和二氧化碳，并加入啤酒花使之产生特殊香味。近代啤酒酿造方法产生于西方较为发达的国家，是近代科学技术进步的成果之一。其酿制多采用机械操作，且有一定的程序与规程。张兆石对青岛啤酒的酿造工艺有详细的记录，举凡大麦选粒、浸泡、发芽、干燥、烘焙，乃至糖化、主发酵、副发酵、过滤、装瓶等工艺流程及成品管理，巨细靡遗。啤酒生产均采用现代工艺，各厂之间差别不大。为了解近代啤酒制造工艺，下面以青岛啤酒为例加以说明③。

首先是麦粒挑选。啤酒主要原料为大麦，选择麦粒大体由外观决定。1.种类一致，无夹杂物；2.颗粒肥大整齐（要求每千粒重 30～50 克，中等者重 38～40 克）；3.颜色鲜黄而富

① 刘精一.烟台概览[M].烟台：胶东卍字报社 复兴印刷书局，1937.134－135.

② 中.啤酒制造法[J].科学画报（第 1 卷第 2 期），1933－08－16：6－7.

③ 张兆石.青岛化学工业：青岛啤酒公司[J].化学工程（第 15 卷第 3、4 期合刊），1948－12：112－126.

有光泽，已经变黑或变成其他颜色者，不能使用；4.气味新鲜；5.胚芽以粉质者为良，若有玻璃质的乳胚则为蛋白质含量过多，不宜使用。青岛啤酒所用大麦以谷粒截断器试验挑选。理化方面以水分及蛋白质含量为最重要，水分不宜超过12%，因水分过多不宜久贮；蛋白质含量越少越好，一般以不超过12%为度。青岛啤酒所用大麦为日本种，经日本人多年研究，在青岛附近种植，效果颇佳。山东本地所产大麦多瘦小，杂谷混入较多，制成之啤酒容易发酸。青岛啤酒精选大麦设备有精选机、选粒机及自动秤各一。大麦由斗形输送器送至精选机箱，箱中有风车将灰尘及较轻的麦芒等吹出。大麦与较重的杂物由精选机箱落到平筛上，筛分为上下两层，上粗下细。以震动作用使大麦落于细筛之上，细沙等落到细筛之下，杂草等则不能穿过粗筛。选好之大麦由粗细筛之间流入存麦箱，再由斗形输送器送至选粒机箱，箱中有旋转筛网。经过机器运动，将符合酿造要求的麦粒选出。青岛啤酒每日八小时可精选小麦七吨半，经研究人员1946年3月测试，大麦126512千克可选出符合使用者115960千克，合格率为91.66%。其中筛出土3131千克、糠258千克、秕及草1260千克、豆石368千克、土粮2357千克、扁大麦2860千克、灰尘等318千克。

次为浸水。青岛啤酒有铁制浸麦桶4个，每个能浸大麦5吨，下部为圆锥形。浸麦时放水6吨于桶中，通入空气并将麦粒输入。约半小时后麦粒输送完毕，停止空气输入，抛却浮麦。浸泡一定时间，将水放出。再浸水通气放水，直至以两指间挟麦粒易曲或以小刀截断麦粒呈树胶状为止，前后需浸泡60～70小时。浸麦度(吸收水分占湿麦百分比)通常以45%为度。若大麦生霉，不能即行水洗，须先用石灰水浸渍半小时然后水洗。每百公斤大麦用石灰50～100克。

发芽。浸泡后的大麦送至发芽室，发芽室床面、墙壁与屋顶均用水泥制成，位于地面下两公尺，以免受空气温度变化的影响。床面四周有仄沟，以备洗刷泄水之用。墙壁上开有半透明短窗，使阳光不能直射床面，室内只有暗光。因强光照射能促进麦芽叶绿素生长，有损啤酒风味。发芽床长21.1米，宽6.7米，高2.65米。精选大麦每百公斤占面积2.平方米。青岛啤酒厂有发芽床8张，每2床共用一室。发芽时当注意温度，最适宜的温度为13～17℃，但发芽时温度容易增高，以不超过25℃为限。低温发芽，麦芽长成缓慢，呼吸作用弱，酵素生成多，物质损失少，发芽平均进行，麦层容易管理。水分供应以不使幼芽枯萎为度，在发芽三四日后喷等温水雾一次，每百公斤需水0.5～1千克空气不宜过多，以免大麦消耗过多。湿度通常要保持在95%，太低时喷水于空闲之处。二氧化碳的排出与空气供给全靠开启风门。如温度太高，则用冷水使之略微降低。发芽时还需要用木锹及推扒翻转麦粒，使麦层上下转圜，调整麦层高度，防止芽根连接，调节麦层温度，排出二氧化碳及供给氧气。

干燥。干燥麦芽用低温干燥法，渐次增高温度，最后焙焦。低温通风缓慢干燥的麦芽优良，速干麦芽可溶性物质减少。青岛啤酒厂麦芽烘焙室长6.54米，宽6米，共分五层。每层都有一个小铁门，以便工人入内工作。烘焙室下有空气加热室，产生热源供应烘焙室将麦芽烘干。烘焙后之麦芽尚需送入脱根机脱根，因其吸水性强，具苦味，如不除去，会使啤酒味苦且颜色过深。麦芽贮藏应在20℃以下并防止吸水。高温放置的麦芽，麦汁浑浊，过滤慢；存放时吸水过多的麦芽起胶质变化，有损啤酒的芳醇味及泡沫的耐久性。优质淡色麦芽应具有如下之外观及物理指标：1.粒形肥大，无根芽、谷皮、损伤粒、菌害粒、虫害粒及夹杂物；2.淡黄褐色并具光泽；3.芳香略具苦味，无焦、油、酸、臭及其他异味；4.千粒重28～55克；5.沉浮试验中沉下粒最高限度为30%～35%；6.胚芽伸长度为麦粒1/3到1/2者占75%；7.胚乳为白色，不透明易膨软。精选出的大麦115960千克浸泡出干浮麦2690千克，烘干后的麦芽92200千克，麦芽根3625千克。

糖化。糖化是将麦芽中的淀粉水解为糖，以备发酵，同时加入啤酒花以增加啤酒苦味香味，并加入凝固剂沉淀麦芽中的蛋白质而将其滤出。青岛啤酒糖化所用原料除麦芽及啤酒花外，还加碎米。若纯用麦芽，制成之啤酒有谷皮杂味，米可以改善这一缺点，并节省部分麦芽。糖化室之地面墙壁均镶嵌瓷砖以便保持清洁，室内备有液化釜、糖化釜、过滤釜及啤酒花釜各一。麦芽糖化之前，先经粉碎。粉碎时麦芽中的淀粉质宜细碎，而其皮则要求粗糙。因麦芽皮溶解过多，有损啤酒色泽与香味，同时麦芽皮也是最佳的过滤层。碎米则越细越好，如此则液化及糖化均较容易。青岛啤酒厂粉碎1700千克麦芽需1.5～2小时，粉碎米250千克需1～1.5小时。每日麦芽糖化操作有一定规程，工作紧凑，有条不紊。啤酒花滤桶为一密闭铁桶，有黄铜制作的假底。每次在其上铺1千克啤酒花作为过滤层，并弥补煮沸过程中啤酒花中挥发物的损失。过滤后的清麦芽汁流至冷却机冷却。经约三小时麦芽汁冷却后，其体积约为热麦芽汁的91%。然后流入发酵室内之静置槽，通入无菌压缩空气10分钟，加入酵母以待发酵。

发酵。青岛啤酒所用酵母标号为“T”，来自东京之日本麦酒试验所，系一种球形酵母。能于5℃～10℃做底部发酵。发酵时表面泡沫呈玻璃状，酵母甚少，发酵液也不甚浑浊，发酵后酵母成块沉底。酵母若连续使用有杂菌混入的可能，故须随时培养纯种酵母以资应用。纯种酵母培养以单细胞分离为出发点，用小点培养法或稀释法均可，然后移植纯酵母于瓶中，在25℃下培养2天。经过几番移植，方可加入麦芽汁中培养。主发酵在窖池进行，青岛啤酒厂有发酵池三组。第一组有容量9000L的小型发酵池24个，第二组有小型发酵池4个和容量为18000L大型发酵池4个，第三组有小型12个、大型6个。发酵室内有冷水管、排水管及盐水管。发酵池以钢筋水泥制成，外镶瓷砖，内涂沥青。三组发酵池总容量为54万升。8～12日主发酵完成，送入酒窖内之贮酒桶进行后发酵。后发酵在桶内进行，要求低温。后发酵作用为发酵初级啤酒中的糊精及其他发酵迟缓的碳水化合物，并使酒中的酸与醇化合生成芳香的脂类。

过滤与装瓶。发酵完后取出啤酒，观察其色泽，品尝味道，并测定二氧化碳含量。然后将啤酒流入过滤室过滤。过滤后便可装桶或贮存。存酒桶铁制，内涂铁用沥青。啤酒装入桶中可在5℃下保存较短时期，为生啤酒。青岛啤酒所用酒瓶容量为630ml，棕色，以避免紫外光照射使酒浑浊。洗瓶、装瓶、杀菌等均用机器，有浸瓶机、洗瓶机、装瓶机、盖瓶机、杀菌机、灯光检查机各二台，贴商标机一台。先由工人将破瓶、带油瓶检出，然后洗净消毒使用。装瓶能力每分钟80瓶，装瓶后送入杀菌机用热水杀菌。再在灯光下检查有无不洁或浑浊现象，贴上商标出厂。每分钟可贴商标50瓶，商标上标注装瓶日期。每箱24瓶。啤酒在装瓶时溢出及瓶破等损耗约10%，瓶本身破碎之损失每次有15%。

管理。青岛啤酒厂所经程序如用量、温度、浓度、时间等均有详细记载，如发生问题时可随时查考。室内设备绝对保持清洁，发酵室之墙壁涂上石灰浆，以防生霉。静置槽及发酵池每年大清洗一次。过滤机等则每周六彻底清洗。所用橡皮管等除每周六清洗外，还用甲醛液(1L甲醛加水至5L)消毒，再用清水洗涤。存酒桶用后清洗并燃烧硫磺杀菌再贮存新酒，每年清除一次。将桶内之松脂等以热空气熔去，再喷以236℃之松脂。啤酒内所含之酸以氢氧化钠(用酚醛为指示剂)滴定，pH应为4.4～4.5。过低则表示有乳酸或醋酸菌繁殖，过量之酸常加酸性碳酸钠中和。

近代啤酒酿制技术源于欧西，中国所创办的啤酒厂，多直接聘用外国技师。但也有派员前往欧西学习，或由国内研究机构开展技术指导者。如20世纪30年代中期广东开办省营啤酒厂，便在筹建之时派人往捷克学习相关技术，并给予学员一系列优待。广东省建设厅筹办的啤酒厂，其机器向捷克斯可达公司订购。因在广东属首创新兴事业，自应“及早训练各项人才，以资应用”。征得斯可达公司同意，选派伍朝卓、梁省聪、林恩贵、陈惟明前往捷克学习。派员赴瑞典捷克学习①后啤酒厂顺利开办，“位于西村之西，附近交通极便，由城内乘长途车或自用车约需十五分钟即可到达。该厂组织系设主任一员，下分总务、会计两股，全厂职员有二十余人，各部工人则有七十名左右，厂内各种机器设备甚周，制酒部计有磨麦室、酿酒室、发酵室、冷气室、冷酒室、贮酒室、滤酒室、装酒室、消毒室、装潢室。此外并有汽水室、发电房、糖胶室、抽水机房。该厂啤酒近已开始制造，每日出万余瓶，交由省营产物经理处负责推销，该项品质，极为精良，至汽水室及发电室，不久亦可完成，汽水室下年(1937)当有出品，各种出品将来统交省营产物经理处负责推销，务使此种出品推行各地云”②。虽则其后广东所产“五羊”牌啤酒品质不甚佳良，但却开了技术人员直接前往国外学习的先河。1948年秋天，北平啤酒公司拟增设一部分设备烘烤麦芽，要求工商部北平工业试验所派专门技术人员前往工厂实地指导。经双方签订技术合作合约，自10月起派酿造食品实验室技师侯敬民驻厂指导协助。11月，各项应用设备大致就绪，乃开始焙

① 制纸制糖及制啤酒(1934年5月21日)[J].广东省政府公报(第260期),1934-05-30:128-129.

② 粤西村饮料厂开工制造啤酒[J].实业部月刊(第2卷第1期),1937-01-10:240.

制。当月制成焙焦麦芽两吨半，以及已经发芽还没焙焦的鲜麦芽一吨。成绩很好，品质也符合要求和标准。① 这是当时少见的科研机构为啤酒生产提供实地指导的实例。

第四节　本章小结

近代中国酒业的一个新变化，就是洋酒的输入，并进而导致了葡萄酒、啤酒等新式酒业的出现，中国酒业格局发生了一些新的变化。前近代的中国，中外文化交流时断时续，虽取得了一定的进展，但尚未触及古老帝国的纵深。从鸦片战争中国战败开始，随着不平等条约的陆续签订，逐渐开放了一批城市作为通商口岸，中国向西方资本主义国家敞开大门。来华外国侨民不断增多，他们还带来了中国人从未见过的生活方式和消费习俗，如洋酒之消费便是一端。另一方面，在与外国人的交往过程中，一批一批的中国人也开始接受外国消费习惯，洋式饮食成为一种新的社会时尚。加上洋货输入中国的低关税等原因，洋酒在近代中国各大城市十分普遍。近代中国每年洋酒入口价值巨大，1912 年洋酒入口 480 万元，入超 310 万元。1918 年洋酒入口 600 万元，入超 446 万元。入口数额逐年增加，入超数额也逐渐增大。举凡威士忌、白兰地、金酒、啤酒、红白葡萄酒、香槟酒等类，都在中国市场上极为畅销。至今仍是知名品牌的尊尼获加威士忌、轩尼诗、路易王妃香槟、马爹利、黑格威士忌、酩悦香槟，其身影遍及南北各大都市。到 20 世纪 20 年代末，中国政府取得关税自主权，开始提高外国货物进口关税，洋酒价格高涨，其大量倾销中国市场之势方出现转机。

中国葡萄栽培的历史悠久，葡萄制酒在历史上也颇有迹可循。然而要到近代，葡萄栽培和葡萄制酒，才真正发展成为一项产业。农学家和植物学家们开始认识到，中国广袤的土地，颇适合葡萄的栽种。若能广泛栽培，不但可以供作鲜食，制备各种干果蜜饯之类，还能以之酿酒，实现效益最大化，为农户带来实际利益。虽无详细的统计资料，但现有材料表明，近代中国的葡萄栽培方法陈旧落后，栽培面积较小。以陈炽为首的晚清改良派思想家，充分认识到了葡萄酿酒的重要性。对葡萄栽培、酿酒及其推广等问题展开论述，设计了一条清晰的发展思路。张裕是近代中国葡萄酒业发展的顶峰，但因落后的酿制技术和有限的市场容量，葡萄酒最终未能发展成为酒业中的重要一环。

与葡萄酒相比，啤酒更是一种完全的舶来品。近代中国啤酒的发展，大致可分为三个阶段。第一阶段为中国啤酒的萌芽期，从 1900 年哈尔滨出现第一家啤酒厂到 1914 年，主要是由外国人经营。第二阶段是国产啤酒的创制时期，从 1915 年中国商人在北平创建双合盛啤酒汽水厂到 1937 年为止，国产啤酒开始在市场上与外资啤酒和进口啤酒竞争。第三阶段为挫折期，1937 年全面抗战开始，至本书论述的下限 1949 年为止，是中国啤酒业

① 工商部北平工业试验所.工商部北平工业试验所三十七年度年刊[M].北平：工商部北平工业试验所，1948.61

遭遇挫折和停滞甚至倒退的时期。在近代中国啤酒业的发展历程中，烟台啤酒和五星啤酒占居重要的位置。在外资啤酒和进口啤酒几乎垄断中国市场之时，尚有这样的国产啤酒与之竞争，其意义非凡，代表了近代中国啤酒业的最高水平。中国啤酒制造的设备、原料、技术，几乎都仰赖于外国。其酿造技术均采用西方现代工艺，无论是原料采择、麦芽制作，还是糖化、发酵、过滤、灌装等工序，都同属世界先进水平。

第四章

近代酒类的生产、运输与推广

前述两章，是对近代酿酒业发展情形的剖解，无论是以黄酒、白酒为主的传统酿酒业，还是以葡萄酒、啤酒为代表的新式制酒业，在近代中国都取得了一定的发展。啤酒、葡萄酒更可视为一种新生事物，酒类品种的变化以及西方近代生产组织形式的传入，促成了酒业生产经营方式的变化。传统酒业多采用作坊式生产，其资本规模较小，雇用人员不多，设备陈旧落后，生产效率低下。在近代化程度较高的都市，开始出现了酒业公司，虽其数量较少，在整个酒业生产中难占主要地位，但毕竟提示了一种新的生产组织形式的出现。因受交通条件的限制，酒类出产多供应当地，就近消费。但也有输出供应临近地区甚而出口者。随着社会文化的变迁，酒类营销也出现了一些新的变化。这一时期，酒类推销员的身影出现在街巷之中，参加展览、投放广告等成为酒业宣传推广的重要方式。

第一节　近代酒业生产基本情形

一、酒业生产组织形式

民国初年所进行的几次农商调查，是仅存的关于近代中国工商各业发展情形的统计资料。其结果不尽如人意，但因没有其他统计资料可资参考，在研究近代经济发展的论著中，也多有引用。中国人民大学经济学院关权教授认为，这几次调查统计质量较差，某些省份或县份的数据缺失。原因可能是有些地区没有进行严格的调查就向上报告，也可能是调查不够全面，还有些数字在编辑过程中被弄错。关权教授对产品和生产额进行修正。第一步，修正原来的数字，也就是对于缺少的或者不全的以及异常的数据进行修改。将各数据按时间排列，对于极端高或者极端低的数字进行修正，最常使用的是前后两个年份的平均值。若前后年份数字不准确，则采用较长时段的均值。第二步，是对较长时段数字缺乏的省份进行估值，求出有数字省份对前一年的倍数，再计算出其均值，然后推算其他省的数字。其前提是假定没有数字的省份的平均增长率与有数字省份增长率相同。因原统计资料中生产量各地统计单位极不统一，故只估算近代各行业制造户数、职工数和生产额三项数字①。根据他的估算，1912—1921 年间中国酒类制造户数、职工数、生产额三项数字如表 4－1 所示。

表 4－1 1912—1921 年间中国酿酒业基本情形估算表(产额单位:百万元)

类别	1912 年	1913 年	1914 年	1915 年	1916 年	1917 年	1918 年	1919 年	1920 年	1921 年
酿户	102151	112627	123909	144372	105148	136188	143892	149193	136607	172569
职工	426713	382014	434126	486780	477665	452467	466227	512509	519249	508275
产额	179.11	175.32	183.11	186.79	198.54	209.80	227.74	241.11	247.78	284.29

虽然上述结果是关权教授由估算得来，但也颇能反映近代中国酒业发展基本情况。即酿酒户数在 10 万家以上，酒业职工在 40 万～50 万人之间，年产值约 2 亿银圆。根据关权教授估算结果，我们可以推知 1912—1921 年间中国酿酒业户均职工数，1916 年最高，户均 4.54 人，1912 年次之，为 4.18 人，其余年份户均不足 4 人，最低者 1921 年户均不及 3 人。可见其时中国酿酒业规模之小，几乎全部为作坊式生产。而从户均产出来看，1912 年户均产额 1753.385 元，1913 年为 1556.643 元，1914 年为 1477.778 元，1915 年为 1293.81 元，1916 年为 1888.196 元，1917 年为 1540.518 元，1918 年为 1580.63 元，1919 年为 1618.306 元，1920 年为 1813.816 元，1921 年为 1647.399 元。其中以 1916 年最高，户均产额 1888.16 元，其次为 1920 年，户均产额 1813.816 元，大多年份在 1500 元到 1700 元之间。根据民国初年的统计结果，1912 年有制造户数 82052 户，职工 695468 人，户均 8.48 人；1913 年有制酒户数 120267 户，职工 665643 人，户均 5.53 人；1914 年有制酒户 92365 家，职工 508186 人，户均 5.50 人；1915 年有制酒户 123542 家，职工 594141 人，户均 4.81 人②。酿酒业户均职工数多在 5～6 人之间，较之关权教授估算值稍高。但无论是估算数字还是当时的统计数据，均表明民国初年中国酿酒业制造户数虽然较多，然每家酿户工人较少，户均仅数人，故多属作坊性质。

当然，中国近代酿酒业也开始出现公司性质的生产组织形式，如表 4－2 所示。清末开设的张裕酿酒公司，当是中国较早以公司形式进行酒类生产的企业。其次如北京玉泉山啤酒汽水厂、山西晋裕汾酒有限公司、北京玉泉酿造有限公司、惠泉啤酒有限公司、昆仑酿酒公司等，均是酿酒业生产组织形式公司化的引领者。

① 关权.20 世纪 10 年代中国的工业生产：对《农商统计表》的评价与估计[J].政治经济学评论，2011，2(4)：121－144.

② 农商部总务厅统计科编纂.中华民国四年第四次农商统计表[M].上海：中华书局，1918，382.

表 4－2　北洋时期中国新式酿酒公司统计表①

名称	设地	开办年代	注册年代	创办人	管理人员	资本
张裕酿酒公司	烟台	1895	1914	张振勋	张振勋	200 万元
胜绍股份有限公司	济南	1913	1919	范洵天、丁熙农	范洵天、丁熙农	2 万元
玉泉山啤酒汽水厂	北京	1913	1914	朱东海、绍英	朱东海、李墨林	11 万元
新农油酒有限公司	天津	1919	1919	李正卿、哈云裳	李正卿、朱博彦	10 万元
晋裕汾酒有限公司	汾阳	1919	1920	王廷赞、张汝苹	王廷赞、张汝苹	1 万元
北京玉泉酿造有限公司	北京	1919	1920	屠实龕、黄至善	屠实龕、黄至善	5 万元
惠泉啤酒有限公司	无锡	1920	1920	孙鹤卿、胡会林	孙鹤卿、胡会林	30 万元
益华酿酒有限公司	清源	1921	1922	郝允济、郭德昌	郝允济、郭德昌	5 万元
满洲酒精厂	长春	1924	1925	不详	不详	10 万元
八王寺啤酒汽水公司	沈阳	1924	1925	张志良	张志良	30 万元
昆仑酿酒公司	无锡	1924	1925	不详	不详	20 万元
天成造酒公司	北京	1927	1927	姜阁卿、孟觐侯	姜阁卿、孟觐侯	10 万元

注:张裕酿酒公司 1919 年资本达 280 万元。

表 4－3 列出了近代青岛烧锅业的基本情况。从表 4－3 可以看出，青岛最早的烧锅是开设于 1920 年的义原烧锅，资本 21600 元，独资经营。其次是 1921 年开设的公聚永烧锅，资本 8000 元，为合资经营。青岛烧锅具有如下特点:首先是合资经营者较多，达到 8 家(分别是盛余诚、振东、协昌和、同兴裕、公聚永、立源兴、信源胜、会通)，独资经营者才 3 家(1921 年成立的义原、1938 年开设的义原和德泰)。其次是青岛烧锅资本较大，每家烧锅平均资本在 8600 元以上。其中资本较多者有 1921 年开设的义原烧锅(资本 21600 元)及 1938 年胡占元开设的义原烧锅(资本 15600 元)。资本最少者为会通烧锅，仅 1500 元，立源兴和信源胜各 3000 元，其余 8 家均在 6000 元以上，资本超过 1 万元的有 4 家。最后是，青岛 11 家烧锅雇用工人 149 人，公聚永烧锅仅有雇工 9 人，其余烧锅雇人在 10 人以上。从雇工规模来看，青岛烧锅业也多是小型作坊式生产。

① 中国第二历史档案馆编.中华民国史档案资料汇编(第三辑，工矿业)[M].南京:江苏古籍出版社，1991.399－400.

表 4－3 近代青岛烧锅详情①

牌号	性质	经理	资本(元)	地址	开设年代	职工数
义原	独资	李发庭	21600	太平镇	1920	18
义原	独资	胡占元	15600	大名路	1938	19
盛余诚	合资	华香亭	10000	和兴路	1925	13
振东	合资	石景周	12000	海泊村	1936	18
协昌和	合资	纪月亭	7000	锦州路	1932	11
德泰	独资	章林亭	7000	兴隆路	1938	12
同兴裕	合资	徐几千	6000	威海路	1929	11
公聚永	合资	林寿三	8000	东吴家村	1921	9
立源兴	合资	阎寿臣	3000	晓翁村	1935	13
信源胜	合资	王佐臣	3000	中兴路	1931	13
会通	合资	何春章	1500	西吴家村	1937	12

青岛洋酒有日本清酒与西洋酒之分。日本清酒一如绍兴酒，都是以糯米为原料，其酿造方法也相似。酿造洋酒的厂家以酒基为原料，加以各种香精色素制成。日本清酒风味独特、清澈透明，甘醇而有后劲，可热饮也可冷饮。用特制的玻璃瓶装，每瓶 3 斤半，很受日本人欢迎。与烧锅业相比，青岛日资酿酒业无论是资本额还是雇用工人人数，都要多得多。如金水酿造、丰国酿造、日华酿造资本均为 10 万元，千福酿造、新兴洋行、船桥酿造、中井酿造、日华酿造雇工人数均超过 20 人，日华酿造更有雇工 274 人②。

其他外国人也有在青岛开设酒厂的，消费者以外国在华侨民为主。当时中国人也有做洋酒的，而且售价较低，但只能卖给中国人，外国人宁肯多花钱，也不买中国人做的洋酒。究其原因，还是质量上有较大差别。在世界上法国和俄国的酿酒技术都很出名。对酒精的处理非常严格，经过蒸馏脱色、去臭等措施，酒精的颜色味道都非常纯净。除日资酒业外，其他国家在青岛经营的酒厂，从资金和人数看，都是小本经营的作坊，但各具特色，各有千秋。比较突出的是阿伊高列士吉工厂(资本 2000 元，雇用工人 5 人，1941 年成立)和东亚制酒厂(资本 500 元，雇工 5 人，1942 年成立)。前者以崂山葡萄酿制葡萄酒，当时在青岛是第一家。后来又制造薄荷酒(绿色透明)、伏特加和味美思酒。后改名为美口酒厂。东亚制酒厂为白俄柯西达经营，他原是青岛酒精厂技师，利用职权选取质量最好的酒精作配

① 王若智.青岛酿酒业简史[C]//见中国人民政治协商会议青岛市委员会文史资料研究委员会编印.青岛文史资料(第 6 辑)，1984.172－173.

② 王若智.青岛酿酒业简史[C]//见中国人民政治协商会议青岛市委员会文史资料研究委员会编印.青岛文史资料(第 6 辑)，1984.173－175.

酒的原料。制出的酒质量好，利润多，抗日战争胜利之后，颇受驻青美军的欢迎。其次是青岛制酒厂(资本1500元，雇工5人，1941年开设)，是波兰人古列士开设，主要配制伏特加酒、樱桃酒，很受顾客欢迎。樱桃酒不是用樱桃配制，而是在优质葡萄酒中添加进口的苦杏仁油，黏度很大，喝到嘴里甘醇爽口，有点樱桃味道，因而出名。此外，外国人在青岛开设专事洋酒生产和配置的厂家尚有崂山制酒厂(资本1500元，雇工5人，1941年开设)和巴斯制酒厂(资本500元，雇工5人，1942年成立)，但规模都较小。

二、酒业生产资本及其构成

有关中国近代酒业资本数额及其来源，较少有资料涉及。但部分地区存留的调查数据，还是能展示近代酒业发展的一些面相。据20世纪30年代初期的调查，河北省酿酒业发展状况如表4—4所示。

表4—4　1931年河北省酿酒业发展情况

序号	县别	家数	资本	原料	价值	出品	价值	男工	童工	销路
1	邢台	1	5	80	4.8	45	11.2	7		本县
2	大兴	6	500	14000	700	6000	1000	300	100	本县
3	涿县	7	32.5	2033	41.66	242	43.56	63		本县、北平
4	良乡	3	150	2000	120	840	168	15	3	本县、北平
5	安次	3	50	6000	300	180.1	40	34		本地
6	昌平	4	650	4320	108	820	158	62	38	北平
7	密云	8	8	4000	110	580	115	40		本县、口外
8	青县	2	2	300	9.5	80	12	21		本县、口外
9	沧县	5	40	2100	113	—	—	30	40	本地
10	盐山	10	16	1190	33.1	200	40	100		本地及邻县
11	庆云	30	45	14400	43.2	216	49.68	90		同
12	南皮	3	15	11000	60	300	70	24		同
13	静海	11	8	9200	34	300	45	55		同
14	河间	6	5	600	22	170	38	24		本地、交河、饶阳
15	献县	14	49	1260	33.5	157.5	56.7	94		当地
16	交河	2	10	3000	75	750	150	15	2	本县
17	宁津	11	500	60000	150	1000	200	55		
18	吴桥	9	35	18000	100	1400	80	27	10	本县、女工18
19	故城	2	15	2700	18.9	162	32.4	15		同

续表

序号	县别	家数	资本	原料	价值	出品	价值	男工	童工	销路
20	东光	4	20	10800	55.44	360	61.2	40	8	
21	卢龙	4	16	10000	120	200	40	54		北平
22	三河	8	400	6000	400	3800	650	158	20	本县、平津
23	武清	13	100	8000	350	2000	400	26		同
24	宝坻	5	420	40000	90	1000	200	55		同
25	霸县	3	18	1360	64	340	80	45		北平、本县
26	蓟县	8	80	3000	9	400	125	98	57	北平、本县
27	香河	5	120	28000	85	350	300	57	15	本地及平津
28	固安	3	35	30000	90	1200	12	53		本县、山东
29	清河	6	1.6	80	4.2	40	60	22		同
30	任县	5	25	1200	60	300	12.3	100		本境
31	永年	7	7.2	205	8.3	61.5	26	47	7	本县
32	内丘	1	5	240	17	130	80	5		本县
33	曲周	3	9	360	18	150	32	51	6	本县、山东、邻县
34	邯郸	4	1.5	150	6	60	150	7		本县
35	衡水	16	40	7000	19	180	328	80		冀枣武南等县
36	武邑	5	15	1000	25	300	45	35	5	本地
37	赵县	2	32	600	27	152	44	24		本地
38	柏乡	2	5	600	24	225	58	22	4	本县、隆平
39	高邑	2	18	80	4.4	34	8.5	34		本县
40	宁晋	7	15	1400	64	320	80	95	20	本县
41	兴隆	1	30	200	7	70	11.2	43	2	本县
42	定兴	6	11	2376	509.8	121.3	14.54	63	7	本县、平津
43	抚宁	5	30	200	25	130	32.5	35		本地
44	昌黎	7	100	1000	120	420	63	28	14	本县
45	深县	39	800	7800	312	2340	468	351		本县
46	乐亭	4	40	800	60	320	80	—		本境
47	遵化	41	62	200000	1000	300	130	229	112	本地
48	丰润	30	240	1300	—	2500	500	140		本地

续表

序号	县别	家数	资本	原料	价值	出品	价值	男工	童工	销路
49	玉田	5	48	400	14	42	6.5	5	16	本地
50	文安	2	6	1080	29.7	189	37.8	12		本县
51	大城	3	6	500	14.4	200	40	53		
52	徐水	12	100	3200	180	1300	324	92		本地、保定、北平
53	新城	4	80	4800	120	600	120	60	20	同
54	唐县	20	4	—	—	—	—	100		
55	望都	2	3	1.8	4.5	72	6.75	7		本县
56	容城	10	350	12960	453.6	450	112.5	160	15	本县及外埠
57	完县	2	16	14	435	520	49	30		各县
58	安新	3	13.5	4600	20	135	21.8	24		本县、邻县
59	正定	3	6	30	6	30	10	24		本县
60	获鹿	6	12	400	20	120	24	36		本县
61	井陉	13	6.5	218	9.77	52	13	49		本县
62	行唐	30	18	1200	36	500	50	180	16	本县、正定
63	平山	12	12	1000	45	265	71.55	120		本县
64	元氏	2	6	320	16	6.4	1.4	8		本县、邻县
65	赞皇	15	1.5	400	24	400	50	60	10	本县
66	涞水	2	11	1000	25.9	2952	9.448	32		本县、邻县
67	深泽	2	15	320	16	85	21.25	18	4	本县
68	深县	4	68	12000	480	2.88	120	24		本县
69	武强	2	3	50	1.7	15	3.3	7	3	本县、邻县
70	大名	12	20	2600	78	650	130	144		本县、邻县
71	南乐	8	12	864	33.22	240	43.2	32	2	本县
72	清丰	8	16	288	24	144	25.92	60		本县
73	东明	50	6	140	6	110	10	160		本县
74	濮阳	17	8.5	291	19.2	540	135	884	46	本县
75	长垣	5	10	130	50	40	5	104		本县、邻县
76	无极	6	1.5	37	2.04	35.3	4.095	24		本县
77	藁城	9	2.568	64.8	3.888	75	7	33		本县

续表

序号	县别	家数	资本	原料	价值	出品	价值	男工	童工	销路
78	安平	30	3	200	20	300	30	80		本县

注:资本及出品价值单位为千元,原料及产量出品单位为千斤,吴桥县有女工18人。

资料来源:河北省实业厅视察处编.河北省实业统计:民国二十年份(版权页题"河北省二十年份实业统计""工业类")[M].河北省实业厅第四科,1934:7—10.

以河北省为例,其酿酒业资本及年产值分布如图4—1所示。数据完整的74县中,资本总额在1万元及以下者达25县,占1/3强;1万元至2万元20县。资本在2万元以上者31县,约占60%。2万元至5万元14县,6万元至10万元7县。资本额在10万元以上者仅10县,分别是香河12万元,良乡15万元,丰润24万元,容城35万元,三河40万元,宝坻42万元,大兴、宁津各50万元,昌平65万元,深县80万元。年产值在10万元以上者22县,占30%不到。其中大兴产值最多,达100万元。其次为三河65万元,丰润50万元,深县46.8万元,武清40万元,衡水32.8万元,徐水32.4万元,香河30万元,宝坻、宁津20万元;良乡16.8万元,昌平15.8万元,交河、邯郸各15万元,濮阳13.5万元,大名、遵化13万元,蓟县12.5万元,渠县、新城12万元,密云11.5万元,容城11.25万元。大多数县份酒业资本额极小,产值亦不大。产值较大的丰润、三河、香河、大兴、宝坻、宁津等地,都是拥有资本较多者。大体言之,酒业资本较富的县份,其产值亦较多,二者呈正相关分布。

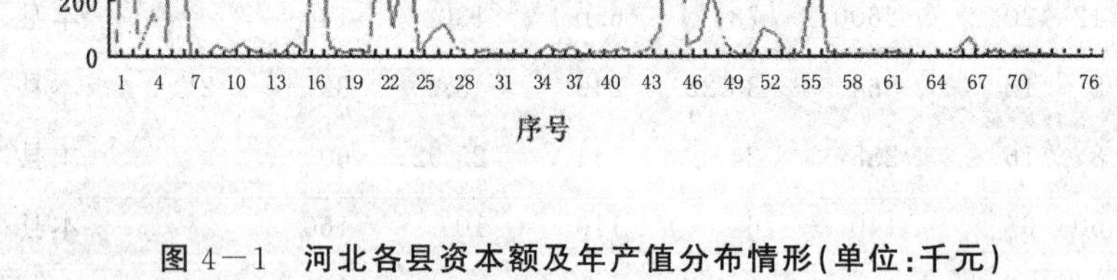

图4—1 河北各县资本额及年产值分布情形(单位:千元)

资料来源:附表3

但若以单位资本产出值论,则并非资本额越大产出越多。需要指出的是,某些县份资本总额不大,只有数千元,但其单位资本产值甚至高达100,或为30余倍,或为10余倍。因酿酒业实际上所需资本几乎为原料及人工管理等费用,较小的资本也能实现较大的产值。但因制图技术需要，将资本额1万元以下且其单位产值在10以上的八个县剔除，计算其余66个县的酒业单位资本产值情形。可以看出，资本额在2万元以下时，1单位资本产出值多在2以上，甚至更多。而资本额在10万元以上县份，则其单位资本产值反不如资本额在1万元以下的县份。在资本额超过10万元纳入图示的13个县中，仅有1县单位资本产值达到4倍，有8县单位资本产值小于2倍，甚至有6县单位资本产值小于1。这或可说明酿酒业这一传统行业，对资金虽较为依赖，但其资本规模并非越大越好。因当时的交通条件、原料获取、市场销路等的限制，规模较小的作坊反而更有可能实现单位资本较大的产出，从而提高资金利用率。但从总体情况看，1931年河北全省酒业资本5696868元，年产价值7883293元，单位资本产出仅1.384元。

据1930年前后对浙江省余姚县酒业发展的调查统计，是时余姚县有酒业21家，其中营业1～5年者9家，6～10年者6家，11～20年者4家，31～40年者1家，41～50年者1家。店员及学徒96人，其中店员77人，学徒19人。多数为4人，最多者达17人，最少者仅1人。全业资本为57460元，店本(自有资本)合计53960元(其中固定资本13970元，流动资本39990元)，客本(借贷资本)3500元。店本占93.91%，客本占6.09%，说明酒业资本来源多是自有资本。在自有资本中，固定资本和流动资本的比值为1∶2.86，说明在酒业资本构成中，所需固定资本较少，因购买粮食原料、燃料、支付工人工资等流动资本较多。若以经营性质划分，独资商店资本总数11900元，占20.71%，其中固定资本3320元，流动资本5280元，固定资本与流动资本比值为1∶1.59；合资商店资本45560元，占79.29%，其中固定资本10650元，流动资本34710元，固定资本与流动资本比值为1∶3.26。合资经营商店投入的流动资本较之独资商店为多，说明其经营规模可能更大。从单店酒业资本来看，每店平均约2700元，独资酒店平均700元，最大2200元，最小者仅20元。合资普通11370元，最大32000元，最小600元。合资酒店资本规模较之独资者大出许多。普通商店店本2560元，固定资本一般为660元，最大8000元，最小者仅20元，流动资本一般为1900元，其中最大者2.4万元，最小者仅20元。酒业客本普遍为580元，最大1500元，最小100元。酒业客本总数3500元，利率10%～11%者1200元，12%～13%者2000元，18%～20%者300元。

浙江省临海县有酒业45家，其中营业1～5年17家，6～10年12家，11～20年11家，21～40年3家，41～60年2家。店员及学徒数153人，资本总数35509元，营业设备费7739元，全年营业额118403元，营业费16218元，纳税数1726.25元，营业损失2395元，营业净余2848元。在资本总数35509元中，店本29709元，占83.67%，其中固定资本12027元，流动资本17682元；客本5800元，占16.33%。若以经营性质论，独资资本29785元，其中店本固定资本9853元，流动资本14232元，客本5700元。合资商店5724元，店本固定资本2174元，流动资本3450元，客本100元。独资普通资本726元，最大

3300 元，最小 90 元；合资普通 1431 元，最大 3000 元，最小 300 元。

正如调查者所指出的："寻常商店不从事制造业者，鲜有投巨额资本于固定方面，而自取周转不灵之苦。惟保留流动资本额之大小，则又以各业性质不同，各异其趋势。即在各区之中，亦受某种重要商业之影响，故于全区资本分配之比例，亦有特殊之现象。如第五区商业甚盛，而以草织业为尤著，每年有极大之交易。惟该业除付原料及设备以外，尚需预备大宗之流动资金以应工资之需求。故其流动资本所占店本全额，达 82.3%，实为全县各业之冠。其次如第四区棉花业甚盛，而其交易之间，亦必具巨额之流动资金，以供买卖，故占店本总额亦达 78%。反之，如第二区商业未盛，资本短拙，势不能预留巨额之流动资本，故其分配之比例，亦甚低，只在 57%耳。""客本实以一店之信用所招致，小规模之商业，既不足以号召于市，故得利用客本者，绝非任何商店均可能也。总计姚邑全县，仅 60%之商店，尚有客本可供利用；其余均属向隅。以业别论，则仅粮食、南北货、绸布、棉花、草织、洋货、百货、烟纸各业为数较大。至客本利率，颇足重视，姚邑通常以年利 1 分迄 1 分 5 厘为常，并有超过五分而上者，但已罕见。至于与金融业通款商店，有听日拆者，则数目既不易于稽考，利率尤无常轨也。"① 以上述浙江两县酒业情形论，其资本额均较少，且所需流动资本较之固定资本多出许多。

根据实业部国际贸易局的调查，20 世纪 30 年代中期山西共有酿酒业 474 家，总计资本额 825424 元(其中 4 家不详)。资本额不足 100 元者 9 家，占 2%。资本在 100 元至 500 元者 97 家，占 21%。500 元以上 1000 元以下者 120 家，占 26%。资本额在 1000 元以上不足 5000 元者最多，共 216 家，占酿酒作坊总数的 46%。5000 元以上 1 万元以下者 21 家，占 4%；1 万元以上者 7 家，资本额最多者也仅 4.5 万元②。除了少数酒厂及酿酒公司外，多数作坊规模均不大。酒业资本之微薄，由此可见一斑。

三、酒业营业成本与利润

据建设委员会 20 世纪 30 年代中期的调查，绍兴酒酿造有本庄与路庄之别，其所用原料之多寡也稍有不同，但本庄酿造成本大致相仿。本庄酿造一缸之成本，以 1934 年时价计，生产成本 32.62 元，捐税 7.6 元，杂费 2.50 元，总成本 42.72 元，产出 49.2 元。每酿绍兴酒一缸，约可盈余 6.48 元。③

天津福源昌酒店、永丰泰公记酒店、恒源酒店，福源昌资本额 8000 元，亏折 500 元；永丰泰公记资本额 6 万元，盈余 1000 元，资本盈利率 1.67%，若以收入总数 1 万元计，则销

---

① 建设委员会调查浙江经济所统计课.浙江余姚县经济调查("商业统计")[M].杭州：建设委员会调查浙江经济所，1931.3－4.

② 实业部国际贸易局.中国实业志・山西省[M].上海：实业部国际贸易局印，1937.232－233.

③ 建设委员会调查浙江经济所统计课.浙江之绍酒[M].杭州：建设委员会调查浙江经济所，1937.29－30.

售利润率为10%；恒源酒店资本额4000元，盈余850元，资本盈利率21.25%，若以收入30307.6元计，则销售利润率仅为2.80%。其中原因，税收为一大关键。福源昌收入总数20638元，纳税达3240元，以致亏折500元；永丰泰公记每月纳税231.2元，一年纳税达2774.4元。天津福源昌、永丰泰公记、恒源三家酒店经营情况，颇可见出当时制酒业经营情况之不利。①

据1937年前后对四川内江酿酒业的调查，内江产酒以糖酒与曲酒为主。内江年产糖清总额约7000万斤，漏水约占糖清30%，为2100万斤，又有用漏水再上漏取白糖桔糖，所以漏水数每年约1500万斤，用于酿酒者丰年在2/3，荒年在1/3。未用于烤酒之漏水，本地贫农消费一部分，其余大多运往泸州、合江、叙永、重庆等地，转售贫苦农民，和杂粮粑充饥。其酿造情形为：每月一只桶产酒500斤需漏水1000斤，值洋25元；每月一只桶可出酒四次，每次需煤200斤，烧煤800斤，价值洋8元；以每个酒房四只桶计，雇煮酒匠1人，每月工资伙食12元，平均一只桶需洋3元；每座酒（本地称烤酒一次即为一座）用曲药洋5角，每月烤酒四次，需曲药费2元；财政部每月每只桶征税2.4元。照此计算，每只桶每月烤酒400斤，成本合计40.4元，每百斤成本8.08元。以市价每百斤值洋9.4元，可赚1.32元，每只桶每月可赚洋6.6元。每只桶一月需高粱糟4石，合着漏水同烤，方能提高出酒率，否则出酒率低下。已制过漏水酒的糟子，其营养已尽，不能喂猪，只能晒干作燃料用，糟水也能肥田，但不及高粱酒之糟水好。

高粱酒酿造情形为：以每月出酒700斤（一个桶），需高粱4.7石，每石约洋14元，总计洋65.8元；每月一只产酒4次，每次需煤200斤，共需煤800斤；工资3元，以一个糟房四只桶，请煮酒匠1人，每月工资伙食12元，平均一只桶需洋3元；每烤酒一座用曲药洋5角，一月烤四座，曲药费2元；财政部每月一只桶征洋8.06元。照此计算，每月一只桶产酒700斤，成本金86.86元，则每100斤成本为12.4元。以市价每百斤值洋13元计算，尚可赚0.6元，则一只桶每月可赚洋4.2元。每月酒糟尚有4.7石左右，可售洋4.7元，若不售卖，可用于煮漏水酒或喂猪，也可肥田（冷浸田尤合宜）。

从总体言之，内江酒房大多亏折，其原因主要有：第一，天灾太甚，高粱大多用以充饥，漏水亦运出较多，成本因之昂贵。第二，内江非产煤区，所用燃料，皆仰给别县，运费甚高，煤价亦昂。第三，别处酒价，低于内江（因有处于产煤区，或未受重灾影响之县，购买原料较廉，成本即低），故内江之酒销路不旺。第四，税捐不论旺月淡月，俱无增减，故淡月所烤酒量最低，大多折本，即歇业不做，亦须政府批准后，始可免税。②

据1941年前后对云南各种酒类生产情形的调查，其结果如表4—5所示。

---

① 河北省国货陈列馆.国货年刊（“河北省重要工厂调查”）[M].河北省国货陈列馆，1934.202—203.

② 刘建纯.内江县产酒概况[J].建设周讯（第4卷第6期），1937—12—12：7—9.

表 4—5 云南各种酒酿造成本盈利估算(单位:元)

1.玉蜀黍酒

支出				收入				收益
项目	数量	单价	金额	项目	数量	单价	金额	
玉蜀黍	5 斗	每斗 18	90	酒	160 斤	1.2	192	
酒药	2 斤	每斤 0.3	0.6	酒糟	250 斤	每斤 6 厘	1.5	
人工	20 工	每工 0.8	16					
燃煤	600 斤	每百斤 2.5	15					
房屋及器具消耗			0.41					
运输及酒税等			1.8					
合计			123.81				193.5	69.69

2.粳谷玉蜀黍混合酒

支出				收入				收益
项目	数量	单价	金额	项目	数量	单价	金额	
粳谷	3 斗	每斗 11	33	酒	155 斤	1.2	186	
玉蜀黍	4 斗	每斗 18	72	酒糟	270 斤	每斤 6 厘	1.42	
酒药	1.5 斤	每斤 0.3	0.45					
人工	20 工	每工 0.8	16					
燃煤	500 斤	每百斤 2.5	12.5					
房屋及器具消耗			0.4					
运输及酒税等			1.8					
合计			136.15				187.42	51.27

3.粳谷酒

支出				收入				收益
项目	数量	单价	金额	项目	数量	单价	金额	
粳谷	6.5 斗	每斗 11	71.5	酒	140 斤	1.2	168	
酒药	1 斤	每斤 0.3	0.3	酒糟	300 斤	每斤 6 厘	1.8	
人工	10 工	每工 0.8	8					
燃煤	300 斤	每百斤 2.5	7.5					
房屋及器具消耗			0.36					
运输及酒税等			1.38					
合计			89.04				169.8	80.76

4.大麦酒

支出				收入				收益
项目	数量	单价	金额	项目	数量	单价	金额	
大麦	6.5 斗	每斗 10	65	酒	150 斤	1.2	180	
酒药	1 斤	每斤 0.3	0.3	酒糟	350 斤	每斤 6 厘	2.1	
人工	10 工	每工 0.8	8					
燃煤	300 斤	每百斤 2.5	7.5					
房屋及器具消耗			0.38					
运输及酒税等			1.82					
合计			83.00				182.10	99.10

5.高粱酒

支出				收入				收益
项目	数量	单价	金额	项目	数量	单价	金额	
高粱	7 斗	每斗 11	77	酒	150 斤	1.2	180	
酒药	1 斤	每斤 0.3	0.3	酒糟	450 斤	每斤 6 厘	2.7	
人工	10 工	每工 0.8	8					
燃煤	300 斤	每百斤 2.5	7.5					
房屋及器具消耗			0.38					
运输及酒税等			1.82					
合计			95.00				182.70	87.70

6.粳谷大麦混合酒

支出				收入				收益
项目	数量	单价	金额	项目	数量	单价	金额	
粳谷	3.25 斗	每斗 11	35.75	酒	150 斤	1.2	180	
大麦	3.25 斗	每斗 10	32.50	酒糟	320 斤	每斤 6 厘	1.92	
酒药	1 斤	每斤 0.3	0.3					
人工	10 工	每工 0.8	8					
燃煤	300 斤	每百斤 2.5	7.5					
房屋及器具消耗			0.38					
运输及酒税等			1.82					
合计			86.25				181.92	95.67

资料来源：余蔚英，陈毅.云南市酒制造法之调查[J].农声(第 222 期)，1941—10—30:30—33.

如以玉米为原料制造市酒，每次蒸烤需要玉米 5 斗，每斗价值 18 元，合计 90 元;酒药 2 斤，0.6 元;人工 20 工，16 元;燃煤 600 斤，15 元;房屋及器具等损耗 0.41 元，运输及运费 1.8 元。合计需要成本 123.81 元。能产酒 160 斤，每斤 1.2 元，价值 192 元；酒糟 250 斤，约值 1.5 元，是每次酿造，值 193.5 元。约能盈余 69.69 元。利润率达到 36%，投入产出比为 1：1.56，投资回报率 56.29%。若以粳米与玉米混合酿造，则每次酿造需要投入 136.15 元，产出 187.42 元，盈余 51.27 元。则利润率未到 27.36%，投入产出比约为 1：1.38，投资回报率 37.66%。若纯以粳谷酿酒，则每次需投入 89.11 元，产出 169.8 元，收益 80.68 元。利润率达到 47.51%，投入产出比为 1：1.91，投资回报率 90.54%。以大麦酿制，则每次需投入 83 元，产出 182.1 元，收益 99.1 元。利润率达到 54.42%，投入产出比为 1：2.19，投资回报率 119.40%。若以高粱酿制，则每次需投入 95 元，产出 182.7 元，收益 87.7 元。利润率达到 48%，投入产出比为 1：1.92，投资回报率 92.32%。若以粳谷与大麦混合制酒，则每次需投入 86.25 元，产出 181.92 元，收益 95.67 元。利润率达到 52.59%，投入产出比为 1：2.11，投资回报率 110.92%。由是可知，以玉米或兼以玉米酿酒，其收益较之他种原料为少。因以玉米酿酒，耗费时间较久，工费较多(需 20 工，其他原料只需 10 工)，燃料消耗(玉米酿酒每次耗煤 500 或 600 斤，其他原料仅 300 斤)也较多。且从原料价格来说，玉米每斗 18 元，粳谷每斗 11 元，高粱每斗 11 元，大麦每斗 10 元。以玉米为原料酿酒，实在是不得已而为之的选择。原料价格高低决定了其收益的高下，纯以大麦酿酒，投资回报率为 119.40%，粳谷与大麦混制为 110.92%，以高粱酿制为 92.32%，纯以粳谷酿造则为 90.54%，玉米和粳谷混制为 37.66%，以玉米酿制则为 56.29%。

啤酒业的情况也不一致。1909 年年初，英德啤酒公司第五次股东大会在上海举行。因 1908 年度不景气，纯利仅 2388 元。核定机器折旧基金划出 1000 元，余额 1388 元划转到下一期。1908 年度遂以无分红而告终①。因啤酒在当时的中国，不是大众普遍接受的消费品，故其经营较为困难。以广州五羊啤酒为例，1947 年 7 月 11 日到 8 月 11 日共计售出啤酒 19308 枝②，可见其即便是在旺季，啤酒售出的量也是较小的。

上海的外商啤酒制造业，由于原料取给及市场运销的便利和劳动力的低廉，利润本来是极为优厚的。到 40 年代末期，由于国外市场无法联系，国内交通尚未完全恢复，致使产销量为之减少，从而利润率降低甚至亏蚀。其经营具有如下特点：一、怡和公司规模较上海公司小，其产品收入却为上海公司的 2.5 倍，管理及薪工费用和上海公司相差无几，动力费用尚且不及上海公司，故怡和有 16.9%的利润，而上海公司则大幅亏损。二、上海公司净收入仅 6000 余万元，而管理及薪工费用支出 5400 余万元，占净收入的 90%，动力一项为 1700 余万元，占总收入的 35%；最主要的原料费用仅 1400 余万元，只及管理及薪工费用的四分之一，较之动力费用尚少 300 余万元。此几组数据完全说明了上海啤酒公司亏损的原因。三、由前述可知，

---

① 李少军编译.武昌起义前后在华日本人见闻集[M].武汉：武汉大学出版社，2011.194.

② 陈国贤.广东实业公司贸易部业务近况[J].实业导报(第 2 卷第 3 期)，1947-09-01：26.

上海啤酒公司利润率降低或亏蚀的原因，完全在于销路锐减，产品销售收入减少，而主要费用的支出，并不能随销量而下降，故单位产品成本反而因之增加。① 这主要是当时特殊的时局所致，只要国内交通顺畅、国外市场恢复后，销路扩大，产量增加，利润率自会提高甚至恢复到正常水平。因这两家公司所产，均未达到其历史平均水平，故时局平靖之后，生产和市场恢复，设备利用率提高，产品单位成本下降，自会实现较大程度的盈利。在 1949 年这个动荡的年份，怡和啤酒公司尚能实现 16.9%的利润率，也算是不错的成绩了。

在酒类销售方面，1933 年上海市“受到南北战争、铜元跌落、税收增加等因素的影响，营业大有一落千丈之势，其数额较之 1932 年，至少下滑十分之三”。黄酒以来自绍兴者质量最佳，其次是苏州，再次为本地黄酒。本地黄酒又名土黄酒，销量难以统计。当局曾规定黄酒半斤亦须征税，此举不但手续麻烦，而且近于苛扰。以前黄酒酿制好后即便存放十年二十年，只要不出门销售，便不用缴税。后来则制造完毕，便须报告粘贴印花，如半年内不能售出，又须重贴。而烧酒之灶，烧毕后即须拆去，酒窖即须加封。新酒须半年内售罄，若存储三年，酒税早已超过酒本。从业者认为如此不出数年，酒商全部都要破产。于是有停运、停造、停业风潮发生。虽经协调、请愿等，至年底仍未得到妥善解决。白酒包括汉口汾酒、牛庄及江北高粱酒，另有苏州横泾镇高粱酒，只是销量不如来自牛庄及江北的多。白酒用杂粮米麦蒸制而成，性较黄酒为烈，销量不如黄酒之广。兼之税收繁重、经济恐慌，1933 年销路最少减少 30%～40%。纵观上海酒业“一年来的营业状况，自遭遇淞沪战事影响后，营业便一落千丈，约减少十分之三”。加上铜元日贱，1933 年 6 月 1 日成立门售市价整理委员会划一市价，入会的有 700～800 家，尚未入会的也有七八百家，一律统一市价。如有故意捣乱，经公会稽查科查实后，即严行惩戒。然“际此危机四伏之环境中，欲挽回此一蹶不振之状态，诚非易事也”。②

1931 年日本占领东三省后，中日关系跌入冰点。次年更发生“一·二八”事件，上海陷入战火。其后上海市面百业凋零，经营困难。1935 年洋酒一项较往年大为清减，营业收入只有往年六七成。从业者大都紧缩营业，全年经营结果除一二家平平外，仍有薄利可图。虽则其中包含了洋酒与食物两项，也颇可见当时酒类营业的困难。如福兴营业收入达 35 万元，但盈利仅 5000 元；三兴营收 50 万元，亦仅盈利 5000 元；海一斋营业收入达 80 万元之巨，盈利才 9000 元；万兴、同茂也实现了 80 万元的营业收入，但盈利仅分别为 8000 元和 1 万元。③ 纵观各家营业状况，其利润均为营业收入的 1%左右，整个行业处于勉强维持乃至亏折的边缘。

---

① 上海市货物税局.上海市啤酒酿造业调查报告[J].税工研究(第 24 期),1949-12-31:55.

② 潘公弼编辑.时事大观:民国二十二年至民国二十三年(下册)[M].上海:时事新报馆,1934.418-419.

③ 沪去年洋酒食物业营业及盈亏概况[J].四川经济月刊(第 5 卷第 2、3 期,“中外经济资料”),1936.

1934年，广州市国货征销场内设之荔枝酒店，是场内唯一销售酒类的店铺，因而也留下完整的营业数字。其中一月营业额143.9元，其中日最高营业收入13元，最低4元；二月营业收入257.7元，日最高营业收入15.5元，最低2.5元；三月营业收入131.7元，日最高营业收入19.5元，最低0.9元；四月营业收入98.8元，日最高营业收入7.4元，最低0.9元；五月290.98元，六月175.02元，七月220.56元，八月142.85元，九月128.12元，十月134.26元，11月43.70元，12月82.75元。① 可见其每月营业收入，也是极不稳定的，最高达到290.98元(五月)，最低才43.70元(11月)，七月营业收入达到220元的小高峰之后，便一直下降，故到了次年的相关资料中，不见了荔枝酒庄营业数字的踪影。由营业收入数字推测，当是营业日渐衰减，所以退出了征销场。因没有更加详细的数字，我们无法得知其全年营业收入1850.34元中，究竟是否盈利，以及盈利几何。但从其平均每月才154.2元的营业收入来看，即便是盈利，其数也是极其微小的。

据1931年调查，杭州市酒业除兼售者不计外，酒栈、酒行、酒店共计617家，资本总计222460元。因无需大量资本，故合资者仅6家，独资者611家。共有职员1851人，全年营业总计1517475元，1931年营业盈余399家，平直及亏蚀者218家。1931年营业数额1万元以上者如表4－6所示。

表4－6　1931年杭州市酒店营业情形表②

牌号	地点	性质	职员数	资本额(元)	营业(元)
章东明	寿安路	独资	12	1500	88000
永源公	半道红街	独资	12	5000	48000
合顺	梁家桥大街	独资	11	2300	35000
利安	许衙巷	独资	15	6000	35000
新协顺	清泰路	独资	10	1800	34000
陈正和	延龄路	独资	7	8000	25000
公生昌	联桥大街	合资	15	4000	25000
碧梧轩	延龄路	独资	10	1500	18000
德顺	米市巷	独资	14	2000	17000
陈宝昌	联桥街	独资	15	2000	15000
大昌	新民路	独资	8	3000	14000
朱恒升	仁和路	独资	13	2000	13000

① 广州市提倡国货委员会.国货月刊(第1卷第1—11各期，其中第1—3期名为“国货半月刊”)，第4期起方改为月刊。

② 建设委员会调查浙江经济所统计课.杭州市经济调查(下)[M].杭州：建设委员会调查浙江经济所，1932.281－284.

续表

牌号	地点	性质	职员数	资本额(元)	营业(元)
元顺祥记	菜市桥	独资	8	1800	12000
永泰和	庆春门直街	合资	7	2500	12000
万元丰	清朝寺	独资	6	1000	11000
华昌	清水漾桥	独资	7	1000	10000
恒裕	江涨桥	独资	9	2000	10000
穗丰	婆娑桥	独资	9	500	10000
四丰泰	北星桥	独资	5	1000	10000
余 598 家			1658	173560	1075475
总计 617 家			1851	222460	1517457

四、酒业工人与工资

近代中国，酿酒业是一个庞大的产业，其从业人员较多。以山西省为例，20 世纪 30 年代中期全省酿酒业职工总数为 4187 人(总计 474 家，其中有 13 家不详)。汾阳制酒职工数最多，为 341 人;其次为浑源 291 人，陵川 210 人。在 100 人以上 200 人以下者 12 县，50 人以上 100 人以下者 14 县，10 人以上 50 人以下者 41 县，不满 10 人者 8 县。职员均系常年雇用，月薪各地不同，每月自 3 元至 8 元不等。工人有常工、短工两种，常工工资以年计，短工工资以月计或日计。常工每年工资 40 元至 70 元，短工每月工资自 2 元至 6 元不等，短工每日工资以 1 角 5 分为最普通。①

熟练的技术工人是成酒品质的保证。清末成都酿酒工人工资以原料计，“每斗工钱一百二十文，曲子及酿酒之筐、置坛之锅、蒸米之甑，均该工自备。如有酸者，该工自能以甜者易去”②。绍兴酒“得以誉满东亚，不独赖有特具之鉴湖酿泉，而积有千余年之技术，亦有莫大关系。查绍兴酒业职工，共计 31500 余人，以其性质言，有技艺与劳力之分，如主持酿酒之大司务、补坛司务、画花司务、包扎司务，均各有特殊技艺，非常人所能胜任，更非一朝一夕即可习得。大司务任务之重要，有如工厂之技师，军队之参谋长，苟无多年经验与娴熟之技能，势难胜任。酿坊以名誉与成本关系，对于大司务之聘用，尤特别慎重。如其经验丰足，技能精良者，即长期聘用，不让他去。故绍兴各酿坊所产之酒，均各有其特具风味，以相竞销。至于画花司务、补坛司务、包扎司务，虽属技术工人，究不若大司务之

① 实业部国际贸易局.中国实业志·山西省[M].上海:实业部国际贸易局印,1937.233.

② 傅崇矩编.成都通览(上册)[M].成都:巴蜀书社,1987.503.

重要。所谓劳力工人者，即小司务与制泥头等”①。

大司务专任酿制及指导、督查等工作，如原料配制、开耙、灌浆、吊浆、着色、灌装等，全县9200余人。小司务是劳力工人，负责押运米谷、冲米、挑水、载水、抬饭、烧火、洗坛、蒸坛、榨酒、封口等工作，全县2万余人，为酒业职工之最多者。制泥头亦劳力工人，专司炼化泥土封制坛口泥头，全县800余人。大小司务及制泥头的工作比较固定，多是本地人。工资以大司务最高，每日七八角至1元余，小司务每日工资平均四五角，均由酒坊供给膳宿。工作时间自冬月起至春末约180余日。制泥头工人工资较少，每日约五角，供宿不给膳。工作时间较短，仅春间煮酒装坛时有之，其工作日数视酿酒多少而定。另外绍酒业工人中较为重要的还有补坛司务、画花司务和包扎司务等。补坛司务专主修补缸坛，800余人。多在酿酒以前或春后工作，但较大的酒坊几乎长年工作。工人多来自新昌、嵊县、东阳等地，工资有论件者，有论工者，供宿自膳，工资每日五六角左右。画花司务专事彩绘酒坛外面花纹，工资随技术精粗而不等。200余人，以萧山、诸暨、嵊县、新昌各县者最多，本地人很少。包扎司务负责酒坛画花之后的包扎工作，有用篾络包者，也有加包笋箬者，以保护酒坛，免受损伤破碎。500余人，以萧山、诸暨、东阳、嵊县来者最多。②

据1930年前后国民政府工商部对上海、苏州、武进、南通、宜兴、南京、安庆、汉口等八个城市酿造业(含酒、醋、酱油)工人生活及生产基本情形的调查，其结果如表4－7所示。八个城市中，从事酿造业的人数以苏州为最多，达1784人。可能是因为苏州毗邻上海，上海市上所售的酿造品，有相当部分是在苏州的作坊酿造。其次为武进，达700人。每日工作时间多在8～10个小时之间。如南通为8小时，汉口、南京为9小时，安庆情况不明，其余如上海、苏州、武进、宜兴四地为10小时。而周日则仅有汉口酿造业放假休息，安庆和上海情况不明，其余地方周日均不放假。工人每年假期数，以南通为最多，达60天。其次为苏州，年放假7天，南京5天，宜兴3天，其余地方不明。月均工资，则各地差异较大，少则数元，多者达二十几元。其中以安庆、汉口酿造业工人月均工资最高，达26元。其次为南京，月均20元，苏州16元，上海15元，武进13.33元。南通和宜兴最低，月均工资仅为6元和8.5元。最高月均工资是最低月均工资的4倍多，说明各地酿造业工人收入极不均衡。至福利部分，有的地方酿造业供给工人膳食，如武进、南通、宜兴等地，其工资亦较低，不知二者之间是否有一定的联系。然安庆月均工资达26元，资方尚供给工人膳食，说明各地区酿造业工人的实际待遇差别较大。

---

① 建设委员会调查浙江经济所统计课.浙江之绍酒[M].杭州:建设委员会调查浙江经济所,1937.33.

② 建设委员会调查浙江经济所统计课.浙江之绍酒[M].杭州:建设委员会调查浙江经济所,1937.33－34.

表 4—7 各地酿造业工人人数、工资及工时统计表①

	工人人数	每日工作时数	周日是否放假	每年假日数	月均工资(元)
上海	41	10	—	—	15.00
苏州	1784	10	否	7	16.00
武进	700	10	否	—	13.33※
南通	60	8	否	60	6.00※
宜兴	36	10	否	3	8.50※
南京	67	9	否	5	20.00
安庆	40	—	—	—	26.00※
汉口	46	9	是	—	26.00

注:“—”情况不明,加“※”为工场供给膳食。

20 世纪 20 年代起,随着工人运动的兴起以及物价的变动,酿造业工人工资也呈逐渐增加之势。表 4—8 所示为上海、苏州、武进、南通、宜兴、南京、安庆、汉口等八地 1926—1930 年间酿造业工人月均工资变化情况。苏州酿造业工人月均工资从 1926 年的 12 元上涨到 1930 年的 16 元,5 年间增加了 1/3。武进则从 10 元增加到 13.33 元,也上涨了 1/3。南通从 4.80 元增加到 6 元,增加 25%。宜兴从 7 元增加到 8.5 元,增加 21.43%。安庆从 22 元增加到 26 元,上升了 18.18%。汉口从 20 元增加到 26 元,上升 30%。有数据可查的地区,5 年间工人工资上升幅度均较大。

表 4—8 1926—1930 年各地酿造业工人月平均工资(元) ②

	1926	1927	1928	1929	1930
上海	—	—	—	—	15.00
苏州	12.00	12.00	14.00	14.00	16.00
武进	10.00	10.83	12.50	13.33	13.33
南通	4.80	5.00	5.50	6.00	6.00
宜兴	7.00	7.25	7.25	8.00	8.50
南京	—	—	—	20.00	20.00
安庆	22.00	23.00	24.00	26.00	26.00
汉口	20.00	20.00	24.00	26.00	26.00

表 4—9 所示的则是 1926—1930 年苏州饮食品业男工每月平均工资变化情形。在纳入统计的糖果饼干、汽水、牛乳、酿造、碾米、淀粉制品等六个子行业中,酿造业男工工资是相

① 工商部.全国工人生活及工业生产调查统计报告书(一)工业工人人数工资及工时统计表[M].南京:工商部,1930.(各项数字来源页码为:上海 2,苏州 6,武进 11,南通 19,宜兴 21,南京 24,安庆 33,汉口 43。)

② 工商部.全国工人生活及工业生产调查统计报告书(二)历年工资统计表[M].南京:工商部,1930.(各项数字来源页码为:上海 3,苏州 8,武进 13,南通 21,宜兴 23,南京 26,安庆 37,汉口 47。)

对较高的。1926年，酿造类男工月均工资12元，仅低于碾米类男工的14元，高于糖果饼干类(10元)、牛乳类(9元)、汽水类(9元)，是淀粉制品类(6元)月均工资的2倍。到1930年，酿造类男工月均工资达到16元，与碾米业相同，高于其他各饮食品子行业男工月均工资，与淀粉制品类(7元)进一步拉大。可以说明酿造业在饮食品制造业中，其工人工资是较高的。这可能与其为高强度的体力劳动和较高的技术含量有关。

表4—9 1926—1930年苏州饮食品业男工每月平均工资(元) ①

业别	1926	1927	1928	1929	1930
糖果饼干类	10.00	11.00	11.00	12.00	14.00
汽水类	9.00	9.00	9.00	10.50	12.00
牛乳类	9.00	9.00	9.00	10.50	12.00
酿造类	12.00	12.00	14.00	14.00	16.00
碾米类	14.00	14.00	14.00	16.00	16.00
淀粉制品类	6.00	6.00	6.00	7.00	7.00

在中国，酒户曾被视为社会的下九流之一，排于优、娼、皂、卒、剃之后，仅高于使、作、娣三流②。及至近代，随着工人运动的兴起和劳资纠纷不断发生，酿酒业也颇受影响，工人待遇和社会地位不断得到改善。

汉口市汾酒业工会筹备会1934年11月9日在给汉口市政府的呈文中称，有工友反映资方拟在旧历中秋节借工友例假停工之时，将工资一律九折发放。筹备会见案情重大，未便擅自处理，乃召集全体代表会议讨论。一致认为，汉口市汾酒业工友工资本极微薄，自1927年全体增加一次后，已有八年分文未加。资方固然嫌生意萧条，但实际上每年仍有不少盈余。工友工资虽然不能照店员标准由十余元加至几十元，但酌予增加数元，也未为不可。“年来社会经济日形衰落，百物价格飞涨，已属痛苦难堪。若资方稍具天良，自应彼此兼顾，酌量增加工资，以为救济。现不但不予增加，反骤然减成发放。且资方折减之数甚微，纵令生意亏折，亦非此小款能够弥补。对劳方横加压迫，不但违背劳资协调的原则，且不合天理人情。”筹备会向资方提议磋商，遭到拒绝。工人则誓不受这种剥削，愤欲罢工。工会筹备会派人再三劝慰，始暂时忍耐。“若长此以往，难免酿成罢工险象。是故呈文请明令制止资方减成发给工资，以安生活而减纠纷。”汉口市各业工会整理委员会乃请汉口市汾酒业同业公会推派代表二人到会询问，并调查9月1日后有无折发工资之事。同业工会称10月23日召集会员询问，有会员云曾有工友自动减低工资，近来并无减低工资之事。但据调查，汉口市汾酒业商号共计25家，实行减低工资的有21家，内中工人自动减低工资的仅1家。由此足以证明汾酒业

① 工商部.全国工人生活及工业生产调查统计报告书(二)历年工资统计表[M].南京:工商部,1930.8.

② 黄君武口述，梁元芳整理.八和会馆馆史[C]//广州文史资料(第35辑),广州:广东人民出版社,1986.219.

同业公会隐瞒事实，欺骗劳工，“坐令劳资纠纷愈演愈剧，有失共商合作之旨。假如工友因生计压迫，导致有轨外行为，则治丝益纷，谁尸其咎”。汉口市政府接文后，市长吴国桢做了如下指示：“劳资双方协定工资，应属合意行事，自不能由一方任意增减。据称各情，如果属实，不但有违劳资协调，抑且与法不合。饬令汾酒业同业公会查明依法办理，以免纠纷。”[①]在这次酒业劳资纠纷案件的处理中，未能见着官方袒护资方的痕迹，与教科书中所宣传的官方与资方勾结压迫工人的论调不符。

1935 年 6 月 10 日，广东民政厅发布第 1905 号训令，令其所属各机关：“现准本年 6 月 4 日训字第 519 号公函开：案查关于广东全省酒饼业职业工会联合会提请改善劳动待遇条件一案，迭经本会会同贵厅(民政厅)召集该业劳资双方，共同讨论在案。旋以该业资方，以讨论劳资条件未竣为词，于本年 3 月 25 日重行召集之期，延不出席。嗣经本会暨贵厅分别批饬展限至 4 月 1 日，再行召集协订，复抗不到会，致调解不成。兹经本会函准贵厅派员，会同审查分别将该项条件妥为修订，相应检同《修正广东省酒饼业改善劳动待遇条件》乙份，随函送达查照，即希分饬各县市政府，转饬所属酒饼业劳资双方切实遵行为荷。”[②]查《修正广东省酒饼业改善劳动待遇条件》具体条文，也对资方限制尤多，对劳方照顾有加。

第二节　酒类运输与推销

一、酒类运输及其地域范围

1930 年的一篇调查报告如是写道，江苏“东台、泰县之酒，质纯味美，色佳价廉，徒以东泰两县，民智鄙塞，顽固成性，对于大好土产，全无深谋远虑，向外推销，徒守江北固有销场，莫肯作新销路之先阵。以此东泰酒业，名不闻于通商巨埠，迹不至于江南市场，殊可慨叹也。现查东泰酒之销路，北销高邮、宝应、淮安，东南由海安以运销如皋、南通、海门、启东、崇明。而销数之多，亦以此五县为首”[③]。海安酒的运输向用民船装运，由运盐河与里河运至如皋、南通、海门、启东、崇明五县市镇，船户运酒水费内包含沿途关卡各费，由船户代为报纳。到目的地点由船户凭酒栈信件代栈分发，船户水脚由海安酒业同业公议。1930 年之水脚为：唐闸、掘港、金沙、二甲坝、四扬坝、四甲、南通城厢、石港、余西、余东每担水脚大洋 1.35 元，包场、吕四、二甲坝里、四扬坝里、陆甲大洋 1.4 元。装酒之酒坛，海安酒栈备具颇多。每酒出售，买户可向酒栈借用，将酒售罄后再行归还。然日久玩生，买户往往久假不归，后皆责令船户原船

① 据呈为汾酒号任意折发工资一案仰查明依法办具复[J].湖北省政府公报(第 57 期)，1934－11－15：65－66.

② 抄发修正本省酒饼业改善劳动待遇条件[J].广东省政府公报(第 300 期)，1935－07－10：68－71.

③ 泰县海安酒之产销调查[J].工商半月刊(第 2 卷第 24 期)，1930－12－15：5－6.

带回。于海安酒栈发载时，每只酒坛向船户扣抵大洋 2 角，原坛交到再行发还；若原坛不交，其洋抵补行家自行雇船往取之资。酒由海安起运，向东南由运盐河进行约九里，经如皋境扬由立发桥分关，则纳扬税，每石正税 7 分 5 厘，附税 3 分 7 厘 5 毫，共 1 钱 1 分 2 厘 5 毫。再向东南行，经扬由柴湾分关，纳正税附税每担 1 钱 1 分 2 厘 5 毫。从此而东南，至如皋而南通而海门而启东以至崇明，则不再另纳关卡税。公卖产销税每石 1 元 4 角，半在海安征收，半在销地征收。泰县酒公卖费及牌照费共 45200 元，东台酒公卖费 21300 元，酒牌照费 4300 元。海安酒业同业公会调查，以南通产酒最多，计 19000 担；如皋次之，为 1.4 万担；海门更次之，计近 1 万担；启东 4000 担，崇明 3000 余担，五县合计约 5 万担。1930 年前后因匪乱关系，各县销路约少三成，五县所销海安酒约 3.5 万担。

海安酒栈发轫于清乾隆年间，及清道光时有酒栈五家，后逐渐增多。1930 年有酒栈 11 家，为姚恒大（姚又新）、裕盛栈（华树森）、刘星记（刘星南）、永大福（韩国铭）、保泰恒（杭挹清）、永记（葛善之）、同泰昌（韩宝寿）、东庆记（刘赤君）、升泰恒（韩启元）、韩永盛（韩子晴）、张肇泰（张树义），栈址均沿海安市大河西岸。酒栈“性质系代客卖买。但实际情形，在卖买畅旺时，则酒栈立于居间地位，从中介绍成交。若清淡之候，常出酒栈自行收买，囤积出售。盖因泰县糟坊出酒，有季节汛，每当大麦高粱新货上市，糟坊出酒特多，海安酒栈来货特旺。而各地买客，亦蜂拥而至，际此时期，海安酒之交易情形，先由糟坊撵酒送栈，与栈接洽价格，一面收酒存栈或停泊船中，待买客临门，从事介绍。率买客看样尝酒，合意者再与买客恰价。价得与卖客定价相似，乃招卖买两方，对面正式恰价，由卖方开价，买方还价。成交后，酒栈当面取酒过瓶。海安卖酒，以海瓶为量酒之标准器，状如瓶而以锡制，瓶上有提手，每瓶重为五斤，合漕秤为 110 两。然后装入酒坛内。海安酒坛，大小不齐，大者每只可贮酒 350 斤，合漕秤 7920 两，小者可贮酒 100 斤，合漕秤 2200 两。酒既斛毕，乃行结账”①。

酒栈“对于卖方，垫费缴清，当时扣佣金每担大洋五角；对于买方，普通加佣金（佣金为买卖主酬谢酒栈之酬金）每担大洋 2 角 3 分。若买客成交之日付出现款，则酒栈例有回佣（回佣为酒栈酬谢买主方面经手人之酬金），每担大洋四角（除去原定加佣 2 角 3 分外，复贴出 1 角 7 分），若买方系欠款而在一个月内缴清者，则回佣每担 2 角（原定加佣 2 角 3 分，除去 2 角，买方仅出行佣 3 分）。若拖欠至二个月者，则无回佣矣（买方实出行佣 2 角 3 分）。买客装酒运回，在海安习惯，装酒之坛，买客可向酒栈假用，但酒栈内亦有规定：凡买客假用酒坛，须将酒坛估值，存款作抵，坛还原主，款可付出，无折无扣”②。

海安酒栈“栈房均颇宏畅，流通资本，约在万元。所惜组织方面，一沿旧式，未事更改。栈内职员二人至五人，而经理皆由栈主任之。职员不过奉命行事而已。职员之薪水，

① 泰县海安酒之产销调查[J].工商半月刊（第 2 卷第 24 期），1930－12－15：6－7.

② 实业部国际贸易局.中国实业志·江苏省（第八编“工业”）[M].南京：实业部国际贸易局，1933.463－464.

每月 7 元至 15 元，膳宿栈给。糟坊内更无组织可言，一切事务，皆由坊主指挥，坊内只雇用酿酒技工一名至数名，任制酒事务，劳工数名，任杂役工作。至于薪水，酿酒技工，月薪 6 元至 8 元，杂役劳工，月薪 4 元左右"。[①]不过酒药、煤炭、浆水、酒糟回佣归酿酒技工，糟坊买进酒药 1 石，得回佣费大洋 5 分(酒药店承担)；蒸酒一作，得煤炭回佣费大洋 2 分(煤炭行承担)；出售浆水一作，得回佣费大洋 2 分(买主承担)；出售酒糟一作，得回佣费大洋 1 角(买主承担)。膳宿亦由糟坊供给。海安酒业原无正式团体，每有重要事件发生，常由同业中有能力者临时纠合同业，团议进行。至 1930 年 5 月始行筹备组织，定名曰泰县海安酒业同业公会，地址在海安公安局南巷西河边。

江苏吴县酒坊有时会选择品质良好的酒，装坛后特聘漆匠在坛面油漆彩色花鸟人物，因装潢富丽特称花雕。仿造酒在吴县本地销售者约占百分之二弱，至苏地原出土黄酒及横泾渡村之土烧酒，故仿绍在本地销售甚微。其运销至上海者占 70%～80%，运销南京、杭州等地占 10%～15%，其余在天津、北平、汉口等地亦有销售。可见"仿绍酒能在吴县立足之故，在其所用水质地优良，不亚于绍兴鉴湖水，以及与昆山交流的阳澄湖水清洁纯净，水分醇厚。又原料均用糯米而无锡为出米产地，浙绍商人为了购运无锡本地糯米之便利，纷纷迁苏者甚多，若各糟坊能力求改进，不难与绍兴所出之酒并驾齐驱，营业之发达与税收之增裕也是意料中事"[②]。

绍兴酒在酿造时就已分本庄和路庄两种(京庄与随庄)。本庄酒质稍差，其运销范围在浙省境内，以杭、湖二处及绍兴城乡为最多。故绍兴的酒店，常无佳酿出售。外来游客不知详情，以为产酒名区定能得酣饮名酒，结果却每每大失所望。本庄全年销量达总产量的 1/5，1000 余万斤。路庄酒质较本庄浓厚，因绍酒出运后，其路程远近、沽饮久暂均不能预计。若酒质不佳，以致半途变质，必丧失信誉，妨碍销路。所以运销外省者，均是佳品，绝非本庄酒可及。绍兴酒运销概由帆船运往上海，转发汉口、天津、广州、青岛等埠分销内地，也有运至宁波转销福建、汕头等处的。运销范围大致以沿海各省及长江流域为最多。因消费习惯不同，人们购买力薄弱，绍兴酒不利陆运，所以运销西北各省较少。绍酒经贮藏后，坛底有酒脚沉淀，剧烈震动或久曝日中会致沉淀物泛起有害酒质。在全国境内，每年销量可达 3800 万斤。运销南洋群岛、新加坡及欧陆各国，均由上海出口，年 1200 余万斤。在"九一八"事变之前，东北数省也是绍兴酒的旺销市场，事变后东北沦丧，绍兴酒遂失去这一大市场。[③] 绍兴酒制成后，"其销运之目的地不同，所用之坛，形式大小亦随之而异。价格高低亦有差等。凡绍兴酒之运北平与天津者，称为京庄。运宁波者为宁庄，运杭州者为

---

① 泰县海安酒之产销调查[J].工商半月刊(第 2 卷第 24 期)，1930－12－15:10.

② 吴县仿绍酒酿造概况与运销情形[J].江苏货物税通讯(第 2 卷第 5、6 期合订本)，1947:15.

③ 建设委员会调查浙江经济所统计课.浙江之绍酒[M].杭州:建设委员会调查浙江经济所，1937.31.

随庄，运福建及广东者为建庄及广庄。京庄者每坛贮酒60斤，每百坛价约60元。宁庄者每坛贮酒50斤，每百坛约40元。建庄者每坛贮酒18斤，每百坛约16元。广庄者每坛贮12斤，每百坛约4元”。绍兴酒之在当地消耗者，谓之本庄，输运出口者谓之路装。“路装之品质多较本庄略胜。当运各市场时，多假帆船或轮船先载运至沪，然后转运天津、北平、青岛、广州及沿长江各埠，再由各埠运入内地。有小部分则经宁波运福州及汕头。绍兴酒亦有运赴新加坡及南洋各地者，其每年由沪运销额约1200万斤。以前北方各埠亦为其大好市场，自‘九一八’事件以后，其地销路即完全停止。按酒类宜水运，不宜陆运。因陆运时沿途颠簸，每致搅动酒内之沉淀质，使酒质变劣。若久经风吹日晒，亦非所宜。西北一带交通未臻发达，运往时上述情形在所不免，故绍兴酒在西北各省行销不广”。①

20世纪20年代末，上海有酱酒业700余家，均系贩卖性质，并不从事酿造，分宁波帮与海盐帮。其经营多为独资，合资者占30%～40%。资本大者约6000元，小则500元，经理多由业主自兼，仅有少数商号另聘。经理下设账房和柜台，柜台分拼手、门缸、头柜三种。拼手专司拼酒，居重要地位，门缸专司门市售油，头柜照料柜台杂务与指挥后进。所售酒类甚多，具体酒类都由酒店自拼，主要有黄酒、白酒及高粱酒三种。

黄酒由浦东酒作代制。每年冬季新米登市之际，酒店即向米行购进糙米(购米付现款，例用十日期庄票)，雇驳船送交浦东酒作酿造(运费每石约8分至1角2分)。至翌年清明节后即可交酒，酒作交酒数量有定，通常以十二石五斗米为一级，每级应交酒4000斤至4400斤，即每石可得酒320斤，或352斤。苏帮酒作酿造较好，每石仅得320斤，上海本作之酒较逊，每石可交350余斤。以价格论，苏作出品较昂。酒作交酒后，即向店主支取工料，每级48元，酒糟概归酒作。所有新酒经霉节后方能发卖。因霉节未过，缸外着有水珠甚多，俗称出汗。经出汗后，酒气开始平和，不再燥烈，方可供饮用。前述酿造方式，是酒店购米交由酿坊代为酿造者。酿酒作坊以为，米之是否合于酿造之用，非熟悉酿造者难知，由其选购酿造之米，最为合宜。但酒作代购，也有问题，如每次选购之米价，难以相同。且也非专为一家酒店服务，结算时难免价格参差。所以酒作在每年年底，便召集全体酒作同业大会，酌定相当价格，是为公定米价。全体作坊一律适用，与酒店结算时，若所定价格与实际价格相去不远，各方也无异议。

烧酒除少数产于浦东及南翔外，上海市上所售烧酒大都出于江北，由泰兴酒客运沪投行，酒行则派跑街向酒店四出接洽。成交后由酒行将酒运至码头，酒店司务雇车装回，然后行号两方开坛量酒。量酒所用器具曰“砠”，每二砠为一石，一石约合会馆秤98斤。量酒时先由坛入砠，再入酒缸，以所得砠数折合石数，颇为烦琐。为简捷，也有设置酒缸以代酒砠者。设新缸时邀酒行来店估量，在缸盖上记明容积。其后量酒，即可直接入缸，按所

---

① 抱寰.绍兴酿酒业[J].商业月报(第16卷第11期),1936－11－30:13.

记容积计算，不必再用酒砠计量。每缸取样酒若干以备估验。各缸样酒混合于一器，以大勺汲取，复以小勺在大勺中搅拌数次至有酒花出现。如酒质能达标准，酒花不久飘满勺面。若酒分太少，酒花必旋起旋灭。酒佳者加勺，劣者应减勺，加勺、减勺即价格之伸缩。酒量及酒质确定后，即可计算酒值，月底结清。

高粱酒主要来自天津、牛庄二处。牛庄来货牌号有二，一为长发号之货，一为兴顺号之货。前者酒值约20勺，每石十三两八钱，后者只十三四勺，价为每石十三两二钱(每石合天秤102斤)。天津来货牌号曰“富兴”，亦仅十三四勺。高粱酒测验方法与烧酒稍有不同，因高粱之酒分远在烧酒之上，如仅取原酒入勺搅荡，则其酒花皆能满布勺面，而优劣仍难鉴别。故用水掺和，而后始可比较。其法“用器盛水，复加高粱若干倍和之，用勺取出，如测烧酒法行之。至酒花满布而止，凡上质之酒，只须一倍之水，和以五倍之酒，即能酒花满勺，以一除以五得百分之二十，此即该酒之品质能达二十勺也。次等之酒，约须八倍，以八除以一，得百分之十四有奇，此即该酒之品质，仅在十四勺左右也”①。高粱酒由北方酒客起运来沪，储存洋栈并托酒行兜售。酒店则与酒行交易，酒行将酒运出洋栈后，每多私自掺水，致坏酒质。酒店为防弊，常会同酒行先至洋栈，逐坛粘贴封条后起运。自洋栈至码头之车费，例由售户负担，货款则于月底清算。

1944年，重庆全市酒业经同业公会登记者计700余家，系按城区市郊分为27组。每组设一组长，负责该组会务。每组家数不同，多者100家，少者只有2家(如歌乐山、鸡公岩区各有二家)。郊区按地势高低远近而定，下至大兴场到寸滩，上至歌乐山、磁器口到石中铺。城区则多散布少集桥，由过街楼到七星岗一带为最多。经营酒业的资本均不雄厚，最大者有20万元，如林森丰、允丰正及正阳街的大川都是。10万元以上的约有10家，小的只有2000元，其中以3000元资本为最多，中兴路、较场口的酒店属之，约占80%。1944年9月公会统计，重庆酒业总资本只有1070万元。重庆的酒业分运商、铺商、酒厂三种。运商专门贩运白酒，著名的有久愿、久大等四家，资本都在60万元以上。另外尚有10家资本薄弱，随卖随买。总之，重庆运商很少。每隔三天就去赶场，著名的酒场是在铜罐驿。该地依凭河边，璧山、龙凤场、狮子场、巴县、江津的白酒都集中此地出售。每一场可运酒1万多斤到渝。铜罐驿的酒市仰给巴县，巴县有酿户500余家。每家可酿酒8桶，年产酒在4000桶以上。白酒在重庆销路最好，二至四月及四至八月为旺月，每天可消耗白酒2万斤，淡月也可销1万斤。酒厂专指制黄酒和自然酒的酒坊。制造黄酒的以允丰正最著。设有三家分厂，总厂在大渡口。生意最佳时每月可经营300万。一般，在重庆做酒生意的，资本以经营黄酒者最雄厚。自然酒的酒厂，有大同、博爱两家，前者年产自然酒4万斤，后者1万余斤。黄酒在冬季销路最佳，年可销2万多坛，约50万斤(每坛25斤)。销商是指

① 上海商业习惯调查[J].社会月刊(第1卷第7期,“商业习惯调查专号”),1929-07:4-6.

经营泸州曲酒设有门市者和冷饮店而言。泸州曲酒运销重庆，均由泸州派员设庄推销，很少有人直接去泸州采购。重庆像这样的门市，最著名的有中兴路的大兴和(资本 1 万元)、裕厚祥、协泰祥(资本 5 万元)和没有设门市的中一路的福星和。重庆做曲酒的共有 10 家，全年可销出曲酒 800 余坛(每坛 170 斤到 180 斤)。至于冷饮店，资本一般都很小，最大的也只有 5 万元，小的只有千元。因资本和设备不同，冷饮店又可分为批发、小店、油腊店、日用品商店，重庆冷饮店总数在 1040 家以上①。

山西省酒类“以汾酒最为名贵，故销路亦最广。除在本省销售外，遍销华北各大商埠都会，晚近京沪一带，汾酒亦占有相当地位。葡萄酒、白兰地，因制造历史不久，兼之产量甚微，故销路狭隘。现在酒商正努力省外推销，并于汉口设立分销处，将来产量与销路或可同时增进也。至普通所产之白酒与黄酒，以供省内消费为主，浑源、盂县所产之白酒，专销河北之行唐、阜平一带，长治、潞城、长子、襄垣所产之酒，或销河南之武安、彰德一带，或销河北之内邱、南和各县”②。山西酒业分批发和零售两种。酿酒作坊及酒行商人，均以批发为目的，一般商店多从事零售。酒行向作坊直接批发，转运其他各城镇或省外各大商埠销售，交易数量较大。酒行向作坊批发时，分期货和现货两种。如系现款现货，付款时概以时价为标准，如系期款或期货，均先将价格议定，嗣后即有市价涨落，亦遵照原议价额付款。装酒器具，有篓装、坛装、瓶装三种，篓用竹丝编成，表里裹以油纸弥封，每篓容量自 80 斤至 100 斤不等。竹篓耐久经用，宜于长途运输，山西省运出外埠之酒多以篓装盛。坛为瓦制，其装法与绍兴酒坛相似。每坛容量，由 50 斤至 80 斤之间，坛酒只宜于储藏，运输极为不便，故晋省之输出者多不以坛装盛。瓶酒系盛于玻璃瓶中，每瓶容量由 1 斤至 2 斤不等，如白兰地、葡萄酒、汾酒、竹叶青以及潞酒等。市面零售以瓶装居多，如向远道运销，则装以木箱，每箱 60 瓶，由火车运销，较为便利③。

山西省出产酒类有汾酒、潞酒、柿酒、白酒、黄酒、葡萄酒等，除了供应本地本省消费外，也出省运销。第一，白酒输出。山西省输出酒类最多者首推白酒，南以高平、北以浑源为最多。高平酒输出河南、河北各县，1922 年输出总额达 320520 斤(农商部斤)，每斤价值以银 2 角计，合 6.4 万元。浑源酒多销于直隶蔚州、易州、宣化一带，1922 年输出 379175 斤，约合 7.5 万元。其余晋北定襄、朔县、天镇、岢岚、岚县，晋南陵川、和顺，晋西离石、方山、石楼、临县等，共输出 209000 余斤，合银 3.4 万余元。

第二，柿酒输出。柿酒向黄河南北诸省销售，输出额以临汾为最巨，1922 年输出 92655 斤，每斤以 2 角计，约合银 2 万元。其他如汾城、襄陵、永济、虞乡、安泽、闻喜、安邑、

① 傅润华，汤约生主编.陪都工商年鉴[M].重庆：文信书局，1945.38－39.

② 实业部国际贸易局.中国实业志・山西省[M].上海：实业部国际贸易局印，1937.237.

③ 实业部国际贸易局.中国实业志・山西省[M].上海：实业部国际贸易局印，1937.237－238.

蒲县等地共输出125400余斤，合银2.4万余元。

第三，汾酒、葡萄酒输出。汾酒和葡萄酒多输往京津各省行销，输出额以汾阳为最多，1922年山西全省输出汾酒和葡萄酒131455斤(汾酒约占七成)。清源、榆次两县共输出葡萄酒2万余斤。各县输出酒类数量，系根据各税局报告省署之数，实际上汾酒、葡萄酒在天津针市街长春酱园有分售处，其运输均由火车作为包件运至天津，不经各税局查验者，每年亦有数万斤。旅客携带零星出省者，每年亦在万斤以上。故汾酒葡萄酒每年输出额至少有20万斤。汾酒、葡萄酒平均每斤银4角，计银8万元左右。

第四，潞酒输出。潞酒之输出以长治为较多，1922年输出额28740斤，潞城、长子、武乡、壶关等县共输出2.4万余斤，每斤以2角5分计，所值1.3万元上下。

山西所产本地黄酒，多就地销售，并无输出。各种酒类的品质优劣不同。1922年山西全省酒类输出，达1331477斤(详见表4—10)。然以烟酒事务局所征酒税计算，1922年输出额仅及全省产额10%。因白酒、柿酒、本地黄酒等多在山西省境内销售，故输出比重较小。

表4—10 1922年山西各县酒类输出晋省表(单位:斤)①

县名	输出额	县名	输出额	县名	输出额	县名	输出额
高平	320512	浑源	379175	方山	24700	石楼	15910
朔县	21500	定襄	14506	岚县	27280	岢岚	19150
离石	44000	临县	2850	陵川	2460	和顺	2150
临汾	92655	安泽	15700	汾城	16200	襄陵	33400
虞乡	22000	永济	1010	闻喜	4000	蒲城	28252
安邑	4000	赵城	920	长治	28740	潞城	14562
长子	1160	壶关	1810	武乡	10700	天镇	24520
汾阳	131451	榆次	5200	清源	15000	总计	1331477

天津所产的酒除在当地销售外，主要通过如下渠道销往外地：一是通过“汕头帮”“福建帮”“广州帮”(通称“三帮”)销往东南诸省。容器规格共分三种，即17.5提装，每坛容量64斤；15提装，每坛容量56斤；14提装，每坛容量50斤。前两种每年可销售5万坛，合酒300万斤；后者每年可销售7万坛，合酒357万斤，总共可销657万斤。“三帮”所经销的天津酒，约有一半在福建、广东各地销售，其余销往海外。二是通过“上海帮”销往上海等地。运装的容器规格分45斤装、42斤装及40斤装三种。每年可销售8万余坛，以平均每坛42斤计，全年运销336万斤。销往上海的瓶装五加皮酒6万包，合42万斤。三是销往山东烟台地区。采用篓装，每篓盛酒150斤上下，全年约销15万斤。四是经天津东广义酱园通过日商加藤洋行销

① 中国之酿酒业[J].中外经济周刊(第162号),1926-05-15:20-22.

往台湾。容器采用荆条筐，每筐装酒 24 瓶，另有一种 10 斤装的小酒坛，每年可销 10 万斤。五是通过来天津的海轮船员携带到海外贩卖，全年可销 15 万斤。经此五条渠道，天津各类酒每年对外销售约 1075 万斤，其中国内销售约 775 万斤，销往国外约 300 万斤。各地酒商以至国外酒商，见经销天津酒有利可图，便到津聘请酿酒技师自建酒厂，如酿酒经验丰富的技师刘金凯受聘到厦门开设晋源酒厂，周洪有受聘到新加坡郑绵友酒行，李凤桂受聘到新加坡乾源酒行。他们从天津采购各味药材运往新加坡，就地生产玫瑰露酒及五加皮酒。这样一来，天津酒对南洋各地的销售量急剧下降。天津的酒坊为了争夺客户，争相开出优惠的条件。特别是在付款方面，由初期的现款交易，逐步改为赊销。最先以两个月为期，后来偿款期限越来越灵活。经销天津酒的商人大发其财，后来由于商人常有经营失败或其他原因破产，时有货出而钱款不到的情形发生，致使许多酒坊遭受损失，动辄数万银圆。有的酒厂被迫另谋出路，如 20 世纪 20 年代，义聚永经理刘香九亲自前往中国香港、新加坡等地，拜访当地酒业知名人士，了解市场情况，并向当地新闻界介绍天津酒业生产情况，在报纸上连篇报道。义聚永成为天津酒业直接远销南洋市场的开创者。该厂在香港设庄，生意大兴。在香港设庄的还有义丰永、永兴太(即同聚永)，都在香港长期派驻经销人员。香港是国际贸易自由港，出口货物经香港再转口世界各国，香港当局不收缴关税。故津酒出口以香港为总运输站，销往美国的檀香山、旧金山和加拿大的渥太华以及泰国、马来亚、新加坡、印度尼西亚、槟榔屿、马六甲、柔佛、北婆罗洲、山打根等地①。

到 20 世纪 30 年代初期，天津“全市所有酒业，计二十余家之多。白干除本市消耗一部分外，大部分销往外省福建、广东、南洋一带。当民国初年，有粤商自天津销往广东后，年有盈余，本市酒业竭力竞争，各商均获厚利，该酒业顿显兴旺。继而又销往南洋各地，唯以各商不通当地语言，且无商业道德及商业知识，以致一蹶不振。但福建广东之销路迄未稍减，客帮尚有由福建运往香港输入英国者，故该业业务仍可维持。近年以各地捐税奇重，成本加重，销路渐感影响，加之四外来源，日益加多，市场有生产过剩之虞，营业尤觉清淡”②。

输出国境之酒类，以天津所产津酒为大宗。1915 年，财政部要求售价 10 元者加价 2 元征收公卖费，天津阖邑酒商永丰玉、同兴号等联名呈文称:天津酒业为出口土货大宗，从前粮贱税轻，争相营业，烧锅计有 73 甑。自清末试办酒捐每斤征收制钱 16 文，由烧锅代征。因银钱比价变迁，加至每斤洋 2 分 5 厘。政府之意，捐税最终出自买主，与商业无损。然货价日高、销路日滞，商家资本有限，无力存储，不得不降价求售。因而营业受损，一年之内，歇业者已过半数。2 分 5 厘的捐税未曾裁减，又增加 2 元卖价，商家更觉无力承担。且天津所产之酒，多运销南洋各岛屿及各大洲，所缴纳捐税亦为数不小。近年天津之外的

① 董梦松.天津酿酒业发展沿革[C]//天津文史资料选辑(第 28 辑).天津:天津人民出版社,1984.107－110.

② 津市酒业近况[J].实业部天津商品检验局检验月刊(2 月号,工商要闻),1934－03－01:2.

各种酒运销内地的也渐次增多，税捐如此之重，津酒之优势将不在。日本大连之酒，质量虽次，然则每百斤才值2元。若日本商人随时改良酿造之法，其酒税之轻，天津酒更难与之竞争。为了维护国货地位、体恤商情、与外人商战、扩大津酒销路、以利长远发展增裕政府税收，要求津酒在出口时酌减税费。财政部指令在出口时可予酌减，然在国内销售仍需从重征收。①

南洋地近热带，湿气极重，所以对酒的需求很大。因酒具有兴奋和去湿气的功用，中国高粱酒、五加皮酒、药酒等输入新加坡和马来半岛的很多，尤其以橡胶园、矿场的工人消费最多。因当地商业不景气，且酒精和啤酒出产大增，几乎有夺取中国酒之地位而代之的势头。当地啤酒有税收照顾，价格十分低廉，即便以低价著称的日本啤酒，也难以与其竞争，中国酒之销路更为艰难。1926年以前，是中国酒业在南洋市场的最盛时期。当地所售酒类以中国酒为大宗，其后虽价格日益升高，侨胞购买力也逐渐增强。后马来市场外国酒类增多，中国酒的销路大受影响。其原因固然很多，然“系以中国不加改良之故”。到1934年，国际橡胶业繁荣，橡胶园工人增加，酒类消费亦随之增长。但1935年到1936年，由于橡胶工人减少，当地经济不景气，酒的销路逐渐减少，中国酒类所受影响最大。新加坡和马来亚所售之酒，进口及地产啤酒约占70%，中国酒占30%左右。酒精度较高的高粱酒、五加皮酒、史国公药酒等，有澳洲出品的金山万兰地与之竞争。中国酒“就装潢方面，诚不能与洋酒竞争，而且金山万兰地复有特税之惠”。其次，有当地出品啤酒竞争。当地啤酒有特税优惠，加上成本和运输等方面的优势，价格较中国酒类低廉。是故中国酒“在南洋岛之销途，如果不力求改良，而欲希望恢复原有之销途，诚难矣哉”。故有人呼吁华侨对酒业前途加以注意，如果能挽回，则不但可以“巩固华侨之商业地位，且可增进华侨经济力量，其关系诚非浅鲜”②。

二、近代酒类的推销

醴泉公司20世纪30年代在上海市场的推销策略，可以作为近代中国酒类推销情形的一个缩影。在开办之初，醴泉面临严峻的形势。首先是生产出啤酒却无人购买。当时中国啤酒消费的历史很短，销售对象只有大饭店和夏天去烟台避暑的外国舰队上的海军人员，入秋后就只得停产。其次是生产技术设备有限，产量和质量都不高，有时窖藏酒因变质而丢掉很多。最后是醴泉开办前有德国人在青岛、英法外商在上海开办啤酒厂，醴泉难与其竞争。所以醴泉在创业之始采用了蚀本、馈赠、奖售等方法以及用民族爱国的口号进行宣

---

① 财政部饬直隶公卖局嗣后凡直省出口之酒应验明准予酌减在本国销售者仍一律加重征收仰即转饬遵照文(1915年6月30日)[J].烟酒杂志(第6期,“公牍旧栏”),1918-08-03:1-3.

② 中国酒在槟城之销场[J].国际贸易情报(第1卷第23期),1936-08-04:65.

传，大力在烟台本土和上海推销。主要措施有：

1.在春季拿出一部分啤酒，打着锣鼓到市内繁华马路上或南山市林区，把啤酒送给过路行人或是赏春的游客品饮。

2.印制大批的硬纸板日历牌，上面彩印一个美丽的女招待在迎接顾客，刚打开的啤酒冒着泡沫，饮酒者欢畅曰："我辈饮酒多年，唯有烟台啤酒好。"也有用马口铁印制的，可常年挂在墙上。这种日历牌大部分赠送给商店或洋商，印的是一个外国人盛赞烟台啤酒的彩画，也有同样字样。

3.为了鼓励经销者和扩大宣传影响，特地在上海玻璃厂定制有"烟台醴泉啤酒厂"图案字样的杯子，赠给舞厅、大饭店、西餐馆、食品店和经销者使用。

4.为便于销售生啤，置备木制酒柜，装有天然冰块，借给经销者使用，秋后再行收回。

5.以酒待客，洽谈业务，广开销路。凡有来客，均以啤酒招待，如客人饮多有醉感，再以汽水解之。每到端午、中秋、春节，还给有往来的关系部门以酒送礼。

6.给各个经销食品店橱窗，免费安装宣传醴泉啤酒的霓虹灯，每到夜间，经销部门橱窗上便闪耀着醴泉啤酒图案的绿光。同时又以"振兴国货"之名，利用电影幻灯片和整版报纸大做广告，积极宣传推销。如1923年一则广告为："窃以啤酒一项年来充斥国内，凡通商大埠交际场中，咸以舶来品为欢迎物。调查海关统计，每年金钱外溢竟在千数百万元以上。本厂现为杜塞卮漏，振兴国货起见，特在烟埠南觅购胶东第一名泉曰'老虎眼'地方建筑工厂，并置冻冰机，延聘奥国化学专门技师精制'三光牌'啤酒汽水，性质优良，如饮醇醪，气味芳郁，适合卫生。自行以来，业名已驰中外。"

7.采取奇特的有奖销售办法。特意设计在为数有限的一部分酒瓶盖里，烙上"挽回利权"四个字包装出厂。如经营店铺和饮酒者打开发现盖内有字，便可领奖。若是四字全有，则可得两箱啤酒的奖励。这样的促销方法很有实效，销量大增。另外规定，经销单位每销啤酒100箱，即付给20%奖金。

30年代初期，"双头鸟"牌啤酒进入上海市场，开始在静安路租一间酒店，采用免费喝酒加奖励的办法，赔本销售，扩大影响。甚而在大公园里，大张旗鼓地宣传烟台啤酒的优点，举行相关活动，如将醴泉啤酒瓶子藏在公园之内，谁能找到便可获得12箱啤酒的大奖。因此招来很多嗜酒游客和观众，名声大为传播。醴泉啤酒逐渐在上海立足，博得海外华人华侨的好评和支持，曼谷的陈华公司还购买大量的醴泉啤酒在泰国市场销售。王益斋常与酒师朱梅研究酒的生产问题，不断改进质量、变换牌名。当时使用的商标不下十来种，创始的时候用"三光牌"，1930年前后又用"双头鸟""斧头""双狮""飞鹰"等，实际上虽然商标不同，酒却是一样的。但上海适销"双头鸟"牌，济南适销"三光牌"，可能是商标图案设计或色彩不同所致。1932年后，"斧头""双狮""飞鹰"等牌啤酒出口到新加坡、小吕宋、泰国等地。到 40 年代初期，国内除了西藏、海南岛之外，销路遍及各省。①

烟台啤酒师朱梅的回忆可为上述情形提供部分佐证。在进入上海之初，烟台啤酒在上海静安寺路 20 号新世界底层租了一间店面，把它布置修饰得很漂亮。在门口的橱窗内陈列着烟台啤酒瓶，商标是“双头鸟”。在店内还零售从烟台运来的桶装鲜啤。同时，征得新世界经理人员同意，在上海报纸大做广告，言定在某日，按平时正常门票价格出售门票，购得门票者，可进新世界内，由烟台啤酒厂赠给洗脸毛巾一条。毛巾上印红字“烟台啤酒厂赠”。然后可免费饮用啤酒，并进行比赛，喝得最多者赠给大银鼎一只，第二、第三名各赠小银鼎一只。这个活动吸引了很多人参加，致使南京路交通为之堵塞，巡捕不得不大量上街维持秩序。新世界内一整天免费供应啤酒，第一名一口气喝了 15 瓶，另两人各喝了 12 瓶，将银鼎抱回。这次活动共喝掉烟台啤酒 500 箱(合计 2.4 万瓶)。其后，经过各报纸的后续报道和人们的口头传播，烟台啤酒在上海一炮打响，轰动全市。一月后，烟台啤酒又在半淞园内举行寻找啤酒的活动，以 520 箱啤酒的代价吸引上万人参加，知名度更得提升。据朱梅回忆，烟台啤酒在沪有奖销售时，瓶盖上所印的为“中国啤酒”四个字，“中”字一元，“国”字二元五毛，“啤”字五元，“酒”字十元。无论何人只要开盖后发现有上述字样，便可携往烟台啤酒上海办事处兑现。这一活动不但吸引了啤酒饮客参与，就是餐厅的服务人员，也很乐意多推销烟台啤酒。因为卖得越多，获奖的概率越大。英法啤酒的营销方法是让利于买办等经销商人，而烟台啤酒则直接让利给消费者和促销、销售人员，因此在上海也颇能得到人们的注意。② 但这也给厂方经营带来了一定困难，烟台啤酒每箱成本 8 元，批发价 12 元，零售酒商每瓶酒卖 3 毛 2 分，每箱得利 3.36 元。烟台啤酒此项活动，便将其毛利 4 元中的 1 元拿出。虽然能够较为顺利地占领市场，但对厂方盈利的影响却是较大的。

1932 年 7 月 8 日，烟台啤酒上海总经销义成公司还举行了猜谜赠酒活动，以扩大其知名度和影响力。义成公司将名人题词发表在新闻报纸上征求猜谜，三日之内收到猜函万余份，可见社会人士对于烟台啤酒关注之热烈。后经仔细审查，完全猜中者 2 人，为孙义方、季庆祥，各赠烟台啤酒 1 打；猜中七成者 12 人，获赠烟台啤酒半打；猜中半数者 8 人，获赠烟台啤酒 2 瓶；猜中约半数者 69 人，本定赠送《礼拜六》周刊 1 份，后决定每人加赠烟台啤酒 1 瓶，以答参与之意。此外有过期到达或商标不足规定者 3 份。如周蔚青完全猜中，但因未附商标，只得取消赠品。猜谜原稿，陈列在同孚路义成公司橱窗，获赠者备具收据盖章亲往领取③。

---

① 林辉茂.醴泉啤酒厂创立与发展[C]//山东省政协文史资料委员会编.山东文史资料集粹·工商经济卷.济南:山东人民出版社,1993.105－107.

② 朱梅.关于酒的几项史料[C]//中国人民政治协商会议全国委员会文史资料研究委员会编.文史资料选辑(第 68 辑).北京:中华书局,1980.216－217.

③ 烟台啤酒猜谜披露[J].礼拜六(第 461 期),1932－07－16:181.

通过这样一系列的市场活动，烟台啤酒在上海市场逐渐占据一席之地。到1935年前后，上海市场啤酒消费总计29万余箱(每箱以四打装为主)。其中英商上海啤酒15万箱，占居首位。烟台啤酒4.5万箱，太阳麦酒(日商)3万箱，五星啤酒(华商)2万箱，德国啤酒5000箱，其他4万余箱。上海啤酒因地域优势，占据上海市场份额一半以上。且极力扩大工厂设备，准备独占沪埠市场，并加强海外输出①。烟台啤酒在上海市场占据第二位，约16%的市场份额，成为国产啤酒中的翘楚，亦是不易。

当然，在烟台啤酒的营销和宣传策略中，也有其自相矛盾的地方。如在1932年，一篇文章中如是描述道:"烟台啤酒酿酒原料，概用国产。兹将原料之品名，配合之方法，约略分述于下:国产大麦芽 先将大麦用风车去其糠秕，取其精华，明清水淘汰，经二十四小时之久，置诸温凉适宜之生麦芽室，历七昼夜而麦芽生成。再移至机炉烘干，再用风车，去其毫末，然后机磨成胚，方可应用。国产大米亦磨成胚，与大麦芽配以适合之水分，煮至规定之度数，加以发酵，即将渣滓过出，再以清酒煮沸，过冰淋一次，移至第一酒窖。经过十余昼夜，视发酵至程度相当时，再渐次移置第二、第三酒窨。但酒窖内须用冷气，常保其冷度在零度之上。酝酿四阅月之久，俟其成熟装瓶之时，再过卅层马淋纸净滤。故酒之清洁，已至极点，装瓶之后，仍须汽蒸，至一定限度方可永久保其清洁。此不过约略言之，至啤酒之从原料以至制造成功，其间经过手续，多至五十余道，其艰难非笔墨所能尽其万一也。"②在醴泉公司"三光牌"啤酒的广告中，便标明自己是"国货老牌"，宣称"制造年有改进，故能质味醇美，迥异常品"。但实际上，创立十来年的醴泉啤酒公司，自然难以称得上老牌。上举原料大麦和大米或真取自中国，然其酿造最为重要的酵母和啤酒花与酿造技术，均仰赖于外人，言国货不过是一种宣传策略而已。但在民族主义高涨的时代，这样的策略确实能打动很多中国消费者的心。

一篇阐述烟台啤酒早期发展历史的文章如是写道:"国势陵夷，至今日已极;谈救国者，辄侈言提倡国货，方足以挽回利权。殊不知提倡国货，先当制造国货，制造国货，尤不仅模仿近似，即以为可以抵制外货，更当再进而为深一层之研求，使国货之产品超越于外货。尤不宜采取外国原料，造成之半国货，以充完全国货。前者足以馁提倡国货者之勇气，后者仍在间接推销舶来货，尽非根本救国之大道。啤酒一物，为社会酬酢所必需，每年由英美输入，数虽不少;但全部中国啤酒市场，几为日本产品所垄断。同人等痛心于漏卮之巨大，因纠集资本百二十万元，抱定用中国原料、中国人工，造成超越舶来品以上之纯粹中国国货啤酒。经长期水分之选择，麦芽之考察，大米之研究，始就烟台南山购地三十亩，鸠工庀材，建筑工厂。盖是地有一老虎岩，泉水涌出，甘芳清洌。经英美德著名化学博士之

① 一年来沪埠啤酒消费状况[J].中行月刊(第8卷第6期),1935-06:136.

② 世清.烟台啤酒酿造之概略[J].礼拜六(第461期),1932-07-16:173.

化验，认为最适于制造啤酒之用，遂就地利之便，设厂于斯，内部设置，均由名工程师为之规划。故一切机械酒窖悉极新颖，饶有科学意味。同人既以数载之心血始将工厂告成，更进一步，改革产品，欲使集数十名技师之精力，始成为今日堪与舶来品周旋一时之烟台啤酒，自问虽无补于时艰，谅亦为爱国志士所乐闻。"①这放到今日，也是一篇极为煽情的软文，能起到打动人心的作用。

烟台啤酒在上海市场的推销，综合采用了不同的促销方式。但以传统作坊式生产为主的白酒，因资本、规模、人力的限制，其推销方式自然难以与啤酒或进口洋酒大作广告、赠送赠品、赠饮等活动相比。白酒作坊多是用人力推销的方式，或自己设立门店销售，或有固定酒店代销，或干脆代酒店制造(犹如今日之代工)，也有的雇人在市面各酒店去推销。由李公朴为主编兼发行人，柳湜、艾思奇编辑的《读书生活》第 3 卷第 4 期上，刊登了署名鹤生的《推销白酒》一文②。这是一位在白酒作坊做了一年"跑街"(白酒推销员)后，终于被挤出行业的失业者所写。其对白酒推销程序、应注意的事项、放货收账以及酒类推销员的生存境况等，都有记载，读来颇有趣。但也可见出白酒推销方法之原始与推销人员之艰难。

第三节 酒类品牌推广与保护措施

一、广告：酒类品牌推广新方式

中国近代广告的出现，是与外货在华倾销相伴随的。正如广告史研究者陈培爱教授所说："外国商人在利用各种广告手段大量倾销洋货的同时，也带来了报纸、杂志、路牌、霓虹灯以及橱窗陈列等新的广告形式。一些原本不大重视广告宣传的民族工商业者，受到外国商行的影响，也渐渐仿效使用新式广告媒介。近代广告业随之得到了发展，广告的媒介种类增多了，宣传范围扩大了，内容更广泛了，广告的技巧也提高了。"③

随着广告业的发展，对广告及其作用机理的研究也开始在中国出现。时人认识到，广告是"实业家最重大最必要而不可不研究者"，关乎商品性质和品位，尤不可不加以注意。以前商家厂家的广告，类将所出品之商品制品简单罗列。广告人为找来主顾起见，用各种方法说明商品性质，故开始注意细节，深知插图的重要，广告多用图画的形式表达，这催生了彩色广告。近代是"彩色广告万能之时代"，彩色广告有"三大利益"，一是彩印容易让人印象深刻，二是"由彩色之奇巧，得显示主顾所欲知之特色"，三是"由彩色之奇巧，其包

---

① 鹏飞.烟台啤酒之奋斗史[J].礼拜六(第 461 期)，1932－07－16：172.

② 鹤生.推销白酒[J].读书生活(第 3 卷第 4 期)，1935－12－25：188－189.

③ 陈培爱编著.中外广告史教程[M].北京：中央广播电视大学出版社，2007.26.

装得制成实际之色彩”，即能展现商标特色①。但也有论者提醒道：“国人一听广告，就生鄙夷龌龊之想。”其原因有二：一是我国习尚以自炫求售为耻，二是广告界所刊登之广告龌龊者甚多②。

在一篇专论广告的文章中，作者指出近代以来广告的发展，以及当时注重文字的广告模式。作者写道：“除店招之外，最重要者即为广告。大概在从前，广告不大被人采用，……近几十年报纸广告才渐增多起来，自设无线电台之后，播音广告也盛行了，采用其他方法的也一天比一天加多。在上海更有大块广告牌设在道旁。但是所用方法好像总没有什么改进，不论报纸广告或是广告牌总是患在用字太多，黑压压挤在一起。普通看报的人细读广告的究属不多，长篇大幅更难使人耐心去读。在固定面积里，字数若多字体就要小，结果就不能显明，至于广告牌则大都设在道旁街角，过路的人没法站住脚细看，所以多字广告可以说是一种浪费，反不为简单明显的广告，容易引人注意。”③他认为，商品广告的目的是要让人们记住做广告的是种什么东西，有一幅图或是几个大字就足够，诸如“驰名已久”“外销全球”等字样，纯属多余。与其制作大幅广告，不如分别制作若干幅大面积广告，务必使广告之商品的名字多出现几次，使人们对之熟悉，提高商品名称在广告中的曝光率。在广告制作和发布的过程中，还要注意一些基本事项，如避疑难而尊重事实，用简单易解的日常话，宜含有一种趣味，广告文宜选其适于文字机关者，绝不可批评他店之短长，能用清新卡片更佳(但广告人运用技巧自有成效原不系此)，做广告文者应处于顾客位置思考，最上级之语绝对不可用，宜注意广告外观让人过目不忘，宜保持个性(如以特殊文字表示商号、姓名等使永远传布)。④

中国酒类广告并非始于近代。韩非子在《韩非子·外储说右上》曾记载云：“宋人有酤酒者，升概甚平，遇客甚谨，为酒甚美，悬帜甚高。”韩非子是将其作为寓言以说明己意的，但通过这几句简单的话语，展现了当时的酒店讲究服务态度、注重酒品的质量和分量，且“悬帜甚高”，使用高高悬挂的旗帜以引起顾客的注意，可视为酒类广告的发端。孙科在1919年发表的《广告心理学概论》中指出：酒水饮料及食品的广告，可以“利用人之普通感情或本能心性，以造成广告。使阅者视之，于不知不觉中，自然激动其感情或本能”。⑤近代酒类广告无论是内容、形式还是载体，都有了一定的发展。

近代酒类广告，根据广告表达内容的不同，大致可分为酒类经营者广告和酒类产品广告。这只是一个大概的区分，经营者的广告也多涉及其经营酒种情况，而酒类产品广告也

① SM生.彩色广告的效用[J].中华实业界(第7期),1914－07－10:1－8.

② 广告与道德[J].科学(第4卷第2期),1918－10:202.

③ 章羽.广告[J].小天地(第5期),1945－05－01:34.

④ 效彭.广告术十诫[J].中华实业界(第2卷第4期),1915－04－10:32.

⑤ 孙科.广告心理学概论[J].建设(第1卷第2期),1919－09:8.

常涉及经营者。而从表现形式上看，也可分为文字广告和图片广告。

首先来看酒类经营者广告。在《良友》画报刊登的广告中，昆仑酿酒公司提出了“提倡本国货，打倒舶来品”的口号，为其所出品的“英雄牌”三星白兰地酒、五星白兰地酒、白葡萄酒、红葡萄酒、大红砵酒大做广告，指名各大商号及各酒楼各大菜馆均有经售，总发行所在上海四川路桥脚，制造厂址在江苏无锡通运桥①。《商业杂志》所登载的昆仑公司广告，占据整版，中央为一大酒瓶造型，是五星英雄白兰地酒瓶。右上角标明“英雄牌”，右侧文字为大字黑体之“中国昆仑公司佳酿”，其后有一钤印之“国货”字样。左侧上方为各种商品介绍，三星英雄白兰地、五星英雄白兰地、英雄牌红葡萄酒、英雄牌白葡萄酒、英雄牌红砵酒；左下为商号地址厂址，云“各埠大商号均有经售，总发行所上海四川路一四一号，厂设江苏无锡通运桥”。② 在同期杂志“介绍”栏中，有“昆仑公司之酒”一文，云：“上海四川路一四一号中国昆仑酿酒公司所酿之酒，行销国内外，早已有口皆碑。而三星英雄牌白兰地、五星英雄白兰地、英雄牌红葡萄酒、英雄牌白葡萄酒、英雄牌红砵酒，尤为个中翘楚，芬芳馥郁，兼而有之。且质地纯粹，饮之有裨卫生，诚国产酒中之上品也。”

酒类售卖和销售者发布的广告也较多。“老宝和绍酒发行所”广告云：“耆年特雕，京庄竹青，五世相传，名闻南北，欢迎惠顾。浙江路永安公司后，电话九〇九〇二。”③永丰酒庄则是为其两支产品做广告。其一为龙虎精神酒，广告词云：“祛风去湿，刀伤跌打好。脚肿脚气，妇女白带好。”其二为三鞭鹿巴酒，广告词云：“肾亏腰刺，夜多小便好。气血两亏，诸虚百损好。”④并附有具体营业地点。老永和家酒广告：“老永和家酒南京支店，创首第一支店文德桥六号，第二支店状元境口，第三支店珠江路中段。”⑤

张裕江浙代理公司刊布的广告，其中部为一典型洋人形象，头戴高帽，左腰下挟一拐杖。左手持酒瓶，其下方黑体大字云“我有旨酒”，右手食指指向酒瓶。上部“中国唯一佳酿”字样甚为醒目。左侧文字云“大中华民国欲为世界之独立强国乎？群众皆曰亟宜振兴实业以培元气，提倡国货而塞漏卮”。右侧文字云，“卅年白兰地酒，常饮健脾开胃。补血红葡萄酒，常饮酡颜悦色。香槟大宛香酒，常饮养生润肺。阁下宴客馈友，请用价廉物美之国货，挽回利权。中国张裕酿酒公司江浙代理总行启。爱多亚路东新桥西首，电话中央五六一八号。各百货公司、酒楼、大冷馆均有代售”。⑥

上海南京路石路口易安居饮冰室，营业发达，前往的西人颇多。在杂志上大做广告，

---

① 昆仑酿酒公司广告[J].良友(第 2 期)，1926－03－25：4.

② 昆仑公司广告[J].商业杂志(第 1 卷第 2 期)，1926－12－01.

③ 老宝和绍酒发行所广告[J].新都周刊(第 12 期)，1943－05－26：236.

④ 永丰酒庄广告[J].国货月刊(第 1 卷第 4 期)，1934－06－01：26.

⑤ 老永和家酒[J].大地周报(第 12 期).1946－06－30：10.

⑥ 张裕江浙代理公司广告[J].商业杂志(第 1 卷第 1 期)，1926－11－01.

云其所出品的冰淇淋，物美价廉。又运到了大批威士忌、香槟、薄荷酒、白兰地等，亦廉价出售[①]。安乐园酒家广告是一则文字广告，写道："《孙文学说》有云：'……我中国近代文明，事事皆落人后，唯饮食一道之进步，至今为各国所不及。美国纽约一城，中国菜馆多至数百家。凡美国城市，几无一无中国菜馆。美人之嗜中国菜者，举国若狂。'是则我国肴馔之美誉，早轰著于世界矣。但中国菜之能得世界同嗜者，实首推广州。遍设于欧美之菜馆，皆为广州菜馆。本酒家为海上唯一高尚宏大真正广州式之菜馆。同人所以卒力于此者，良以上海为通商大埠，中外士商，往来辐辏，深欲于此间为国菜放一大异彩，非纯为营利而竞进也。自前年秋创设以来，荷蒙各界垂青，奖揄备至，营业日形发达。用本初衷，益求美备，藉副各界期许之雅意，尚希各界诸君子时赐南箴，始终扶掖。俾本酒家营业得于百尺竿头，再进一步，为国菜发扬光大，即为国粹图保存，诸君子之功莫大焉。至本酒家烹调得宜，陈设精美，招呼周到，种种特点，社会自有公评，无俟赘及，辱荷宠顾，无任欢迎。"[②]广告以"附告"的形式，对其经营范围、营业时间及地点做了提示。营业范围：广州筵席、龙凤礼饼、中外美酒、随意小酌、回聘茶盒、各种香烟、银丝细面、京果海味、应时鲜果、名茶细点、自制腊味、全粤食品。营业时间：门市上午七时起晚一点止。酒菜上午十一时起晚二时止。茶点上午七时起下午四时止。店址虹口东武昌路。文以"安乐园酒家经理陈秋谨启"结尾，符合清末以来文字广告的标准格式。广告边框以"食"字环绕，标题为"食"，占二分之一版。其最大的特点为：引用伟人说辞以为支撑，大打国货国粹牌。同杂志第 2 卷第 1 期的广告，则在四角添上"广州食风"四字，更加突出了酒家的广州菜式风格。

具体酒类品牌广告。如蜜蜂牌干邑白兰地(Beehive Brandy)广告，中央为商标形象，有驰名佳酿、物美价廉字样。两侧文字云："本行经理之蜜蜂牌白兰地，已历数十余载。欧战以前，盛行中国。后因战事关系，输运艰难，以致申地缺货。顷本行又运到大批现货，由各大洋酒食物店经售。饮此佳酿，可以提神清心，有益卫生，殊非鲜浅。诸君试之方知名下无虚。德商禅臣洋行经理，江西路六十号。"[③]这则广告简短讲述了在中国行销的历史、销场及功效。在 1939 年出版的《香港商报》上，也间有蜜蜂牌白兰地的广告。然其译为"蜂巢白兰地"，其所附英文相同，可知是同一支产品。蜂巢白兰地出产自法国名酒厂，由葡萄制炼而成，醇美异常，品质亦优越，由本港太平洋行代理发售。五月礼酒为上等材料蒸酿出来，醇、香、美兼而有之，饮后对于身体并无妨碍，反而加强身体健康，由梁国英总支各店出售。钻石牌酒为名酒家黄广善堂监制，装潢美丽，材料精美，赠送亲友，亲友感谢不已，以为自家饮，饮后强身增血，亦醇香美之酒业，总批发处在永乐街一零九号。[④]

---

① 易安居增售匣子冰淇濂及名酒[J].商业杂志(第 2 卷第 6 期,"商业新闻"),1927－06－01:3.

② 安乐园酒家广告[J].商业杂志(第 1 卷第 1 期),1926－11－01.

③ 蜜蜂牌白兰地广告[J].良友(第 3 期),1926－04－15.

④ 三种酒类广告[J].香港商报(第 50 期),1939－06－26:18.

啤酒广告和洋酒广告较为多见。上海啤酒广告右上角有“请饮上海啤酒”醒目字样，“上海啤酒”四字且有一虚框框住。其下为“本厂开设上海戈登路十有余年，制造 UB 牌啤酒。气味清香，有益卫生，久为中外绅商所嘉许，有口皆碑。如蒙惠顾，不胜欢迎之至。总经理周乾康 上海十六铺宁绍公司”，并有电话及电报号码。中立上海啤酒瓶状，左为外文。其语为：“Ask for SHANGHAI BEER. The best & purest in the market. To be had every where Aktieselekabet Union Bryggeri（Scandinavian Brewery Co.）17 Museam Road, Shanghai.”[①]这则广告，中外文具备为主要特点，可知其目标消费者与广告受众也是华洋毕集。

1925 年刊登的一则三星马爹利广告，左侧边为一酒瓶形象，其右上部为一框，框内云“世界最著名之麦退而三星白兰地酒，须认明英文庶免他误。L & F. MARTELL”。其下为总经理源和洋行的广告词，云：“谨启者：本行经理之麦退而三星白兰地酒，系法国最著名之厂所出。该厂开设已二百余年，拣选上等药料，聘请高级技师精制而成。运销全球各国，素负盛名。凡用过此酒者，莫不赞赏。该酒不惟性醇味美。常饮之可祛一切意外之病，于夏令寒暑不当时用之便宜。且曾经名医化验，证明有医治疾病之奇效。种种裨益，一笔难尽，一试之后，当信所言非谬也。如蒙赐顾，请向上海外虹桥北堍顺兴号棋盘街广同昌，或临江西路四十八号，或向本埠外埠各洋酒食物号，均可购得。”[②]此则广告最为显著的特征是强调酒的药效。本来白兰地酒之酿造，并不使用所谓的“药料”。广告特将其拈出诉说，是为了加强饮此酒“可祛一切意外之病”的说理，且以名医化验为辞，言其有“医治疾病之奇效”。畅行全世界数百年之马爹利白兰地，在中国经销商行的广告中，化身为包治百病的良药了。

对酒类药用价值的鼓吹，在药酒广告中达到最高峰。九九还童酎的广告标榜其为“乾隆御方，至尊补品”，整幅广告由左文右图组成。图形为一须发皆白的老者，面带微笑，坐在椅子上。手持一本画册，约略可见画中乃是一青年女子。其文云：“《礼记》云：天子饮酎。在昔封建时代，酎为帝王所御用，除恩赐功臣勋卿外，民间绝少酿制。缘此以观，可知‘酎’为琼浆玉液，断非寻常酒酿可比。九九还童酎系逊清乾隆帝御方，经由太医院御医切实研讨，及御药房吏目缜密精制，允为补品中之至尊。按此酎乃采集珍贵上选药品，共九九八十一味，配合而成。取大小奇偶之剂，配君臣佐使之用，成变理阴阳之数，处方周密，用药权衡，悉有法度。修合炮制，皆遵诸神农本经，精微玄妙，不可思议。用以调治元阳衰弱，诸虚百损等症，服之莫不立奏奇效。功能大补元阳、壮血气、添精神，调营和衡、舒筋活络，推新陈代谢之机能，祛风寒湿三气弊结。举凡久病后、戒烟后，以及产后，身体虚

① 上海啤酒广告[J].商旅友报(第 14 期)，1925.

② 三星麦退而广告[J].商旅友报(第 14 期)，1925.

弱，欲求恢复健康，尤宜饮服。如年迈阳衰乏嗣者，常饮此酎，虽老亦能得子。且药性王道，醇和适口，补力纯正，绝无流弊。久服其功益彰，较之市上一般补品，诚不啻天渊之别也。”[①]广告标举其效“精微玄妙，不可思议”，主治遗精健忘、筋骨疼痛、气血虚弱、精神萎顿、羸瘦乏力、未老先衰、产后体亏、不易成孕、子宫寒冷、老年阳亏、诸虚百损等症，功难尽述。大瓶装每瓶4元，小瓶装每瓶1元3角，四大公司及国货公司均有出售，由北平药局监制。

长城煮酒公司出品的汉代煮酒广告，强调其有千载历史、酒中霸王，为送礼佳品。其词云：“汉代名酒现代饮，古色古乡敬嘉宾，每人一杯乐陶陶，补血强身增精神。”功能为健脑补血、增食开胃、发育通经、固肾滋阴。广告还附有试饮券，向长城煮酒公司去信附寄二十分邮票，公司便寄赠汉代煮酒试饮装一瓶。[②] 稍后的广告，则突出其长城煮酒公司注册商标字样，自诩为“千载权威”，其广告内文为“畅销华北、轰动江南、乐口强身、酒中霸王”[③]。与之前广告相较，有了新的变化，然对千载历史、酒中霸王及其强身功能的强调，则前后如一。

除了纯文字广告、图文并茂式广告之外，还有一种主要以图片展示的广告。文字着墨不多，但画面所传达的信息能直达消费者内心。上海啤酒公司出品的巴德酒广告[④]，图片中突出了“巴德酒”三个字以及“口味醇厚，送礼妙品”的诉求。左下角立一啤酒瓶，瓶上UB字样明显可见，表明为上海啤酒公司出品。画面配合“送礼妙品”的诉求，一位中年男子领着仆从，似是拜访故旧好友。二人神色间颇为亲密愉快，仆从紧随其后，手持托盘，托盘里放置啤酒四瓶，瓶上UB二英文字母依稀可见。UB(或称友牌)啤酒，正是市上消费者对上海啤酒的爱称。整幅画面突出了巴德酒作为礼品的意象。而怡和啤酒则采用了另一种广告诉求。作为英商怡和洋行经销的啤酒品牌，其广告所彰显的则是休闲饮品的价值[⑤]。广告画面采用温暖色调，见之让人产生愉悦感，虽数十年后再来观看这则广告，仍为其所陶醉和感染。画面上一个时髦女性坐在椅子上，右手端着一个玻璃杯。杯里盛满了啤酒，杯口布满啤酒泡沫，似乎是在诉说着怡和啤酒具有泡沫经久不散的特性。左边几案上，放置了一瓶已经打开的啤酒，瓶上英文EWO商标清晰可见。她正视前方，似乎是在与广告的读者四目相对，面带微笑，又似是在邀约同饮一杯。广告画面配以“质量上等，品味醇厚，促进食欲，增长肌肉，日常饮之，容光焕发”等语，确能起到广告的作用。

与洋商生产的啤酒广告相比，国产啤酒广告设计逊色不少。一则烟台啤酒广告画面所展

---

① 九九还童酎广告[J].上海生活(第3卷第5期),1939－05－17:61.

② 汉代煮酒广告[J].上海生活(第3卷第6期),1940－06－17:70.

③ 汉代煮酒广告[J].上海生活(第4卷第2期),1940－02－17:36.

④ 上海啤酒公司巴德酒广告[J].上海生活(第4卷,冬至号),1940－12－17:65.

⑤ 怡和啤酒广告[J].快乐家庭(第1卷第5期),1937－01:73.

示的，是餐聚饮酒场景，想来所饮，当是烟台啤酒无疑。可见者为两桌，其中一桌有四人，二人端坐，二人站立举杯。站立者中一人左手持杯，右手把瓶，瓶中所盛，当是烟台啤酒。但瓶身上丝毫未能展现此点，是这则广告的盲点。另一桌上有一人侧身回望，似是受到了邻桌良好氛围的感染。画面左侧显明的“烟台啤酒”四个大字，画面下方也以明显字体标示了上海同孚路、义成公司总经理等信息，广告语为“三五知己，举杯共觞”[①]。整幅广告画面所想传达的，是一种知己好友相聚饮酒的美好场景，是以情感诉求为主的广告。一则青岛啤酒广告的画面右侧，是一幅山水图画。一眼泉水从山间奔流而出，经过山涧，形成了一道类似瀑布的景观。似可听见潺潺流水之声，又似清澈见底。瀑布下一人举首仰望，欣赏着自然间的美景。左上为“青岛啤酒”四个大字，十分明显。其广告语云：“崂山泉水酿造，滴滴清芬，酒味醇厚，营养丰富，滋补身心。原系德国啤酒，远东首创，享誉独早，国人经营，精益求精。”左侧下部有一酒瓶造型和酒杯，瓶身上可见“青岛啤酒”四字及商标[②]。这则广告与前引烟台啤酒广告均刊登于《礼拜六》杂志，时间相隔 15 年。与烟台啤酒广告的情感诉求不同，青岛啤酒是一种较为理性的诉求，向消费者传达的是青岛啤酒的酿造优势和良好品质。但广告中的部分内容却经不起推敲。其强调的“原系德国啤酒”一语，虽然不错，因青岛啤酒 1903 年首创时，是英德两国商人共同经营，所用也是德国啤酒酿造法。然第一次世界大战爆发后，日本借口对德宣战，接管了青岛啤酒，直到 1945 年抗日战争胜利后中国才将青岛啤酒收归公营。广告将日本占领和经营的 30 年历史抹去，而宣扬其为“远东首创”的“德国啤酒”，也是一种广告宣传的伎俩，与实际情形有异。

这时也出现了系列广告，如方壶酒庐广告，其设计和表现的内容均前后相因。在 1939 年 8 月 17 日刊在第 3 卷第 8 期的广告中，广告图形为一个侍女手托方形酒壶，壶上有“正号商标”字样。其内容为“正号每瓶一元二角，太号每瓶七角。质醇味厚，芬芳悦口，欢宴高朋，称心满意。南香粉弄六十六号，电话九五四八六。”[③]在次月的第 9 期，图形变更为两位男性站立桌旁，其中一人手持方壶，为另一人斟酒，那人则双手持酒杯接酒。二人形态，颇为亲热密切。“质醇味厚，芬芳悦口，欢宴高朋，称心满意”四短句，分列图形左右两侧。价格也有所变更，正号每瓶 1 元 4 角，太号每瓶 8 角，较之上月，正号上涨 2 角，太号上涨 1 角。到 11 月的广告，正号价格每瓶 1 元 8 角，太号每瓶 1 元。在 1940 年 2 月 17 日刊登在第 4 卷第 2 期的广告中，广告图形和内容均有所变化。图形变为一家四口团聚桌前。桌上摆满饭菜，男性主人手旁有一方壶，各人均作手持酒杯饮酒状。虽然图像不甚清晰，但家庭欢聚的祥和气氛，透出纸面。其广告词云：“合家团聚，天伦之乐，美酒助兴，更

---

① 烟台啤酒广告[J].礼拜六(第 461 期)，1932－07－16：172.

② 青岛啤酒广告[J].礼拜六(第 794 期)，1947：8.

③ 方壶酒庐广告[J].上海生活(第 3 卷第 8 期)，1939－08－17：64.

觉怡然。"从广告内容可知，此时价格尚未发生变化，仍为1元8角和1元。到1940年12月，正号每瓶3元6角，太号每瓶2元，酒价在十月之间翻了一番也。在1941年12月22日出版的第5卷第12期广告中，图形变换为一个慈祥老者，左手持方壶，右手持酒杯。戴着眼镜，留有胡须，脸上挂着笑容，正在端详酒壶，似乎是在看酒壶中所余几何。其下广告词云："一杯在手，心神怡快；老当益壮，撙酒不空。"正号花雕每瓶8元6角，太号花雕每瓶5元。

从广告的表现形式和内容来分析，这组广告首先是表现形式不断变化，从侍女上酒、二人对饮到家庭团聚、祥和老者，表现的都是温馨的饮酒场面。配合广告词的变化，更容易打动人心。其次则是广告的资料价值。从1939年8月17日广告可知，正号每瓶1元2角，太号7角。到次月则上涨到了1元4角和8角。到11月，正号每瓶上涨到1元8角，太号1元。到1940年年底，正号每瓶3元6角，太号每瓶2元，一年之间价格翻了一番。到1941年年底，正号每瓶上涨到8元6角，太号5元。一年之间，又翻了一番多。此时因抗日战争爆发，上海成为孤岛，江浙大部分地区被日军占领。价格逐渐上涨，是受酒类生产和供应所限。且1941年12月珍珠港事件发生后，上海被日军完全占领，酒类价格更是有涨无止了。

北京双合盛与烟台醴泉啤酒，是中国近代国产啤酒中的佼佼者。在它们的广告中，念兹在兹的是其"国货"身份。如醴泉公司为其产品三光啤酒所做的广告，就说其为"国货老牌"。其广告词云："制造年有改进，故能质味醇美，迥异常品。上海三角地小菜场瑞昌号总经理，南京路福和公、三洋泾桥福兴号等均有发售。"① 五星啤酒直接标榜其为"纯粹国货"②。无论是葡萄酒还是啤酒，"国货"都成为国产酒类广告的一大诉求。

实际上，近代的"国货调查录"一类名录中，也不乏各种国产酒类的身影，可看作是国产酒类品牌以"国货"为名的一种集中展示，也可视为广告的一种。如1915年中华国货维持会刊布的《国货调查录》第三期中，就列有15家生产酒类的商号。③

二、展览会、招幌与酒类品牌展示

近代以来，国内外劝业会、博览会、赛会、国货展出等不同名目的展览会间有召开，成为酒类企业和酒类品牌展示其形象的绝佳机会。且多附设有等第评价奖励，一些酒类品牌因之而获得一定的文化资本。1910年在南京召开的南洋劝业会，于6月5日开幕，持续至11月闭幕。吸引了近30万人前往观看，商品成交额达数千万银圆。南洋劝业会研究会组织数百名专家对参展物品进行评比，有多种酒类获奖。《南洋劝业会游记》记载，获奖的酒

① 三光啤酒广告[J].礼拜六(第461期)，1932-07-16：169.

② 五星啤酒广告[J].礼拜六(第461期)，1932-07-16：173.

③ 国货调查录(第3期)，1915：65.

品有滁州无灰甜酒，凤阳大曲酒、淮酒、枣酒、元红酒、虎油酒，扬州露酒，江宁改良酒，海门紫葡萄酒、白玫瑰酒、金波酒，松江堆花糟烧，池州酒曲，松江紫阳观各种酒露及糟醉品，常州黑酒、百花酒、惠泉酒，镇江国公酒、醨酒，淮安秫火酒、麦火酒，太平克利沙酒、溪酒，南昌碧绿酒①。

而1915年在美国揭幕的巴拿马万国博览会，是中国酒品第一次在国际舞台上的集中亮相。在这次博览会上，中国酒品走出国门，斩获颇丰，获得奖章奖牌如大奖章、名誉奖章及金牌、银牌、铜牌等各类奖章之酒品极多。据记载，获得大奖章者有直隶省官厅高粱酒、河南省官厅高粱酒、山西省官厅高粱汾酒、广东省官厅果酒、张裕酿酒公司的各种酒。获得名誉奖章的有上海真鼎阳观各种酒、浙江仙居出品分所的酒。获得金牌奖章的有直隶北京Yung Fen的葡萄酒，直隶北京果酒公司仿洋酒，广东东莞农事试验场出品的棉酒，江苏上海聚康酒作出品的活血酒、泰兴县泰昌的药酒、溧水县卢洽淳金波卫生酒、丹徒万源各种酒、吴县钱义兴各种酒、嘉定黄晖吉白玫瑰酒，山东兰陵公司兰陵美酒，山东孙敏卿玉堂号万国春酒、宴嘉宾酒、冰雪露酒、金波酒，山东张振勋红酒，浙江周清酒、杭州马卣侪酒、杭州Maouchien酒、嘉兴吴式之各种酒、平湖夏念先五茄皮酒，安徽安庆张立达红玫瑰酒、胡广源白玫瑰酒，河南开封西会福各种酒，广西黄卓伦药果酒，广西百色县吴宝森药果酒。②获得银牌奖章的有北京上谷果酒公司的薄荷蜜酒，江苏Chahg Kwea Chuh白玫瑰酒，上海大庆永之酒，上海同庆永酒作酒、白玫瑰酒，江苏江阴柳致和茄皮酒、玫瑰酒，江苏美利之酒，江苏无锡兹发祥酒作白玫瑰酒，江苏泰兴泰昌号红玫瑰酒、桔酒、药酒，江苏泗阳三义之酒，江苏宝山县才盛号白玫瑰酒，江苏吴县王济美玫瑰酒，嘉定黄晖吉白玫瑰酒，上海王恒豫五茄皮酒、白玫瑰酒等，江苏青浦姚白厘白玫瑰酒，江苏Yee Sin Tai之酒，上海同福昌柠檬酒，浙江绍兴谦裕萃陈绍兴酒、浙江绍兴方柏鹿酒，浙江Fu Hen Wau茄皮酒，贵州公署之酒（即成义、荣和烧房所呈之回沙茅酒）。获得铜牌奖章的有江苏Fou Ken Ling麻菇酒，嘉定黄晖吉白玫瑰酒，直隶Yu Hua Wine Co.之苹果酒，直隶琢鹿裕华公司葡萄酒。③

在当时，巴拿马国际博览会便对中国酒业发展产生了一定的影响。时至今日，仍是各中国酒类品牌大加宣扬的展会之一。如1918年刊出的《巴拿马赛会汾酒获奖》一文写道："汾酒为晋省特产，其品质纯粹，香味郁馥。酒精含量虽多，以较他酒，不甚伤人。凡具刘伶癖者，罔不交口称赞焉。此次美国巴拿马赛会，在各国多数酒类比较之下，评列优等，获得一等金质奖章一枚，大奖凭一纸。现省公署用玻璃镜盒，装潢完整，饬交劝工陈列所

---

① 商务印书馆编译所编纂.南洋劝业会游记[M].上海：商务印书馆，1910.17－18.

② 刘景元."巴拿马"太平洋国际博览会实况重述(三)中国获奖食品名单(上)[J].中国食品，1988(11)：34－36.

③ 刘景元."巴拿马"太平洋国际博览会实况重述(四)中国获奖食品名单(下)[J].中国食品，1988(12)：34－35.

陈列。非仅志荣誉，亦以资观感。又饬汾阳县知事，召集地方富绅及酒商等，研究对于酒瓶装饰，与运输包装上改良方法。并令组织贩卖总行，以利畅销。有义泉永(涌)者，肆(肆)设于县之尽善村，所酿尤称佳品。阎省长特予以'味重西凉'匾额，藉鼓其余。如此殷殷提倡，殆所谓草上之风登高之呼。将来汾酒一项，发展至何程度，殊未可量也。"①

稍后，随着国货运动的兴起，全国各地也开始举办国货展览会。如河北省临时国货展览会宣称"北洋三星公司出品胜于舶来"，"天津河东大昌栈胡同南口，北洋三星公司出品之香槟酒、葡萄酒及果酱罐头等，专销天津、北京、张家口各番菜馆，颇可代替外货，而装潢尤特别美观，与舶来品无异，所以侨津外人，亦甚欢迎也"②。在展会上并有多种酒品陈列，③并评选出各种参展酒类中优良者给予奖励。

如果说参加各种展览会是走出去的一种战略的话，那么招幌就是酒类最直接的展示。招幌即是一种传统的展示方式，也最为直接，售酒者无论是酒饭铺、油盐铺，还是酒店、烧酒店，都有其独特的招幌，以招徕顾客。较为高级的酒店，更注重门脸。如图 4－2 所示，这是典型的清末北京酒店门面，上端龙头高昂，下端悬挂酒葫芦。万宝号酒店清代便有招牌，门外龙头下还悬挂酒葫芦形象幌。20 世纪 40 年代初万宝号酒店更将店名用墙招的形式雕在门墙上方。"远年花雕"几个字，表示经营酒的种类和质量的上乘。清末义丰号老酒店，位于安定门内。门前置一红色酒葫芦，中间花头下系一酒坛，为借代物幌。

清末酒店④

万宝号酒店⑤

义丰号老酒店⑥

图 4－2　近代酒店门头

① 巴拿马赛会汾酒获奖[J].实业学社杂志(第 1 卷第 1 期)，1918－03:175.

② 河北省国货陈列馆编印.河北省国货陈列馆特刊·河北省国货陈列馆临展会纪念特号[M]，1929.40.

③ 河北省国货陈列馆编印.河北省国货陈列馆特刊·河北省国货陈列馆临展会纪念特号[M]，1929.128－141.

④ 林岩，黄燕生，肖蕴如，冀连芝，吕瑞珍编.老北京店铺的招幌[M].北京:博文书社，1987.

⑤ 范纬.老北京的招幌[M].北京:文物出版社，2004.31.

⑥ 林岩，黄燕生，肖蕴如，冀连芝，吕瑞珍编.老北京店铺的招幌[M].北京:博文书社，1987.

烧酒铺则多用酒葫芦为幌子，是典型的形象幌(如图 4－3)。清代京西、京东的烧锅(高粱酿制的白酒)比绍兴的黄酒刺激性强。一般小酒店卖白酒俗称“烧酒”，用葫芦形象做幌子是沿袭古人习惯，有酒出售时便挂出酒葫芦，酒售完便取下。烧酒幌子多以盛酒的容器充任，属于典型的借代物幌。常见的有各式酒坛、酒葫芦等。烧酒幌子是在酒出售时挂于门前，酒售完以后便收起来，如古代的酒望子。

图 4－3　烧酒铺幌子①

油盐店也多兼售酒类，故其幌子如图 4－4(a)所示，其上题写米、面、油、酒、伏(腐)乳、小菜等商品名称，表示其经营项目。幌子虽也是葫芦状，却与酒、醋幌不同。售卖酒类的酒饭铺，多用酒壶、酒帘为其幌子。图 4－4(b)酒帘上题有“不知何处是他乡”七字，酒帘题字是当时常见的。凡在这类幌子上加红绿颜色者，均表示该店不仅有酒供应，且兼营饭菜。图 4－4(c)是经过艺术加工的葫芦状标志，两端黄色，中间为红色，红色葫芦及题词都是酒幌子的特征。这种不规则的葫芦幌是表示外省来京开设的酒饭铺。旧时北京的饭铺多采用圆柱体为幌子，图 4－4(d)表现的是圆柱体上绘红绿相间的颜色，表示有酒出售，同时兼营饭菜。

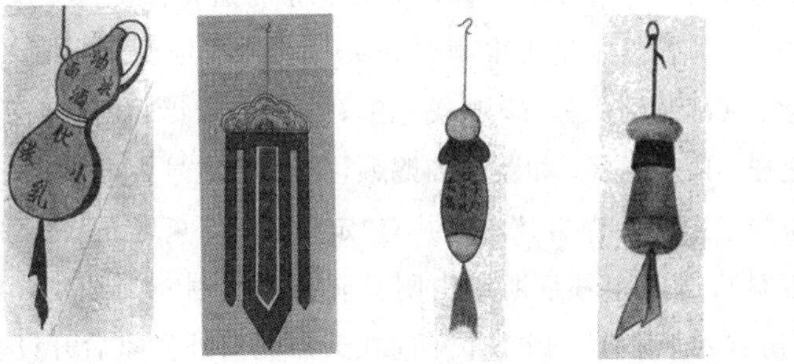

(a)油盐店幌子　(b)酒饭铺幌子　(c)酒饭铺幌子　(d)酒饭铺幌子

图 4－4　油盐店、酒饭铺幌子②

---

① 前二范纬.老北京的招幌[M].北京:文物出版社,2004.32－33;后二林岩，黄燕生，肖蕴如，冀连芝，吕瑞珍编.老北京店铺的招幌[M].北京:博文书社,1987.

② 林岩，黄燕生，肖蕴如，冀连芝，吕瑞珍编.老北京店铺的招幌[M].北京:博文书社,1987.

三、酒票与商标:酒类防伪与法律保护

在一些包装讲究的酒品上，多附有一定的形象展示和文字说明，其中最具文化意义者，乃是绍兴酒的“酒票”。据周景良先生回忆，民国时期“京津的大饭庄只卖饭菜，不卖酒。在饭庄设宴，或是自己带了整坛酒去开坛，或是命饭庄通知酒庄送酒来。酒有不同的好坏，以价钱区分。例如说，多少钱一斤的酒，那时的酒庄往往是看人行事。来人叫送酒时，酒庄往往问是谁要酒，或者，饭庄派来的人就先说明某某人叫的酒。酒庄知道某某人是懂得品酒的，又是社会上有地位的人，就送好酒去;若是某某人即使有地位，但不懂酒，也会以次充好地送差一些的酒来蒙事。送来酒一尝说不好，命令酒庄重新送也是常有的。也有喝了送来的酒就发脾气的，说酒中掺水了，这就说不清了，送酒的小伙计只好听着人家发脾气，然后再送稍好一些的酒来”。装黄酒的坛子高约70厘米，坛口直径15厘米，上粗下细。酒装好后用泥封口，酒坛侧面印有酒庄字号和印记，坛子顶部封泥名为“泥头”。泥头上也有酒庄字号，并有造酒年号。酒票“是在纸上印有酒庄字号、地点、主人名姓、分号地点等，并用木戳盖印上造酒年号。封酒坛时，把酒票叠小，放置于坛口处，再用泥封口，可以说这是一种老式的防伪措施”。只有在开坛后才能拿到酒票，可证其造酒作坊字号名称和造酒年代。“酒票”二字是听其父周叔弢先生说的，想是当时的一般叫法。周叔弢(1891—1984)是我国著名的民族工商业者，也是古籍收藏大家和文物鉴赏家，生平颇喜饮酒，故收藏有酒票百余张。后经整理，存世105张。在家藏的105张酒票中，绝大多数都有年代的戳记。

这些酒票中包含了绍兴黄酒历史和文化方面的信息。酒票中只有17张没有提到运售到京都和闽广，其余88张都写到运售京都和闽广的情况，可证当时绍酒行销地域之广。藏票中最早的一张是道光二十三年癸卯(1843)，另一张为道光二十八年戊申(1848)，酒庄名万昌永，主人为曾子范。万昌永记戊申酒票开头写道:“本号在浙江绍兴府山阴县三江所，精造重料佳酿，运往京都及闽广等省，味美色鲜，向于乾隆年间创造，至今壹佰余载，别无分号。恐有无耻之徒，顶名混冒，如蒙仕商赐顾，须认明本号为记，泥头内信票为凭，庶不致误。山阴三江所曾子范主人谨启。”右侧并有“定价划一，童叟无欺”字样。同治十年辛未(1871)章东明坊酒票写道:“本号系浙绍山阴县阮社(社)村章东明坊，重加工本，自造绍酒，南北驰名，已历有六十余年。咸丰十年间在天津北门外侯家后开设全城明记利川字号绍酒局，并带运南来一切杂货。今于同治八年在上海大东门外洪升码头中间开张章东明真利川绍酒栈……”可见章东明的酒不但运销京都闽广，而且在天津和上海开设了转运和销售的酒店，销售量较大。在105张酒票中，“章东明酒票占的比例在一半以上，计59张票。尚有版面模糊、字迹完全不能辨认的酒票二三张。其中有的版面形态和章东明的酒票相似，个别字可以对上，可以认定是章东明的。这50多张酒票的印制和版式亦有不同。最早的

同治十年(1871)的酒票版式是并列两围框，而文字却连贯跨框界而行，其他多数是单一围框。早期多数是木版雕印，后期改为铅印，文字大同小异”①。

20世纪70年代末，发现了一坛贮藏50年的陈年绍兴老酒。在酒坛的泥封盖内，有一张酒票。酒票写道：“浙江绍兴自冯马两先贤续大禹未竟之功，建堤塘堰坝，壅海水在三江大闸之外，导青田鉴湖于五湖三经之内，用斯水而酿黄酒，世称独步，实赖水利之功。近今酒税，绍兴独重，比较别区，数逾五倍。有避重税之酿商，迁酿坊于苏属，仿造绍酒，充盈于市。质式与绍酿无异，唯饮后常渴，由于水利非宜。更有唯利是图之售商，仿绍则利重，售绍酿则利轻，每使陶李之雅士，有难购真货之势。本坊章鸿记，在绍兴软社，自清初创始坊址，逐渐扩充酿缸，随时增设陈酒，按年储存。世业于世，未便更易。明知利薄，欲罢不能。幸承京津埠大商，暨东西各国侨商，不计重税，委为定酿，预订远年，直觉争先恐后。本主人唯有自加勉励，将向售之远年花雕、真陈善酿、加料京装、竹青陈酒，精益求精，以副雅望。恐被仿冒不明，坛外特盖用月泉小印泥盖，内并封入此单，务请大雅君子购时认明，庶不致误。民国戊辰年正月。本坊章鸿记主人谨述。”② 内中所言之冯马先贤，乃是指绍兴水利发展史上的著名人物汤绍恩、马臻。由此酒票中之信息可知，酒坊主人所强调者，一为鉴湖之水，是绍兴酒之所以特别的重要原因。二为真假绍酒之鉴别。因绍兴酒税极重，有酿商迁至江苏属地酿造，故绍酒之真假遂成为一个问题。售卖绍酒利薄，卖酒者逐利成性，多兜售仿绍酒。三乃强调其创设年月之久、陈酿之佳、销行之广、出品之丰。以今日眼光观之，这是一份详细的产品说明书兼防伪证明书也。

酒类产品的注册商标，是近代酒类品牌保护的一项重要内容。我国商标保护始于清末新政，在民国时期取得一定的发展。商标保护涉及保护商标持有人的商标专用权、裁判商标纠纷及对商标侵权行为进行处罚三方面，是市场经济发展的产物。中国虽然有字号等说，但从未在法律上为字号提供专有权利和相应的保护。清末，随着外国经济势力在华的滋长，促成清政府实行商标新政以保护其商民权益成为列强在华的一项活动内容。经由列强敦请，清政府在1904年颁布了《商标注册试办章程》。虽然试办章程的规定有利于洋商，且实践效果不佳，但却是中国实行商标保护之始，其意义非同小可。1923年，北洋政府颁布了我国历史上第一部《商标法》44条，对商标相关事宜作出了详细的规定，兼用“使用在先”和“注册在先”的双轨制。1930年，南京国民政府新颁《商标法》，其后经历次修订，成为商标保护的基本法律之一③。

清末新政时期虽然开始举办商标登记注册事项，但因时局变动等原因，尚未及实施便

---

① 周景良口述，王恺整理.昔日的酒世界[J].三联生活周刊，2013(38)：148－154.

② 绍兴市社会科学界联合会、绍兴市社会科学院编，钱茂竹、杨国军执笔编著.绍兴黄酒丛谈[M].宁波：宁波出版社，2012.130－131.

③ 赵毓坤.民国时期的商标立法与商标保护[J].民国档案，2003(3)：119－124，133.

随着清王朝的灭亡而告终。是故酒类注册商标创始于北京国民政府时期。在国民党取得中国政权后，对原登记注册商标进行重新登记。酒类商标属于第三十八类“各种酒品及曲酿”一类。1929 年 6 月前有恒顺源记酱醋糟坊“金山”牌、康成源记酒厂“星象牌”、双合盛啤酒汽水厂“五星”牌、超群酒精厂“晨钟及全部形象”、惠泉汽水厂“无敌牌”等酒类商标重新登记。① 到年底，又有天津裕庆永酒庄“金狮牌”、张裕酿酒公司“金叶双狮牌”、烟台啤酒公司“双头鸟牌”、晋裕汾酒公司“高粱穗”牌、胶东醴泉啤酒工厂“日月星三光”牌等酒类商标重新登记注册②。

对近代酒类注册商标的详细统计和分析尚需进一步的研究。但在翻阅民国时期的《商标公报》时，一个最直观的印象便是外国酒类较之国产酒类更注重商标登记注册保护。一方面可能是因为国外酒类品牌意识起源较早，商标注册保护力度也较强。加上进入中国市场的外国酒类品牌多是来源国甚至全世界知名的品牌，而国产酒类因产制方式、营业规模、销售范围等因素的影响，很难具有全国影响力。加上知识产权保护意识的落后，对自有商标进行登记注册保护者极少。虽然如此，酒类产品登记注册商标，开保护自有知识产权的先河，具有特殊的意义。

第四节　本章小结

根据民国初年进行的调查统计和学者的估算，民国成立后的最初十年里，中国酒类酿户在 10 万～15 万户之间，平均每户从业人员只有寥寥数人。说明近代中国酒业仍然是作坊式生产，其组织形式较为简单，规模较小。但同时也出现了公司制的近代化组织形式，虽然绝对数量较小，其影响力却不可低估。与此相对应的是，酒业资本较小，且各地分布不均。因为酒业发展不但需要固定的房舍、酿造器具、装储设备等，也需要为数甚巨的粮食及人工成本。但房舍设备等均甚简单，对粮食和人工的需求较大，且市场受市价涨落的影响，故酒业资本组成中，流动资本往往是固定资本的数倍。组织形式的局限，也影响了单位资本的产出。在资本额较小时，其单位资本产出往往更高。

从总体上看，近代酿酒业以小规模酿酒作坊为主，但新式公司制组织开始出现。根据估算，1912—1921 年间中国酿酒业户均职工数多为 4 人左右，大部分是酿酒作坊。1916 年最高，户均 4.54 人，1912 年次之，为 4.18 人，其余年份均户不足 4 人，最低者 1921 年户均不及 3 人。可见其时中国酿酒业规模之小，几乎全为作坊式生产。从户均产出来看，1912 年户均产额 1753.385 元，1913 年为 1556.643 元，1914 年为 1477.778 元，1915 年为

---

① 国货商标汇刊(第 1 期)，1929－06－30：61.

② 国货商标汇刊(第 2 期)，1929－12－31：24.

1293.81元，1916年为1888.196元，1917年为1540.518元，1918年为1580.63元，1919年为1618.306元，1920年为1813.816元，1921年为1647.399元。其中以1916年最高，户均产额1888.16元，其次为1920年，户均产额1813.816元，大多年份在1500元到1700元之间。民国初年中国酿酒业制造户数虽然较多，然每家酿户工人较少，户均仅数人，多属作坊性质。当然，中国近代酿酒业也开始出现公司性质的生产组织形式，如清末开设的张裕酿酒公司，当是中国较早以公司形式进行酒类生产的企业。其次如北京玉泉山啤酒汽水厂、山西晋裕汾酒有限公司、北京玉泉酿造有限公司、惠泉啤酒有限公司、昆仑酿酒公司等，均是近代酿酒业生产组织形式公司化的引领者。

因中国各地区域特征明显，酿酒原料多种多样，酒类品种丰富，酿酒业的成本和利润千差万别。即便是在同一地区，因原料使用的不同，成本与利润也有所不同。如在云南省，酿酒业收益的高下全依原料价格而定，纯以大麦酿酒，投资回报率为119.40％，粳谷与大麦混制为110.92％，以高粱酿制为92.32％，纯以粳谷酿造则为90.54％，玉米和粳谷混制为37.66％，以玉米酿制则为56.29％。这与各种原料的市场价格是相对应的。无论是黄酒还是烧酒，原料、燃料和人工都占成本的相当比重，与流动资本需求较大相应。虽然对近代中国酒业的整体盈亏难以做出判断，部分酿户的亏损是难以避免的。但总体上，还能实现微薄的盈利。早在民国初年，中国便形成了数十万人的酿酒业工人群体。在内部也实现了一定的专业分工，如绍兴酒酿造工人就有大司务、补坛司务、画花司务、包扎司务等分别。工种不同，待遇也不同。近代工人运动风起云涌，酒业工人的工资待遇不断得到改善，政府部门往往也会通过一些维护工人利益的法规。

受交通和市场条件的限制，较为著名的汾酒、绍兴酒之类行销大半个中国外，大多数酒类多是在本地生产，供应本地消费。在重庆，形成了酒厂—运商—销商的运销模式。酒厂负责生产，运商负责运输，销商则负责销售。在江苏泰县海安等地，还出现了专门的酒栈。酒栈处于居间位置，实现酒类从生产者到销售者之间的流通。山西作为近代酒类出产大省，有汾酒、潞酒、柿酒、白酒、黄酒、葡萄酒等种类，除了供应本地本省消费外，也输运出省运销，主要销往河北、天津、北京一带。1922年输出白酒总额百余万斤，约占出产总数的10％，价值30余万元。另一个酒类出产地天津，其所产的酒除在当地销售外，主要通过“汕头帮”“福建帮”“广州帮”销往东南诸省，通过“上海帮”销往上海等地，销往山东烟台地区，经天津东广义酱园通过日商加藤洋行销往台湾、通过来津的海轮船员携带到海外贩卖。这五条渠道，每年外运约1075万斤，其中国内销售约775万斤，销往国外约300万斤。最高输出额达到1300万斤，但随着社会经济形势的变化，津酒外运在抗战期间几全绝迹。但从总体上看，近代酒类生产地和消费地点高度重合，表明酒类运输及销售范围有限。

随着近代酒业的发展，推销方式出现了一些新的变化。多种推广方式和推销方式开始在酒业中得到组合运用。而其中最重要的一点便是近代酒类广告的进步与发展。近代酒类广告，根据广告表达内容的不同，大致可分为酒类经营者广告和酒类产品广告。这只是一个大概的区分，经营者的广告也多涉及其经营酒种情况，而酒类产品广告也常涉及到经营者。而从表现形式上看，也可分为文字广告和图片广告。除了广告之外，参加展览会、在酒类包装上附着带有说明文字的“酒票”、酒店招幌等，都是展示和推广酒类品牌的方式，酒票还带有防伪的功能，而注册商标则成为以法律途径保护酒类品牌自身合法权益的全新方式。

第五章

中国近代酒类消费及其文化变迁

及至近代，酒类消费场所出现了一些新的变化，旧式的酒店、酒楼、饭馆仍是人们购买或消费酒类的常去之处，更形成了诸如绍兴酒店、烧酒店、上海老酒店、北京大酒缸等极具特色的酒类消费场所。西式餐厅、酒吧、舞场开始在中国大中城市出现，成为酒类消费中一道亮丽的风景线。酒类消费文化出现了极大的变化，表现在饮酒场所、饮用酒品、饮酒诉求等方面。同时，啤酒文化开始在中国出现，鸡尾酒也极为风行。

第一节　近代中国的酒类消费场所

一、北京的酒店与“大酒缸”

清末北京酒店，主要有黄酒店、烧酒店和药酒店三种，所售酒品及饮酒方式稍有不同。《陋闻曼志》记载：“故都酒肆颇古，有相当之历史，士大夫骚人，每以此为流连之乐境。其风清季尤盛，其别亦有可志纪者：一曰‘南酒店’，所售大约为女贞、花雕、绍兴、竹叶青之属；一曰‘京酒店’，所售为白烧、涞酒、木瓜、干榨等；干榨由良乡酒所制，良乡酒止冬月有之，入春则酸，即煮为干榨黄矣。别有药酒店，所售如玫瑰露、茵陈、五加皮、莲花白；此种药酒，皆以花果白酒制成，业之者多本京人。故都酒店以柳泉居最著，所制色美而味醇，然向不售碗酒。至若此北酒店，更设有肴品，如糟鱼、松花、醉蟹、肉干、蔬菜，下逮干鲜果品悉备。而以特味专长者，有虾米居之兔脯，于家店之咸肉，杨家小楼之小什锦，咸著名焉。都中人民嗜饮，每日入市，呼酒具蔬，据席畅谈者不外茶经酒志之月旦而已。予尝谓故都酒店买醉，俨若置身宋唐之当垆间，盖其伺应规例，仿佛《梦华录》所云也。”①《天咫偶

① 李家瑞编.北平风俗类征(上册)[M].上海：商务印书馆，1937.204－205.

闻》亦云："京师酒肆，有三种酒，品亦最繁：一种为南酒店，所售者，女贞、花雕、绍兴、竹叶青之属，肴品则火腿、糟鱼、蟹、松花蛋、蜜糕之属；一种为京酒店，则山左人所设，所售则雪酒、冬酒、涞酒、木瓜、干榨之属，而又各分清浊，清者郑康成所谓'一夕酒'也；又有良乡酒，出良乡县，都中亦能造，止冬月有之，入春则酸，即煮为干榨矣，其肴品则鹹栗、肉干、落花生、核桃、榛仁、蜜枣、山楂、鸭蛋、酥肉、鱼兔脯之属，夏则鲜莲藕、榛、菱、杏仁、核桃，助以冰，谓之冰盌；别有一种药酒店，则为烧酒，以花蒸成，其名极繁，如玫瑰露、茵陈、苹果露、山楂露、葡萄露、五加皮、莲花白之属，凡有花果，皆可名露，售此者并无肴核，又须自买于市，而诸肆向不卖菜，饮毕亦须向他食肆另买也。"①

北京酒铺很多，有大小之分，大的叫"酒缸"，在店堂中，每个大缸上盖着个厚圆的木盖，酒客就在这上边喝酒；小的叫酒铺。不管是酒缸还是酒铺，都自制美味适口的酒菜。民国年间，在北京一提崇文门外的"小鱼王"，爱喝酒的人全知道。"小鱼王"是弟兄两个，都是茶房出身，擅做五香小饭生、炸花生仁、玫瑰枣、炸排叉、香椿豆、五香豆腐干和小酥鱼等酒菜。特别是小酥鱼最具特色，深受酒客欢迎，因此人称"小鱼王"。他们的小酒铺总是酒客满堂，生意兴隆。很多人都是喜吃那咸、甜、酸、酥的小鱼而来此喝酒的②。酒铺又叫酒馆儿，可以买零酒或整瓶酒，也可以买零两的碗酒，再买些下酒菜，坐在铺中吃。这种卖零酒的小酒馆，在北京的城中或郊区很多，尤其是在郊区，各有其特色。不光是卖酒，往往给人以地区风光俗尚的享受。这种小酒铺从业人不多，菜样却不少，招揽的顾客也不同。北京宣外梁家园南口外、骡马市大街路北有个"松鹤轩"小酒馆，桌椅和所卖菜肴都很新鲜，顾客多为梨园中人，经营者为一对老夫妇。出城往北十来里，有一处叫"芒牛桥"，借没有流水的桥洞当店堂，卖碗酒和乡村野菜，最有风趣，经营者是对有八个儿女的夫妻。就其碗酒吃柳芽拌豆腐，吃煮炸丸子、炸豆腐和芝麻烧饼，味道甚是不错。一面望着窗外的毛毛春雨和伸出棒秸篱笆的老杏树，一面慢慢呷着醉香可人的佳酿，这就是酒馆儿给人带来的乐趣③。

"大酒缸"可能是近代老北京最具文化意象的酒类消费场所。1936 年的一篇文章写道："酒缸，也许是北平的宝贝，年年有开的，很少有呈报歇业的。酒缸上的客人，从先是些贩夫走卒，如今许是酒缸走了运，一般衣冠齐楚的先生们，和十足摩登的女士们，也都联袂走进。坐在那犹有古风的座头上，也居然四两半斤的喝酒。于是酒缸上的掌柜老西儿，就笑口常开了。""但是仔细给现在酒缸上的客人一分类，又可以见社会的没落，生活的困难。那些座上客，虽然衣冠齐楚，可并非'好这个调调儿'，偶尔游戏一回。我们知道客人里面

① 李家瑞编.北平风俗类征(上册)[M].上海：商务印书馆，1937.204.

② 王永斌.杂谈老北京[M].北京：中国城市出版社，1996.161.

③ 李春方，樊国忠.闾巷话蔬食：老北京民俗饮食大观[M].北京：北京燕山出版社，1997.454—455.

不少是现任职官，每天晌午晚上，却在酒缸上来谋那一饱。实在因为比饭馆子里便宜到若干倍，乐得古调新弹。”“按理说，上酒缸必须喝酒，才是正理。但是有人因为要谋一饱，不醉也罢，于是从先之进门来二两之风，于今已不多见。所以酒缸差不多都稍微改了一点内容，改卖酒而卖饭。在不景气的社会里，酒缸能因此一番改革，而反腾腾日上，这又岂非酒缸老板的幸运吗？”①

正如老北京金受申所言，“大酒缸是北京味十足的好去处”。② 经营大酒缸的多半是山西人，以零卖白干为主。贮酒用缸，有大缸二缸、净底不净底之别。缸上盖以朱红缸盖，用来代替桌子。大酒缸所卖的原封“官酒”，绝不掺入鸽粪、红矾等杂质，但兑水是免不了的。大酒缸的酒菜，分“自制”和“外叫”两种，自制又分“常有”和“应时”两类，以冷食为主。如花生仁、煮花生米、煮小花生、豆腐干、辣白菜、豆豉豆腐、豆豉面筋、拌豆腐丝、虾米豆、玫瑰枣、冷炒芽豆、豆儿酱、老腌鸡子、拌海蜇、炸虾米等，都是常有的。像冰黄瓜、拌粉皮、拌菠菜、芥末白菜墩、醉蟹、蒸河蟹、蒸海蟹、熏黄花鱼、卤千子米、鱼冻、排骨、酥鱼、香椿豆、鲜藕等，都是应时的酒菜。价格除了鱼蟹、海蜇、鸡子以外，其余只分大碟小碟两种，小碟铜元两大枚，大碟三大枚。大酒缸除了自有的酒菜，还有外叫的。因大酒缸外便有许多凉热酒菜的营业，主要是卖大酒缸所不备的肉类。凉菜有“红柜子”，主要卖熏猪头脸子和肘子，外有口条、心室盖、猪心、猪肺、猪肝、大肚、肥肠、粉肠、熏豆腐干、熏鸡子等，可以零卖。另一种“白柜子”，专卖驴肉、驴里脊、驴心肝肚。还有一种卖羊头肉的，有羊脸子、羊眼睛等，有白煮的，也有酱煮的。大酒缸外卖热酒菜的有水爆羊肚等各色营业。此外，大酒缸还有代制食品，如清水饺子，馅儿随四季变换，极为便宜。山西人开的大酒缸则有刀削面等面食。大酒缸以平民化食品维持营业的繁荣，但其多半临街，以饮客为市招，不太雅观，只有东四牌楼恒和庆、金鱼胡同同泰、粮食店六必居等酒馆，影响较大，多有衣冠人物光临。

根据老北京掌故专家邓云乡教授的记述，“大酒缸”之于北京，就如鲁迅《孔乙己》中所描述的咸亨酒店之于江南一般，也成了城市的一道标志性景观和独特意象。老北京的小酒馆往往都是一个门面，也有正式的名称，如四友轩酒铺之类的，但大家还是都称它们的俗名“大酒缸”。这样的铺子，只有两三个座位，有柜台，柜台后有几个酒缸，有的大酒缸的木盖就是桌子。店中人少，掌柜兼账房负责卖酒，再有一个小徒弟或内掌柜帮助料理。夏天在门口挂个帘子，冬天烧个火炉取暖并烧开水。最常见的下酒物是花生米，老北京又叫花生仁儿、花生豆儿。要上一两个酒，边喝边吃。或者连花生米也不要，打一个喝了，不够便再接着一个一个要。所谓的“个”，便是用提子将酒从酒缸中打入碗内，一提一两，谓之“一个”。一般人喝两个也就差不多了，能喝四个的是大酒量。大酒缸卖的多数是烧酒，至

---

① 雁声.故都“酒缸”的今昔[J].北洋画报(第1453期)，1936-09-17:3.

② 金受申.老北京的生活[M].北京:北京出版社，1989.198-202.

于威士忌、白兰地之类的洋酒，更是闻所未闻。若大酒缸附近有卖吃食的，也可买了拿到里面去吃，实在是“干了一天活之后的一点点人生的享受，也是可怜的一点享受”。① 可见大酒缸是属于北京普通市民或说是下层民众的日常生活场景，达官贵人或是有钱之人，自然有花费更昂的酒店饭馆可去。

二、上海的酒店与酒馆

出版于1946年的《最新上海指南》写道：“在衣食住行的人生四大要素之中，‘吃’占着第二把交椅。实在，饮食非但酒食争逐，是一种荒唐行为（如叫妓侑酒等），人类的生长，完全依赖‘吃’的营养。普通的‘吃’，家常便饭，没有什么考究；但是繁华都会的上海，吃的事业，竟成为大众人的需要，成了维持市况繁荣的一部分势力；因为上海五方杂处，各地人的口味不同，饮食馆也分帮别派，各有各的特色，各有各的不同。饮食的大别，为中菜、西菜，但中菜里面，分有平馆、川馆、闽馆、粤馆、徽馆、教门馆、镇江馆、无锡馆、苏州馆、宁波馆、酒店、饭店、素市处和各式面馆粥店，以及其他零碎小吃的混合馆。西菜中也有法国菜、俄国菜、英美菜等。而且中国人之口味不同，所以有许多的西菜还成了中国化。”②但在各种各样的菜馆中，《最新上海指南》的作者认为只有川菜馆“点菜小酌”较妙。当然，上海人饮酒小酌之地绝不仅限于川菜馆，而是遍及上海的酒店、饭馆等各种饮食场所。

老上海陈无我写道：“食馆谈完谈酒馆，宝和三镒老东明。全泰昌开后开同茂，言茂源专沽好绍兴。同宝泰花雕滋味厚，开坛香溢十年陈。大同只酿梨花白，恒裕京庄胜别人。”③其时上海著名的酒行有：大康永、大盛、大庆永、仁和、元记、天顺元、天顺祥、永利威酒庄、同升和、同和永、同和、同昌、同昌福、同信昌、同春永、同春福、同义和、同福永、同庆永、同丰裕、老恒兴、和庆永、恒慎、恒义、泰庆永、益顺恒、康成造酒厂发行所、昆仑酿酒有限公司、庄恒升祥记、汇康、万全堂制酒公司、万春、万泰源、万源顺、裕大和、裕升永、裕和、裕隆永、裕兴永、裕丰永、润康。外国酒行有：上海啤酒公司（博物院路一七号）、正广和洋行（兼保险及汽水，福州路四号）、美康（静安寺路八六六号）、凌复初洋酒行（新康路八号）、复康（爱多亚路四六号）、买爱公司（北四川路六六号，靶子路南）、瑞大洋行（兼酒精，南京路三号）、嘉泰洋行（天主堂街九三号）、福勒洋行（四川路A一一六号）、聚昶（卡德路五七八号半，山海关路口）。④ 著名的酒店，“四马路一带颇多，想来是那边菜馆很多的缘故，普通酒店，只备若干种冷菜，供上门来吃的主顾们下酒，假使要吃其他各种热菜，是要另外到菜馆里去叫。

---

① 邓云乡.燕京乡土记[M].上海：上海文化出版社，1986.487－489.

② 冷省吾.最新上海指南[M].上海：上海文化研究社，1946.101－107.

③ 老上海（陈无我）.老上海三十年见闻录（下册）[M].上海：大东书局，1928.214.

④ 林震.增订上海指南（第23版）[M].上海：商务印书馆，1930.134－135.

他们的营业，注重于酒，不注重于菜。不过规模大的酒店，也兼售各种热菜”①。

酒店有土酒与绍酒之分，土酒味薄而性燥，嗜酒者鄙之；而绍酒则醇厚。最著者有下列诸家：高长兴、章东明濬记、章东明正号、同宝泰、言茂源、豫丰泰、老源元、同宝和、方壶、章裕泰、王三和、马上侯、王裕和、章同茂等。② 另一本上海指南也写道：上海酒馆分土酒与绍兴酒两种，“前者味薄而性燥，不为爱酒者喜，后者味厚而性醇，一名花雕，其货质高低，亦大有差异云。酒馆通常皆不注重内部陈设，间虽有广大厅堂，高悬字画，安置花草等物者，但普通皆就店面排放桌椅，顾客即可就座，先命侍役热酒若干(上海俗称烫酒)。至佐酒食物，店内例有预备，可点购若干。或迳向店外购买亦可。又酒店内常有炒面、汤面，如觉腹饿，可临时购食。如系六七人共饮，且有宾客在座，则可事先至酒店附近之菜馆内，叫菜一席，嘱其准时送到。酒店备有炉灶，可临时上锅重炒，不另取资”。③ 酒店“随在皆有，下酒物皆冷菜。欲食热肴粥饭，可令酒保往购。福州路豫丰泰并售热菜。螃蟹上市时，无不兼售此物。其价书明蟹唇，一望而知，中以言茂源、王宝和为最著名。每斤酒价，太雕一角九分二，花雕一角六分，京庄一角三分六，均大洋”。④

上海的大酒楼“布设甚简单，没有香港、广州的华丽宏伟，座位欠雅洁。以新新公司附设的新新酒楼、先施公司附设的东亚酒楼、永安公司附设的大东酒楼、四马路的杏花楼(粤菜及西菜)、西藏路的一品香(京苏菜及西菜)的座位最雅洁。大酒楼入席开吃，吃毕即散。不设麻雀牌消遣。……上海普通人多饮花雕酒(即浙江绍兴酒)，上等人多用白兰地。普通店家平常饮酒，临时向酒馆购花雕。酒馆以锡瓶送来，并代温热。沪俗饮花雕须烧滚，酒味清淡而有香味，不善酒者亦能饮之”。⑤

与上海相比，广州“十步一酒楼，五步一茶室；过去有名的四大酒家，里面布置得非常华丽，一切用具极精良雅洁；每家均同时可容二三千人，规模之大，实为他处所未见，但同时有最平民化的小吃馆、小茶楼，以最低廉的代价，供给一般小市民劳动大众享受”。⑥ 酒楼“有专供宴客者，有以售菜为主而亦可宴客者。其专供宴客者，房屋精美，花木宜人，故款待戚友者恒趋之。且房屋宽敞，喜庆等事，租用尤便”。⑦ 以菜著名而兼可宴客者有高升楼、贵连升、一品升、长春酒馆、留春酒馆、月华筵酒馆、桃李园、评春酒馆。房屋精美专便宴客者有寰乐园、一景楼、陶然亭、玉醪春、大新公司、东升园、福来居、谟觞馆、颐苑、陶陶居、万栈、真光公司、先施公司、月波楼、玉波楼、一乐、世界楼、杏花村、菩萨茶室等。酒庄则有张裕

① 徐国桢.上海生活[M].上海：世界书局，1933.43—44.

② 沈伯经、陈怀圃编著，柳培潜增订.增订上海市指南[M].上海：中华书局，1934.136.

③ 大上海指南[M].上海：东南文化服务社，1947.134—135.

④ 林震.增订上海指南(第23版)[M].上海：商务印书馆，1930.7—8.

⑤ 上海信托公司采编.上海风土杂记[M].上海：上海信托公司，1932.47—48.

⑥ 麦桂芳.广州的暮春[J].旅行杂志(第20卷第5期)，1946—05—01：20.

⑦ 慈航氏编辑.广州指南(卷四，食俗游览)[M].广州：新华书局，1919.3a—3b.

酿酒公司、劳礼记、常源、信丰、三合、张广丰、元兴、广吉祥、聚丰、厚昌、裕祥等。[①]

三、绍兴酒店

在鲁迅早期小说《孔乙己》篇首，便对鲁镇酒店的格局进行了描述，可作为绍兴酒店的一般布局。他写道："鲁镇的酒店的格局，是和别处不同的：都是当街一个曲尺形的大柜台，柜里面预备着热水，可以随时烫酒。做工的人，傍午傍晚散了工，每每花四文铜钱，买一碗酒，……这是二十多年前的事，现在每碗要涨到十文，……靠柜外站着，热热的喝了休息；倘肯多花一文，便可以买一碟盐煮笋，或者茴香豆，做下酒物了，如果出到十几文，那就能买一样荤菜。但这些顾客，多是短衣帮，大抵没有这样阔绰。只有着长衫的，才踱进店面隔壁的房子里，要酒要菜，慢慢地吃喝。"小说以"我"为中心，继续写道："我从十二岁起，便在镇口的咸亨酒店里当伙计。掌柜说，样子太傻，怕侍候不了长衫主顾，就在外面做点事罢。外面的短衣主顾，虽然容易说话，但唠唠叨叨缠夹不清的，也很不少。他们往往要亲看着黄酒从坛子里舀出，看过壶子底里有水没有，又亲看将壶子放在热水里烫着，然后放心：在这严重监督下，羼水也很为难。所以过了几天，掌柜又说我干不了这事。幸亏荐头的情面大，辞退不得，便改为专管烫酒的一种无聊职务了。"[②]可见当时的酒店，是经常掺水的。

鲁迅接着写道："身材很高大；青白脸色，皱纹间时常夹些伤痕；一部乱蓬蓬的花白的胡子"的孔乙己，是"站着喝酒而穿长衫的唯一的人"。"温两碗酒，要一碟茴香豆"，几乎是孔乙己和大多数进入酒店饮酒的酒客的选择。通篇小说给人留下的印象，不似是小说家言，而像是一幅社会风俗画卷。小说将酒客分成了短衣帮和长衫帮，其实无论短衣还是长衫，进入酒店的那一刻起，从某种意义上来讲便是平等的。类似的场景在近代的茶馆中也可经常见到。据舒新城的观察，成都的茶馆大概能占到商铺总数的十分之一。茶馆极多，店面并不小，最小的有三四间门面，大的常有十余间乃至数十间。座位大多是竹制的靠椅，每家都能容纳数十乃至数百位客人。无论何时，几乎都是客满的。客人中除了有极少数时髦女子外，几乎全是长衫分子，而且以壮年居多。他们生计没有什么问题，不是求学之年，也没有一定的职业，茶馆便是消磨时间的好地方。有的饮食均在茶馆，有的甚至在茶馆安寝假寐。或在茶馆购阅报纸，讨论天下情事；或吟风弄月，诵述人间韵事；或注目异性，研究偷香办法。[③] 可见舒新城所描述的这间茶馆，是较为高级的茶馆，进出的茶客多是穿着长衫。实际上，在成都茶馆的茶客之中，也还有很多并没穿着长衫的短衫军。当他们进入

---

① 慈航氏编辑.广州指南(卷八，实业)[M].广州：新华书局，1919.21b.

② 鲁迅.孔乙己[J].新青年(第6卷第4期)，1919-04-15:375.

③ 舒新城.蜀游心影[M].上海：开明书店，1929.159.

茶馆后，也如进入酒店一般，虽有衣着上的短衫长衫之别，但都是平等的消费者。

嘉兴酒店"就是糟坊酒行的烧酒和酱园的黄酒，不过是卖给嗜酒者饮，作为尝试而已，并不是营业性质和交易行当。最为普遍的，算是小酱酒店里带卖小菜，供人饮酒为多。真正为了卖酒而卖酒，倒是杭嘉湖一带处处皆有的绍兴酒店。这种酒店的发展，恐怕还不到百年。好比嘉兴城中的全永泰、城北的来恒大和城东的涌大，开设在光绪年间。至我二十岁时，它们都是有名的老店。原来的酒店是专卖酒而不售下酒小菜的。为了顾客便利，带卖一些如豆腐干、发芽豆等简单的食品。后来虽然在品种上有所增加，但是主顾要炒头，还是由店中代买送来。而且小贩如卖熟食，也可进入店堂，与主顾直接交易，店主不加干预，与一般菜馆饭庄不同，可见还留着专门卖酒行业的旧时痕迹"。这种绍兴酒店"店主和伙友除了他们绍兴人外，没有别处人可以插得进去，和'绍兴师爷'一样，是不收外路人做学生的。热酒用锡壶灌注，客来一壶半斤，称为'一小'。客人吃完了酒，可以把壶盖翻转，不要说得，店家会给你添酒来。添酒另持一把过来，吃尽的锡壶不收去，等到吃好，点酒壶算账。吃客吃得多，也可以炫耀自己的酒量。几个人吃酒，甚至可以吃到一台子的酒壶。他们做生意，要看熟客和生客来给你酒的好坏。倘使逢着能吃酒的人，觉酒不好，就说道：'换一壶来'，他们就知道来了'行家'，不敢给你坏酒。他不说酒不好，只说'换一壶来'，就是不惊动其他不知酒好坏的吃客，也可以说是内行的'术语'。他们除了卖酒外，还兼卖过酒吃的小菜，当然都是时新的菜肴，比市上要早，好像马兰头、海蛳、慈姑、荠菜、喜蛋、新蚕头之类。价格稍贵的白鸡、蚶子、酱鸭、熏鱼也有，调味很好。添菜也和添酒一样，不收盆子，因为各种盆子有各种价格。点盆子算账，不会出错。每天到了傍晚时分，是他们出生意的时候。每爿店里，客人常常满座。真是'醴泉仙境界，酒国小春秋'"。①

杭州市共有酒店617家，酱业兼售烧酒、绍酒以及菜馆、饭馆、面馆带卖酒者，总计不下千余家，约占全市商店总数10%。浙人嗜酒之风，由此可见。经营绍酒批发者有10家左右，其中比较有名的是恒豫、章东明等数家。零售酒家则推新市场陈正和、朱恒升、碧梧轩等营业情况较好。烧酒行只有五六家，以合顺、元顺祥、公生昌较大，市内各零售酒店，皆兼售烧酒，并无专售烧酒或绍酒。所售绍酒来自绍兴，有花雕、太雕、远年、陈年、竹叶青、状元红种种名目。因其酒质不同和年代久暂，售价高低相差甚远。绍酒均装坛有大坛小坛之分，大坛50斤，小坛有20斤、10斤两种。普通售价大坛五六元至七元，20斤小坛自2元至3元，10斤小坛自1元半至2元。如为陈酒，则视所陈年数多少定价格，陈年愈久，价格愈高。烧酒有苏烧、绍烧之分。苏烧产于江苏，绍烧产于绍兴，均以产地得名。酒质则以绍烧为佳，其价格亦较贵。论量则绍烧出产甚少，仅能供给药店制药酒之用，故一般饮绍烧者甚少。苏烧来自江苏泰兴，价格为16元2角5分6厘，经掺水后称为"平烧"，售

---

① 吴藕汀.药窗诗话[M].北京：中国人民大学出版社，2007.133－135.

价为 12 元 8 角。因掺水多少不一而有五色烧、八色烧、十色烧之分，价格亦因掺水之多寡而别，掺水较多，价则较廉。其他酒类如高粱酒、白兰地、葡萄酒、啤酒等，因本地人不惯饮用，价格太昂，销路不广。市内零沽酒家特多，俗称“熟酒店”或“碗酒店”，兼售冷菜面点。有的还雇用女子为堂倌，以广招徕。[①]

四、下层民众的街头饮酒场景

“朱门酒肉臭，路有冻死骨”，并不是古代中国社会的特例，在近代中国亦复如是。既有富丽堂皇的酒楼饭店中高朋满座、觥筹交错的饮酒场景，也有受尽驱使与逼迫，生存在社会最底层人民的饮酒图画。在北京街上有卖白酒的，有的摆摊儿，有的挑挑儿走街串巷。挑子的一头是酒坛，旁边有几只打酒用的墩子，有 1 两、2 两、半斤、1 斤的，大小不等，坛口放着一个大漏斗。另一头挑的是小木箱，里边放着酒壶、酒盅、酒碗之类。在街头买酒喝的多是卖苦力的劳动者或是穷喝酒的：他们打二两酒，也不就菜，或是一口喝掉，或匀成几口，喝完放下酒盅，转身就走。挑挑儿卖酒的小贩的吆喝很有趣：“爱喝不喝，就是凉水多！”“喝口尝尝！”凉水多反映了当时卖酒兑水的现象很普遍。北京民歌《送情郎》中有这样一段词：“送情郎送至在大门以北，看见了老王八驮着石碑。我问老王八犯了什么罪，它倒说卖烧酒净兑凉水。”[②]可见当时人们对卖酒人往酒里兑水很反感，并借民歌诅咒这些人日后会变王八，被压在石碑下，永不得脱身。而卖酒的商贩抓住了人们怕酒里兑水的心理，将话反着说：“就是凉水多。”由此引起顾客的注意。

如果说北京街头的烧酒挑挑儿是普通市民饮酒场景之一的话，那么乞丐的饮酒，则展现了社会底层民众的生活图景。20 世纪二三十年代，南京的所谓“下九流”如车夫、乞丐、捡破烂的、修锅补碗之类，多聚居在高井街一带，据说有上千户人家。他们也吃也喝也赌，和富人的区别只在于方式。他们喝酒的方式是：一包花生米或一块臭鱼，几个铜子的一碗烧酒，仰脖一饮而尽。醉后便四处找茬打架，弄个头破血流方休。[③]

在一篇描述上海乞丐生活的文章中，作者在篇首便言道：“你莫讥笑这般可怜的人们，他们自有他们个中的乐趣！”作者说垃圾桥畔的小瘪三（乞丐）平常是靠在桥上替黄包车夫拉车上桥后向乘客讨钱为生的，他们讨得的钱要上交头目。但冬天乘客多乘坐电车，黄包车夫生意冷淡，他们自然也讨不到多少钱。乃转而行窃，主要是抢登车人的上等呢帽。如果一天抢得两顶呢帽，便可去当铺换得现洋。非但可以向头目交账，还“可以合着几个同党到东新桥小酒摊上，买一角钱牛肉，两百钱门抢（腔），三块冻肉，半斤黄酒，走进弄堂角里

① 建设委员会调查浙江经济所统计课.杭州市经济调查（下）[M].杭州：建设委员会调查浙江经济所，1932.281－282.

② 陈树林.老北京叫卖调[M].北京：人民音乐出版社，2010.80.

③ 刘仰东编著.去趟民国：1912—1949 年间的私人生活[M].北京：生活·读书·新知三联书店，2012.42.

去大嚼一顿，吃了回去，一路上还要唱脱一曲‘武家坡’！”而城隍庙里的瘪三“最窝心”，平常是靠“在庙里拔蜡烛为生活”。严冬，人们常会到城隍庙里百货摊上去买日用品，或是特地去吃酒酿圆子、鱿鱼、田螺等，便是乞丐下手扒窃的好时机。到了黄昏，他们便聚在城隍庙后的一间破屋里，“烧着稻草打火堆，他们一头烤火，一头用猪头肉过老酒，吃罢老酒，再唱一曲‘小东人……闯下了……’便三五成群坐拢来打扑克，一直打到午夜，便钻进稻草里去入黑甜乡了”。① 当代知名历史学家卢汉超在关于中国近代乞丐的一项研究中②，引述了这篇文章的部分内容，以此来说明近代中国对乞丐的不同态度。③ 从这篇文章中我们可以看出，作者确实是对乞丐极为反感的。但若抛开作者对乞丐的态度而论，这篇文章倒是为我们保留了一些近代上海乞丐生存状态的侧面。在其总体上极为悲惨的生活中，酒作为一种不平常的物品（正如文章作者所描述的，他们喝酒的来源为扒窃他人的帽子、皮甲，当不是他们生存的常态），并不是平常所能获取之物，给他们的生活带来一丝与常人相类的感觉。

一位与乞丐群交往甚深的小学教师写道，在安徽芜湖，乞丐一般早出晚归，在归途中“拾来干柴，烧煮进餐，篝火上狗肉飘香，粗碗里烫着老酒，边吃边谈，饭后有的抽叶子烟，有的唱小曲，然后躺在狗皮上交谈一天的所见所闻。我经常夹着麻雀牌香烟杂坐其间，听他们谈天南地北的趣事怪闻”。④ 如外来乞丐见到同帮煨鸡炖狗之类的，在锅盖上流放一根稻草，表示有同帮的人到来，主人必须等放草的人到了才能开锅。见面后一番盘问，对上号，便会请其吃酒、鸡、饭，外来者可以拣好的吃。即便酒肉太难得，与同帮中人并不相识，也要与之分享，体现了对同道中人的义气。

河南的县镇集市虽小，但茶酒饭馆都有，有钱者如地主富农之类的在买卖之余，多到饭馆里吃一顿喝几盅；有名的乡绅富户坐着车骑着马赶集，那些有交往的饭铺便争着留饭请酒；货郎小贩也不免在饭摊上胡乱吃点；唯贫寒之人饿了只有掏出冷干粮啃。这样的县镇集市也是乞丐们活动的场合，常常唱着一些顺口溜，如“不求富，不求贵，不向皇上叩头跪”；“不交税，不纳粮，不犯王法任徜徉”；“念啥书，耕啥田，人生不过几十年”；“得自由，且自由，不给儿孙做马牛”；“没有房屋住庙台，酒色财气不关怀，残菜剩饭吃饱后，清风明月任徘徊”。⑤ 正如前引卢汉超著作所指出的，这些顺口溜表达了乞丐们的人生观，“起了

---

① 君玉女士.上海的瘪三[J].上海周报(第1卷第9期)，1933－01－26：176.

② 卢汉超.叫街者：中国乞丐文化史[M].北京：社会科学文献出版社，2012.74.

③ 此数条资料，根据卢著“按图索骥”“顺藤摸瓜”得来，自然十分感佩。虽资料近似，然角度不同，所揭示出的面相自各不相同。卢著引文，亦非十全十美。如《上海周报》一则，未言及著者篇名，注释不如是之翔实。而胡相一文，乃1986年编印出版，作者言“无日期”，亦为失察。然皆为小疵，不掩大作之辉。

④ 胡相.芜湖旧社会的乞丐帮：“灰窝里”琐记[C]//芜湖文史资料(第2辑)，1986.281－284.

⑤ 张钫.清末社会鳞爪[C]//文安主编.晚清述闻.北京：中国文史出版社，2004.116－118.

一定的心理安慰作用，乞丐头目要渲染或鼓励这种精神，使他手下的人不致太消沉”。① 特别是“没有房屋住庙台，酒色财气不关怀，残菜剩饭吃饱后”几句，道出了他们日常生活之凄苦，酒绝不会是常得享用之物。

群吃酒席也算是一种特殊的乞讨方式。在安徽芜湖，一些富家会在喜宴之前向丐头送去红帖，到时丐头便派七男一女八名乞丐前往入席。在吃席时，每上一道菜都要唱与菜有关的一曲小调为贺。如宴前上茶点，唱“甜糕香茶待佳宾，东家府上福满庭；我们无钱送厚礼，莲花、道情众位听”。因八仙中蓝采和是打莲花闹的，张果老是唱道情的。茶后开筵上菜，斟酒待喝时，他们对酒起歌：“手捧美酒唱喜歌，东家贵客笑呵呵；好酒只有高粱做，不兴(种)庄稼酒难多。”其间上鸡鱼肉各色菜品，都有针对性的唱贺之词。最后的菜是圆子汤，寓酒席将圆满结束之意，八人齐声唱道：“神狮戏滚红绣球，东家园席客难留；今朝唱完喜庆酒，明年做寿来磕头。”②临走时，主家还要根据为首者所报的人数，将酒席折钱给他们带回，取虽不能前来，但要同喜之意。若主家不识时务，丐者将召集更多的乞丐聚集大院，名曰来贺，实则取闹，以求饭食。

第二节　中国近代酒类消费文化的变迁

卢公明(Justus Doolittle，1824—1880)是美部会(American Board Mission)第二批派遣到福州的传教士。1850 年 5 月 31 日携妻子到福州，先后在中国待了二十余年。1865 年出版《中国人的社会生活》一书，详细记载了福州的婚嫁、丧葬、保育、年节、迎神拜鬼、家庭家族、行会商帮、官府、科场、丐帮、建筑、溺杀女婴、鸦片泛滥等方面的情况，其所记载的很多细节在中国地方志中都没有著录，是研究清末社会、历史和民俗演变的宝贵资料。在《中国人的社会生活》一书中，卢公明对福州市上酒类、饮酒习俗、饮酒方式、酒令等都有详细的记载③。若以卢公明的记载与今日中国出版之大多酒文化书籍对览，似会觉得中国饮酒习俗未有多大变化。实际上则不然。近代中国的酒类消费，无论是在饮酒场所，还是在饮酒诉求、酒类品种、饮酒方式等方面，都发生了明显的变化。

一、饮酒场所与环境的变化

近代中国的饮酒场所，除了传统的酒店、饭馆、酒楼而外，西式饭店、酒吧、舞厅、饮冰室等都是前所未有的。

---

① 卢汉超.叫街者：中国乞丐文化史[M].北京：社会科学文献出版社，2012.170.

② 胡相.芜湖旧社会的乞丐帮：“灰窝里”琐记[C]//芜湖文史资料(第 2 辑)，1986.285－286.

③ [美]卢公明著.中国人的社会生活[M].陈泽平译.福州：福建人民出版社，2009.356－358.

礼查饭店是当年上海一流的旅馆，其前身是早年来华的一位美国船长创办的供膳公寓，其名字来源于美国最著名的纽约礼查饭店。当约翰·本杰明·鲍威尔①在20世纪初来到上海时，他见到的礼查饭店“四面临街，由两幢三层和四层高的楼房组成，有长长的通道串联着。饭店的中央，是一个宽敞的厅院，晚上交响乐队常常在此演奏。晚上8点起，穿得衣冠楚楚的客人下来进餐，这时，你可以看到这个港口城市的大部分外国头面人物，一位上了年纪的老上海曾对我说：‘如果你愿意坐在饭店的大厅里，张开眼睛随便看看，那么，你几乎可以看到混迹于这个城市的所有骗子！’”在礼查饭店，吃午茶实际上是指鸡尾酒和威士忌苏打。“这种不受拘束的饮酒，不由使我心中痒痒的，因为我生长在美国中西部自动禁酒的土地上，而且我离开美国的时候，正接近于1920年开始的持续几年的‘大实验’(great experiment)。围谈的人愈来愈多，仆役又搬来一张大桌子，好放置更多的酒瓶和杯子，当新进来的人过来寒暄时，他们总是要求同已在场的再干一杯，这样一来，每个人都喝了一杯又一杯。仆役在每次上酒后，都把一张账单递给要求干杯的人，付款的主人，则从来不瞧那账单上的金额数目，一签了事。”在1917年2月3日他们的谈话桌上，虽然当时美国已经与德国绝交，“却没有一个人说起美国参战之事，相反，大家的话题，都集中在酒字上，说美国可能采取酒类禁运措施，以及由于英国航运业衰落，限制了酒类运输，导致酒价不断上涨等。但最后的结论是一致的：上海总是有酒喝的，至少在酒这个问题上，英国人要比美国人明智得多。”②

酒吧间成为人们饮酒的重要场所之一。酒吧间通常配有合适的音乐，以至于有人将酒吧间作为享受音乐的好去处。“在上海，如果爱听音乐，大致须采用下列的几个方法，才可以听得到。一、开收音机，收听播送的音乐节目。二、等候音乐演奏会，如兰心大戏院、青年会等，不时有演奏会演出。三、上舞场。最后只有到酒吧间去。听音乐的几条途径，除酒吧间之外，各有不完善的地方。首先，收音机不是每家都有，就是有收音机，不见得每具收音机都很好，能很清楚地收听，并且收听的节目，总觉得隔了一层空间，听起来不大舒服。其次，音乐会倒很好，但不常常有得开。最后，舞场的音乐，其中有好的，未尝不可听。不过环境又觉得嘈杂了点，因为在静的环境中听音乐，总比较适宜点。那么说来说去，听音乐还是到好一点的酒吧间去。”酒吧间的音乐师“大多数是上驷之才。因为每一个酒吧间的音乐队员只有三四个人，他们的音键、拍子都很准确，并且各须熟悉世界名曲，方能胜任，否则就不能在高等的酒吧间里演奏。上海酒吧间的组成，是建筑在音乐、酒、女人三者之上的，再加上美丽和富有艺术的装潢，同着完善的人事管理，如此就成为中西人士的消遣地。愚园路上酒吧间的音乐，大都不差，诺克绥、极斯非而等处，都有幽静的音乐可

---

① 约翰·本杰明·鲍威尔(John Benjamin Powell,1888—1947),20世纪上半叶美国驻华新闻记者,《密勒氏评论报》主笔和发行人.

② [美]J.B.鲍威尔著.鲍威尔对华回忆录[M].邢建榕，薛明扬，徐跃译.上海：知识出版社，1994.10－11.

听，尤其是诺克绥的音乐，很能使爱好的人们流连忘返。却而士、杰克、杰姆士这三个喜乐师的歌唱、演奏堪称上选之材，点奏曲子，只要你能说得出名字，他们准会奏给你听的”。[①]

西式饮酒场所还催生了女招待这一新式的职业。青岛市报业公会主办了一个“救灾义选筹募委员会”，选举青岛小姐和青岛皇后。选举的方法是以坤伶、歌手、校书、名媛等参加竞选，坤伶中得票最多的是“剧后”，其次为“剧星”；歌手中得票最多的为“歌后”，其次为“歌星”；舞女中得票最多的是“舞后”，其次为“舞星”；清唱中得票最多者为“菊后”“菊星”，校书中得票最多者叫“花后”，次为“花星”；名媛中得票最多者为“青岛小姐”。每张门票20万元，选举票也是20万元。选举的结果，当选“青岛小姐”的是一个酒吧间里的女招待，年纪很大，也不漂亮。许多人都说，这实在是对青岛女人最大的侮辱。其余当选的歌后舞后，也没有一个够得上漂亮的。当选的原因，大都是靠交际和肯牺牲色相[②]。署名为逸波的青岛作者，在其笔触之下，不免对酒吧女招待当选青岛小姐一事，大动肝火。将这一事件投书到台湾出版的《公理报》予以揭露，并指责她们的当选，大都“是靠交际和肯牺牲色相”。可见在作者的心目中，酒吧女招待地位之低。

二、酒的侍应方式发生变化

时人认识到，“酒在餐桌上和肴有同等的地位，有佳肴而无名酒，确为一大憾事；有名酒而无肴，即属花生米与黄豆及豆腐干等小品，亦可作为下酒物，所以酒似乎还比肴重要些呢。中餐上的酒，普通采用花雕一种。当然花雕也有很多的种类，至于高粱、汾酒等，更是较为专用，所以还算简单。可是西餐方面之用酒，无论酒类及用酒序次与时间及侍应礼节，都有一定规律，所以较为繁复”。[③] 在餐厅或酒吧工作的酒侍，缺乏训练而难以开展工作，往往在无意中得罪顾客，影响到餐厅或酒吧的声誉和营业。做好酒侍首先要注重台面酒具的布置。餐桌上除刀叉匙碟等餐具外，便是各色的酒杯最容易引起顾客的注意。高脚的香槟杯、车光的白酒杯、雪白的水杯，再加上玲珑的雪梨酒杯，不但增加了台面美观，还可以引起顾客的饮酒欲望。这样的布置，也是在间接地向顾客推销名酒，以至于宴会主人会受环境的影响而消费更多的酒类。在顾客落座后，侍应生应敏捷地倾注冰水或冷开水在每位宾客前的水杯内，酒吧领班手持酒单向顾客介绍名酒。领班对于当日的菜单要了然于胸，以便知道如何配合各种名酒。上菜的时候，酒吧领班应该随侍在侧，以便上汤上鱼上大盆或小盆及点心与咖啡时，介绍各种应饮之酒。在台面上合适的位置要放上精美的酒卡，此酒卡可作为酒保的代表。这些都是酒侍最基本的功夫，其具体应注意的要点如下：

---

① 酒吧间的音乐[J].青青电影(第4年第40期),1940-01-01:20.

② 逸波.青岛小姐原是酒吧招待[J].公理报(第1卷第10期),1948:8.

③ 奚均礽.酒之推销与侍应[J].帆声月刊(第5期),1944-04-01:115-116.

美酒的选列。洋酒种类很多，牌子不少。聪明的酒吧领班，根据其服务经验，就能知道一些顾客的嗜好。选列质美味醇的好酒数种，便足以应付顾客的需要。酒是不能含糊的，一些懂酒的顾客，对酒的色香味和瓶式及装潢都非常熟悉，即便在酩酊大醉的时候，也还能辨别真伪，所以万不可以劣质酒蒙混。餐厅里的酒不必陈列很多，酒吧领班可随身带着酒窖的钥匙，以备取用。

酒的准确侍应。顾客挑选好酒品后，第二步便是准确地侍应。侍应红酒不可摇晃，酒瓶一定要以45°角斜放在藤孔的篮中，安放在桌上。酒瓶在酒窖中是以多少角度斜放，取出也要以同样的角度放在餐桌上。取出瓶塞时也要轻轻下手。斟酒时切不可用倒清水或啤酒那样的速度与手法。杯子不可用手拿起凑着瓶口倒，应将杯子平放在桌子上，一手拿着瓶，将贴有酒名牌号的一面向着顾客，不快也不慢轻轻地斟酒。倒满一杯的四分之三，过满溢出杯外是最失礼的事。每开一瓶酒，应该先在主人的杯子里倾倒一小点。若在开瓶时有软木塞的细屑不慎落在酒内，这样主人就可以用匙将其挑出。免得倒在客人杯中，使客人有挑去会让主人觉得难为情，不挑又不能喝的窘态。同时也先让主人尝尝酒味，以证其真而味纯。

红葡萄酒和白葡萄酒的侍应。侍应红酒可以与餐室同温度，不必冰冷。如提前知道顾客要用红酒，在进餐前半小时先将瓶开启。这样是最好的，能够达到醒酒的效果。切忌用颜色杯侍应红酒。侍应白葡萄酒可用白色水杯，但最好还是用带颜色的杯子。一是因为白葡萄酒无论如何总带一些浑浊，并不十分清朗，用有色酒杯可弥补这一个缺失。同时，有色酒杯也能增加桌面布置的美观。白葡萄酒不需要放在藤篮内，并且也用不着像侍应红酒一般手法，不过酒的温度要较室内温度略低，但不需要冰冻过。

香槟酒的侍应。香槟酒是用香槟杯侍应。这种酒杯一定要一尘不染，非常爽亮明晰，清楚美观。用前要仔细检验，安放时要倒置，以免着灰。香槟一定先要冰过，越冷越佳。瓶塞不可先开，待主人一声令下，当顾客之面开启，即俗谓之“开香槟”。侍应香槟酒时，应在侍应桌放一只冰桶，先将酒瓶斜护在冰内。侍应时先用茶巾擦干瓶外，但千万别用茶巾包裹。同时将酒名正面向着宾客，以使其知道在喝什么酒。美酒名酿，招待嘉宾，侍应周到，宾主欣悦，这是酒吧领班一件最得意的事情。侍应香槟酒与侍应红酒大有不同，红酒瓶塞可以事前开启。不过无论侍应何种酒，将原瓶交由主人验看后当众开启最为合宜。如果开出的酒变味或变坏，最好换一瓶。

开启瓶塞的技巧。开启瓶塞要谨慎，软木塞碎裂在酒瓶内是最糟的事，有木屑落在酒内也是一件不漂亮的事。开启瓶塞是需要技巧的。选用瓶钻时要注意旋纹，不要太紧密的一种。新式瓶钻的旋纹很细齐，以便能绞住瓶塞。旋动塞钻不能太用力，要渐进而不能旋穿木塞，到1/16英寸即可。塞钻放在瓶塞正中，不可偏向，平均用力直接转下。

酒杯要清晰明亮。在进餐时假使用的不是一种酒，如上汤时用雪梨酒，上鱼时用白葡萄酒，上盆菜时用香槟。喝过每一种酒后的酒杯，应根据主人的意思予以保留或更换。当上点心时或餐后，还要进用波特酒或是雪梨酒，喝过酒的杯子要尽快收去，扫清台面，重新放置干净酒杯。同时切记一种酒用一只杯子，不能搀和在一起。酒杯的洁净是最需要注意的，水杯洗干净后擦得雪亮，不留一点尘灰，映照通明。这样能显出侍应人员的仔细谨慎，也可以代表餐厅的高尚华贵、一派大方。

前述各条是酒侍最基本的注意事项，但若能照此强加训练，也足够应付一般工作所需。不过尚有以下几条注意避免：酒切忌安放在暖室内，酒室温度至多为50℃；酒窖内不要多存白兰地等，会影响酒的成本；不要购进价高的冷门货，免得无人问津，影响利润；当顾客选择用酒有主见时，做领班的不要忘了多恭维他，这是推销的手段；不要因贪利而出售劣质酒，以致影响到餐厅或酒吧的名誉、地位与营业；给女宾介绍一种温和的名酒；顾客在饮酒或餐后不要介绍威士忌酒给他们，威士忌酒或其他酒混着喝，对顾客身体不利；酒卡第一页不要列烈性酒，先录香槟酒和普通的酒，后列威士忌酒，啤酒应该列在最后。

三、饮酒诉求出现新的变化

以文人饮酒而言，前人诗酒唱和的传统虽在近代仍有延续，但多数是以消遣为首要目的。梁实秋回忆1930年到1934年间和友人在青岛大学共事时，“一起宴饮作乐，酒酣耳热，一时忘形，乃比附前贤，戏以八仙自况……每逢周末，辄聚饮于酒楼，得放浪形骸之乐”。[①] 他们聚饮的地点，一个是山东馆子顺兴楼，一个是河南馆子厚德福。他们轮流在这两处聚饮，最注意的是酒的品质。每次以尽一坛为度。两个工人抬花雕一坛（30斤）到二楼或三楼，当面启封试尝，微酸尚无大碍，最忌的是带有甜意，有时要换两三坛才中意。酒坛就放在桌前，自行舀取，以为那样才尽兴。他们喜欢用酒碗，大大的浅浅的，一口一大碗，痛快淋漓。酒从六时喝起，一桌12人左右，喝到八时，不大能喝酒的三五位就先起身告辞，剩下的八九位则是兴致正豪，开始宽衣攘臂，猜拳行酒。不作拇战，30斤酒不易喝光。在大庭广众的公共场所，扯着破锣嗓子“鸡猫子喊叫”实在不雅。别个房间的客人都是这样放肆，入境只好随俗。他们的成员并不固定，四年之中也有变化，最初是闻一多环顾座上共有八人，一时灵感，遂曰：“我们是酒中八仙！”这八个人是杨振声、赵畸、闻一多、陈命凡、黄际遇、刘康甫、方令孺和梁实秋。大都端起酒杯举重若轻，三斤多酒下肚尚能不及于乱。在他们的聚饮中，古代文人诗酒唱和的传统，几乎全行中断。饮酒之目的，纯在饮酒本身而已，可算是近代文人饮酒诉求变化的一个显证。

---

① 梁实秋.酒中八仙——记青岛旧游[C]//雅舍忆旧.昆明：云南人民出版社，2012.99－101.

四、饮用酒类品种出现变化

成书于清末的《都门琐记》记北京市上之酒云："白甘（干）最烈，玫瑰露味酣而香，茵蔯色浅碧，五加皮酒极醲浊，与茵蔯皆带药气，绍兴酒本以京庄为上，然真陈年者亦不易得，席间所用酒，只此数种。有所谓都一处者，专卖酒，酒品极多，非真能饮者，不敢入其座。若食番菜，则用外国酒，亦唯葡萄酒、啤酒，进之则香槟、白兰地而已，啤酒为小麦及槐花所制，宜暑时饮之。"① 据周作人《食味杂咏注》："海岱门外烧酒市，列肆卖酒，巨贾掌之，皆缸盛之，若小砂壶所盛，仅二三两，山农野老，从小肆买之，便于携持也。"其记"北酒"云："'南茶北酒'，此语自昔传之，盖茗荈多产南方，而谷米独番北地。南酒惟糯稻为之，北酒实繁，为酒为醴，见《雅》《颂》，皆言黍稷，则自古未尝重南酿矣。近时动称南酒，几若北地无酒，不知北地所造，皆有真味，不似南中作伪，其甘者调以饧糖，其洌者湛以灰信。南酒行于京，而俗尚绍兴，味本带微酸，肆中知为京城应酬，相率为伪，米粒日减。近畿之酒，颇有佳品，而耳食者悉置之矣。"记"烧酒"云："古无烧酒，李时珍《本草》云：'始自元代。'凡五谷之米，皆可蒸烧，以其烧费民食，故私烧有禁，唯以造酒之糟作之，则酒极佳而不耗米，他省所烧，不如京城，以各处多以大麦，而京城则以高粱，麦不如高粱之甘也。"②《光绪顺天府志》载，是时北京常见酒类有烧酒，"皆麦烧。本土造酒家，称为'大酒缸'。烧酒以干烧为最，又玫瑰烧，用玫瑰花熏蒸，香味极美，又茵陈烧，佛手烧诸种，又花露"。③ 良乡酒，"良乡黄酒，似绍兴酒而味远逊。京师酒家，至冬令，每揭曰，'寄售良乡黄酒'"。虎骨烧，"能活血，舒筋，祛风，老年人最宜，盖取烧酒用虎骨煎之，为正阳门外乐家药铺专门之物"。酒孃，"一称甜酒孃，一称酒酪，用糯米酿之，味甘色白，如湩酪，连米食之"。④

据张绪谔回忆，20 世纪三四十年代，上海一般商业酬酢、喜庆寿宴上，人们大都喜欢用黄酒。黄酒酒性温和，酒精度数较低，容易为一般人所接受。虽然山东、福建等地也产黄酒，但是论口味和品质，仍是浙江绍兴所产的黄酒更胜一筹。上海人称绍兴酒为"老酒"，因原料不同，又分元红、加饭、善酿、香雪、太雕等多个品种。元红又被称为"状元红"，以酒坛外表涂朱红色而得名，是绍酒中最有代表性的品种。太雕一般要存放十年以上，是较高级的绍兴酒。绍兴的陈年酒很大部分运到上海销售，只有很小一部分销到北京、天津等地。上海的大街小巷遍布卖绍兴酒的酒店，最大、最著名的几家，都集中在四马路周围，如王宝和、高长兴、王三和等。此外，天津产的玫瑰露、高粱酒、绿豆烧、五加皮、四川大曲、

---

① 李家瑞编.北平风俗类征（上册）[M].上海：商务印书馆，1937.193.

② 李家瑞编.北平风俗类征（上册）[M].上海：商务印书馆，1937.202－204.

③ 李家瑞编.北平风俗类征（上册）[M].上海：商务印书馆，1937.204.

④ 李家瑞编.北平风俗类征（上册）[M].上海：商务印书馆，1937.215－216.

贵州茅台、青梅酒(大多由粤菜馆供应)、茵陈酒等，当时上海都可以买得到。贵州茅台酒是陶瓷瓶，且瓶外有草编织物包装。太平洋战争开始后，四川、贵州等内地酒，市场上不再容易买到，胜利后才重新再见诸市上。①

其时上海市面上常见的洋酒主要是白兰地、威士忌两种。最高级的洋酒是法国轩尼诗三星白兰地。其商标为一柄手执的西洋式板斧，“三星”则是在一张月形贴纸上横印三个金星，代表酒的等级。酒瓶的形状较啤酒瓶略粗，瓶颈较短，瓶体用透明玻璃做成，月形贴纸横贴在瓶颈与瓶体中间。其时一瓶三星白兰地的价钱，相当于半桌普通酒席。在长三堂子里应酬吃花酒，一定要开三星白兰地方显排场的。在静安寺路跑马场对面、新世界与五芳斋之间有一间店面，是烟台张裕酿酒公司的，专售张裕金奖白兰地、波特红葡萄酒与白葡萄酒。一般家庭用餐或者三五知己小酌，多会喝张裕公司的酒，而社交酬酢却极少饮用。尊尼获加红、黑牌威士忌以及白马牌威士忌的广告都做得很大，市场销售量也大。约翰·海格牌威士忌价钱比尊尼获加、白马牌贵，酒的口味更好。一般洋酒瓶口都用软木塞封口，外包锡纸，约翰·海格威士忌的瓶口外用锡纸包装，拆开锡纸后，瓶口是白瓷质瓶塞，中间有一个黄豆大小的圆口。倒酒时，酒液缓慢地一波波地流出，不会流出瓶外。蓝带马爹利属于高级烈酒，为圆形酒瓶，只有富裕阶层的老酒友会惠顾。金酒色白、透明、有浓烈的松树香味，酒精含量比白兰地、威士忌都高。英国 Gordon 厂的狼狗牌金酒销路最广。外国人习惯用它调鸡尾酒，中国人则喜欢加可口可乐，外国水兵和水手较多纯饮。朗姆酒多用来调制鸡尾酒，也可以纯饮。喝朗姆酒的中国人不多。伏特加是洋酒中酒精浓度最高的，上海的伏特加酒多半是由白俄或曾留居哈尔滨、旅顺等地的华人制造、贩售的。酿制伏特加的主要原料是玉米和马铃薯，因为原料出产普遍，且制作器具、方法都很简单，所以酒价非常便宜。小玻璃瓶盛装的伏特加在霞飞路一带食品店都有出售，消费对象大多是白俄人或者洋水手。②

五、名酒成为消费时尚

在近代，经过不断消费和选择，一些名酒成为人们热捧的对象。茅台酒、汾酒、青岛啤酒、张裕葡萄酒及白兰地等无论矣，其他如全兴、洋河、双沟、泸州大曲、绵竹大曲等亦均甚有名。水井坊经历了福昇全、全兴成(为前者分号)再到水井坊这样的发展脉络。1950 年，新生的人民政权以赎买的方式接管了福昇全及附近的花果酒厂，组建国营成都酒厂，是为全兴集团的前身，也是水井坊的直接孕育者③。双沟大曲在近代也颇著名，全德糟坊创设

① 张绪谔.乱世风华:20 世纪 40 年代上海生活与娱乐的回忆[M].上海:上海人民出版社,2009. 46—48.

② 张绪谔.乱世风华:20 世纪 40 年代上海生活与娱乐的回忆[M].上海:上海人民出版社,2009. 56—58.

③ 谢丹、章江心.从福昇全到全兴成——话说明清至民国全兴酒史的发展[J].四川文物,2001(6):49—54.

于康熙五十八年(1719)。1912 年 4 月 7 日，孙中山巡行各地，为双沟题写了"双沟醴泉"四字。其后全德糟坊生产的双沟大曲还成为酒行经营的畅销酒品，全德糟坊并接待过华中、淮北地区的党政军领导人，享有一定的声誉①。洋河镇出产的洋河大曲，畅销江南江北，以至于"洋河"二字"已成白酒之代名词矣，犹绍兴之称黄酒也"②。四川"绵竹大曲和泸州大曲同负盛名，当地酿户言其不加入任何物质，故其味醇香，色洁白"。③ 五粮液也在这一时期取得重大发展，"五粮液"的命名就是在 1928—1929 年间④。汾酒"系汾阳特产，全县酒房共三十余处。每年造酒一百五十万余斤，而县属尽善村义泉涌之酒，系由申明亭古井水所制，俗名杏花村酒，为巴拿马赛会所奖许，尤为特色"⑤。近代泸县大曲"产量的增加，品质的改良，骎骎乎有青出于蓝之势，本来泸县是香花酒驰名远近的，继以大曲，近则橘精(甘蔗榨糖后所余)相继勃兴，几乎成了川东南唯一酒业中心"⑥。

六、鸡尾酒开始流行

在发达的城市如上海等地，鸡尾酒这一新的品饮方式受到不同程度的欢迎。Cocktail(鸡尾酒)为混合酒的总称，名目繁多，是欧美人宴会或社交时的常备之物。在宴会之宾客尚未完全聚集前，喝上一杯美味的鸡尾酒，非但能提高来宾之兴趣，还是一副开胃的良剂，使进餐时增进食欲。以下是当时流行的几种适合国人口味的鸡尾酒调制法。上海国际大饭店鸡尾酒(Park Hotel Cocktail)是其自特制的一种，其成分为威士忌 4/5 杯，意大利味美思酒 1/5 杯，黑樱桃酒(Maraschino)1/5 杯，君度酒(Cointreau)1/5 杯，再加上几滴柠檬汁，加冰调和后倒在鸡尾酒杯里，用牙签插上一小块菠萝蜜就成。亚历山大鸡尾酒(Alexander Cocktail)对于不太善于饮酒的人是很适合的，其成分有金酒 1/3 杯，德可可奶油(Cream de cocoa)1/3 杯，其中一半为新鲜奶油。用摇桶以冰调和，倒在鸡尾酒杯里，再用牙签插上一粒红樱桃便成。其味像巧克力糖果中嵌入白兰地酒，甜中带香，略含酒味，一杯在手，万虑俱消。占姆雷特(Gimlet)对于爱喝金酒的人尤其适合，调制也很简便。在香槟杯里先放上几块冰，然后加上 3/4 杯金酒、半杯酸橙汁，再加上一些蒸馏水调和便成，其色香味极类香槟酒。⑦

很多人认为苦艾酒含有强烈刺激性物质及其他神秘成分，一般人不敢领教。苦艾酒的一般饮法，是在酒中加上一些糖，调入一倍的蒸馏水。华尔道夫特制鸡尾酒(Waldorf Spe-

---

① 朱泽孝.民国风行双沟酒[J].酿酒科技，2012(2)：116－117.

② 杨大金.现代中国实业志(上)[M].长沙：商务印书馆，1938.734.

③ 苏亦农.绵竹县的特产——酒、烟、煤[J].四川经济季刊(第 2 卷第 3 期)，1945－07－01：295.

④ 凌受勋.民国时期宜宾的酿酒业和名酒五粮液的诞生[J].宜宾学院学报，2012，12(2)：22－28.

⑤ 时鉴·国内大事记[J].来复报(第 45 期)，1919：23.

⑥ 泸县大曲酒调查[J].四川月报(第 9 卷第 2 期)，1936：273.

⑦ 炳奎.酒谱之一·考克坦尔之调制[J].帆声月刊(创刊号)，1943－12－01：21.

cial Cocktail)，在香槟杯的持手柄里先放上半管红糖油和半管薄荷酒，这只是为了增加美观而已，也可省掉。然后加入一定比例的苦艾酒、意大利味美思酒、黑樱桃酒、红糖油、柠檬汁以及蛋白半只，放进摇桶里以冰调和，倒入香槟杯，加上苏打水便成。气候和季节变换的时候，比如进入寒冷的冬天，可以喝 Brandy Tom Jerry，预备水一杯，鲜牛奶加热，加入一只生鸡蛋调匀，再加上一些白兰地、朗姆酒，用茶匙调和便成，亦可再加上一些玉桂之类的香料。饮后不但周身温暖，并且还有健身活血的作用，较之市面上的补品还要好得多。冬天身体受寒，饮一杯 Hot Rum，顿会好转。其法是在水杯里倒上一雪莉杯朗姆酒，加上一茶匙糖、一些丁香及一片柠檬之类的，冲上二倍开水调和便成。①

根据上海国际大饭店酒吧部的营业情况，金酒消费占到总数的 50%以上。饮用之法，以清饮者最多，掺和汽水饮用者次之，其他如调和成鸡尾酒之类则很少。以金酒制作的鸡尾酒，有 White Lady Cocktail，其成分为金酒 2/5 杯，法国味美思酒 1/5 杯，君度酒 1/5 杯，柠檬汁 1/5 杯以及蛋白少许，放进摇桶里以冰调和，倒进鸡尾酒杯，散上一粒红樱桃或是一小块菠萝蜜便成。Pink Lady Cocktail，其成分与上同，只是不加蛋清加蛋黄而已。Million Dollar Cocktail，是以金酒 2/5 杯，法国味美思酒 1/5 杯，柠檬汁糖浆 2/5 杯及蛋白少许。另有很多花色饮料，如 Gin Sling，是在水杯中放入冰块，加上金酒、柠檬汁及白糖，再加入一倍半柠檬汽水调匀而成。还有一种 Gin Fizz，其调制方法与前相似。不但能喝到酒的本性，还能领略各种风味。② 鸡尾酒在近代中国的发展，可视为外国酒类消费文化中国化的一个典型例证。

在近代中国，鸡尾酒甚至引起了人们的争论。一篇文章写道，鸡尾酒是以威士忌、白兰地等酒做底子，加以苦酒、糖、冰等合成的混合酒。是饭前的一道酒，佐酒的食品往往只是三明治和腌制品。饮酒亦不过三四小杯，不会狂饮。在外国，酒店中是不售卖鸡尾酒的，完全由主人调制。有专门的器具，摇动以将酒味调和③。根据目前掌握的资料，鸡尾酒在上海、青岛、南京、重庆等较为发达的城市或行政中枢地带较为流行。特别是上海，很多酒店都有自制的具有特色的鸡尾酒提供给各类饮客④。

鸡尾酒的流行，引起了一些人士的不满。一位作者写道，在美国，凡款待贵宾而不用中国筵席，那便算不得贵重和豪华。而中国士大夫之流，在宴客的时候却流行鸡尾酒会。作者认为，鸡尾酒会“一无所取”，“大家站着举了杯子喝酒的姿态，也似乎并不美观”。他觉得鸡尾酒会最大的缺点是所费不赀，且即便是宴请外国宾客，也容易引起厌倦。国外对中国筵席热捧，国内却用鸡尾酒会招待，让人觉得非常讽刺。另外，作者参加了多次鸡尾

---

① 炳奎.酒谱之二·名酒介绍[J].帆声月刊(第 2 期)，1944-01-01:48.

② 炳奎.酒谱之三[J].帆声月刊(第 3 期)，1944-02-01:78.

③ 晨.鸡尾酒怎样做？[J].警务月刊(第 2 卷第 4 期)，1948:24.

④ 吴承联.旧上海茶馆酒楼[M].上海:华东师范大学出版社，1989.

酒会后，总结出鸡尾酒会还有一个很大的问题就是吃不饱，所以喊出“打倒鸡尾酒会”的口号①。如果不是因为鸡尾酒的流行，想来作者也不会喊出“打倒鸡尾酒会”的口号了。这从另一个侧面反映出近代中国酒类消费的一些面相，即鸡尾酒已经成为一般士夫宴请宾客时的常备之物。如蒋介石、李宗仁等民国党政军领导人，都多次举行过鸡尾酒会招待新闻界和外国人士，马歇尔等人更是经常的座上宾。可见鸡尾酒及其礼仪，已经超越洋场夜场和普通民众的消费层次，具有国家礼仪的含义。而有人对鸡尾酒会提出反对意见，也表明近代中国对西洋饮酒方式，并不是无条件的、完全推崇的，具有一定的批判借鉴意义。

七、啤酒文化的发展

可以肯定的是，早期啤酒消费者多是外侨或接受外国文化影响较深的人群。如对酒品选择极为严苛的周作人，对啤酒却情有独钟。大约是在 1906 年 9 月随其兄周树人赴日后，在异国他乡养成了饮用啤酒的习惯。1911 年回到绍兴后，只要见店中有啤酒售卖，便会去买来喝，连家乡特产绍兴酒也要为啤酒让路了。其 1913 年的日记中就有多次饮用啤酒的记载，如 8 月 24 日“午饮啤酒”，9 月 3 日下午“饮啤酒”②。看来不以酒名的周作人，也有其讲究和喜好。他饮用啤酒的习惯，当是在域外养成归国后坚持的。周作人代表的是这样一类人群：他们在海外求学或生存，将其所习得的新饮食文化习惯带回国内，并有可能影响其身边的人。周作人的案例，可作为饮酒文化交流的一个真实写照。

随着中西文化交流的深入发展，人们对啤酒的了解逐渐加深，啤酒文化在中国也渐次形成。当然，国人对啤酒的认识和了解，还是粗线条的，与实际情形还存在一定的偏差。如在一篇介绍啤酒起源和发展的文章中，作者写道：“啤酒酿造之发明，相传为古代埃及人。据研究象形文字者，结果判明距今五千年前，巴比伦人有酿造啤酒之事实。当时巴比伦人，每日对神供献啤酒，且确信饮啤酒，可以增加勇气，可以解忧，享乐陶然的醉态。嗣后在埃及、罗马、德意志，亦酿造特殊啤酒。当时均味淡，为药用而珍重之，上流社会，以酿造强烈的啤酒，而爱饮之。迄中世纪，寺院专门酿造啤酒。然后如此酿造所，均移至民间，始发生专门酿造啤酒业者，均将优美的忽布啤酒，廉价贡献于世。从此以后，啤酒可谓达成功之母，各阶级皆饮用之，需要愈增。在第七世纪许，德意志始初次使用忽布，此为忽布之起源。在此以前，相传巴比伦人，其所造之啤酒中，亦有加味忽布者。如此啤酒历史，几经变迁，遂致造啤酒之技术，非常发达。现时应用科学机械，完成大规模的近代化学之一，成为各国饮料品之大宗。”③今日学界对于啤酒起源，基本认定为两河流域的苏

① 冒牌记者.何必鸡尾酒？[J].海花(第 3 期)，1946：7.

② 平山.周作人：近代绍兴第一位饮用啤酒并有记录的名人[N].绍兴县报，2009－01－08：7.

③ 高南涧.啤酒酿造考[J].山西农学会刊(第 5、6 期合刊)，1940－08－10：579－580.

美尔人。作者认为起源于埃及，但谨慎地使用了“相传”这样的字眼。同时也注意到古巴比伦象形文字中对啤酒的记载，其关于啤酒发展简史的粗线条描述，大致不差。

在国人的认知中，啤酒是一种独特的酒精饮料。“酒为饮料之一，善饮收功，能兴奋精神，增加食欲，辅助消化。滥饮致疾，贻害心肝脏脑，或也轻举妄动，触犯法纪，或也蹈祸戕生。所以文明国家，有禁酒专条。其次有酒业专利之规定。惜为嗜好之一，万难清禁。考酒之主要成分，曰酒精。酒之强弱利害，以含酒精多寡为断。欧酒约分三种，最烈者为白兰地酒，内含酒精35%～70%不等。其次者为红白葡萄酒，酒精含量为9%～12%。最弱者为啤酒，酒精含量在2%～5%之间，故可为常饮品。”近代啤酒产自德国，为“彼国最古之饮料。数百年来精益求精，种类日繁，风行全球，仍无止境。德人嗜此，有如中国人嗜茶。旅行、宴会、聚谈，无时不需要啤酒。无处不有啤酒店，几如中国家庭常备之茶。年来中国时髦宴会，必具啤酒，时髦饮客，必饮啤酒。此风一长，医生当有详细之研究，以供饮家采择，对于啤酒成分及其品质，当先布告国人”。① 啤酒均由大麦芽、啤酒花、酵母及水四种原料酿造而成。啤酒虽以酒精为主要成分，但作为饮料的价值及其价格高低，视应有之要素以及品质高低而定。啤酒之主要特征为：一定的酒精含量、一定的碳酸气体、黏性泡沫、独特的滋味和特别的颜色。啤酒酒精含量较低，少饮者不至速醉，且其水分较多，有利尿等功效。然多饮仍能致醉甚而让人上瘾，且因其含有酒精成分，能致人染上诸如心脏肥大等症。啤酒在发酵过程中能够产生部分二氧化碳，但在贮藏、包装和运输的过程中，会导致部分碳酸气体溢出，影响啤酒口感。若碳酸含量过低(3‰)，则啤酒苦味凸显，饮之让人不适。善饮者以啤酒泡沫浓淡定其品质之优劣，泡沫少者味必淡。啤酒具有独特的口感和滋味，颜色或金黄或深色，虽难以尽合各人审美与品评标准，但均以不使人厌恶为度。② 举凡上述之酒精含量、碳酸气体、泡沫、滋味与颜色，是啤酒的五大特征，饮者自当注意。

在一篇译文的按语中，译者写道：“各地之食品习尚，多随其当地之出产环境以及其制造方法而成，初未及窥察其营养值也。英国彭克氏(H. J. Bunker)曾著《酵母啤酒果酒及蒸酒之营养值》一文，于英国化学工业学会食物组，在1946年5月31日开会时宣读。文中所及之酵母不为我国之一般食品，其营养值固有足多者。将来或将为新兴工业产品之一耶。至于酒类，质地不必尽同于我国，其大致类别亦绝相似，我国自古有果酒之制造，如葡萄酒梨酒等，唯水果产地不多，故果酒不甚通行。其余如绍酒及甜酒，实啤酒之类也，烧酒即是蒸酒，至于酒类之细节，则吾国幅员广袤，各地天气不同，习俗各异，如欲自考察入手而作研究，则待作之事正多，由研究而谋改进，亦正习生物化学者之职责也。”③ 可见对于

① 赵启华.论啤酒[J].同德医学(第3卷第3期)，1922－02－28：20－21.

② 赵启华.论啤酒(续)[J].同德医学(第3卷第4期)，1922－03－31：20－22.

③ 酵母啤酒果酒蒸酒之营养值[J].少白译.黄海发酵与菌学特辑(第9卷第3期)，1947－12：69－70.

啤酒的营养价值，国人也颇为关注。惜乎时代局限，未能广泛开展研究，只是偶尔掇译国外学者成果而已。

中外啤酒文化的差异，是时人关注的焦点之一。在上海，有很多人喜欢喝啤酒。因其易入口能畅饮，尤其是在夏令季节，销售更旺，在每个华贵的宴会席上，几成啤酒的天下。因此两三角钱一瓶的饮料，价格一路飞涨。特别是太平洋战争爆发后，更高出数十倍，一瓶八元多还是当局的限价，而且供不应求。后来当局更规定各酒菜馆供给顾客啤酒，每人只限半瓶。譬如一席宾主十人，只供给五瓶。倘若酒瘾未过，兴会未赊，只好改饮中国的花雕或洋酒。“外行初学喝啤酒，每觉苦涩不惯，而且刺激性很微，多饮不醉，与其称它为酒不如称之为饮料来得确切。但这东西所以受人欢迎，也自有其特具的优点和价值，第一是质味清冽，夏天饮冰啤，又凉快又澄洁，确是却暑妙品。第二是它具有卫生营养上的价值，顺气理肠，补助消化，而且多饮可促进发育机能，使身体肥胖，体重增加。”啤酒中的黑啤，看似颜色非常浓烈，实则酒性比黄啤还要和平，不易醉倒。上海出现黑啤，为时不久，风行之初，一般人多指定要黑啤。实则在欧洲，黑啤因酒性和平，是专供娇柔不胜酒力的女子饮用，男子大抵羞于沾唇。静安寺路上几家酒吧有现成的桶装啤酒供客零沽，把钮一掀，新鲜清冽的啤酒就倒满一大玻璃觥，可以当场作鲸吞喝一个痛快，而取费只四角钱。“但求他日有这么一个机会，旅行到欧洲去，在白鲁塞尔(布鲁塞尔)市上遍饮名酒，痛快一醉。”①

当然，近代国人对啤酒的认识还不够深入，啤酒文化也远远说不上发达。很多人对啤酒几近于无知，这在如下一个事例中得到充分的展现。1945 年日本宣布无条件投降后，时任第九十四军参谋长的贵州安顺人张法乾随部队到上海受降。因官兵作战经年，从未到过大都市，忽然间到了上海后，闹了好些笑话。多年后，张法乾仍记忆犹新，比如士兵占据电梯随之上上下下出不来，甚有不会用淋浴设备、伙夫在马桶中洗米等。“视察虹口日本营房，一进操场，看到满地破碎的啤酒瓶，心中奇怪，问了人，有弟兄说：‘日本人好坏，临走前把小便都放在瓶内。’原来是弟兄们没有喝过啤酒，竟然通通打破了，又是一桩笑话。”②可见那时就算是国民党军队，对于啤酒也缺乏简单的认识。由这段类似笑话的记载我们可以看出，啤酒的传播仍不广泛，且一般中国人并无相关认知。这主要是近代啤酒业的落后，以及长年的争战所致。

八、酒礼在国家政治生活中的淡化

中国近代酒业发展与社会文化的变迁不但体现在一些新的面相的出现，同时也伴随着

---

① 最清洁卫生的饮料：啤酒[J].新都周刊(第 20—21 期合刊)，1943—07—28：363.

② 张朋园访问，郑丽榕记录.张法乾先生访问记录[M].台北：中央研究院近代史研究口述历史丛书 34，1992.44.

一些旧有的文化面相的消逝，如酒礼的淡化便是在近代发生的重要变化之一。在传统中国，酒与礼可谓是密不可分。古人云“绝天下之酒，则天下无以行礼相养”，又云“酒食之会，所以行礼乐也”。① 礼乐制度不但是一种礼仪，更是一种分别人伦、实现统治的工具，是故酒食之用亦大。近代社会急遽变迁，酒在传统礼制中的作用锐减，逐渐脱离了礼制的范畴，成为一种实在的饮食层面的存在。

如乡饮酒礼，本是中国古代盛行的饮食礼仪，在儒家经典《仪礼》和《礼记》中均有相当的描述，又称“乡饮酒”“乡礼”等，“周代乡学三年业成大比，考其德行道艺优异者，荐于诸侯；将行之时，由乡大夫设酒宴以宾礼相待，谓之乡饮酒礼”。其要则为三年宾贤能、卿大夫饮国中贤者，州长习射饮酒、党正蜡祭饮酒，乡饮酒礼是“一个多元内容的重要礼仪”，也指地方官按时在儒学举行的一种敬老仪式②。乡饮酒礼之意义在于分别尊卑贵贱，维护统治秩序；增进感情，制造乡里祥和的气氛；培养重老尚齿的伦理道德③。另外，在实在的饮食层面，也是一次审美的共食（或曰《会食》）；乡饮酒礼还与人才选举关系密切，可谓意义重大④。所以，在中国历朝历代，作为嘉礼的一种，乡饮酒礼都享有独特的地位。随着儒家思想成为中国传统社会的统治思想，乡饮酒礼也逐渐与儒家社会联系起来，成为以地方儒学为中心的社会文化活动。在宋元时期，经过儒学士子的大力提倡，流行全国。即便是在异族统治的元代，乡饮酒礼也成为激励儒士自强自立，维系儒学传承发展的重要因素⑤。“清沿旧制，每年正月十五日及十月初一日，京师及各直省地方均举行乡饮酒礼，用示敬老尊贤、敦崇礼教，以求治化民间风俗之效。”⑥

及至晚清，国势衰颓，社会动荡不安，乡饮酒礼举行次数大减。鸦片战争爆发后，清廷不得不压缩开支，道光二十三年（1843）清廷下旨将乡饮酒礼款项拨充饷银，但仍鼓励地方自筹经费举办。在这样的社会背景下，乡饮酒礼举行的次数和地域大为减少，虽则晚清民国时期也有地方举行，如安徽芜湖在宣统二年曾举行乡饮酒礼。但乡饮酒礼已经脱离国家礼制层面，影响日减，只在一些地区转变为一种近似于民俗的存在⑦。

乡饮酒礼在近代的消逝，是传统礼仪在新的社会形势下的蜕变，是酒在中国传统礼制中作用锐减的缩影。随着近代民族—国家建构过程的展开，在其他礼仪或是国家庆典中仍可见酒类的身影，但以酒食为中心的传统统治术越来越没有实际感召力，成为一种实在饮食层面的存在，缺乏在传统社会的巨大功用。

---

① 徐兴海.酒与汉代社会生活[C]//赵光鳌主编.第七届国际酒文化学术研讨会论文集.北京：中国纺织出版社，2010.348－354.

② 姚淦铭.先秦食品文化研究[M].贵阳：贵州人民出版社，2005.463－464.

③ 姚伟钧.中国传统饮食礼俗研究[M].武汉：华中师范大学出版社，1999.87－95.

④ 姚淦铭.先秦食品文化研究[M].贵阳：贵州人民出版社，2005.470.

⑤ 申万里.宋元乡饮酒礼考[J].史学月刊，2005(2)：28－36.

⑥ 中国第一历史档案馆.乾隆朝乡饮酒礼史料[J].历史档案，2002(3)：3－8.

⑦ 赵永翔.清代乡饮酒礼的社会轨迹[J].宁波大学学报：人文科学版，2012，25(2)：59－64.

第三节　本章小结

在近代中国，酒店、酒楼、饭馆仍是酒类消费的主要场所。在清末的北京，主要有黄酒店、烧酒店和药酒店三种，其所售酒品及饮酒方式稍有不同。还形成了独具特色的“大酒缸”，几可称为老北京的标志性文化场景。在近代化程度最深的上海，不但酒楼饭馆酒店鳞次栉比，新式西洋餐馆、酒店、饭店、酒吧、跳舞场等场所，也是酒类消费的地方。

伴随着酒业的发展，酒类消费结构也悄然改变。如前所述，近代酒业发展形成了白酒（高粱酒、烧酒）独大，黄酒、啤酒、葡萄酒区域发展，其他酒种为补充的产业结构。与此相对应的是，近代中国酒类消费结构也是白酒一枝独秀。相对于黄酒而言，白酒是一种较为年轻的酒种。但因其酿制方便，酒精度数高，容易达到喝醉的效果，且易于获取，人们消费较为普遍。黄酒因其产地集中在江浙沪及两湖、闽粤地区，故也是这些地区消费较为普遍。但作为一种具有悠久历史传统的酒种，黄酒在士大夫阶层中享有较高的声誉，受到各阶层人们的普遍欢迎，而白酒消费更容易与下层民众结合在一起。啤酒、葡萄酒、各类洋酒，因其价格不菲，并非一般人所能享受。其消费阶层主要是受西式教育，或是拥有一定资产或收入较高的人群。总体上看，当代中国酒类市场上常见的酒种，在近代中国都能见到其身影。时至今日，白酒仍然是中国人纯酒精摄入的主要来源。这也说明历史和传统的强盛生命力，消费习惯的改变绝非一朝一夕的事。

洋酒消费在上海、大连、汉口等较为发达的条约口岸开放城市十分流行，且有向内地扩展的趋势。根据调查所得，1912 年中国进口烧酒价值 1836492 元，到 1920 年增加至 2259795 元，增幅 23.05％；进口啤酒价值 1104981 元，到 1920 年为 1521427 元，增长 37.69％；1912 年进口未列名酒价值 1756745 元，1920 年为 3436907 元，增长 95.64％；其他酒价值 106803 元，1920 年为 245790 元，增长 130.13％；1912 年合计进口酒类价值 4805026 元，1920 年为 7463919 元，九年间增长 55.34％。每年输入中国的洋酒价值数百万元。进口者既有白兰地、威士忌、金酒、朗姆酒、清酒、伏特加、潘趣酒等烈性酒类，也有香槟酒、红白葡萄酒、波特酒、雪莉酒、味美思酒等各种葡萄酒，进口啤酒更是销行各大都市。与进口洋酒的畅销相应，各类洋酒品牌也在中国有一定的市场。在上海一地，就有轩尼诗、路易王妃香槟、马爹利、尼获加威士忌、黑格威士忌、玛姆香槟、酩悦香槟、诺瓦丽・普拉味美思酒、马天尼、朝日啤酒等各种进口酒类品牌。这些品牌在今日中国的酒类消费市场，也是极为常见的。

总之，近代中国的酒类消费，无论是在饮酒场所，还是在饮酒诉求、酒类品种、饮酒方式、饮酒礼仪等方面，都发生了明显的变化。酒的侍应和推销方式、品饮方式的变化，则预示了更深刻的社会和文化内涵。

第六章

近代酿酒科技的发展和饮酒危害性的科学认识

在中国，对酿酒技术和经验的总结代不乏人。早在《周礼·天官》中就有“黍米必齐，曲蘖必时，水泉必香，陶器必良，湛炽必洁，火剂必得”的说法，至今仍为人们所遵守。中国古代关于酿酒的技术文献常出现在农学著作中，如北魏贾思勰的《齐民要术》，就对中国北方酿酒、制曲详加记载。到了宋代，窦苹《酒谱》、朱肱《北山酒经》等酿酒专著流传于世，为我们了解古代酿酒技术发展提供了不可多得的资料。特别是《北山酒经》一书，是中国古代酿酒文献最突出的代表和黄酒酿造技术的集大成者。全书分上中下三卷，上卷总论酒的起源及发展，中卷论制曲，下卷记载造酒。中国古代酿酒技术对近代酿酒科技和制酒工业的发展，具有积极的意义。正如陈騊声在总结中国古代酿酒技术在科学上的贡献时所说：古人“能够于观察日常自然现象中，发现制曲法，在适当条件下，能够制出既能糖化，又能发酵的曲，为世界各国从古以来所未有，对人类作出了伟大的贡献。近代人应用人工培养法由曲中分离出许多有用的微生物，例如：米曲霉、台湾根霉、爪哇毛霉、德氏根霉、雪白根霉、红曲霉等糖化力强的菌种以及强有力的酒精酵母，利用这些微生物生产了工业和医药用的酒精与葡萄糖，以及其他发酵食品，满足了人民的需要。尤其突出的是我国发明的红曲，由其分离出的红曲霉，不但糖化力强，而且可使食品呈鲜艳的红色。最近且利用红曲霉的糖化酶由淀粉制成葡萄糖，这是外国人所没有的”。创作了“掌握糖化与发酵的技术，例如：原料选择、温度控制、避免染菌和分批投料等。为近代发酵工业打下了基础”。应用“简便的蒸馏装置，制出了香味浓郁的烧酒，为近代酒精工业开辟了道路”[①]。虽然如此，国人对酒的了解多停留在直观认识和经验总结的阶段。近代以来，随着中外科学、文化交流的频繁，我国开始利用西方近代科学技术和设备对酒加以研究，酿酒科技和酿酒业的发

① 陈騊声.中国微生物工业发展史[M].北京：轻工业出版社，1979.50－51.

展开始出现新的曙光。

中国传统对酒的认识可以总结为辩证联系的两个方面。从社会功用方面言，酒既为礼乐必备之物，也是祸乱之源；对个体健康而言，酒既为百药之长，同时也是伤身之物。酒在礼乐与医药上具有重大的用途。同时，前人也认识到酒具有与此完全相反的作用。大而言之，酒是礼乐制度必备之物，与国家治乱兴亡社会安定均关系密切，能够导致国家祸乱、丧邦亡家。小而言之，酒对饮酒者个体亦有极大影响。一方面为“百药之长”，另一方面会损害身躯，夺人性命①。及至近代，随着医学科学知识的传播，人们对酒的认识不断加深，对饮酒所导致的疾病逐渐有了科学的认识，开始提倡科学健康饮酒。

第一节　近代中国酿酒科技的发展

一、近代酿酒科技的成就

伴随着近代微生物学的形成与成熟，西方酿酒科技取得突破性进展，并逐渐传往古老的东方。17 世纪，欧洲人利用显微镜发现了微生物的存在。到 19 世纪中叶，巴斯德等人的卓越研究使得人们对微生物在发酵过程中的认识逐渐深入，西方近代微生物学开始成熟，并不断向纵深发展。鸦片战争之后，资本主义列强轰开了中国的大门，随着坚船利炮而来的还有外国科学技术。英国传教士傅兰雅和中国人徐寿合作编辑的《格致汇编》，是最早向中国传播微生物学的出版物。译载了英国人《化学卫生论》一书，其中有多处关于酿酒及相关微生物的介绍。如第四章《论植物》中，有利用显微镜观察酿酒发酵过程中系列变化的内容；在第十二章《论所酿五谷酒》和十三章《论所酿葡萄酒等》，讲述了西方最新的酿酒方法和原理，还提到了微生物在发酵过程中的作用。但及至清末，西方微生物学和发酵科学在中国都只是零星传播。民国年间，为了培养近代科学人才，一些学校相继开授微生物学、酿造学等方面的课程。有的在应用化学科讲授，有的列入农学院校开设。最早开设工业微生物学课程的是北京工业专门学校（后改为“北京工业大学”）的应用化学课，近代中国知名酿造学专家陈騊声便毕业于此；方心芳、金培松、秦含章等人则毕业于上海国立劳动大学农学院农艺化学系。此外，中央大学农学院、北平大学工学院也较早开设工业微生物学课程。② 相关课程的开设，为酿造及发酵专业研究人才的培养准备了一定的条件。中国近代酿酒科技的发展主要体现在如下几个方面：

首先，专业研究机构的建立，其中最具代表性的是中央工业试验所酿造实验室及黄海化

① 梁瑞，周珊，郭旭.论中国文化对酒的辩证认识[J].酿酒科技，2015(10)：127－130.

② 李思孟.中国微生物学的初创时期[J].中国科技史料，1988，9(1)：14－19.

学工业研究社发酵与菌学研究室。1928 年，工商部长孔祥熙认为，世界各国对工业改良、商品鉴别、标准规定及制造方法的检验，无不以科学试验为基础和依据。但中国工业落后，也没有从事科学试验的机构。鉴于东西方各国的成就、警惕于工业主权之旁落，且迫于工商界之要求，孔祥熙呈请国民政府筹设工业试验所。1930 年 7 月 5 日，中央工业试验所成立，隶属于工商部，后改隶实业部。该所最初设化学和机械两组，化学组下设之酿造实验室即为我国较早从事酿造研究的机构。1937 年抗战爆发后，中央工业试验所西迁，1938 年改隶经济部。到 1948 年，工业发酵实验室已然成为所内最主要的一个研究机构，以金培松为主任，主要从事工业微生物培养与分离、微生物国际交换、抗菌素研究、工业微生物制造工厂设计与改良。为配合实验室的研究工作，还附设有两家酿造实验示范工厂。酿造实验室与工业试验所克服了经费不足、设备简陋等困难，在相关领域取得了显著的成绩。①

在成立之初，酿造实验室便对国产酒药酒曲等进行调查与研究，其主要成绩如下：

1.调查酒曲酒药及微生物分离。黄酒方面，完成绍兴酒曲、无锡惠泉酒曲、金华酒曲、衢县白酒曲、北平玉泉酒曲、上海三白酒曲等十余种酒曲的微生物分离工作；蒸馏酒方面，在唐山、太原、开封、临颖、烟台、威海、济南等地采集的二十余种酒曲微生物分离；在福建闽清、古田、屏南，浙江青田、永康、东阳、金华等地搜集之红曲的微生物分离；对西南各省如广东、广西、云南等省所产酒曲酒药酒饼进行调查，广东 6 种，广西 11 种，云南 11 种。统共得酒曲酒药 70 余种，分离出微生物百余种，经鉴定者有 40 余种。2.进行酵母驯化培养研究，如黄酒酿造酵母本不耐乳酸，但经过驯化改良，可耐乳酸而不至于影响其发酵力。3.指导各地酿造学习学生。接受国立清华大学、国立北京大学工学院、国立山东大学、南京国立中央大学、金陵大学等校学生 16 名在实验室学习酿造科学。4.开办酿造培训班。对各地从事酿造业之需要学习相关理论与技术者提供培训。5.整理出版研究报告。在《工业中心》上，多有酿造实验室人员发表的相关试验报告及论文。后更预备将微生物、酱油酿造、酒精制造及酒类研究报告结集出版。其关于酿酒方面的成果汇编是由商务印书馆 1937 年出版的《酿造研究》一书。②

抗战期间酿造实验室设在重庆北碚，主要进行酿造原料、酿造技术和酿造成品的试验和研究，如纯种发酵菌种的培养与推广、乳酸发酵的研究、丙酮及丁醇发酵试验、非粮食原料制造酒精的研究以及各种酿造技术的试验和改良等。③ 在艰苦的环境下，中央工业试验所酿造试验室仍涌现了金培松、陈騊声等一批从事酿造研究的专家，并产生了《酿造研究》等系列成果，在《工业中心》上发布了大量酿酒方面的研究报告，成为民国时期酿造研究的

---

① 王俊明.民国时期的中央工业试验所[J].中国科技史料，2003，24(3)：216－227.

② 顾毓瑔.一年半以来之中央工业试验所[J].工业中心(第 5 卷第 1 期)，1936－01：10－11.

③ 赛光平.论抗战时期的中央工业试验所[J].民国档案，1995(2)：105－111.

重镇。

如果说中央工业试验所酿造试验室是国立研究机构中从事相关研究的佼佼者，那么黄海化学工业研究社(简称“黄海社”)无疑是民间研究机构中的巨擘。黄海化学工业研究社的前身是久大公司塘沽精盐工厂附设的化学室。1922 年久大公司决定将化学室和工厂分开，聘请孙学悟为社长，常年经费由范旭东在个人酬劳中支付。范旭东认为:工业救国的迫切需要、振兴工业必须有学术研究的基础，学术研究必须结合本国实际针对本国情势。黄海社成立后，其所从事的研究内容主要有:农产制造相关的发酵与菌学研究、农业肥料的研究、轻金属冶炼研究、水溶性盐类研究。研究人员孙学悟、区嘉炜、卞松年、张克忠等人均是留洋归国的博士，方心芳等人在酿造方面的研究成果至今受到人们的称赞。

抗战爆发后，黄海社内迁四川五通桥。菌学室首先研究糖蜜发酵，解决了酒精发酵工业的酵母及营养问题，其成果为很多酒精厂所采用。还从四川当地采集微菌，进行分离、提取和试验。同时，鉴于人们对应用菌学认识上的不足，黄海一面做文字介绍，一面邀请社外人员前往学习参观，不断发表研究报告。早在抗战之前，黄海就发表了方心芳等人关于汾酒、高粱酒等的研究报告，如《汾酒用水及其发酵秕之分析调查》《汾酒酿造情形报告》《高粱酒之研究》《酒花测验烧酒浓度法》等。到四川后并创办《黄海发酵与菌学特辑》双月刊，从 1939 年夏开始印行，到 1951 年年底共出 12 卷 70 期，是当时酿酒及微生物相关研究成果的发表阵地。酿酒方面的研究论文有:萧永澜《青神酒药制造试验报告》《青神酒药之分离》，方心芳《麦类所含微菌养料之研究》《微生物与葡萄酒》，吴香魁《绍兴酒改良与研究》《柑橘酸酒法》《霉酵素清澄葡萄汁试验》，李祖铭《李子酿酒试验》《泸县大曲酒之调查》，朱梅《中国啤酒历史》，白汉熙《苞谷酒》等。正如方心芳先生在多年之后所言，“三十年来黄海社在艰难困苦的环境中奋斗争扎，做出了一点成绩。现在看起来似很平凡，但在当时环境之下，是不容易得到的”。①

其次，是研究人才的不断涌现，形成了一个专门从事发酵和酿造研究的群体。如孙学悟、魏喦寿、方心芳、金培松、陈騊声、秦含章、朱宝镛等人。他们多有本土大学学习经历，且在国外留学，对相关学科领域的最新研究成果较为关注，取得了不俗的成绩。

孙学悟(1888—1952)，字颖川，我国近代化学工业的开拓者，近代科技工作卓越的领导者。1888 年生在山东威海卫一个商人家庭，自幼聪颖，初受私塾教育。1905 年在英国人开办的安里甘堂学校完成中学学业，赴日本早稻田大学就读。在日本参加同盟会，1906 年受命回国开展革命活动。1907 年入上海圣约翰大学，1910 年考入清华学堂留美预备班，1911 年秋入哈佛大学攻读化学，1915 年获博士学位并留校任助教。1919 年，应南开大学校长张伯苓之邀，回国赴南开筹建理学系。其后曾短暂在开滦煤矿工作，1922 年应范旭东

① 方心芳，魏文德，赵博全.黄海化学工业研究社工作概要[J].化学通报，1982(9):47－52.

之请任黄海化学工业研究社社长。在魏喦寿离开黄海后，发酵与菌学试验室由其亲自主持。1939年，孙学悟力主修改黄海社章，决议以协助化工建设为宗旨，主要从事西南资源的调查、分析与研究工作，成为开发西南化学工业的智囊与钥匙。根据西南地区的实际情况，孙学悟主持重新安排了重点科研领域及课题，在菌学方面，先后开展糖蜜、饴糖、茶叶、白菜和豆腐等发酵制柠檬酸、丙酮、丁醇、砖茶、泡菜、豆腐乳等的研究；积极开展菌种的收集、筛选和培植；对盐里的细菌和分解石油的细菌，也进行了探索研究。为宣传菌学知识，推广菌学技术，在黄海经济十分困难的条件下，孙学悟多方筹集资金，创办了《黄海发酵与菌学特辑》双月刊。中华人民共和国成立后，孙学悟积极投入新中国的怀抱，力促永利制碱公司、久大盐业公司走上公私合营的道路。① 孙学悟不但具有渊博的学识，且具有卓越的科技工作领导才能。在他的带领下，黄海化学工业研究社取得了非凡的成果，成为中国近代科技发展史上独特的景观。

魏喦寿(1900—1973)，字孟磊，浙江省鄞县人，我国微生物学先驱之一，中国第一代微生物学家。1922年以公费入日本京都大学化学工程系，师承日本著名微生物化学家喜多源逸教授。从1927年回国到1930年，在上海国立卫生实验室从事研究工作，兼任国立劳动大学农学院农艺化学系教授。1937年前，创建中央大学农学院农艺化学系并任教授和系主任，其间受实业部推荐曾兼任中国酒精厂总工程师。抗日战争时期，进入国民政府资源委员会，在四川、云南等省创建并管理过多家酒精厂。1945年，他受陆志鸿之聘，参与接收台北帝国大学(后改建为"台湾大学")。1946年到1957年，任台湾大学工学院院长兼化学工程系主任，在农业化学系教授微生物学。1957年，负责筹建"中央研究院"化学研究所，担任筹备处主任，至逝世前一直任该所所长。1973年6月4日逝世于台北。魏喦寿的科学生涯开始于日本求学期间，学习化学和微生物学，并研究真菌。1927年回国后，他在国立劳动大学从事我国传统发酵食品中微生物的分离和研究工作。1929年在美国的《科学》(*Science*)杂志上报道了他在腐乳中分离的一个毛霉新种，而且详细介绍了这种对中国饮食具有重要意义的发酵食品。1959年开始，他主持编纂《应用微生物图谱》，这部15卷的巨著不仅反映他对各类微生物的认识和驾驭的高深造诣，还对科研、教学、产业有重要价值。据统计，魏喦寿一生发表论文82篇，著作7部，实际可能远超此数。②

方心芳，河南临颍人。早年在河南卫辉法文学校毕业，入上海中法工业专科学校附中班就读，1927年考入上海国立劳动大学农学院农艺化学系。1931年毕业后到黄海化学工业研究社发酵菌学研究室工作，1935年考得比利时庚款到鲁汶大学农学院酿酒专修科学习，其后在荷兰巴恩中央菌种保藏中心、巴黎大学季也蒙教授研究室、伦敦微生物及发酵科

① 高洪亮，闫小红."近代化工界的圣人"孙学悟[J].春秋，2013(4)：46.

② 傅金泉.我国老一辈科学家对酿造微生物学的贡献[J].酿酒，2010，37(1)：4－7.

研单位、丹麦嘉士伯研究所等从事考察和研究。1937 年回国，1938 年 8 月随黄海化学工业研究社迁往四川乐山五通桥镇，方心芳在此工作到 1949 年 12 月四川解放。1950 年年初到北京黄海社新址筹建发酵微生物研究室。1952 年科学院接管黄海社的发酵菌室，从此方心芳即在中国科学院工作直到逝世。方心芳曾任黄海化学工业研究社副社长、发酵菌学研究室主任、中国科学院菌种保藏委员会领导人、中国科学院北京微生物研究室研究员兼副主任、微生物研究所副所长兼工业微生物室主任、中国微生物学会副理事长、中国微生物学会酿造学会名誉理事长、中国微生物菌种保藏管理委员会主任委员、中国科学院学部委员等职。一生对中国传统发酵产业现代化、现代工业微生物研究、微生物菌种保藏事业及人才培养与学术交流作出了突出贡献，参与创办《黄海发酵与菌学特辑》及《微生物学报》[①]。是我国工业微生物学的开拓者、应用微生物学理论和方法研究传统发酵产品的先驱者之一。

金培松(1906—1969)，又名金柏卿(英文名 Pei－sung King)，浙江东阳人。1919 年进入东阳县长山小学。1923 年高小毕业，入东阳县城初级中学，三年后毕业，考入浙江省立第一中学高中部。一年后因家庭经济困难辍学，1927 年 9 月以高中肄业学历被国立劳动大学农学院农艺化学系录取。1931 年 7 月大学毕业后，与方心芳一起随劳动大学教授魏嵒寿到天津黄海化学工业研究社任研究助理。魏嵒寿不久便离开该社，到中央大学农学院创建农业化学系，金培松一年后成为魏嵒寿的助教。1934 年任中央工业试验所酿造室技士，同时兼任中央大学农学院讲师，1936 年曾到日本考察酿造工业。抗日战争时期，流亡重庆，亦在大学兼课。1938 年 6 月 15 日，国民政府经济部部长翁文灏发布训令，任命金培松为中央工业试验所酿造室主任。1944 年受国民政府经济部资助前往美国威斯康辛大学生物化学系进修，1946 年夏获硕士学位后，在美国农业部北区试验站工作到年底。1947 年归国后，回到中央工业试验所任工业发酵试验室主任，在沪江大学和复旦大学讲授微生物学和酿造学，并指导本科学生毕业论文。中华人民共和国成立后在上海、北京、天津等地任教，从事科研和教学工作。“文革”爆发后，金培松被戴上“资产阶级反动学术权威”“垄断科学”“中统特务”等帽子，长期被关进牛棚，多次惨遭批斗、游街、毒打。1969 年 6 月 7 日，不堪折磨的金培松告别人世。1978 年方得平反昭雪，恢复名誉。[②]

陈騊声(1899—1992)，字陶心，福建福州人。1918 年入北京工业专科学校应用化学科，攻读制糖、酿造等课程。1923 年毕业后赴山东博益实业公司的糖厂和酒精厂工作。1927 年，山东军阀混战，工厂停工，陈离鲁返京，在母校兼任讲师。翌年，到南京国立中央大学、上海劳动大学担任讲师、副教授。1930 年 6 月转入南京中央工业试验所任酿造室

---

① 程光胜编著.方心芳传[M].长沙:湖南教育出版社,2017.

② 金瑞芳、王瑞李口述,王旭白执笔.金培松传略[C]//中国人民政治协商会议浙江省东阳县委员会文史资料工作委员会编印.东阳文史资料(第 4 辑),1987.62－66.

主任，潜心于微生物的研究。1932年赴美留学，先入路易斯安那大学，获理学硕士学位，后转威斯康星大学。1934年回国后担任上海中国酒精厂总化学师，抗战爆发后，先后到大夏大学、圣约翰大学农学院授课。1940年，任上海新亚酵素厂技术总监，从事酵母生产。抗日战争胜利后任国民政府经济部上海工商辅导处化工组组长、上海工业技术委员会副主任委员。1950年，食品工业部委派他赴东北三省协助糖厂、酒精厂复工事宜。帮助吉林阿城糖厂、哈尔滨范家屯糖厂复工和包头糖厂选址等。1958年，任上海市轻工业研究所食品研究室技术顾问，积极协助开拓发酵工业新技术。“文化大革命”期间，陈騊声受到迫害，但仍著述不辍。1982年转入上海科技大学任教。陈騊声著述等身，抗战期间出版《酿造学总论》和《酿造学分论》，是早期酿造学研究的代表性专著。其他如《中国微生物工业发展史》《近代工业微生物学》等均是传世之作。先后出版专著30余种，论文多篇，达上千万字。先后在南京中央大学、国立劳动大学、沪江大学、江南大学、复旦大学、上海科学技术大学等多所大学执教，培养了大批发酵人才。①

再次，涌现出了一批具有较高学术价值的科研成果，奠定了近代酿酒科技和工业微生物研究的发展基础。在专著方面，有陈騊声《发酵工业》《农产制造》《酒精》《酿造学总论》《酿造学分论》，方乘《酒精制造学》，魏喦寿《高粱酒》，吴承洛《酿造》，方心芳《应用菌学概要》等。

金培松编著的《酿造工业》②一书，是中国科学化运动协会组织编撰出版的“应用科学丛书”之一。首先介绍微生物的发现史与发酵学说，次及发酵微生物如丝状菌、酵母菌、细菌及酶之种类、性质与作用。对啤酒、葡萄酒、绍兴酒、高粱酒等的酿造原料、设备、原理与方法论述极详。如高粱酒一章，从高粱酒曲制造法入手，介绍了高粱酒酿造的不同方法及工序，对高粱酒的原料选择、成品组分分析以及生产效率改进等都有精到的论述。

郭质良的《发酵学》③一书，同是“应用科学丛书”之一。其第一篇为发酵概论，论述微生物发现简史、发酵理论的演变历程及酒精发酵化学。第二篇《酵素》，首先概论酵素，次及酵素的理化性质、命名与分类、分解与化学作用。第三篇《发酵菌类》，介绍酵母菌、霉菌和细菌的分类、性质及其在发酵过程中的作用。第四篇《发酵菌类研究法》，对各菌类的检查、培养、实验及设备等，均有详尽的论述。

陈騊声的《发酵工业》一书，介绍了发酵工业中常用的细菌、酵母菌和霉菌及其研究方法，对酒精制造、啤酒酿造以及葡萄酒、高粱酒、绍兴酒的酿造也有详细的介绍④。其后，陈

① 青宁生.我国最早的发酵工业专家：陈騊声[J].微生物学报，2006，46(5)：689－690.
② 金培松.酿造工业[M].重庆：正中书局，1939.
③ 郭质良.发酵学[M].重庆：正中书局，1943.
④ 陈騊声.发酵工业[M].上海：中华书局，1935.

駒声相继出版了《酿造学总论》① 和《酿造学分论》②，对酿造过程中的基本原理及酒精、啤酒、葡萄酒、绍兴酒、各种蒸馏酒的酿造及相关工业，都有详细的论述。

魏喦寿、何正礼的《高粱酒》一书，是国内第一部关于高粱酒酿造的专著。对高粱酒酿造历史、酒精发酵基本理论及其化学变化，高粱酒酿造原理、制曲、发酵蒸馏及后续发酵，以及高粱酒的名称、改良与提高的方法等都有所探讨③。当时还翻译出版了《葡萄酒及果酒酿造法》一书。对葡萄酒、果酒制造业的意义和价值，葡萄酒、果酒的成分和一般酿造工序作了介绍，红葡萄酒、白葡萄酒、家酿葡萄酒、苹果酒、枇杷酒、榅桲酒、梨酒、梅酒、波特酒、味美思酒等的酿造方法，也有详尽论述④。

在黄酒酿造领域，有《绍兴酒酿造法之研究》《浙江之绍酒》等。周清"研究农学，已十余年。酿造一业，尤具心得。民国四年间，为巴拿马赛会，所著《绍兴酒研究之报告》一书，于绍酒优点及酿造法等，言之綦详。日人双木生，译载于《支那杂志》中。农商部委员孙君，来绍调查酒类，亦嘉纳焉"。1928 年，周清正式出版《绍兴酒酿造法之研究》一书 。其书首先介绍兴酒的成分与优点，依次介绍了绍兴酒所用原料及选择、酿造方法、出产区域及产量产值、绍兴酒的副产物、酒糟蒸馏烧酒方法，还附录有成本预算表、原料配合表、成酒数量表、酒具置备表，另有其所撰"绍兴酒业痛史"和"绍兴酒业痛言"二文，是了解绍兴酒酿造情形、技术进展和绍兴酒文化不可多得的珍贵材料⑤。

《浙江之绍酒》一书由建设委员会经济调查所刊布，作为"中国实业志"的一种。建设委员会经济调查所"鉴于绍酒与浙省经济关系如此巨大，而关于绍酒之记载又极缺乏。值此绍酒日趋衰落时期，每年洋酒进口量达到几百万金之巨，遂本提倡国货之旨，亟为调查刊布，使关心国民经济建设者，得所究讨，以为将来复兴绍酒对外贸易之先声"。⑥ 建设委员会经济调查所先后两次调查浙江绍兴酒，一次在 1935 年 11 月，第二次是在 1936 年 5 月，均由杨绍、王庭凤担任调查员。此书对绍兴酒的产地、产量产值、原料曲药、酿酒用具、酿造方法、包装、副产物、捐税、成本、运销、职工及其工资、坛行等方方面面，都有详尽的记载，是了解 20 世纪 30 年代中期绍酒的珍贵史料。

黄海化学工业研究社研究报告、《工业中心》、《黄海发酵与菌学特辑》等各种学术刊物上的多篇论文，代表了近代酿酒微生物以及酿酒科技研究的最高水平。陈駒声在总结民国时期酿酒科技发展时指出：中国各地酿造烧酒方法陈旧，但品质优良。例如，山西汾酒、四川之大曲

---

① 陈駒声.酿造学总论[M].长沙：商务印书馆，1940.

② 陈駒声.酿造学分论[M].长沙：商务印书馆，1941.

③ 魏喦寿，何正礼.高粱酒[M].上海：商务印书馆，1935.

④ [日]下濑川一郎著.葡萄酒及果酒酿造法[M].曹沉思译.长沙：商务印书馆，1939.

⑤ 周清.绍兴酒酿造法之研究[M].上海：新学会社，1928.

⑥ 建设委员会调查浙江经济所统计课.浙江之绍酒[M].杭州：建设委员会调查浙江经济所，1937.

酒、贵州之茅台酒名闻全国。古法酿造多用的酒药、酒曲，是否含有优良的酵母及霉菌，大有研究的价值。陈騊声不但是民国酿酒科技进展的亲历者，更是主要推动者之一，在《中国化学家对于发酵化学的贡献》一文中，他简要评述了民国时期酿酒科技各方面的进展①。

在酒药与酒曲研究方面。陈騊声等于1934年由湖南酒药中分离出酒精酵母。汤腾汉等于1935年研究山东酒曲，分离出17种酵母及30种霉菌。陈騊声又于1933年在其“中国酿造产品的微生物研究”中分离出3种酵母及3种黄曲霉。前述三项研究对分离所得的微生物形态及生理都有充分的论述。1935年，陈騊声由严州酒药中分离出Rhizopus sp.，其糖化发酵力可与Rhizopus Delemar相匹敌。金培松于1935年由唐山、开封及太原酒曲中分离出Absidia，由开封大麦曲中分离出Rhizopus，在唐山、开封及临沂酒曲中分离出酵母，从大麦曲中分离出Torula 1、Mycoderma Ⅰ及Mycoderma Ⅱ。方心芳于1935年将各地酒曲、酒醅、葡萄中分离出40种酵母并研究其发酵力，结果证明我国酒曲内优良酵母菌较少，发酵速度较缓。沈治平1938年发表10种茅台酒曲霉菌初步分离与试验的结果。赵学慧1945—1946年研究了四川嘉定附近的曲菌属。李毅民1946年在关中各地采集酒曲分离出14种酵母菌，挑选出发酵力较强的酵母7种，可用于酒精酿造。李祖铭1947—1948年在四川泸县大曲酒曲中分离出酵母三大类。刘椽1949年从福建长汀酒药中分离出糖化力极强的霉菌。中国酒药中常含有蓼类，方心芳1948—1949年将桃花蓼(水蓼)、圆叶蓼(旱蓼)、青茎蓼(辣蓼)加以研究对比，结果证明三种蓼都含有丰富的酵母及根霉生长素；在米中加入蓼汁后，酵母生长繁殖较旺；旱蓼、辣蓼中含有根霉抑制成分，制曲时用量不宜过多。魏喦寿和金培松在中国各地酒曲中分离出Aspergillus、Rhizopus及酵母菌多种。并研究酵母孢子形成与其培养基的关系。总体言之，这一阶段所发现和分离的酵母及菌类，优良者少，发酵力均较弱小。②

红曲研究方面。红曲为江西、浙江、福建、广东等省用于制造红酒、红糟的产品，并可用于食品染色。金培松1937年发表中国产红曲菌方面的研究。周元懿1944年发表红曲制造方面的研究。萧永澜1943—1944年进行红曲菌初步比较试验，其所用之四种红曲菌形态不同，繁殖温度为30℃～35℃，不同红曲菌对于酸碱及酒精的影响不同。

蒸馏酒方面。陈騊声关于东北、山东等地高粱酒酿造研究证明高粱淀粉利用率仅为42%，南开大学应用化学研究所报告则为52%，总体上利用率极低，大有改良的必要。1934年孙学悟和方心芳对汾酒展开研究，认为汾酒发酵时间久，副发酵作用旺盛，原料损失较多；干糟淀粉含量不少于23%；汾酒的优点在其出品的浓厚和馥郁芳香，不在出酒率的

① 陈騊声.中国化学家对于发酵化学的贡献[J].化学世界，1956，11(4)：164－167.

② 本段及以下三段，主要参考陈騊声《中国化学家对于发酵化学的贡献》(载《化学世界》1956年第11卷第4期第164—167页)一文。

高低。1935 年二人又研究了高粱酒酿造的改良之法，应用纯粹培养法制成酒曲，每百斤高粱平均可出酒精 30 斤，较传统方法应用大麦曲或小麦曲均有极大进步。张克忠等在 1935 年研究高粱酒固态发酵，用高压蒸煮可提高出酒率。区嘉伟、方心芳于 1935 年研究川穹、白术等 11 种草药对酿造的影响，结果显示：草药对霉菌繁殖没有促进作用；草药对糖化无显著影响；肉桂、陈皮等有促进发酵的作用，但超过一定量之后，反而产生抑制作用。白汉熙等 1944—1945 年研究苞谷酒，结果显示牙皂、独活、苏荷、云风等有同时促进糖化及酵母菌生长的作用。

绍兴酒研究方面，成绩不多。熊则勋对比了绍兴酒的比重及酒精度。高盘铭研究证实旧法制造黄酒产量甚低，将蒸米时压力增加到 40 磅左右，出酒率稍有提高。吴香魁在绍兴酒酒药中分离出根霉，其糖化发酵力弱；以麸皮代替小麦，及以碎米代替糯米，产品的色香大致尚可。

最后，酿酒知识开始向大众传播和普及，或向一般民众传播与酒相关的知识，或对酿酒从业者提供咨询与指导。在中华平民教育促进会定县实验区出版的《农民周刊》上，一篇文章是这样解释葡萄酒的来历的：高加索山下的森林中，住着一些不大与外界联络的土著。男的打猎，女的料理饮食。果汁是夏天必备的饮料，若有剩的，便放在瓶子里。某日男子打猎回来，便将以前所存放的果汁喝了，觉得味美异常。邻近的人也来享用这种美味，因时值新年，故此后每年新年当地人都要准备这种用果汁存放发酵而成的饮料。果汁变酒，实际上是因为果汁中含有无数的酵母菌，是从空气中带来的。酿母菌在果汁中迅速繁衍，并将其中的葡萄糖分解，生成酒精和二氧化碳。并将这一过程用通俗的话语表达为：酿母菌吃了葡萄糖，便排出酒精和碳气。这恰和我们用了饮食，而排出粪尿汗和碳气，仿佛相似。① 作者所言高加索山脚的这个故事，显然不能视为葡萄酒的信史。然作者已经认识到葡萄酒之所以生成，是因为酵母菌自然发酵。而用最通俗的语言，向农民讲解葡萄酒的知识，是难能可贵的。

1949 年《科学画报》刊出了一封读者来信，一位酿酒作坊主称："鄙人是一古法小规模酒酱酿造作之主持者，托祖上之余荫，继续主持其事，已十余年矣。总因学识浅陋，不知改良，致出品不如理想之完美，虽黄酒一种，堪称满意，然副产物如烧酒、米醋等，产量既少，成本亦高，费时又久，此皆提炼法墨守其旧，殊难与随时能改进者竞争也。兹闻现有科学方法，用廉价物品如珍珠米、甘薯、洋芋等提炼烧酒及用麦芽糖和以化学原料造醋者，成本廉而时间短，实有改良之必要，然愚如鄙人者虽绞尽脑汁，亦难得一线之头绪，兹特奉闻，未悉先生亦知其详否。曹怀萱宁波大隐镇石山下。"编辑在杂志上作答，云："凡是含有糖类的有机物，糖分在发酵时都会变成酒精，因而可以制成含有酒精的饮料。大麦芽、

① 卲青.新年的酒[J].农民周刊(第 7 卷第 12 期,"新年专号"),1932－01－02:6－7.

珍珠米、甘薯等所含的淀粉质，经过麦芽糖酵素的作用，便可先由淀粉生成糖，以后自可再制成酒。酒精在氧化后，会变成醋酸，因而又可从酒制醋。你所问的题目，说来话长，如果你有志于此，请你先学习基本程度的化学，再进而修读酿造工程学，商务印书馆大学丛书中有此书。”又“商务版《最新化学工业大全》亦有关于酿造的部分。但是单看书本，仍还不行，需要加上实地经验才行。对于酒曲的培养、发酵、蒸馏的设备，也都是需要专门的知识与技能的，所以我们亦不能教会你制酒的方法，最好你有机会，到设备完善的酒精厂去实习才行”①。通过刊物向酿酒业者提供咨询和技术指导，这显然也是步入近代之后方才出现的新现象。

二、中国酿酒研究科学化的先驱：魏喦寿、金培松

魏喦寿与金培松虽有师生之谊，但可说是同时代人，且二人共同的学术旨趣与成果主要体现在酿造微生物特别是酒类酿造研究方面。传统酿造产品中微生物的提取、分离与研究、传统酒类酿造技术的改良以及酿造组织形式的变革等方面，都是他们研究的中心问题。

第一，魏喦寿、金培松二人对近代酿酒科技的贡献体现在传统食品中酿造微生物的提取、分离和研究。他们搜集河北唐山、塘沽、获鹿，北平，山东济南、招远、烟台、威海，河南开封、临颍等地的高粱酒曲及山西汾酒曲，分离出42种菌种。经调查和分离，证实了日本微生物学家山崎百治“中国之微生物，根据地理上之分布说，就Aspergillus一属，应以Aspergillus glaucus一群者为多”的论断。华北一带酒曲中分离出的Aspergillus属微生物，菌丛短小，颜色为黄绿色或绿色，在显微镜下观察其分子柄与分生子以平滑者为多。用以制造糖化酵素(酶)，其糖化能力不及西洋产之Aspergillus oryzae1/2或1/3。根据魏喦寿等人的分离和观察结果，采自河南开封和太原酒曲的Aspergillus glaucus菌体形态与颜色极为相似，不易分别；但在紫外线照射下，前者菌丛发出褐色荧光，培养稍久后变为黑色，后者为黑色。分离自山东招远酒曲和塘沽玉米秆上的Aspergillus oryzae，其外形颜色及紫外线照射下之荧光均相同，是同一种菌。分离自山东招远和烟台的Aspergillus oryzae菌体大小虽不同，然其形态、颜色及紫外线照射下菌丛与培养基所发荧光均相同，也是同一种菌体。② 同时，他们还研究了Rhizopus属微生物在紫外线照射下所呈现的不同形态③。

魏喦寿和金培松认为，中国各地出产的酒类，如华北各地的高粱酒，山西汾酒，江北各地的小麦烧酒，江南的黄酒、绍兴酒、烧酒、白酒等，酿造方法不同，风味也各不相同。要研究其酿制方法，阐明其科学原理进而加以改良，首先必须研究微生物及其作用机理。除

---

① 酒的酿造[J].科学画报(第15卷第8期)，1949：245.

② 魏喦寿，金培松.微生物在紫外线下之观察(第一报)[J].科学(第18卷第2期)，1934－02：204－215.

③ 魏喦寿，金培松.紫外线对于微生物之蛍光[J].国立中央大学农学丛刊(第1卷第1期)，1933：74－91.

了分离华北酒曲中的酿酒微生物，对于 Aspergillus 属和 Rhizopus 属之菌群加以观察和研究外，酿酒酵母的分离与观察也是魏金等人进行的一项重要研究内容。他们采集和分离了德国啤酒酵母、江苏横泾县烧酒酒药、绍兴酒酵母菌（信大、善酿）、河北获鹿县高粱酒曲、烟台小麦曲、东阳方仁丰酱园曲、上海啤酒厂酵母菌、江苏川沙烧酒药、安徽含山县烧酒药、金华黄酒曲、东阳黄酒红曲、衢县白酒药、山东金乡酒曲、江苏石埭烧酒药中所含的酵母菌。采用不同培养基和培养方法，观察酵母菌细胞形态、子囊孢子及繁殖状态等。

他们的研究显示，各种酵母子囊孢子是一定条件下的产物，各自形成的条件亦复不同，如培养基、培养时间、培养温度等。同一种酵母，培养强壮而新鲜者容易形成子囊孢子，衰弱或老陈者难以形成；不同酵母菌发育能力强者容易形成子囊孢子，发育能力衰弱者难以形成。普通酵母子囊孢子的形成，培养温度以 28℃～30℃为宜，培养时间视酵母菌及培养菌而异。在半乳糖（galactose）、乳糖（lactose）及植物蜜糖（raffinose）中培养酵母菌均能形成孢子，在乳糖中不能发酵，半乳糖中稍能发酵，植物蜜糖中能发酵，可见酵母菌孢子的形成与糖化发酵无关，而是糖类对酵母菌子囊孢子的形成产生特殊影响。用适当浓度的葡萄糖培养基培养酵母，酵母发育旺盛，不形成孢子；高浓度的葡萄糖培养液则能使之形成孢子。各种酵母菌形成孢子所需培养液浓度各不相同，可见培养基浓度与酵母菌子囊孢子的形成有密切关系①。

魏嵒寿还单独分离和研究了横泾酵母。横泾是太湖沿岸苏州所属的名镇，以产烧酒出名。所产烧酒称为“横申”，香味独特，酒精度约为 53 度，在市上与牛庄、洋河所产烧酒同样有名。其制造原料使用白米，采取密封发酵，用泥土封闭发酵缸，以防酒精分子散逸。所用酒药为球形，直径约二英寸，色微红，质地疏松而有爽快的香气。魏嵒寿采用纯粹培养法，在酒药中分离出一种酵母菌。此菌发酵力甚强，可与德国之 Rasse Ⅱ酵母菌相匹敌，发酵液呈特殊芳香。魏嵒寿以高粱为主要原料，应用横泾酵母，仿照北方高粱酒制法试验。研究结果表明，首先要注意的是使高粱充分糖化。因高粱中所含淀粉的性质与米、麦等不同，蒸煮糊化不易，应用丝状菌类使其充分糖化更难。所以北方高粱酒酿制，多采用连续发酵法。用米曲霉属（Aspergillus oryzae）之麸曲或米曲，然而试验结果不理想，高粱没能充分糖化，且蒸馏所得的酒有曲味。用 Aspergillus luchuensis（黑曲霉）米曲，该曲制成后呈黄黑色，带酸性，无霉味，对高粱的连续糖化力甚强。用横泾酵母发酵后蒸馏所得的酒，具有特殊芳香，较类北方所产高粱酒，故 Aspergillus luchuensis 是适合的曲种。横泾酵母颇具耐酸性，能抵抗 0.5%浓度的硫酸溶液。用 Aspergillus luchuensis 所制成的米曲呈酸性，能促进酵母细胞繁殖，且有抑制有害菌类繁殖之用。发酵温度以 25℃为最良。原料配合以节省米曲，且能使高粱充分糖化为标准。其最佳配比为高粱 1 石 4 斗、米 1 石、

① 魏嵒寿，金培松.酵母菌子囊孢子之形成与其培养基之关系[J].国立中央大学农学丛刊(第 2 卷第 1、2 期合刊)，1933：1－22.

水 2 石 4 斗。入缸程序为先将米曲 5 斗水 5 斗置于缸中，移植入纯粹培养的横泾酵母，搅拌均匀，覆盖缸口，任其发酵。经一昼夜后，酵母细胞繁殖旺盛，醪液温度逐渐升高，待其增加至 30℃左右，和入蒸煮高粱及剩余米曲与水，仍搅拌均匀，任其发酵。每日搅拌一次，夏季约一周，冬季十日左右，发酵完毕，可蒸馏得纯良烧酒。①

发酵微生物的研究是酿造工业的基本前提，只有发酵微生物研究取得进展，酿造工业才有进步。金培松不但在中国北方的酒曲和酒药中分离出多种微生物，后并搜集广东、广西、云南三省酒曲酒药数十种，详加记载，进行研究分析②。

金培松认识到，酵母与人类食物生产关系密切，酒类、酱油、酒精、面包等饮食品的制造，很多重要的营养品和药品的制造都需要使用酵母。然而中国因科技落后，不能设厂制造，所需的压榨酵母全靠进口。中央工业试验所为挽回利权，提倡酿造工业，特试验压榨酵母制造法。制造压榨酵母的原料极多，大麦、荞麦、高粱、玉蜀黍、碎米、糖蜜等均可。中央工业试验所试制压榨酵母，用大麦和碎米为原料，分三步进行。第一步是调制培养基。将大麦制成麦芽，使用时压碎。碎米 10 千克，待碎米淀粉完全糊化后，冷却至 55℃～60℃，加碎麦芽 3 千克进入并搅拌。待完全糖化后煮沸，过滤，滤液澄清后测定浓度，以乳酸调节酸度，然后分成几部分待用。第二步是发酵试验，将培养基分成几部分，每份 3 千克，以试验其发酵状态。分为三组进行对比试验，第一组是有氧发酵和无氧发酵，第二组为在无氧条件下分别加入硝酸铵、硫酸铵、氯化铵、谷氨酸钠、天门冬氨酸、蛋白胨以及不加含氮化合物，第三组为有氧条件下重复第二组试验。发酵温度 30℃，发酵时间均设定为三天。另外，根据试验的设想，还有原料选择、发酵醪浓度、酸度、发酵温度、发酵时间等的对比试验。第三步是酵母菌提取。发酵完毕后，酵母沉淀在容器底部，先将大部分母液分离出，然后再加清水洗涤酵母，置离心机上摇动，使酵母下沉，除去上层液体。如此反复两三次，除去大部分杂物，酵母菌上附着的黏性物质也大部除去。然后过滤，如果大量制造则用压滤机，工作效率更大。他们的初步试验结果表明，有氧发酵的效果要比无氧发酵好得多③。

第二，魏喦寿金培松二人的研究还体现在对酿造原料的拓展使用和传统酿造技术的改良上。在中国传统的酿酒实践中，全以小麦为原料者并不多见。魏喦寿和金培松认为，这不是因为小麦不能作为酿酒原料，也不是小麦出产不足或是价格昂贵影响酿酒成本，关键在于技术上的限制。小麦淀粉含量与普通粳米相近，在 70%～75%。和高粱相比，小麦淀粉含量高出好几个百分点。以米为原料发酵酿酒，出酒率为 30%左右，高粱原料为 77.9%，小麦用同样方法酿造，出酒率只有 16%左右，淀粉—酒精转化率只有 41.6%，一半以上淀

① 魏喦寿.横泾酵母之应用[J].学艺(第 11 卷第 2 期)，1931－02－15:1－3.

② 金培松.酿造试验室试验概况[J].工业中心(第 4 卷第 1 期)，1935－01:48－49.

③ 金培松.酿造试验室试验概况[J].工业中心(第 4 卷第 1 期)，1935－01:49－51.

粉仍残留在发酵废弃物中。他们认为，小麦醪液黏度过高，妨碍了酵母菌的繁殖。为了彻底弄清楚小麦在蒸馏酒酿制中的各种作用及影响，魏嵒寿与金培松合作进行了一系列的研究。其主要结论为，一、发酵过程与酒母关系甚巨，研究酿酒者应先酿酒母，出酒多少及酒质之优劣全在酒母。二、发酵效果与发酵醪液黏度关系甚大。黏度较高的物质，不适宜酵母菌的繁殖，酵母菌生长繁殖除了需要适当的酸度、营养物及温度外，还需要有疏松的环境。小麦直接发酵效果不良的原因，就在于其疏松度不够，发酵醪(醅)黏度过大。三、固态发酵应注意曲药的粗细并要与酒母拌匀。液态发酵酒醪进入酒缸后，酵母菌与曲药尚能进行一些物理运动。而固态发酵时菌种则被附着于酒醅上，如果曲药粗细不均、酒醅未能拌匀，不但出酒率不稳定，且酒质亦或甘或苦。发酵时尚需保持酒醅疏松，过紧或过松都不适宜。四、酵母菌和丝状菌虽不是完全共生的关系，但至少存在类似共生关系。①

金培松对高粱酒生产方法的改良，也有具体的研究。金培松认为，高粱酒酿造的改良，当在如下方面着力。一、用曲。高粱酒酿造用曲较多，在酿酒成本中占有一定比例。如 10 石(1250 斤，估价 40 元)高粱，需用曲 375 斤(26 元)，煤 1 吨(17 元)，糠壳 2～3 石(2 元)，人工 15 元。成本合计 100 元，用曲占到 26%。若出酒良好，可得 370 斤，价值 111 元;酒糟 15 石，价值 15 元。若酒曲全用麸曲，所用麸曲价值约七元四角，节省曲料费用 2/3 以上，酿酒总成本也可减少 18.6%，对于酿酒盈利颇为重要。且旧曲制造必须在夏天，制曲工艺繁复，占用资本较多，所费人工也多，影响酿造成本。从糖化和发酵来说，旧曲糖化发酵力远不及麸曲二分之一，麸曲效力更强。二、酵母菌培养。高粱酒曲的制造全凭天然发酵，所以曲中较好者有酵母菌繁殖，较劣者则可能会没有酵母菌和细菌繁殖。所以高粱酒秕子酒精发酵不完全，酸度较高。优良的酒曲，其酵母菌发酵力也不强。所以酵母菌用人工纯粹培养后加入秕子中，也是高粱酒酿造方法改进的重要环节。三、发酵方法。高粱酒酿造方法各地不一，有用续法者，有用清法者。而续法每回发酵时间各地也不相同，潼关每回 7 日，唐山 8 日，东三省 9 日或 10 日。用清法者太原每回发酵 18 日，汾阳 11 日。续法人工及燃料消耗巨大。其发酵时间较长，发酵副反应大，产酸较多，出酒总量减少。四、蒸馏器。中国高粱酒使用固态发酵，蒸馏器虽然简单但颇为实用。不能因其简单而全加否定，然其冷缩器不完善，所以蒸出的酒温度较高，不免有部分酒精分子因而挥发掉。以铁锅为冷缩器者，常因铁锈而影响酒的色泽和味道，也须加以改良。但其构造简单，费用节省，与中国农村经济发展程度相合，南北各地均甚实用，改良蒸馏器必须兼顾此点②。

第三，改革中国酿造业组织形式，开展生产合作社和创办试验所。金培松认为，我国

---

① 魏嵒寿，金培松.小麦蒸馏酒制造法之研究[J].国立中央大学农学丛刊(第 1 卷第 1 期)，1933:1－12.

② 金培松.中国高粱酒之酿造法及其改良之途径(续完)[J].工业中心(第 3 卷第 8 期)，1934－08:252－253.

酿造工业发源甚早，酿造方法主要是师徒相传，从未改良，若言改进，千头万绪，莫衷一是。概括言之，主要包含两点。一是生产技术的改良，如产品品质之提升、产量的增加、原料的节省、寻求代用品等；二是工业管理的改良，诸如生产效率的提高、减少器具的损耗等。他认为，工业生产合作社"是促进生产之一种方式，亦为使中国工业向正轨前进之唯一方策。欲使中国工业不为投机取巧拥资图利的人所操纵，唯有工业生产合作之组织，以代替旧有之制度"①。

金培松还设计了酿造业的合作社组织模式。从资金来源、选址、厂房建筑、机器设备、职工及组织、成本预算等方面对合作社进行了规划和设想。并且他提醒道，酿酒等工业因为生产周期长，半成品、成品积压较多，需要大量资金，资金回收慢，容易引起资金短缺。加上合作社只是一种临时性质的组合，成员之间应当允许有相当的流动性。② 当然，金培的合作社计划，也只是一种停留在纸上或心智中的设想而已。在战火纷飞、国破家亡的时代，自然难以实现。不过，值得肯定的是，他已经完全跳出了具体技术改良的局限，着眼于生产组织形式上的改革以促进行业的发展。从这点上来说，金培松不但是一位技术专家，同时也具有了社会改良的思想。

金培松认识到，酿酒、制酱等行业均属农产品加工行业，有上千年的历史。是大多数农民农闲时所从事的副业，对于农民生计和人们的生活均有重要的作用。但是一般酒类的酿造，其方法沿袭千年，经验丰富，然而方法多较简陋，缺点也不少。要去其缺点而加以改良，阐扬其优秀成分，则非加强科学研究不可。酒类酿造全系微生物作用，然而这些微生物却缺少相应的科学研究和鉴定。从事微生物种群的搜集和研究，也是科学事业的重要组成部分。是故研究农产品加工制造，对于发展中国农业生产、改善农民生计、阐明中国固有文化方面均有重要意义。况且面临外国酒类的大肆倾销，中国若不加强科学研究以图改良、奋起直追，则固有的农产加工制造事业，也将逐渐消失无余。鉴于川省土地肥沃、物产丰富，他建议首先设立固定的农产制造试验所，从事农产品加工与改良的科学研究。试验所的研究成果在各县推广使用，各县在农产制造加工中所遇到的问题，也由该所或派人调查，或代为研究，以利进步。如此可将中国传统的农产制造加工旧法，用科学方法研究阐明，进而逐渐改良。金培松并建议试验所先设立酿造部，然后及于糖类、油类等研究部门。他就酿造部之房屋建筑、酿造与研究设备、经费准备等方面，提出了详尽的计划。虽然酿造部本身不能实现盈利，然而其研究成果的推广和使用，将大有利于农业生产的发展③。

---

① 金培松.酿造工业生产合作社之经营[J].合作事业(第2卷第3、4期合刊)，1940：59.

② 金培松.酿造工业生产合作社之经营[J].合作事业(第2卷第3、4期合刊)，1940：59－63.

③ 金培松.创设农产制造试验所之建议与计划[J].四川农业月刊(第1卷第4期)，1934－04－30：22－24.

三、传统酿酒技术的总结与提高:以孙学悟、方心芳为中心

孙学悟是留美归国的化学博士，任黄海化学工业研究社社长，对近代中国科研组织化及农业化学等均有极大贡献。方心芳进入黄海社之后，便在孙学悟的领导和指导下从事汾酒及高粱酒的研究。方心芳在1933年亲赴汾阳调查汾酒酿造情况，是传统酿酒进入现代学者眼中之第一遭。从研究实践及成果来看，二人不但共同对高粱酒、汾酒等传统酿酒技术进行研究和总结，研究成果也是二人共同署名发表，故将二人一并讨论。他们的工作成果主要体现在如下几个方面：

第一，对汾酒酿造技术和经验进行科学总结，这项工作主要是在孙学悟指导下由方心芳完成的。

1.记录汾酒酿造方法。方心芳亲赴汾阳考察汾酒酿造情形，义泉涌总经理杨子九引导参观、指示讲解，并赠烧酒、井水、酒秕、曲子等样品。方心芳著《汾酒酿造情形报告》①，杨子九之功不可没。方心芳自言:“临归时求先生(杨子九)校阅调查报告，彼即慨允。既指示于前，复校对于后，其对于技术公开，学术热心，可想而知，此篇之成，先生之力也。”方心芳并记杨子九对汾酒酿造法之总结:人必得其精、水必得其甘、曲必得其时(三、七、八月间最宜)、高粱必得其实、器具必得其洁、缸必得其湿(上阳，下阴)、火必得其缓(文武火:蒸糁宜火大，出酒宜火小)。

2.汾酒曲。汾酒酿造皆用大麦曲，或自己制造，或购自他县。山西酒曲名产地为晋祠镇、徐沟县、文水县等地。原料用大麦、豌豆或小豆。大麦选择粒子充实且秕较少者为佳。豌豆有灰绿两种，绿豌豆在芒种前后成熟，制曲多利用之;若豌豆价昂，可用小豆代替。豌豆与大麦比例为三七，也有二八比者。酒曲制法大致与唐山东三省等地者相同。最好的曲纵横断面全呈白色，此曲制造经过，温度均匀，上火缓和，无杂菌繁殖机会。

3.原料准备。义泉涌曾试用大麦、小麦、大米、小米、豆子、玉米等各种粮食酿酒，结果出酒最多最经济者为小麦，但小麦黏性过大，难以处理，故仍用高粱。义泉涌所用高粱名为“一把抓”，色红黄、粒扁圆、剖面呈粉状、带壳者少。义泉涌颇为注意高粱之破碎，务须破为四瓣。曲须先用铁锤碎成鸡蛋大小，入磨碾碎。小者如豌豆，大者如黄豆，粉末较少。

4.酿造方法。汾酒酿造用清法。碎高粱五百斤加水二三百斤拌匀，靠墙堆垄压平，七八小时后，用指捏之能成粉，便分装二甑蒸熟。取出堆于甑旁，加沸水撒摊扬冷场上翻转速冷。用手试验秕子，夏日觉冷，冬日觉温，即可加曲。每甑用曲30斤，拌翻数转，用篓运至发酵室下缸。满后捺平，并不压踏。撒米糠于缸之口缘，即用石盖压上。待发酵完了后，始揭盖出秕。发酵21日，发酵秕若味苦甜、酒气重，用指捏秕软如粥米者，为发酵优良之征，出酒必

① 方心芳.汾酒酿造情形报告[M].黄海化学工业研究社调查研究报告第七号,1934.1－14.

多而味亦旨。酒秕发成后，取出置于扬冷场上，加糠掺搅使之蓬松以利于蒸酒。

5.蒸酒。汾酒用锅式蒸馏法，然用锡锅。锅式蒸溜器可分为灶、沸水锅、甑、冷缩锅、承酒匙等。其蒸馏法与他处并无不同，只因发酵秕已经加糠疏松，装甑时要求不高。装甑之法，先将水烧沸，加油少许以减泡沫。置箅后用大簸箕盛秕倒入两遍，由边上倒入无用酒精，待锅内水沸气出，继续装加。以后用手指插入秕内试探，觉手指热，气将透出，可复加秕，每次添加厚三四寸。使甑内秕子成漏斗状，然后插入承酒匙。甑上置糠袋，袋上置冷缩锅，锅内满贮冷水，用帚扫动，待热后挹出，再加冷水。酒之出完与否并不看花，流出匙管口之酒多时直下，酒少时则摆动不已。好酒溜完后，溜酒梢少许，即可结束。酒梢不作兑酒之用，下次加入甑内提酒精。

6.二次发酵与蒸馏。前所述馏酒之秕，名为“头馇秕”。出酒后再加水少许，放冷加曲拌匀，如法下缸加盖，21 日后取出加糠少许，再入甑蒸酒。此秕名谓“二馇”，蒸酒后为糟。糟可喂骡、马、牛、驴、羊、猪、鸡、鸭等畜生，年景好时，每甑糟能卖三四块钱。糟为烧锅一大收入，其价值高下与烧锅营业之盈亏有重大关系。

7.用曲与出酒。“近二年来汾阳连遭水灾，五谷被淹，良田成湖，粮食飞涨，不宜制曲，故杏花村今年所用之曲，多来自晋祠、文水，品质中等。义泉涌每甑头馇，用此曲 30 斤，二馇较少。按该地一班烧锅，酒师三人，日用高粱四石，约 500 斤，蒸头馇二甑，二馇三甑，是每日共蒸八甑，六甑出酒，五甑用曲，每甑用曲平均以 25 斤计，此量为其大概数目，盖彼常因曲质优劣而加减也。”所出烧酒分数种，据方心芳所见有门市、外庄两种。门市售卖者酒精容量 55％～60％，外运者在 65％～70％之间。500 斤高粱约可出门市酒 30～40 斤、外庄酒 120 斤。太原发行所装瓶时用酒表测定烧酒浓度，以 66 度到 67 度为标准。

第二，对汾酒酿造用水及发酵秕展开分析与研究。“汾酒之名甲天下，而尤以汾阳杏花村申明亭义泉涌(晋裕公司之酿造厂)为最。前在美洲巴拿马万国博览会与各国产酒比赛，获得一等金质奖牌;北京农商部展览会、南洋劝业会、西湖博览会、晋省展览会等，亦均给最优等奖章。汉口烧酒商皆称其酒曰汾酒，他地冒牌者亦多，汾酒之价值由此可知矣。国内酒精饮料，除绍兴酒外，无可与之相埒者。唯汾酒居晋省之西部，交通不便，学者裹足，致汾酒之制法，及其所用原料等，至今尚无人加以调查分析，殊为惋惜。本社有鉴及此，特派人去汾调查，在杏花村义泉涌居住数日，除实地察看其酿造程序及所用器具外，复采取样品向本社分析。”酿造所用之水“为溶媒中之最优良者，常含杂质，致水之硬度酸度等大相悬殊，影响工厂工作，莫大于是。而酿造用水尤须慎重。盖微生物之生殖与酵素之作用，须在一定之酸度域内，方能达其最速之生殖，与最高之作用;微生物为生物之一种，须要相当之养料，方能繁殖，此等养料，水须蕴含，以供微生物之消费;再者妨害微生物之生理及组织之物质，自然不能存在。复次，发酵作用，变化繁多，有不影响生物而参与化学变化，使产品带恶味怪气者，亦不合酿造之用”。故对汾酒酿造所用之水加以科学的分析，结论为:色透明，无味，pH 值为 7.35，全硬度5.6，含有硫酸少量，有硝酸、亚硝酸、硇精、铁等存在的痕迹，含氯(1000ml)91.6毫克，蒸发残渣(1000ml)1.56克。根据酿造用水之各项标准衡量，汾酒用水"尚为不恶。如色、味、硬度、硫酸、硝酸、亚硝酸、铁、氯、硇精、蒸发残渣等，无不与标准条件相合；pH值虽大，然非强碱性，与酿酒之害处，不至于发生"。①

黄酒发酵液称"醪"，烧酒等固态发酵物，多称为"秕"。发酵秕"乃微生物之培养基，发酵作用之场所。微生物之消长、发酵作用之适否以及产品之多寡，皆可由发酵秕而窥之，是大酿造厂内，对于发酵秕之分析，莫不按时从事，无稍疏忽"。汾酒酿造属于清法，与续法不同，故对其发酵秕进行分析实属必要。孙学悟和方心芳对汾酒发酵秕所含的水分、挥发物、酒精、总酸、挥发酸、淀粉等进行科学分析，其结果如表6—1所示。

表6—1　汾酒发酵秕分析

成分	发酵21日(蒸馏前)之头　秕	发酵21日(蒸馏前)之二　秕
水及挥发物	57%	55%
酒精	7.08%	4.5%
总酸(乳酸)	2.1%	2.4%
挥发物(醋酸)	0.172%	0.3%
淀粉糊精与糖分	—	8.712%

他们的结论为：1.汾阳杏花村酿造用水成分不恶，堪为酿酒之用；2.汾酒发酵时间过久，空气供给多，副发酵作用旺盛，酸类在2%以上，若改算为干燥物，将近5%，原料损失太多；3.干糟含淀粉28%以上，副发酵旺盛，原料损失较东三省续法必多；4.头秕含酒量虽多，然二秕过少，平均数较东三省之秕含酒量仍少，且汾秕出酒二次即成废糟，东三省续法，则出酒二次半，由此推之，汾酒生产率较续法低下；5.汾酒酿造之优点，在出品之醇厚郁馥，不在其生产率之高上②。

第三，对传统酒花测量烧酒浓度的经验验证。有相当浓度的烧酒，用力摇动则生酒泡浮于液面，称为"酒花"。利用酒花测验烧酒浓度，中外皆有，但中国传统的检验方法较为准确。酒商利用糊血料之瓢两个，先加清水四容积在一瓢内，续加烧酒，互相倾倒，至所生酒花盖满液面，并能停留相当时间为止。以加烧酒容积数而定其"浆口"之大小。"浆口"与所加烧酒容积成反比例，"浆口"愈小则酒愈浓。此种方法用具简单，操作方便。黄海化学工业研究社在威海卫试验酒曲时，将广海泉每日所出的烧酒除用酒表测量浓度外，还请酒师看浆，以测定浆口。各地酒商在实际操作中，颇不一致，且难以相互统一，时常咨询黄海研究社。故孙学悟和方心芳认为，"若能得一标准酒花，规定浆数之单位及浆口与浓度之比例，虽于学理上无

① 孙颖川，方心芳.汾酒用水及其发酵秕之分析[M].黄海化学工业研究社调查研究报告第八号.

② 孙颖川、方心芳.汾酒用水及其发酵秕之分析[M].黄海化学工业研究社调查研究报告第八号，1934.8—13.

甚价值，而于酒商之买卖不无少补”。所以采用天津烧酒、威海卫广海泉烧酒、黄海社新曲所制酒、营口酒、山西杏花村义泉涌烧酒、军人牌酒精等酒类加以试验和总结。发现如下结果：1.酒花存留时间与烧酒浓度成正比；2.倾倒次数与酒花生成及停留时间均有重要关系；3.不同烧酒试验所得结果稍有差异，但不超过原浓度2%；4.高温可减少烧酒生花，但在50℃以下时影响甚微；5.与试验时所用水质没有关系；6.所用器具对酒花形成及停留时间均有影响；7.纯酒精生花不多，但加酸、香油等能增加生花；8.烧酒内加肥皂、淀粉等过滤后能增加生花。最佳试验条件如下：1.清水与酒以室温15℃为宜；2.酒与水混合倾倒，以四次为标准；3.酒花盖满液面后，在四至七秒内生出破隙，开始收缩破灭；4.烧酒内须不加药品；5.倾倒器具以瓷杯或糊血料之容器为标准；6.以酒四容积酒十容积，所生花能合第3条者为“四浆”，浓度在47度到48度之间，故推导出如下公式：烧酒浓度－190/水四容积加入烧酒之容积数＋47.5。他们将实验数字列为表格，并一一检验，其误差极少有高于1.5%者。[1] 可见用酒花检测烧酒浓度，具有一定的道理。中华人民共和国成立后，逐渐有研究者对酒花测验烧酒浓度进行补充研究[2]。在今天的白酒企业中，仍有经验丰富的师傅仅据酒花便可测定酒精浓度，且误差极小，可见传统经验生命力之旺盛。

第四，对高粱酒酿造改良的研究。孙学悟言及从事高粱酒研究之缘起时说：“在世界各国以淀粉为原料制造酒精各方法中，高粱酒的酿造法最少有两个特点是中国独创的：(一)发酵和糖化两项重要工作同时进行；(二)每次混合原料迄发酵完结为止所需水量只占原料的一半，简直可以称为‘固体’发酵。这两点的意义，从表面上看来，似不值得注意，但愈经探究，愈知其中不但有酿造工业原则极大价值，并在普通菌学本身上亦含有深奥的兴趣。故在一般酿造事业上如制造酒精之应用，国内研究者极当注意。”[3]孙学悟并介绍说，1892年A.Calmette分离中国南方大米曲中微生物的时候，发现一种主要毛霉(Mucor)，经过巴斯德及其学生的研究，1898年便有人把此菌在欧洲申请专利并用在酒精制造业上，于是才有后来盛行欧洲各国的“淀粉发酵法”(Amylo Process)。他说，巴黎巴斯德研究院A. Fernbach认为此法比所有的酒精制造方法产量都多。但此法要到1910—1919年才演化到糖化与发酵两项工作同时并行的路上，可见对中国高粱酒酿造加以科学研究的必要。故孙学悟领导黄海化学工业研究社从事高粱酒方面的研究，一面招请烧锅中的熟手到研究社参与实验，一面按照以往方法实验，并由熟手带领赴各处烧锅参观。最后将研究结果集结为《高粱酒之研究》一书，作为黄海化学工业研究社调查研究报告第三号发布。

在《高粱酒之研究》中，对高粱酒酿造之原料处理与配比、制曲方法、续粮、蒸馏等进行详

① 孙颖川，方心芳.“酒花”测验烧酒浓度法[M].黄海化学工业研究社调查研究报告第六号，1933.1－5.

② 嵇耀武.酒花测验高粱酒浓度法[J].化学世界(第6卷第9期)，1951－09－15：19－23.

③ 孙学悟.高粱酒之研究·导言[M].黄海化学工业研究社调查研究报告第三号，1935.1－2.

尽的阐释。其结论认为，高粱酒酿造出酒率低下，淀粉利用率有待提高。普通烧锅用生高粱10石(每石150斤)，可得高粱酒600斤左右，合100斤高粱出酒40斤，计纯酒精约21斤。每100斤高粱需加曲20斤，则每百斤原料出酒才17.5斤。高粱含淀粉约62%，曲含淀粉45%，理论上每百斤原料可出酒38斤，实验及调查所得高粱酒出酒率不及理论出酒率的45%，原料淀粉损失超过50%。其最主要的原因，为淀粉多数残留在酒糟中，"工作之粗放与迟钝，蒸馏器之不完备，酒精因之蒸发而去者不少。醅子内之有害发酵(如酸发酵等)亦为原因之一"。[①] 另外，高粱酒曲的改良也刻不容缓。基于此，他们还对高粱酒改良进行了初步实验，检验了用曲量、发酵时间、高粱加工粉碎与高粱酒酿造之间的关系。[②]

第五，与国外同行交流改良方法。1935年，方心芳获得中比庚款留学欧洲，在比利时、荷兰、德国、英国、法国、丹麦等国游历与学习。方心芳之出国留学，也将在国内从事的研究问题带到了国外，并与同行交流。刚到国外，方心芳便认识到了国内研究的不足。他自言："'菌类'二字现在稍知内容，从前认识Aspergillus、Mucor等，即觉自己了不起者，现在知道那是初学A、B、C、之A、B、C、也，好不惭愧。"[③]与比利时鲁汶大学Biourge教授谈中国酒曲，Biourge"也很感觉兴趣。我将所带之'大曲'送他看，他更为欢喜，试谈改良高粱酒事，他答：'高粱酒的酿法，我知道的还很少，现在不能决定怎样下手做改良的试验。'他又说：'你在中国既已研究过中国曲，可将你已分离出的菌拿来先做研究，以后再及酿造，亦还不迟，并且本处虽有菌(mold and yeast)数千种，但中国的还少，所以我也很喜欢您在此研究中国曲菌。'"[④]刚到比利时，方心芳主要在发酵室帮助教授们作关于酵素(enzymes)及生物化学的事。因从前只学理论，见了实物自然欢喜，颇有趣味。他将高粱酒酿造方面的文章译成法文，交给酿造学教授们，并与他们谈改良方法。他们"都很谨慎，不见事不肯下断语"。但还是说出了改良的方向，虽然多是"老生常谈"或他们也想到过或曾下手试过，亦说明科学之无国界。

1.酒的气味十分重要，应该研究，然万分复杂。凡原料之种类、来源、蒸熟，曲子之种类、来源、发酵温度之高低久暂、蒸馏方法、贮酒之器具以及时间等都有关系，水当然也不能例外。

2.高粱酒酿造的缺点及其改良。高粱酒酿造法之病，"似在(A)蒸馏时损失过大，(B)发酵时生酸过多，(C)糟中残留淀粉过多等。而三者之中以(A)项尤为紧要。换言之，宜从器具方面下手也。然欲创造蒸馏器，尤须稍改酒醅之状况。盖如烂泥似的醅，实难处理。况犹须注意到蒸馏后仍须'固体'呢。一教授云：汾阳酿酒之加糠，以减醅之黏着，似可利用，但必影响酒味。若谓汾酒味不错，不必顾虑。则可计划(A)一混合器，使酒醅与糠在

---

① 孙学悟，方心芳.高粱酒之研究[M].黄海化学工业研究社调查研究报告第三号，1935.30.

② 孙学悟，方心芳.改良高粱酒之初步实验[C]//高粱酒之研究.黄海化学工业研究社调查研究报告第三号，1935.67－75.

③ 黄海方心芳先生由比国来的两封信[J].海王(第8年第20期)，1936－03－30：330.

④ 黄海社方心芳先生报告在比国的情形[J].海王(第8年第8期)，1935－11－30：143.

此器内混合，不使酒气泄失。(B)一自动装甑机，分层装入，亦不使泄失酒气。至严密蒸馏有改酒味之事，可亦照(或闻用原样子的蒸馏器)旧法时之温度蒸馏。譬如五十度(摄氏)，此时酒内必有在此温度乃为气体的不纯物，此不纯物亦即影响酒味的东西，那么可想法在溜出管口处(或别处)使酒与此不纯物(气)分离，等此气入另一冷缩器内，以便使之全凝为液体，收回其中之酒精。这样似乎不难办到"。

3."加糟既可便利蒸馏，复可增加酒醅内的面积，冲淡酒醅之酒精浓度，或可使发酵增进，减少糟中淀粉。但醅必发虚，发酵温度增高，酸发酵增大，为其劣点。不过可设法减低发酵温度，如下池温度减低，或池之容积减小，或增加压力使空气减少，或甚之装冷却器，成改用金属发酵器等。"

4.酒醅酸发酵过盛致酸甚多，救济之法可减低发酵温度、应用纯粹发酵法、发酵醅中加有害细菌而无害酵母的东西。第二种方法最可靠，酿啤酒时亦用，然太科学化，难行于一般的烧锅。第三法为制酒精者所常用，然用费亦大，有关成本。故应先从第一法下手。

5.糟中残留淀粉，在出酒方面虽为损失，然在糟之用途(喂猪等)方面观，亦为应有的事，用液体法酿酒，已有继续糖化法使淀粉完全应用，高粱酒酿法虽有类似继续糖化法之处，但因固态发酵水分过少，不能使淀粉全应用。又其醅之化学成分，与糖化、发酵都有关系。醅中残留之糖不多，足见糖化不盛。然其酒精百分率甚高，足证酒精可阻止发酵继续进行，酒精对糖化也能产生影响。欲利用残留淀粉，必先研究淀粉不能糖化的原因，或为糖化酵素不足，或为酸类、酒精等所限，待找出缘故，即可下手消除，此非空言所能济事。

6.中国高粱酒之原料既无一定，处理方法又各不同，其酒味之不一致可想而知。然此不一致中，亦必有其共同之点，且必有其不一致的范围，此两点如能得到，则可谈高粱酒法之改造矣，否则不能下手，盖无标准可依。

7.酿造科学常告以改良工业应注意之点，亦甚有意义。"凡工业都有其已得的经验以及其已处的环境，经验与环境为两个重要的事情，先说环境吧。各国有各国的环境，各时有各时的环境。凡从事工业者都应设法适合于当地当时的环境，人工便宜的地方千万设法使用人工，甲种原料贵时，须设法用乙种，原料之互换是可能的，譬如三十五年前，无一家啤酒厂用玉米，自从德人在美国试用成功后，现多用之。又为大战时，多用小米、高粱、大米、小麦等等试酿啤酒，亦多能成功。啤酒为最科学化、最精级的发酵产物，犹如此，他种酿品可想而知。"

8."工业之失败成功，尤多决于原料之买进，此事在科学不发达的地方，尤应注意，因卖主无科学知识，以分类其物品。买主则可以科学方法得到便宜的东西，这是另一教授告诉我的，因有意义，一并报告。"①

---

① 黄海方心芳先生由比国来的两封信[J].海王(第8年第20期)，1936－03－30：329－330.

当然，孙学悟和方心芳对近代酿酒科技的研究，绝不止上述几个方面。比如方心芳后来对酿酒微生物的研究、对酒药中草药的研究、菌株的分离与培养等，都值得后人重视。然若从研究所产生的意义及对酿酒业长远发展来看，则上述几点，是他们最为重要的贡献。

第二节　饮酒与健康的探索之路：近代对酒的医学认识

一、对酒之危害的科学认识

民国初年，《中西医学报》载有一文报道德国禁酒的情形。文中云“德国柏林设有禁酒会，作禁酒训诫十章，印于日用账之簿面，今且将编入教科书，俾小学生及其父母知酒之为害。”其内容为：第一章《凡含有酒醇之饮物，酒、麦酒、白兰地酒等，绝非康健人必用之品》；第二章《酒醇有害小儿》；第三章《凡含酒醇诸饮物中所含酒醇之分量愈多，则其害愈大。故白兰地酒最为危险》；第四章《酒醇绝非滋养物品，亦非振兴身体者，反足激刺身体，使人易倦》；第五章《注意饮酒而不加节制，则身体为之麻木，脑筋为之顽钝，甚至竟因是而至于死》；第六章《如常饮酒少许，身内紧要机关，渐次虚弱，终亦夭死》；第七章《常饮凶酒，酒瘾渐大，卒成酒狂》；第八章《酒狂夺人之风雅，代以狂暴，陷人于罪》；第九章《酒狂害精神之动作，而渐顽钝之》；第十章《酒狂破坏家族之和睦，为人生贫苦艰难之境遇》。除此之外，作者还言：“德人之于酒禁，剀切若是。而以视吾国，纯取放任主义。于是饮酒伤身者有之，酗酒滋事者有之。贻祸之烈，实难胜道。而一二士大夫沉溺其中，犹且引为高尚。此有心人所以有增加酒税，寓禁于征之议也。”① 文章将中德两国对酒的态度加以对比，其不满之意十分明显。从对外国禁酒的观察与报道中，国人也开始从近代科学的角度关注和审视酒与健康之间的关系。

在一篇通俗文章中，作者认为酒有如下害处。1.酒能害人的身体。“像那酒糟鼻子、酒刺等皮肤病大半是为喝酒的缘故。酒还伤人的筋肉，常见人在三四十岁做事手脚无力半身不遂，口歪眼红等病，又多是喝酒得的。酒更能伤人的消化器，像那心口痛倒食病都是因喝酒得的。喝酒不但有害本身，还能传给后人。西医调查凡小孩生下来身体不完全，五官不正，精神短缺身弱少亡等，喝酒的后人居多数。”2.酒能害人的事工。“平日思想虽然极灵便，喝上酒就糊涂了。平日虽然很谨慎，喝上酒就粗鲁，把事办坏了。常听说火车火船上管机器的人，因喝酒失事，伤害别人的性命。”3.酒能害人的德行。“酒能夺去心中的自治主

---

①　士方.禁酒谈[J].中西医学报(第3年第10期,“医事新闻”),1913－05:3－4.

意。平日虽极小心，喝上酒大起胆来放纵情欲，做出种种不法的事来，招来意外的灾祸。平日的才干、定见、德行、美术都消灭了。所以那些将到刑场的犯人都是给他们喝酒，可以减少他们的痛苦。可见酒实在能叫人失了知觉，坏人的德行。末了我要说酒的大害处，能减短人的寿数。照医学家统计，每用波南地(白兰地)酒三合可减短寿命十一小时；喝平常酒一次可减短寿命二十五分钟。为此奉劝众位同胞，千万不要喝酒。"①

对于醉酒的原理，时人也有论及。一篇文章写道，为了研究"酒不醉人人自醉"这个问题，"美国的科学家们忙乱了好多年，所花费的力气、精神和时间一点也不亚于发明原子弹和空中堡垒的科学家。现在研究的结论对外公布，倒是酒于人有害还是无害呢！反对喝酒的人希望把酒判了死刑，使得街上再也见不着醉汉，社会中不要允许酒吧间和烧锅存在。只是反对酒的人们很少能得到科学的依据，科学家研究的结果，酒进入胃后，先进入肝脏，在肝脏中大部分分解。一部分进入肠道，与摄入的食物混合；一部分进入心脏血液，使得血液循环加快，加速新陈代谢作用。最严重的是有一部分酒精直接进入大脑，影响各种机体功能，如导致视力模糊，说话重复，或走路东倒西歪等种种现象，才是喝酒最严重的后果"。② 根据美国科学家的研究，当人们摄入纯酒精一两的时候，并不觉得有什么不适；到四两的程度，能让人进入梦乡；假若达到八两以上，会使人丧失知觉，最严重的能够致死。不过一般的酒，多数成分是水，只有20%～30%的酒精，最多不过40%。比如要是喝一斤绍兴酒，也到不了四两纯酒精。"吃多吃少，还是由你！至于有害无害，管他作甚？"

对酒与健康阐述最为详细全面的，当属沈时芳在《广西卫生旬刊》刊载的一组文章。作者认为，酒为嗜好品之一，以其芬芳馥郁，愉快味觉，且有促进食欲及兴奋精神等作用。唯"饮用之量，则须谨慎，否则酿成大害。受害之深浅，从用量之多寡，个人之禀志而有异同，若饮用经久，不但害及自身，往往有遗后代之忧。所谓低能儿不良儿者，半为豪酒家之后裔。此则医学统计所示，非虚语也"。作者讲了酒精的作用机理，云："饮酒后呈兴奋之外观，乃系精神机能之发扬也。如大声疾呼、多言、动作活泼等。然究其起原，此种现象，实乃大脑麻醉之故。盖大脑之一部分被麻醉以后，对于精神之注意力、判断力、反省力等精密的机能，均为衰减。而其他机能尚未至变其故常也。在醺醉之际，其对己之判断力，多成谬误，自己之思想亦轻易即能发表，对于言语之判断力非常敏捷，此外皆自觉之肌力，以为非常增加，实则肌力之增强，所谓假性增强也。"饮酒除了愉悦精神外，还能增加脉搏及使颜面潮红等作用。这二者并不是酒精直接所起的兴奋作用，脉搏增加"一则因皮肤有直接温暖之感，反射的以鼓动其内心也。二则因醺醉之际，动作活泼之结果也。若使被酒者身体精神十分安静，则脉搏之增加极微"。至于颜面潮红、色泽增加，只是血管运

① 酒的害处[J].农民(第2期),1925-03-11:2-3.

② 弓弓.酒与醉[J].大地周报(第22期).1946-09-08:11.

动神经被酒精麻痹的结果。饮酒后“皮肤中血流旺盛，温觉麻痹，因此二原因，故全身起温暖之感。此有误认为兴奋作用者。于寒冷之冬季，往往利用此性，饮用酒精饮料以博愉快”。凡“虚脱、高热病人之心脏衰弱，有用酒类而奏效者，乃起局部之知觉刺激，求心性的以兴奋其中枢神经系也。又其对于虚脱病人，能麻痹其脑血管之血管神经中枢，使血管扩张，而脑之血流，得臻良好，凡高热病人，其心脏自动中枢兴奋异常者，与夫心脏自动中枢有刺激状态者，得以轻度之麻痹除之。饮以酒精，能使心脏机能，恢复至于中等度。试由人工的加热等法，使心脏陷于衰弱，再与以少量之酒精，即能恢复其收缩力，此即其证也”。各种“精神机能之兴奋，皆不甚利于病者，临床上务须回避。惟于用极轻度之麻醉，以减脑之兴奋性，最足以达此目的。可取适度之酒精性饮料，以供药用，能使病人安稳，精神愉快，忘其病苦及种种不愉快之感觉。故得间接补助病后之恢复而增进其体力，病人恒用酒精以为强壮剂于恢复期者颇多”。葡萄酒、香槟酒及中国酒类，用于急性衰弱状态恢复期、疲劳、持续性发热等，能借轻度麻醉以减除病苦。心脏衰弱陷于虚脱者，用酒为兴奋剂，取葡萄酒或陈老酒一茶匙至半杯，一日数回服用。白兰地小半杯一日数次，用于发热病人能使体温下降，又能预防心脏衰弱，且可借轻度之麻醉得以减少病苦。红葡萄酒含有鞣酸，用于痢止衰弱患者，可得强壮之目的，且兼有下泻之功。但饮酒过多，能导致急性酒精中毒。常见于“过度饮用酒精类或小儿饮酒时见之。剧烈急性中毒，可以致死。但致死之量，于个人性颇不一定。平常惯饮酒精饮料者，一旦饮以多量，即呈酩酊烂醉。初时眼球结膜充血，颜面潮红(或呈苍白色)，高笑，舞蹈，步行蹒跚等，呈兴奋状态。旋发睡眠状态，视力朦胧，瞳孔散大，所谓忧郁期也。且往往有呕吐失禁等。小儿有致全身痉挛者。终则强度血压沉降而体温下降，皮肤厥冷，冷汗淋漓，移行于全身麻痹状态。于饮用大量酒精饮料时，呈昏睡状态，经数时间或一二日间消散，但醒后仍残留头痛，全身倦怠等。此即所谓宿醉也。若其量甚多时，则惹起神经系统之麻痹，如心脏麻痹、肺水肿等，其结果即因酒精中毒而致死”。①

慢性酒精中毒是长期大量饮酒所导致的一系列病症。其影响最大的是饮酒者精神方面，具有“先天性变质或慢性传染病的患者，因酒精中毒作用的动机，可诱发诸种的精神病”。1.中酒性痴呆。患者“手足震颤，闭目站立则身体动摇，渐至苍白羸瘦，除此种身体症候外，并发器质的变化，伦理的及智力的缺损，尤其是记忆力减退，意志薄弱，甚至有残忍的行为，最后限于痴呆。狭义的慢性酒精中毒，即指本病而言。本病发于壮年者，可望治愈，老年者则陷于停止状态，亦有因全身衰弱或卒中样发作而死”。2.酒客谵妄。慢性酒精中毒者“因急剧的禁酒，精神感动、感冒、外伤、热性病等的诱因，而突然发病，也有经过数时间至数日的不眠头痛等的前驱期而发病，病者意识混浊，运动不稳，有幻视幻听的特

① 沈时芳.酒[J].广西卫生旬刊(第1卷第2期)，1933-02-21:11-13.

征，指南力不完全(如住在病院，以为是自己的寓所或店铺)，夜间不能入眠，发音不明，或发癫痫样痉挛，五分之四的病者，并有发热，持续一周间或二三月可以治愈，但每易再发”。3.慢性中酒性偏执病。患此症者“具有固定性妄想，轻度或强度的痴呆，道德的缺损，本病最难治愈，妄想的持续，可达数十年之久”。4.酒客嫉妒妄想病。因慢性酒精中毒而起，患者“意识、思考、记忆等高度障碍，且形成顽固的系统的男女间嫉妒妄想，本病经适当的治疗及禁酒，可望全治或轻快”。5.中酒性麻痹病，是“进一步的慢性酒精中毒，除夸大妄想外，颜面肌肉痿弱、舌及两手震颤、发音障碍、步行失调，有时痛觉消失，本病施以适当疗法，可望全治”。6.中酒性躁病，与“内因性躁病同一症候，臆想奔放，言语急促，暴行破坏，不知羞耻，甚至意识浑浊，本病经过较短，壮年者经一二月可望治愈”。7.考儿萨氏精神病，本病原因“虽不尽因于酒，但是最多是由慢性酒精中毒而来，初期有似酒客谵妄症的症候，其主征是记忆力障碍，对于最近的过去，记忆丧失，例如当日早晨吃的饭菜，忽然忘却，同一的问语，而在一瞬间，前后异答，昨日入医院，而谓三年前入院等。发病后一二周，发多发性神经炎的症状，身体各部异常的感觉，神经压痛，肌肉萎缩等。本病经过数月，得以治愈”。8.嗜酒病(酒精成瘾)。患者“不问时间，不拘地方，也不计较酒之精粗美恶，只有暴饮的一个单纯的念头，发作起来，自数日至数周乃或至数月间持续，易陷于急性中毒，本病治愈例极少”。①

酒除了能导致急性中毒及慢性中毒外，还能直接或间接导致人体各系统受损或病变。

1.呼吸系统方面。因“酒之理学的及化学的作用，刺激鼻黏膜，可使之肥厚，而形成慢性肥厚性鼻炎。大酒客且易发鼻出血，饮酒者每有酒糟鼻，令人一望而知，可为酒与鼻病有关之一明证。其次，在大量饮酒之后，可发声音嘶哑，屡见不鲜，是乃急性喉头炎之征象也。若放置之而不治，或仍续受酒之刺激，即可移行而致慢性喉头炎矣。此际每并发慢性气管炎，多见于年事较高者，咳嗽气喘，顽固难医，显有苦痛，最可畏者，为纤维素性肺炎，多发于嗜酒者，且易导致心脏衰弱而死。至于肺结核的感染，也与酒有极大的关系”。

2.消化系统。“饮酒是导致口腔炎的原因之一，酒能使食管麻痹。最常见的为暴饮导致的急性胃炎，在暴饮后发生剧烈伴有胃痛的呕吐，是人们常常遭遇的。在饮酒无定度者，易发原发性慢性胃炎，医学上且有一专名。若在清晨发生呕吐者，谓之酒客呕吐，也是饮酒者中常见的病症。此外神经性胃疾患，酒精也有可能是重要原因。”肝硬化是酒精对肝脏最常见的弊害，“酒类的滥用，发生肝硬化者颇多，故有酒客肝脏之特称，此病之发与酒精含量成正比。酒精自肠胃吸收后，其结果常有：发生肠胃炎症，沿门脉管壁，而达于肝脏，可致肝脏硬变；发生胃肠炎症，因食物异常分解，产生毒素，肝蒙其害，可致硬变症；入于门脉，肝脏受其刺激，遂致硬变。总之，学理上的解释，虽有多方面，但其归宿则一。本

① 沈时芳.酒[J].广西卫生旬刊(第1卷第4期),1933－03－11:6.

症为不治之症，普通经过二三年即死，疗养得宜，生命上不过多支持十年至二十年而已。滥用酒精是其诱因。”

3.循环系统。“老年人所发之动脉硬化，有因酒精中毒而起者。因饮酒能使动脉管壁弹力减弱。同样道理，大动脉瘤发生的原因也相同。因大动脉及动脉瓣之硬化，更可发生心脏瓣膜病。在酒客特多饮麦酒者，能使心脏机能萎弱，慢性心肌炎，有因酒精中毒而起者。即所谓中毒性心肌炎。至于饮酒美食而少运动者，易发肥胖症，不但身体肥胖，其心脏也起脂肪心也。血液病中假性白血病，亦有人认为是酒精中毒所致之结果。”

4.神经系统。“因酒精直接或间接的原因而发生者，不胜枚举。如暴饮者可发脑充血，此最常见。其病理在于动脉病变破裂，酒精中毒是其最主要的诱因。双亲嗜酒者，可发遗传性运动失调症、脑水肿等疾患。末梢神经疾患如神经炎、神经痛、神经麻痹等，均与饮酒有关。此外，小儿癫痫、神经衰弱等，均与双亲酒后受孕有关。”

5.泌尿系统。“酒精对于肾脏刺激很大，强烈酒精中毒，可发急性肾脏炎，慢性酒精中毒肾脏实质受其刺激，抵抗力薄弱，机能减退，可致慢性实质性肾脏炎。慢性间质性肾脏炎，有因滥用酒精而起者，所谓酒精性萎缩肾是也。肾脏结石，嗜酒者更易发生。遗尿症、膀胱知觉过敏，酒精也是诱因。”

6.新陈代谢疾患。“善饮者，体每丰满，若影响于健康时，即成肥胖病矣。痛风病与酒精也有极大的关系。”鉴于酒之危害之巨，作者呼吁：“为个人计，为子孙计，为种族计均有禁酒之必要，若借酒浇愁，逢场遣兴，偶一为之，固无不可。孔子曰，唯酒无量不及乱。余易为饮酒，无量不及病，以献于嗜饮者。”①

时人已然认识到，酒对子孙后裔有严重的影响。但“酒之为害，人所共知，因未知其害毒之深至何程度，故嗜之者不以为意”。论者转述了一项饮酒少者与饮酒多者的后裔的对比研究后认为，“饮酒之家族，大都表面无异常人，从医学上观之，实为变质之人，血统相传，遗于子孙，永无已时。国民之体质，遂因而愈趋于劣弱”。因“父母饮酒，而使子孙之精神上显变质之现象者，为下列五种：一、精神薄弱。二、痴愚白痴。三、神经病。四、精神病。五、精神变质者”。因父母饮酒“而使子孙之身体上呈变质之现象者。为下列五种：一、身体虚弱。二、结核。三、龋齿。四、对于病疾之抵抗力薄弱。五、乳汁缺乏”。②

酒能作用于人的生殖细胞，从而降低人口素质，导致后裔中出现各种缺陷。时人认为，酒精对精子是有害的，将酒精加入精液在显微镜下观察，可以看见精子前后左右猛烈活动。但这样的活动并不是其固有的运动，是因为加入酒精后所起刺激作用的结果，最后至于死亡。“由此现象，大酒家的精子就可以想象出毕竟是怎样的情形来”。故“饮用酒类

---

① 沈时芳.酒[J].广西卫生旬刊(第1卷第6期)，1933-04-01:8-9.

② 许家庆.饮酒之害[J].东方杂志(第13卷第7期)，1916-07-10:48.

的事，就和直接地把酒类与精子接触成为同一的结果。此乃因酒类中的亚尔可儿(alcohol)并不变化地被吸收入血液中而影响到身体的各部。其影响遂连精子也波及的缘故。依据实验，把醉酒着的男子的精液用显微镜来看，就可以看见精子明显地呈着酩酊状态。又拿大酒家之陷于阳痿者的精液来镜检之，则见精子俱死灭殆尽。这是大酒家所非特别注意不可的事”。又“大酒家或则没有儿女，或则儿女之所以成为白痴、鲁钝者，即因其精子已在中着亚尔可儿的毒之故。就是因精子不良，以致才生出虚弱、低能、畸形的儿女来呢。故纵非大酒家，若饮酒过多的时候，或已有了欲饮酒的习惯之时，应宜特别的注意，绝不要弄成上面所述那样的病果”。① “酒精之有害于人体，不胜缕述。其尤可怕者，为酗酒之人，酒精混入血液，循环于全身，胚种细胞及精子及卵子，亦不能不受其害。”遗传学者“于正在发生中的鸡卵里注入酒精，结果鸡卵的发生即受障碍，由这事实看来，酒精中毒者的生殖细胞所生的小孩，当然是不健全的。但是饮酒者的子孙自然也有很健全的，而且知能也很发达的。不过这是例外，普通酒精中毒的人，总是不独直接影响饮酒者的身体，使发生精神的变质，而且也给子孙以恶影响，使下代的国民变质。只是程度上因各人素质的强弱、酒量的多寡有所不同罢了”。这种“人为的具有遗传性的酒之恶影响，不惟时常饮酒的人会发生，即曾一度耽酒的人，亦大有影响于子孙”②。

同时，酒还能影响人口的数量，时人对此也表达了他们的担忧。在《东方杂志》的“新知识”一栏，曾对比过法德两国人口增长率的不同。在德意志帝国建立之时，两国人口相差无几，约在4000万。从1890年到1905年间，德国人口增加1100万，而法国仅增加百万左右。论者认为“国民之饮酒为其最大之原因”，盖“法人因饮酒之故，而肉体上精神上所受之损害，实可惊异。其出产率之减少，肺结核病之增加，死亡率之增大等，无一不以饮酒为其主要之起因。苟长此不已，恐法国所受之损，不仅人口之不能增进而已”。③ 国人对饮酒与生育也有一定的认识，认为“酒能入人筋络、穿骨骼、调血液、提精神，兼麻醉神经之功。西医谓酒有兴奋作用，余谓酒之能力非只此耳。然其性最强，有杀精虫灭卵子之害。精虫与卵子，为生殖人种之要素，嗜酒之人，其精与卵，常被酒之麻醉而死，所以不能生育。……故酒者，只可少吃，不宜过饮。少吃即有调血液提精神之功，过饮即有竭精耗真之害。望世切勿沉溺杯中，以酒为乐。亟早悔悟，则将来中国之人种，可增八万万矣”④。

二、多举措促进健康饮酒

第一，在教科书及饮食、卫生、营养学等相关著述中传布与酒有关的知识，侧重介绍酒的不

---

① 枕云.从精子的活动能力说到酒害[J].社会医报(第147期),1931-08-01:2175-2176.

② 殊凡.酒所及於精子卵子的影响[J].康健杂志(第2卷第10期),1934-10-15:31-32.

③ 饮酒与人口[J].东方杂志(第6卷第8期),1909-09-09:45.

④ 李健颐.酒与生育之关系[J].杏林医学月报(第72期),1935-02:17-18.

良作用，提倡健康饮酒。在清末编辑的教课书中，对酒类饮用及其所产生的问题就有相当的论述。直隶天津学务公所1907年出版的《新编生理学教科书》认为，酒类中"若择纯良之酒精而用之有度，亦能兴奋精神而无损健康。无如世人多不能节酒，往往溺于嗜好，至破肠胃、妨食物之消化及吸收，且使身心之机能因之虚弱，致起心脏、肝脏、肾脏及精神等病"①。湖北学务处出版的《生理学》认为，酒"有刺激性，饮用于适度时，非无其效，但常伴无形之毒害，饮者亦注意焉"。酒精饮料"具有促进消化液之分泌，及兴奋精神之效能，而被用于一切嗜好品"②。

吴襄在《营养》一书中认为，"酒和老酒等只是增加香味，并无多大营养价值之可言"。少量饮酒"可以刺激血液循环，如心跳加快、血压升高。呼吸亦可由之而加速。饮酒太多时，则将使大脑麻痹，理智失效。于是情绪放纵，或者痛哭，或者狂笑，或者高谈阔论，或者静默渴睡。酒的吸收最快，在胃中即可吸收一部分，故如胃空饮酒，更易醉人。酒可发生热量，其发热之迅速非任何食物所能及，故饮酒移时，即有周身烫暖之感，但不久立即消散，因此，吾人不能恃强酒精以供给能力也"③。余云岫的《饮食防毒法》中也有相关论述：酒精中毒"于酗酒者见之。初精神兴奋，颜面潮红。继则忧郁、昏沉、瞳孔散大，而以青紫色为主症。往往心脏及呼吸，突然沉衰而死。疗法急须加温，否则有冻死之虞。与以兴奋剂，兼以冷水灌注胸部，以兴起其呼吸"④。

商务印书馆出版的《饮食卫生》写道：酒精"固然也能催进消化，兴奋精神，算是强壮补力之药。然饮用过度，则胃肠作用，必定迟缓而衰弱。久而久之，消化器和神经系，及肾脏等，都要受莫大的害处。所以世人之沉醉于酒中的，大多不能长寿。至于酒之含酒精少量者，又常常混有一种防腐药，有害于人的地方也不少。吾人偶值宴会，及佳节之日，杯酒言欢，也是人情所不可少的。但是肆意纵饮，漫无限制，却是不宜。更有习俗，于端午日饮雄黄酒，谓可以驱除百毒而不知雄黄是有毒之物，其毒即随酒入血，至为危险。虽不常见有中毒之人，大概以仅饮少许故，并非真无毒耳"。⑤ 中华书局版的《饮食卫生法》亦认为，酒精可做药用，但事实上都把它作为嗜好品。饮酒的害处，有害于卫生，并且有害于社会。第一，饮酒有害于卫生。饮酒的人，都患有肠胃炎、心脏病、肝脏病和神经病等。具体地说有以下几种类型：饮酒之后，肠胃刺激过度，活动迟钝，消化因此不良；饮酒之后，神经系统麻痹，失掉身心的常态；饮酒之后，脑汁容易软化，甚至有发生脑充血的危险；饮酒之后，心脏活动软弱，碳质不容易排泄，全身中毒；饮酒的人，死亡率很高，不能享长寿；饮酒的人，所生子女，神经不健全，往往愚笨。第二，饮酒有害于社会。社会上许多犯罪

① 学务公所图书课编辑.新编生理学教科书[M].天津：直隶天津学务公所图书课，1907.123－124.

② 湖北师范生编辑.生理学(师范教课丛编第十种)[M].武汉：湖北学务处，1905.55.

③ 吴襄.营养[M].成都：中西书局，1944.134.

④ 余云岫.饮食防毒法(第3版)[M].上海：商务印书馆，1921.42.

⑤ 张鋆.食物卫生[M].上海：商务印书馆，1943.75－76.

的人，或怠惰的人，大都是自己饮酒过多，或者先辈饮酒过多的原因。犯罪的人，扰乱社会秩序；怠惰的人，减少社会生产，这都是饮酒妨害社会的事实。酒“固然是饮料的一种，可是危害之大，不但影响到个人，并且影响到社会，应该绝对禁止。一般的应酬或宴会，往往遇到饮酒的机会，在这种情形之下，我们可以选择含酒精成分较少的，或是酿造的方法比较好些的。少饮些，也没有多大防害，不过绝对不能多饮，或养成饮酒的嗜好”①。

第二，在报章杂志上鼓吹饮酒之害，提倡节制饮酒或禁酒。《中国卫生杂志》写道：“酒之为害，人尽知之。有一般人说，多饮则有害，少饮则有益于身心，尤其是在冬天的时候，饮酒之后，即可御寒。要知酒后血管一时性的充血，觉得体温较高，但体温放散，最易感冒，殊失御寒之本旨。十数年前，法国有一般热心志士，鉴其民额日见减少，遂决计从事考察，嗣知其原因，厥有数端，其主要者概因人民饮酒所致。除上项所具报告外，并谓人饮酒之故，可失其天然之爱情，及忘其子，或为夫，或为父应尽之天职。且其工作之能力亦因而衰弱，甚者为盗贼之媒介，不宁唯是。饮酒亦足为各种危险病症之导火线，例如瘫症、胃炎、肝肾受病及肺炎、痨症、癫狂是也。故英国前宰相葛雷氏敦氏云：战事、荒岁、瘟疫三大灾祸，为相连之疼痛，然尚不如饮酒之可惧。”具体说来，酒能影响中枢神经、影响人们的品行、影响人们的肌体、酒能增加人们患病的概率，在药用治疗上的效果又微乎其微，“饮酒有百弊而毫无一利”，“嗜酒的有志诸君，能不却刻戒去么。其戒法虽不如禁忌鸦片时所发生紧闭之现象，但嗜好其深者，亦不宜戒。一言以譬之，紧要关键，务须决心，始能战其恶习惯。饮食中如肉类与重加香料之馔品，能引起人之酒欲，宜之戒。至于吸烟亦往往为饮酒之导线，先须禁忌”②。

王群英认为：“世界文化愈进步，予人类的兴奋剂种类愈多。就以酒来说不下数百种，但它的成分虽不同，皆以酒精为主体。所以它对人的害处也就算酒精最厉害了。以酒精为一种兴奋剂，其直接关系与间接关系，都有很大的害处，不仅是伤害他人的身心，对于子孙也有一种惨毒的遗传性。……酒之与人，从任何方面看，除非以之作药剂外，丝毫的益处都没有，希望凡有此癖者，赶快戒除吧！”③张松云说：“纵观古今，横睇中外，其用以酬酢、联友谊、荐庙堂、致坛祭者，莫不唯酒是重。以之歌台舞榭、竞相飞觞拇战、婚丧成礼，无不豪饮酣醉。李太白、陶渊明、阮籍、嵇康之伦，尤恣意沉溺，放浪形骸，沿习成风，恬不为怪。甚矣其惑焉。夫酒之成也药，使之生酵母菌而发酵，含浓厚之酒精，强烈之刺激性，中其毒者，神经昏聩，怠于检束，败事堕德，且易使人体组织起生理之变化，而来各种难疗之疾患，贻终生无穷之痛苦。大禹曰：后世必有以酒亡其国者。先圣卓识所及，不觉大声

① 潘仁.饮食卫生法[M].重庆：中华书局，1945.24－25.

② 植源.酒[J].中国卫生杂志(第2年合集)，1931：410－412.

③ 王群英.酒的害处[J].方舟(第28期)，1936－09－01：29－30.

疾呼，奈何人终不之悟也。可慨也夫。”①就我国而言，“中古以降，因拘于习俗，遂有倡言酒有补脾活血之功。及至十九世纪末叶，欧美学说，传入我邦，复宣言其害之烈，一般讲求卫生者，咸相戒勿饮。时至今日，孰知更有人依据生理化学之学说，以证明饮酒之益。于是若辈自命维新之徒，均起而附和之”。我国人民“体质素弱，若再沉于醇酒，则民族之危害，更不堪设想矣”。② 是故更加需要节制饮酒。

第三，关注酒对妇女儿童的伤害，提醒和教育妇女儿童小心酒的害处。《玲珑》杂志设有“案件评述”栏目，其主旨是“将最近所发生之案件加以评述，借以劝导指迷与改良生活，作人生之指南针”。曾报道了这样一个案例：女学生袁平芳因误交俞阿根，酒后无力抵抗以致失足。俞阿根以婚姻相许，及后始知俞阿根早有妻室。又因俞阿根态度大变，不堪虐待而起诉。评述者认为酒是罪恶的，“多少罪恶都是因它而起”，认为男子从前诱陷妇女的工具是金钱，现在却多是用酒。金钱闪耀的光芒，可以令一个意志薄弱的女子暂时迷失了本性；酒的魔力也会使一位女子迷失本性。不过被金钱诱惑，多少总带点儿主动依从的意思，算是咎由自取。然女子被酒所迷失，则完全是被动的，不能抵抗。所以说酒的毒害较之金钱更为厉害，其罪恶也更大。有许多女子，知道金钱不是好东西，但对酒却疏于防范，因而男子便利用它来达到目的。评述者提示读者“看了上面的这件事，我们便晓得酒的破坏力”。③ 另一个案例是这样的：上海俄国女招待某，因杀人罪在庭上供词中有云，因其与被害者喝酒，都喝醉了。坐在二楼上乘凉，发生了争执，拿出小刀威胁被害者，然而穿的是高跟鞋，立足不稳，误将人刺死。《玲珑》社评栏目的主笔言：“就酒和高跟鞋论，实是我们女性之敌。酒是麻醉我们本性的，使我们常受男性玩弄。高跟鞋是束缚我们的，使我们俯听虚荣宰制。所以这二者遗害我们，无可疑问。这俄女招待不过受其显明之害罢了。故我们不打倒酒（或如酒一类足以麻醉我们身心的毒物，如礼教等），将永无脱离男子桎梏之希望。我们不打倒高跟鞋，将永不能跳出虚荣圈而为新妇女。”④

而在另一篇文章中，著者由一次聚饮引申开去，特地编译国外文章以提醒“现代妇女”注意酒的危害。作者写道：“偶然的机会，赴空军友人的宴，席间男女各半，每人干三大杯啤酒之后，空军的官太太说道：‘这个不够味儿，我们来白酒吧。’那位官太太饮了半斤白酒之后，再加威士忌两杯，鄙人躬逢其盛，不禁拜倒！惟阅去年九月号的《妇女家庭良伴》后，此种豪兴，似非所宜，爰译飨读者。”原文的作者，当是一名医生，他所描述的情景也出现在外国，但对这一问题的认识，却也很足以国人警惧的。他说每天下午他的诊疗室里，都有各种年龄、不同职业的女性饮酒者。酒精中毒在男性中也逐渐增多，当他开始用精神病

① 张松云.医学上酒害之证明[J].医药评论（第 18 期），1929－09－16：17.

② 黄劳逸.酒对于人体之利害论[J].民生医药（第 8 期），1935－03－01：7－8.

③ 陈佩英.酒的破坏力[J].玲珑（第 2 卷第 73 期），1932－11－09：1090.

④ 酒，高跟鞋误了她[J].玲珑（第 5 卷第 30 期），1935－08－14：1994.

疗法治疗的时候，酒精中毒者中十之八九是男性，20年便发展到女性占40%。在美国的监狱中，20%的女犯是因为醉酒而入狱的。“要想阻止这种高潮，我们所需要的，不是限制的法律或道德的呼吁。最好的武器是教育。我们须了解病理上的饮酒理由。我们要当他像肺病和梅毒一样，认为是一个公共卫生的问题。”现代妇女生活在时局动荡，情感不宁的时代，人们的安全感被完全摧毁，遂导致饮酒中毒的女性不断增多。饮酒过多，是由于三个理由：一是想要借此逃避现实生活，二是人格和性格上有一定的缺点以致不能适应正常生活，三是由于社交饮酒而发展到豪饮的程度。嗜酒并非全因显然的苦闷问题，隐藏在个人背景里的矛盾或不愉快的时间，也能逐渐发展为嗜酒的习惯。在童年人们可能怕难为情或是不甘落人后而豪饮的也不少，死亡、离婚、父母不合、管教过严或过宽的，可能在儿童时代便开始嗜酒。“酒害之大，应有更多的认识，更多的治疗院。利用现代的精神病治疗法，每一百人之中，能恢复健康的，可有三十至四十，其余的大致和患癌症一般无法可施。当他们在精神病医院里结束生命，换一句话说，便是醉死为止，将痛苦和悲哀带给他们自身和他们的亲友。”最好的办法，是预防新嗜酒人群的增加，最应该注意的地方当是家庭的教育。“一国的青年，须有生活上健全的见解。青年须知所处的环境，比自身更大；家庭的关系、爱、责任和信仰，比利己的满意或当时所谓为成功的玩意儿，是更有价值的。为防止嗜酒的人增加起见，我们须轻视物质的享受，注重精神的价值。”①

在一篇题为《小朋友须知酒是怎样的摧残生命》的文章中，作者写道：“谁都知道，饮酒对于我们的身体是有害无益的。可是酒怎样的有害和怎样的无益，恐怕有许多人(尤其是小朋友们)还是不甚了然吧！现在我来把酒在我们生理上发生的作用和影响，分类详细地介绍给你们；希望你们深刻地知道酒所给我们的利害，将来不要步了一般大人们的后尘！”作者以小朋友们所能接受的语句和笔触，介绍了酒对胃、气管、生育、心脏与血管、中枢神经、体温、骨骼、肌肉、抵抗能力等方面的不良影响。作者将酒侵害人类身体健康的情形介绍给小朋友们，要他们知道：“一般人所常说的‘酒对我们是有害的’一句话的详细的解释！我不只诚恳地希望你们自己将来不要吃酒；而且我更希望你们拿这种情形去告诉你们的家人，和你们的朋友！使得他们也不要吃酒！”②

第四，组织戒酒运动，从事实际工作。浸信会在华所办的沪江大学，可谓是推行校内禁酒的先锋。“《天声报》载北美酒商，因本国酒禁甚严，遂有投资三百万于上海设立酒栈之说。兹事而果见诸实行，则其为祸不亚于鸦片。沪江大学全体，对于此事，异常注意。先由加玛阿尔弗(希腊名社会学会)开会讨论，继由自然科学会邀请校医雷盛休博士演说‘酒毒与后裔’，博士搜集泰西名医关于酒毒传染于后裔之试验暨证据多种，闻者莫不感

① 乐天.妇女和酒[J].妇婴卫生(第3卷第3期),1947-03-01:1-2.

② 张洁.小朋友须知酒是怎样的摧残生命[J].方舟(第39期,夏季卫生专号),1937-08-01:46-49.

喟。当即举定教员二人，学生二人，为禁酒委办。除函电驻京美公使芮恩施君、本省督军、省长暨沪上著名西报馆外，更请北美南浸信会总干事罗珠博士，代表该校全体学生，至华盛顿鼓吹政界当局，阻止酒商来华云。"烟酒之为害，"人莫不知之矣。顾知之而未能戒之，且为有加无已。默观近日之社会，几有烟非三炮台不吸，酒非佛兰地(白兰地)不饮。于此亦足以见嗜好之日甚一日也。但于烟一方面，鸦片已严禁矣，卷烟则又取缔学生矣。顾于酒则何如。其于每饮辄醉者姑勿论，若号称为名士派者，则每持杯劈螯以自赏，抑知酒之害人急则惹脑充血、乱性发狂。缓则致肝生病脉变硬。其甚者，贻害子女焉。呜呼，取一时口腹之欲，而遗患无穷，人亦何乐而为此。是皆不明卫生所致也。然则于此社会嗜好深重之期，非清其源者，决难节其流。沪江学校此举，盖亦知所急务哉"。①

最值得一提的，则是王立明女士组织成立的中华妇女节制会所进行的系列工作。1925年，王立明在世界妇女节制会创办者美国人福安斯·卫勒伟德的支持下，在上海成立中华妇女节制会，隶属于世界基督教妇女节制会。后在北京、上海、武汉等地成立分会。以节制烟、酒、赌博，提倡慈、孝、贞、俭和改善家庭生活为宗旨，反对蓄婢、纳妾，禁止缠足、束胸等各种恶习。主要联系上层知识妇女，梅云英、王立明先后担任总会领导人。1948年总会由上海迁香港，1958年以后总会和分会逐渐停止活动。②

根据王立明的自述，在她快要毕业的那年，"有一位万国妇女节制会的代表莅校演讲，言辞恳切，把烟酒的毒害说得异常透彻。我们觉得'天下兴亡，匹夫有责'，中国的烟祸既有亡国灭种之忧，我们便组织了一个妇女节制会。同学们因为知道我素来疾恶如仇，对于烟酒赌等恶习惯尤其反对，于是就公推我做会长，我与节制运动以后所发生关系，即胚胎于此"。王立明早年留学美国伊利诺伊州西北大学生物系，对美国禁酒运动较为了解。她在自述中写道："美国在欧战时即颁布了战时禁酒法律，一九二〇年这条文便改入宪法了。美酒商因本国禁酒，便招集同业会议，想把商业移往别国；他们最大的目的地便是中国，大约因为我国地大人众，加上好奇的心重喜用洋货。当时报上谓某某公司人员携带数百万巨资来华兴办酒业。我因为祖国烟酒未除，火上加油，国计民生，何堪设想，如是本着青年的热血，写了一封恳切的呼吁登在《中国学生月刊》上请他们一致抗议，打消酒商来华之意。这信登出后，确然得了很多的同志，结果，我们组织了一个禁酒会，除抗议美国酒商来华外，又做了许多个人的工作。陈鹤琴、董修甲、林风岐夫人及外子刘君等均是当时会内热心职员，这班老同志返国以后，仍是继续他们的初衷，与烟酒恶魔斗战。"

妇女节制会起初纯在禁绝烟酒，1926年"因石会长辞职，这会便因此改组了，董干两部也应运而生，经了这次变化，会务较前更觉发达。这会以家庭为国家的基础，故现今是以'促进

① 沪江大学之禁酒运动[J].光华卫生报(第4期)，1919－01－15：50－51.

② 《上海通志》编纂委员会编.上海通志(第2册)[M].上海：上海社会科学院出版社，2005.1053.

家庭幸福'为宗旨，'拒绝烟酒赌邪，提倡慈孝贞俭'为方法，'家齐国治而后天下平'为口号"。节制会的救丐工作，尤得社会人士的赞助。附设于江湾的妇孺教养院，虽"范围不大，其管理之得法及院员之出路，在慈善事业中要算首屈一指。倘若有人到该院参观，一进礼堂，便能看见当中悬'化丐为工'四大字，两旁垂'节省烟酒赌邪耗费，教养痛苦无告同胞'联语"。① 由此可见，妇女节制会的主要工作之一，是推行节酒。因王立明丈夫为沪江大学校长刘湛恩博士，故其活动之大本营，与沪江大学有一定的联系。在节制会中，除各部主任杨美真、曹凤翔、潘英、茅宗兰诸女士外，会长郑扬秀夫人，副会长郭秉文夫人、杨缙卿夫人，书记毛克伦夫人、会计胡其炳夫人及齐家委员会会长郑维夫人、救丐委员会会长黄履光夫人、禁烟委员会会长张美贞女士等均系健将，都是当时名流，故其影响极大。

时人也在国际会议上演说嗜酒之害，并请禁止外国烈酒之来华以避酒害。"《新民国报》载红十字会代表在巴恩开会，中国代表李君，希望红十字会之行动，或将设法禁止烈酒之害，流入中国。现在尤希望美国及英国之多数地方已脱此害。"酒害"尽人能知之，毋俟再喋。红会为慈善事业之一，亦毋俟再喋。然此次红会开议，李君于诸多重要问题不提，偏请烈酒之禁。盖不但知嗜酒之对人身无益，而近鉴美人禁酒会之运动。现自 48 州中，已有 36 州颁布禁酒令。彼美人之酒商，知己国之不能营业，因而设法转贩中国，其流害不知伊于胡底。倘非借此机会与之谏请，固难希望彼之制止而不输来。即慈善之宗旨，亦难达其目的，而他日之嗜酒影响社会及个人疾病，靡有孑遗矣。则李君之请其禁运也宜哉"。②

第五，利用宗教的影响力，鼓吹信徒节制饮酒。有佛教徒认为，人们多以饮酒为人生乐趣之一。可是饮酒后"常会发生酗酒辱骂呕吐失态的情事，妇女每因饮酒而失去了贞操。所以许多有见地的人，每是回避饮酒并且劝戒他人不饮酒了。《论语》说得好：'唯酒无量不及乱'，真是说得有理。关于酒诫说得比较彻底的，则不得不推佛教了"。《梵网经菩萨戒·轻垢罪篇·饮酒戒》云："若佛子，故饮酒，而酒生过失无量。若自身手过酒器与人饮酒者，五百世无手，何况自饮。亦不可得叫一切人饮，及一切众生饮酒。况自饮酒。一切酒不得饮。若故自饮，教人饮者，犯轻垢罪。"《大智度论》卷十三云"酒有三种：一者谷酒，二者果酒，三者药草酒，若干若湿，若清若浊，如是等能令人心动放逸，是名为酒。一切不应饮，是名不饮酒"。《四分律》中举饮酒十失云："佛语阿难，凡饮酒者，有十过失。何等为十，一者颜色恶，二者少力，三者眼视不明，四者现嗔恚相，五者坏田业资生法，六者增致疾病，七者益斗讼，八者无名称、恶名流布，九者智慧减少，十者身坏命终堕三恶道。阿难：是谓饮酒者有十过失也。"《大智度论》又云"问曰：酒能破冷益身，令人欢喜，何以故不饮？答曰：益身甚少，所损甚多，是故不应饮。譬如美饮，其中杂毒，是何等毒！如佛语难提优婆

---

① 王立明.由家庭到社会：妇女节制会总干事王立明女士自述[J].良友(第 53 期)，1931：16—17，30.

② 酒禁之运动[J].光华卫生报(第 6 期)，1919—05—15：45—46.

塞，酒有三十五失。”又有五言偈十六句，好比是一首酒箴，其词曰：酒失觉知相，身色浊而恶，智者动而乱，慨愧已被劫，失念增瞋心，失欢毁宗族。如是虽名饮，实为饮死毒，不应瞋而瞋，不应笑而笑，不应哭而哭，不应打而打，不应语而语，与狂人无异。夺诸善功德，知愧者不饮。《大爱道比丘尼经》中也有关于酒诫的警句，文云：“不得饮酒，不得尝酒，不得嗅酒，不得以酒饮人，不得言有疾欺饮药酒，不得至酒家，不得与酒客共语。夫酒为毒药，酒为毒水，酒为毒气，众失之源，众恶之本，残贤毁圣，败乱道德，轻毁致灾，立祸根本，四大枯朽，去福就罪，靡不由之，宁饮洋铜，不饮酒味，所以者何，酒令人失志，迷乱颠狂，令人不觉，入泥犁中。是故防酒耳。”所以作者认为，“这样看来，常人所认为乐事的饮酒，实在是众恶之源，我们真当洁身自好，不染此习才对”。①

伊斯兰教本就禁酒，但在当时的环境之下，教徒不守教规的情形亦较为常见。《伊斯兰青年》月刊的一篇文章认为，人们一旦沾染上酒，就像“鸦片烟那样厉害，随便你怎样摆脱也都是不易的。它能使人丧志，违犯教规，使人本性迷乱，戕杀身体，表面上似乎饮酒的人得意扬扬，其实那是痛苦，吾教远在千百年前，下降古兰就有明文禁止饮酒，谁都知道回教是分三个时期禁绝的，待到最末的一个时期，一般醉生梦死，迷恋在酒里的人，也抛弃它不饮，因为从前阿剌伯蒙昧时代的人，不知道酒的害处。饮酒的人醉了，从记想真宰上疏忽了，违背天经圣训的明文，真是可怕，这种有害国家、宗教的毒物，能不禁乎？”在当时“国家千钧一发，国脉岌岌可危的时候，还容许再饮酒作乐吗？这种消耗，普遍讲来，不能替国家生利益，反而破坏国家的纪律（新生活禁酒），按宗教立场来讲，不但无补于宗教，而且有碍宗教之发扬。然而近日我国酗酒之风甚炽，我一般不明教义的教胞，也随波逐流，终日酗酒，弃教门于脑后，这样越出法纪，宗教前途实在黯淡，为回教大大的不幸。回教一面在严禁烟、酒、赌博等，而一面教胞又在釜底抽薪，自灭宗教，良为叹惋！”四川省政府认识到酒耗费大量粮食，是故禁酿；美国也认识到酒的害处，遂加以禁止。但现在的人不比从前，要费许多的口舌才能把酒的害处讲述给他们，或要逼迫才不饮酒。“教胞们为宗教前途计，应当立刻不饮，如斯宗教才有欣欣向荣的气象，才不会被外人同化。吾每感此，则心惊悸异常，实为教门前途悲也。”② 中国回教救国协会因教徒多有饮酒嗜好，对宗教前途颇为忧虑，就曾函请各地分会禁诫教胞饮酒。要求回教青年们“保持纯洁健全的习性和美德，以尝试为大戒，以履霜坚冰至为凛惧，以发挥回教的奥义，以保持回教的精神！”③

面临抗战的艰难局势，人们对禁酒的认识也更加深了一层，不但从宗教教义的角度出发，更立足于现实，倡导人们禁酒。一位作者认识到，正在经历的抗日战争是“人力物力之

① 弘戒.佛经中的酒戒[J].佛教文摘(第1集),1947-04-10:37-39.

② 霄.略谈酒之害处[J].伊斯兰青年(第1卷第11、12期合刊),1941-06-15:6.

③ 稜.杜绝教胞饮酒之恶风[J].中国回教救国协会会刊(第3卷第2期),1940-12:2.

总决赛，并不是单纯的军事战争，为坚持长期抗战起见，除了动员全国民众从事效命疆场外，积极地从事生产和消极地从事节约，也是很重要的一个问题”。为充实抗战粮食，为积谷以防饥馑，为国民生理健康品德修养，禁酒一事应当是国人值得注意的大问题。他所设想的禁酒实施办法，首先是宣传。应当“动员政府公务人员以及社会上各文化团体，时时加以宣传，切实劝导，唤起社会禁酒问题的舆论，并且以身作则，先由量的减少，渐至于完全戒除”。如果大家能认真做下去，一年之中必有良好成绩。其次则是实行统制。“我们的敌人和欧西各国，为统治粮食起见，实行计口授粮，中国虽然暂时不必效法他们的办法，对于全国烧锅的统制，是应当加之注意的。此外对洋酒之取缔，以及用度之限制，都应当有个统筹的办法，这样才可以达到减少酿酒量的目的。”最后是禁止。“要想根本禁绝，政府当加制禁酒的法律，并且严厉负责禁酒法的实施。1929 年美国会曾有禁酒党的组织，可见禁酒是政治上很紧要的问题。至于在我国历史上，因为年荒谷贵，保护民生，辄有禁酒。可见禁酒问题非自今始，是古已有之的了。”除了以上三种办法之外，在人民方面“不妨多组织些戒酒会，先前有国人不是提倡素食运动吗？如果大家彼此互相规劝，互相劝勉，形成不饮酒运动，使成为一种普通的国民风尚。不但可以撙节下大批有用的粮食，而向在中国文史里流传着的，所谓酒失、酒色、酒困、酒狂、酒徒、酒鬼、酒荒等形容国民不健全的各色名词，也都可以被扫荡净尽了”①。另外也有一些文章结合中国抗战的形势与回教教义，倡导人们实行禁酒，以配合政府的节约运动，为抗战节约粮食，贡献个人的力量以汇聚成制胜法宝。② 一篇文章认为，禁酒能够节约粮食、节约经济、节约时间，当抗战艰苦之际，饮酒作乐更当禁绝。希望“国人能积极地禁绝饮酒，间接地使酒的出产量减少，更希望政府当为严厉地禁绝酿酒，使酒的来源断绝，这样才可避免粮食的消耗、经济的消耗和时间的消耗”，应当“以善事相勉，坏事互戒，革除醉生梦死的风气，适应艰苦的战时生活，争取最后的胜利，完成民族复兴的大业”③。

1931 年 11 月 10 日，广州各界联合召开卫生讨论会，请李光医生发表演讲。李认为，“人类生存世上，最为重要者乃为卫生。然卫生可分为有形、无形二种，有形者即物质上所需用之饮食各物，与夫衣物器皿是也；无形者即风寒暑湿燥火，与夫喜怒哀乐惊恐忧思是也。若于有形无形，概括论之，而于卫生最为厉害者，则莫如酒色财气四字。故僧人戒徒，除予以六根清净外，且告以四大当戒。夫四大者，即酒色财气也。但此四字包罗极广，非有最长时间，不能言之透彻。……故余只将酒之祸害，于实体科学研究，详叙于后，以酬诸君之盛意”。酒中含有酒精，故“凡饮酒之人，无论老少，均能有中酒毒之可能，换言之，

① 谢松涛.节约运动与禁酒问题[J].月华(第 11 卷第 34—36 期合刊)，1939—12—25：7—8.

② 虎世祥.回教禁酒的原理[J].月华(第 12 卷第 22—27 期合刊)，1940—09—25：11—13；沙恒君.回教禁酒教训与节约救国之关系[J].中国回教救国协会会刊(第 1 卷第 9 期)，1940—02—15：19.

③ 张正权.节约与禁酒[J].中国回教救国协会会刊(第 3 卷第 2 期)，1940—12：8—11.

即中酒精毒也。须知酒精系一极猛烈之毒物，虽饮少许，亦可能使人顷刻间死亡，然酒虽非如纯粹酒精之猛烈。然饮之后，日积月累，则其害与饮酒精者等矣”。李医生详述酒对于人的身体及器官乃至后嗣所产生的害处，自言其“年将知命，曾被聘为酒行西席十七载，烟行西席二十一载，从未尝过一酒一烟。今全赖康健，对于自身之卫生及灵性之修养，自当望诸位加以见教，务进成圣，是鄙人所厚望。愿上主及耶稣基督之恩宠，锡尔安康，诚心所愿也！”编发这篇演讲词的编者道：“李医生之演词虽带有宗教色彩，惟于酒之祸害，可谓发挥透彻。喜其有裨于卫生，因索之转付编者。愿读者幸勿因其含有宗教意味而蔑视之。”①

第六，关注国际社会对酒与健康的认识与了解。根据当时中国新闻界的报道，1935 年医学家在法国召开了第二次“酒之友会”大会，有法国、意大利、西班牙、德国等多个国家的代表参加，法国农业部长及上议院多位议员出席。大会的主要内容是打破人们认为饮用葡萄酒有损健康的看法，大会的报告和讨论偏重于酒的有益方面，如“作为消化剂的酒之影响”“酒精之防腐性”“酒中的维他命”“酒可治虚弱的儿童”等。虽然这些论题都打着医学的招牌，但“真正说来，他们不过是制酒业者一个宣传的工具而已。在资本主义的世界经济恐慌中，制酒业者为要推广他们的销路，真是什么方法都想尽了”。② 国人已经认识到这一类打着科学研究幌子的大会，其实质是酒商为了推销酒类而做的宣传而已。只是在当时的中国，鼓吹禁酒还仅仅停留在文字阶段。政府所推行的禁酒，只是从节约粮食消耗的角度立论，还没有从健康角度关注饮酒问题。

三、关于酒与健康的一些争论

在论及国内饮酒问题之时，论者多以英美欧西各国为参照系。《光华卫生报》刊载有《我国今日亟宜注意酒禁》一文，可说是最为全面和深入呼吁禁酒的文章。作者认为，“英美诸国，对于禁酒问题，在未争战之时期，已为社会争辩最烈之重要问题。今日欧战告终，百物因战争之影响，骤形缺乏，故烟酒等嗜好品严令禁绝。彼国酒商，遭此痛击，乃联袂来华，已为我国民愚而可欺，实一大好之销售场地也。殊不知酒之为害，稍具卫生常识，莫不知之而唯恐避之不速也。虽然，吾犹恐有不察，而误罹其毒者”。社会上对酒的用途，大致为宴饮欢乐的媒介及用之为治疗的兴奋药剂，“浸假且为嗜好品矣”。乃生出种种弊害，故英美诸国，而严厉禁绝，“亦以酒于吾人为绝对无益之物业”。反对者或辩曰，“酒之为物，以之宴饮则得欢乐之情，以之治疗则得兴奋之效，以之常饮则可提神而健体，且冬可御寒，夏可祛暑，作此言者，反对禁酒之偏激泒也。更有伸引孔子之言曰，唯酒无量，不及乱。少年血气方刚，或不宜饮酒，老年之人，饮之必无害而有大益也”。盖“言者尚未深悉酒之毒，故作偏倚之言，余赞成

---

① 李光医生论酒之祸害[J].医林一谔(第 2 卷第 9 期),1932－09:41－42.

② "酒"的大会[J].新生周刊(第 2 卷第 14 期),1935－04－27:283.

禁酒者也，余亦夙嗜酒而反对禁酒者也。然余之赞成禁酒，乃认其为绝对无益之物而划除其毒害也。余之嗜酒而反对禁酒，则纯然为嗜好之欲而已。故吾人有曲蘖之癖者，但能稍抑其嗜好之欲，平心观察，则知酒之流毒，实有等乎鸦片”。

在宴饮与普通饮酒场合，“燕宾而必借酒以融洽宾主之情，则酒为欢乐之媒介也明甚。然吾尝见杯觚相属，鞋履交错，笑乐欢叙，各无隙怨者矣。及至酩酊之时，杯盘横飞，吐卧席下，谩骂叫嚣，势不两立。又至酒力已过，则昏慵无神，思想迟钝。此等怪状，数见不鲜。此亦酒为之媒介也明甚。顾何以忽而欢乐，忽而谩骂，忽而昏慵耶，是可知酒为乱性的媒介，而非欢乐的媒介也。故忽而欢乐，忽而谩骂者，为乱性所致；忽而昏慵者，则由于身体组织受酒之激蚀麻醉所致。不然者宾主相叙，何以必藉酒而始能欢乐耶，何以欢乐忽而变而为仇怨耶，何以酒力一过，宾主之欢乐亦立止耶。凡此数端，皆足以证明酒为乱性戕生之物也。宴饮且得此等恶果，则常饮者更不堪问矣。故凡饮酒之人，必为生理道德法律之害”。

饮酒首先是导致生理上的弊害，“欲知酒与生理之关系，首先宜明酒性之功能。夫酒为一种刺激药类，而又具一种麻醉性能。因其能激，故能予组织以不规则之激动。因其能麻醉，故能予神经以不清明之思潮”。于是有以下所述之弊病，在脑络二部，“脑系受酒之频激，感应之功大减，而心经血脉，亦必速而力强上冲头脑，冲之不已，脑乃受阻而瘫。故知觉不灵，行动躄躄”。在呼吸部，“气管肺部受激乃大增其呼吸之数，内既受酒之烈激，外复受空气之逼压，其苦不堪，甚者气管破裂而发炎，肺经受阻而生病”。体温方面，“酒激心催血以入全身，故体温反觉加增(反对禁酒者之所谓冬可御寒)，其故因血被逼太甚，各组织起新陈代谢之作用也。及至各组织受阻而麻醉，则新陈代谢之功，亦止此时，体温反觉低减(反对禁酒者之所谓夏可祛暑)”。夫“人体中各组织为中和的行动，苟予以剧烈之激刺，而又复予以麻醉之瘫痪，违背生理莫此为甚。故其结果必得血管变硬症、脑流血、胃发炎、肝病、神经病及种种可危惧之恶症”。其次能导致道德上的弊害，饮酒之人“生理上既得种种之害，则其人之必神思昏乱志气颓唐，体质生病，其影响必致奴叱妻子谩骂友朋，刚愎孤僻，残酷不仁，好讦人私，好毁物件，纵情色欲，伤人自杀”。最后，导致法律上不良后果。“彼富有之家，罹酒毒者虽于生理道德有亏，于法律似尚无大害。然有时亦不免蹈于罪恶。彼贫者则势必窃盗犯法，奸淫掳掠及种种恶事。盖彼神思昏乱，不能审查善恶，遽然行之，致蹈法网。此等乱性犯法，皆酒之赐也。”虽然，酒偶尔也能用于治疗之上，但酒“虽可为兴奋剂，然其性先激后阻，且其效暂而不能耐久。故医者只用为一时之兴奋，且有不纯用酒为兴奋之药，而以他药代之，或兼服他药者，恐其得不能偿失也”。根据其他国家的禁酒实践，禁酒可取得道德上、生理上、经济上的良好效益。

由此可知，酒“于吾人确为绝对无益之物，禁之亦不得何等恶反响。然我国素来对此一似无关紧要者，殊不知此类嗜好品，实于政局，有莫大之关系者也。夫以有用之物(酒为五谷所制)而耗之于无益有损之酒，是谓暴殄天物。欧战终局，对于百物原料无不珍惜。

昔日之所谓文明，我国唯恐效之弗肖者，已淘汰净尽。而现一新正之文明气象，此新正之文明，即我国固有之文明，淳朴主义是也。我国贫穷极矣，民食日见其难，暴殄天物嗜好于无益有损之品，其一原因也。我国不趁此时机恢复我国固有文明，厉行禁令，加重酒税，限制买卖耶。则民气日降消沉，不至一蹶不振，不止我国而能行淳朴主义，力省无益有损之嗜好品耶。则国民日见康宁，道德日臻高尚，犯法人日少，而国家日见富强，何去何从，瞭若观火。愿当道对于外来之酒，严厉禁绝；对于国内之酒，加重其税，则酒害自计日减少矣"。① 论者认为，国人对酒之认识不足，深受政局的影响。中国应恢复固有文明中之"淳朴主义"，对外来之酒加以禁绝，对国产酒施以重税。则民可日见康宁，国家日见富强，将酒上升到如此高度，实乃前所未有。

在一片禁酒声中，也有人持反对的意见。徐夏佐云，"现在多数国家，对于人民饮酒，严加禁止。多数医士，也终日提倡禁酒，说酒精有害于卫生。我在报纸上也不知看见了多少论说，其标题虽然不同，而论调确是相似。无非是说酒精作用于神经系统，饮酒之后，意绪纷乱，做事昏惑，并按照酒精中毒各现象加以文饰。因此之故，酒精遂成人民之一大仇敌。但是我的意见，这种律令和论调，当一律破除。因为酒精为唯一无二之养料，对于人身，有绝大的益处"。他认为，酒精所产生的热量虽然不及脂肪，但比蛋白质及碳水化合物要高。按照他人研究，每克酒精生成热量 7 卡路里，若摄取食品稍微不足，则以摄取少量酒精为妙。酒精"如于用饭之先，稍饮些许温热之酒，则因胃内血管扩张之作用，而惹起食欲。是酒精不惟易于饮用，易生热力。且可借此惹起食欲，而能多取食品。故吾谓禁酒殊背生理的意义"。他认为酒精能产生热量，可补充食品之不足，不可遽然禁止。他也认同饮酒过量，会造成不良的后果。"吾谓酒精之可用，为不过极量之可用，非可任意多饮也。兹可有比喻如下：现在的人均欲自由，但自由亦有定限，只可自由于法律之内，并不得自由法律之外。我劝诸君饮酒，也是这个意思。可饮于极量之内，不可过极量之外。兹再伸而言之，如精洁鱼肉，人均认为养身妙品，苟任意过于多食，则亦生消化障碍。但其罪不在鱼肉而在过量也。我想吾人之有此经验者，亦不少，如偶因过多食物而腹中遂觉不快，其罪果在食品乎？非也，乃因过量之故。吾谓酒精之可用，在于极量之内，并非可用于极量之外也。"只是这一"极量"究竟为几何，作者没有明言，时至今日，也仍然是一个科学界和医学界尚在探讨的问题。最后他说，"酒精在人体内，易于燃烧，可因此作用而将他种物质如蛋白脂肪等贮积之，是酒精非特于摄取食量之不足之时可以应用，即作为日常之养料亦大佳也。且人略饮酒精之后，精神活泼，身体畅快，是酒精为有益无损之妙品，岂可禁乎？"②

---

① 古森.我国今日亟宜注意酒禁[J].光华卫生报(第 5 期)，1919－03－15：1－5.

② 徐夏佐.酒可禁得吗[J].医事月刊(第 3 期)，1924－01－15：7－9.

营养学家罗登义关注的则是酒的营养价值。他说:“喝茶和饮酒两件事，我国人素来讲究的。它们两个透过整个社会的各层，无论贫富，不分智愚，人人皆可享用，个个均受安慰。积极的用来提神取乐，消极的用来解愁消闷，真是极平民化的饮料妙品，普渡众生的慈善观音！说郑重一点，喝茶和饮酒，对于中国人的人生哲学和学术思想，直接间接都有相当关系，所以说中国的固有文化，多少是受其影响的。古来若干文人学士，总离不开酒茶生活。他们的创作成就，十九归功于酒茶等物，试想一想，倘若没有杯中物，哪会有诗仙太白？这是值得我们玩味的。”酒和茶“对于吾人精神方面的影响既如斯深远，对于身体方面的影响又究竟如何呢？依一般人的观念:饮酒是增进食欲的，喝茶是帮助消化的。医生老对我们忠告说:饮酒喝茶过多，都属伤害身体的。所以我们就卫生的观点来说，饮酒喝茶对于吾人身体健康，究竟是有益抑是有损？益在何处？损在何处？就营养的观点来说，酒和茶的食物价值怎样？它们在生理上的功用如何？诸如此类的问题，都是我们亟应明确知悉的”。他说，酒在动物体中能被吸收和氧化，这是很早就知道的。不过其在生理上的营养价值如何，尚无定论。然 1935 年 Mitehell 用白鼠分对饲养法加以实验，结论为在动物体内，酒(乙醇)所含能量中的 75%能被利用。白鼠在喂食基本膳食外，每日喂养少许酒精，能够促进动物迅速生长，且能提高体内氮素与脂肪的蓄积，且有增进食物消化率的功效。可知动物每日饮酒少许，在营养上和生理上皆有相当的好处。国人素来就有饮酒的习惯，“每日常饮酒二杯，此亦未可厚非者也”。在原酿酒类中，如葡萄酒绍兴酒等都含有相当丰富的B类维生素，而蒸馏酒如大曲酒汾酒等则不然。① 酒虽“极容易吸收，极容易变成能力(能量)的食物。然而酒究竟不能无条件地替代普通的食物。第一因为酒是有毒性的东西;第二因为它所产生的能力小于他种食物所产生的;第三因为它能阻碍代谢产物的完全燃烧;第四因为它能引起不规则的脂肪积蓄”。②

也有人认为，酒是一种普通的饮料，人们对饮酒的看法往往不一致:文学家以为酒能增加文思，艺术家以为酒能助长艺术，所以他们多半主张饮酒;教育家以为酒能使人之知识退化，脑筋迟钝;社会科学家以为酒能引起社会的不安，是危害社会的毒物，所以他们多半主张禁酒。因此一般民众对酒“无所适从，各行其是，好之者终日沉醉于酒气中，恶之者视如虎狼”。1.酒的作用“全基于其化学刺激，初饮白兰地的人，口中如烧灼，此即末梢神经受刺激的原故。饮酒日久，则口中表皮细胞的水分被吸收，原形质被凝结，而渐起皱纹，并变为白色。所以多饮酒者，其咽头必有发炎状态。喜于空腹饮酒者，则其胃黏膜刺激过烈，发炎更甚，口内的唾腺，因受刺激而增加分泌，因此消化淀粉质能力大增，对于劳动阶级之工人等，补益甚多”。2.酒对于消化的影响。当胃内酒精达到一定容量时，胃的消化作

① 罗登义.茶和酒的营养观[J].新中华(复刊第 2 卷第 4 期),1944-04:111-114.

② 苏德隆.酒茶烟之医学观 I:酒[J].科学世界(第 1 卷第 1 期),1932-11-01:49.

用减弱，但胃壁蠕动的机械作用加强。因此饮用少量酒精，对于消化有一定的促进作用。酒精还能促进胃液的分泌。故酒精一方面有妨害消化的化学作用，一方面却又能促进胃液的分泌。少饮一些，并无害处。在饭前或饭时饮白兰地二三十克，能促进消化。若大量饮酒，则神经系统与循环系统受剧烈刺激，反而有大害。3.酒的刺激性。酒对于循环系统的刺激，能增加心搏和心力。“酒的刺激作用亦能在吸收之前，此由于神经受刺激后传导所致。有时因其刺激力过大，致心动停止，故以此饮大量之酒，有暴卒之虞！尤于空腹时易见。”酒还能扩大外表血管及麻醉神经。人在寒冷之地时，适量饮酒能促进血液循环。4.酒对新陈代谢的影响。进入人体的酒精能够将细胞麻醉，且阻止脂肪和碳水化合物的消耗。同时又能自己燃烧，产生热量。一克酒精能生成 7 卡路里的热量。换言之，131 克酒精所生热量大致相当于 100 克脂肪，或一两酒精足抵一两牛油。作者对酒主要持肯定的态度，但还是认识到了饮酒能损害身体机能，并导致一些慢性疾病。是故酒“宜饮小量，质以淡为宜。若终日纵性痛饮，则其害颇大”。①

对于什么为“小量”或“极量”，当时的科学界也有一定的认识，但远未达成一致。根据 1864 年英国 Anstie 医生的研究，每日摄入纯酒精 30 毫升，几乎对人体没有明显的影响。人寿保险公司也以此量为安全摄入量。1903 年约翰·霍普金斯大学的 Abel 教授云，0.6 升啤酒或 0.3 升低度酒，或与之等量的酒精，是人体许可量。②

第三节　本章小结

伴随着近代微生物学的创立与发展，西方酿酒科技取得突破性进展，并逐渐传往古老的东方。在近代中国，酿酒科技的发展首先体现在专业研究机构的建立上，中央工业试验所酿造试验室及黄海化学工业研究社发酵与菌学研究室是其中成绩最为优异者。其次是研究人才的不断涌现，形成了一个专门从事发酵和酿造研究的群体，其代表人物有孙学悟、魏喦寿、方心芳、金培松、陈駒声、秦含章、朱宝镛等。再次是涌现出了一批具有较高学术价值的科研成果，奠定了近代酿酒科技和工业微生物研究的发展基础。最后是酿酒知识开始向大众传播和普及，或向一般民众传播与酒相关的知识，或给酿酒从业者提供咨询与指导。魏喦寿、金培松二人可说是近代中国酿酒研究科学化的先驱，他们有共同的学术旨趣，其成果主要体现在酿造微生物特别是酒类酿造研究方面。如传统酿造产品中微生物的提取、分离与研究、传统酒类酿造技术的改良以及酿造组织形式的变革等方面，都是他们研究的中心问题。孙学悟和方心芳的工作成果主要体现在如下几个方面。第一，对汾酒酿造技术和经验进行科学总结，这项

① 白山.关于“酒”的讨论[J].方舟(第 4 期),1934:40－42.

② 张傑无.酒与酒精之讨论[J].民国医学杂志(第 5 卷第 2 期),1927－02－20:10.

工作主要是在孙学悟指导下由方心芳完成的。第二，对汾酒酿造用水及发酵秕展开分析与研究。第三，对传统酒花测量烧酒浓度的经验验证。第四，对高粱酒酿造的改良。第五，与国外同行交流改良方法。虽然他们的研究尚处于较为初始的阶段，但毕竟提示了一种新的科学发展方向，为近代酿酒科技的发展打开了一扇新的大门。

在这一时期，国人也开始从近代科学的角度关注和审视酒与健康之间的关系。充分认识到饮酒会对饮酒者的身体、行为、道德产生严重的影响。酒除了能导致急性中毒及慢性中毒外，还能直接或间接导致人体各系统受损或病变，因饮酒而导致的疾患，会引起呼吸系统、消化系统、循环系统、神经系统、泌尿系统、新陈代谢系统的紊乱和疾病，严重影响饮酒者的健康。酒对子孙后裔也有严重的影响，酒能作用于人们的生殖细胞，从而降低人口素质，导致后裔中出现各种缺陷。鉴于此，国人采取诸多举措，以促进健康饮酒。第一，在教科书及饮食、卫生、营养相关著述中传布与酒有关的知识，侧重介绍酒的不良作用，提倡健康饮酒。第二，在报纸杂志上鼓吹饮酒之害，提倡节制饮酒或禁酒。第三，关注酒对妇女儿童的伤害，提醒和教育妇女儿童小心酒的害处。第四，组织戒酒运动，从事实际工作。第五，利用宗教的影响力，鼓吹信徒节制饮酒。第六，关注国际社会对酒与健康的认识与了解。当然，无论是对酒的科学研究还是对饮酒危害的科学性认识方面，其进步均远不能与今日相比。但却提示了一些前进的方向，至今仍不乏借鉴和启示意义。

第七章

结 论

在中国，酒从来都不是一种普通的饮品。酒业是国民经济的重要组成部分之一，酒在人们的日常饮食生活中扮演着举足轻重的角色，甚至在文化传承方面也有着重要的地位。近代以来，随着中外交流的扩大和社会文化的急遽变迁，酿酒业发生了一系列的新变化。以高粱酒、烧酒、黄酒为主的传统酿酒业遍及中国城乡各地，啤酒、葡萄酒、洋酒等相对较新的酒类开始在沿海都市出现，并日渐向内地扩展。酒业的发展引起了近代中国一系列文化和社会的变迁，饮酒场所、品饮方式、生产销售都发生了极大的变化，国家对酒的管理也呈现出不同于以往的新特点。酒可作为观察近代中国的一个窗口。通过它，可窥见近代中国社会文化所发生的急剧变化。酒业发展与社会文化变迁之间的联系主要体现在如下几个方面：

1.近代酒业在不断发展中形成了自己鲜明的特色，成为近代社会文化变迁的主要内容之一。具体表现在：(1)近代酒业形成了白酒占据绝对地位、其他酒种为补充的产业结构。(2)形成了北方出产高粱酒、烧酒，南方出产黄酒、烧酒，西南、西北出产杂粮酒，东部发达城市出产葡萄酒、啤酒的区域布局。(3)当代名酒开始登上近代酒业发展的历史舞台，茅台酒、五粮液、泸州大曲、绵竹大曲、汾酒、洋河大曲、双沟大曲、青岛啤酒、张裕葡萄酒等构成了近代中国的名酒版图。(4)在酿酒技术方面，无论是白酒酿造，还是黄酒酿造，其技术都已经相当成熟，啤酒酿制技术与世界先进水平相差无几。(5)酿酒科技研究逐步开展，在指导行业产业方面开始发挥一定的作用，提示了产业发展的一个新方向，为酿酒科技的发展打开了一扇新的大门。

2.与酒业发展的状况和社会文化条件相适应，近代酒业经营出现了一些新的变化。(1)近代酿酒业以小规模酿酒作坊为主，但新式公司制组织开始出现。(2)酒业资本较小，且各地分布不均；中国各地区域特征明显，酿酒原料多种多样，酒类品种丰富，导致酿酒业的成本和利润千差万别，即便是在同一地区，因原料使用的不同，成本与利润也有所不同。

(3)受交通和市场条件的限制，较为著名的汾酒、绍兴酒之类行销大半个中国外，大多数酒类多是在本地生产，供应本地消费。(4)在重庆等地，形成了酒厂—运商—销商的运销模式，酒厂负责生产，运商负责运输，销商则负责销售。(5)多种推广方式和推销方式开始在酒业中得到组合运用，参加展览、投放广告等成为酒业宣传推广的新方式，酒类商标注册更是开了酒类知识产权保护的先河。

3.与近代酒业发展和社会文化变迁相对应的，是近代酒类消费文化发生了新的改变。(1)就消费场所而言，传统的酒店、酒馆、饭店、酒楼等地仍是人们经常光顾的场所，同时，西式酒店、西餐馆、西式饭店、酒吧、舞场、游乐厅等成为人们新的消费场所。(2)从消费结构方面言，白酒是近代国人最常消费的酒类品种，黄酒因其产地集中在江浙皖沪及两湖、闽粤地区，故也是这些地区消费较为普遍，洋酒、进口酒类及啤酒、葡萄酒等在开放口岸城市精英阶层中消费较为普遍，其普及程度难与今日相比。(3)在酒类消费文化方面，也发生了一些新的变化。除了前述饮酒场所与酒类消费品种的变化外，在酒的侍应与推销方式、饮酒诉求、名酒消费等方面，都有着新的变化，鸡尾酒文化、啤酒文化开始形成。在近代民族—国家建构和近代化的历程中，与酒相关的礼仪逐渐退出传统政治核心的地位，饮酒成为一种实在饮食层面的民俗存在。

4.人们对酒的科学认识逐步加深。一方面，近代科学的发展促进了酿酒科技的进步；另一方面，科学的发展也使得人们对酒与健康的认识进一步加深。(1)伴随着近代微生物学的创立与发展，西方酿酒科技取得突破性进展，并逐渐传往古老的东方。在近代中国，酿酒科技的发展首先体现在专业研究机构的建立上，中央工业试验所酿造试验室及黄海化学工业研究社发酵与菌学研究室是其中成绩最为优异者；其次是研究人才的不断涌现，形成了一个专门从事发酵和酿造研究的群体，其代表人物有孙学悟、魏喦寿、方心芳、金培松、陈騊声、秦含章、朱宝镛等；再次是涌现出了一批具有较高学术价值的科研成果，奠定了近代酿酒科技和工业微生物研究的发展基础；最后是酿酒知识开始向大众传播和普及，或向一般民众传播与酒相关的知识，或给酿酒从业者提供咨询与指导。(2)国人也开始从近代科学的角度关注和审视酒与健康之间的关系。充分认识到饮酒会对饮酒者的身体、行为、道德产生严重的影响。酒除了能导致急性中毒及慢性中毒外，还能直接或间接导致人体各系统受损或病变，因饮酒而导致的疾患，会引起呼吸系统、消化系统、循环系统、神经系统、泌尿系统、新陈代谢系统的紊乱和疾病，严重影响饮酒者的健康。酒对子孙后裔也有严重的影响，酒能作用于人们的生殖细胞，从而降低人口素质，导致后裔中出现各种缺陷。鉴于此，国人采取诸多举措，以促进健康饮酒。当然，无论是对酒的科学研究还是对饮酒危害的科学性认识方面，其进步均远不能与今日相比。但却提示了一些前进的方向，至今仍不乏借鉴和启示意义。

当然，近代酒业发展与社会文化变迁远不止前述诸端，诸如酒类行业自律，政府在量器、酒品卫生、饮酒场所管制、进口酒类税收管理，乃至近代国人对美国禁酒运动和世界禁酒潮流的观察、参与等方面，都是值得深入探讨的问题，本书初稿也有论述。然因篇幅过大，不得不舍弃部分内容，这里只是略而言之，相关部分的详细论证只有以待来日补入了。

参考文献

一、专书

白寿彝.中国交通史[M].上海:商务印书馆,1937.

北宁铁路经济调查队.北宁铁路沿线经济调查报告[M].出版地不详:北宁铁路管理局,1937.

陈重民.今世中国贸易通志[M].上海:商务印书馆,1924.

陈培爱.中外广告史教程[M].北京:中央广播电视大学出版社,2007.

陈树林.老北京叫卖调[M].北京:人民音乐出版社,2010.

陈騊声.发酵工业[M].上海:中华书局,1935.

陈騊声.酿造学总论[M].长沙:商务印书馆,1940.

陈騊声.酿造学分论[M].长沙:商务印书馆,1941.

陈騊声.中国微生物工业发展史[M].北京:轻工业出版社,1979.

程光胜.方心芳传[M].长沙:湖南教育出版社,2017.

程叔度,秦景阜.烟酒税史[M].上海:大东书局,1929.

慈航氏编辑.广州指南[M].广州:新华书局,1919.

大上海指南(1947年版)[M].上海:东南文化服务社,1947.

邓云乡.燕京乡土记[M].上海:上海文化出版社,1986.

东亚同文会.支那省别全志·第三卷·云南省[M].东京:东亚同文会,1917.

董鹏.民国味·道[M].北京:中国财富出版社,2013.

范纬.老北京的招幌[M].北京:文物出版社,2004.

方心芳.汾酒酿造情形报告[M].黄海化学工业研究社调查研究报告第七号,1934.

傅崇矩编.成都通览(上册)[M].成都:巴蜀书社,1987.

傅润华,汤约生.陪都工商年鉴[M].重庆:文信书局,1945.

工商部.全国工人生活及工业生产调查统计报告书(一)工业工人人数工资及工时统计表[M].南京:工商部,1930.

工商部.全国工人生活及工业生产调查统计报告书(二)历年工资统计表[M].南京:工商

部，1930.

工商部北平工业试验所.工商部北平工业试验所三十七年度年刊[M].北平：工商部北平工业试验所，1948.

顾澄.筹办烟酒公卖之经历[M].出版地不详：著者自刊，1918.

郭泮溪.中国古代饮酒习俗[M].西安：陕西人民出版社，2002.

郭质良.发酵学[M].重庆：正中书局，1943.

国立中山大学化学工业考察团.中国化学工业调查[M].广州：国立中山大学出版部，1933.

河北省国货陈列馆.国货年刊[M].河北省国货陈列馆，1934.

河北省国货陈列馆编印.河北省国货陈列馆特刊·河北省国货陈列馆临展会纪念特号[M].不详.1929.

河北省实业厅视察处编.河北省实业统计：民国二十年份[M].河北省实业厅第四科，1934.

何宏.民国杭州饮食[M].杭州：杭州出版社，2012.

何明，吴明泽.中国少数民族酒文化[M].昆明：云南人民出版社，1999.

湖北师范生编辑.生理学[M].武汉：湖北学务处，1905.

胡山源编.古今酒事[M].上海：世界书局，1939.

建设委员会调查浙江经济所统计课.浙江临海县经济调查[M].杭州：建设委员会调查浙江经济所，1931.

建设委员会调查浙江经济所统计课.杭州市经济调查[M].杭州：建设委员会调查浙江经济所，1932.

建设委员会调查浙江经济所统计课.浙江余姚县经济调查[M].杭州：建设委员会调查浙江经济所，1931.

建设委员会调查浙江经济所统计课.浙江之绍酒[M].杭州：建设委员会调查浙江经济所，1937.

金培松.酿造工业[M].重庆：正中书局，1939.

金受申.老北京的生活[M].北京：北京出版社，1989.

老上海(陈无我).老上海三十年见闻录[M].上海：大东书局，1928.

冷省吾.最新上海指南[M].上海：上海文化研究社，1946.

李宝嘉.官场现形记[M].天津：天津古籍出版社，2004.

李春方，樊国忠.闾巷话蔬食：老北京民俗饮食大观[M].北京：北京燕山出版社，1997.

李华瑞.宋夏史研究[M].天津：天津古籍出版社，2006.

李家瑞.北平风俗类征[M].上海：商务印书馆，1937.

李少军编译.武昌起义前后在华日本人见闻集[M].武汉：武汉大学出版社，2011.

李延墀，杨实辑.察哈尔经济调查录(新中国建设学会丛书之九)[M].上海：新中国建设学会出版科，1933.

梁实秋.雅舍忆旧[M].昆明：云南人民出版社，2012.

林岩，黄燕生，肖蕴如，冀连芝，吕瑞珍编.老北京店铺的招幌[M].北京：博文书社，1987.

林震.增订上海指南(第23版)[M].上海：商务印书馆，1930.

刘杰，樊元丑，刘建都，等.山西造产年鉴[M].太原：造产救国社，1936.

刘精一.烟台概览[M].烟台：胶东卍字报社复兴印刷书局，1937.

刘仰东编著.去趟民国：1912—1949年间的私人生活[M].北京：生活·读书·新知三联书店，2012.

卢汉超.叫街者：中国乞丐文化史[M].北京：社会科学文献出版社，2012.

罗刚.中华民国国父实录(三)[M].台北：正中书局，1988.

罗志田.变动时代的文化履迹[M].上海：复旦大学出版社，2010.

农商部总务厅统计科编纂.中华民国元年第一次农商统计表(上卷)[M].上海：中华书局，1914.

农商部总务厅统计科编纂.中华民国四年第四次农商统计表[M].上海：中华书局，1918.

农商部总务厅统计科编印.中华民国九年第九次农商统计表[M].北京：1924.

欧阳诣.北平化学工业考察记[M].北京：国立北平大学校第一工学院，1929.

潘公弼编辑.时事大观：民国二十二年至民国二十三年(下册)[M].上海：时事新报馆，1934.

潘仁.饮食卫生法[M].重庆：中华书局，1945.

日本工业化学会满洲支部.东三省物产资源与化学工业[M].沈学源，译.上海：商务印书馆，1936.

上海信托公司.上海风土杂记[M].上海：上海信托公司，1932.

商务印书馆编译所.南洋劝业会游记[M].上海：商务印书馆，1910.

绍兴市社会科学界联合会、绍兴市社会科学院，钱茂竹、杨国军执笔.绍兴黄酒丛谈[M].宁波：宁波出版社，2012.

沈伯经，陈怀圃编著.柳培潜增订.增订上海市指南[M].上海：中华书局，1934.

实业部编印.中日贸易之统计[M].1931.

实业部国际贸易局.中国实业志·江苏省[M].南京：实业部国际贸易局，1933.

实业部国际贸易局.中国实业志·山西省[M].上海：实业部国际贸易局印，1937.

舒新城.蜀游心影[M].上海:开明书店,1929.

孙学悟.高粱酒之研究[M].黄海化学工业研究社调查研究报告第三号,1935.

孙颖川,方心芳."酒花"测验烧酒浓度法[M].黄海化学工业研究社调查研究报告第六号,1933.

孙颖川,方心芳.汾酒用水及其发酵秕之分析[M].黄海化学工业研究社调查研究报告第八号,1934.

铁道部财务司调查科.湘滇线云贵段附近各县经济调查报告书[M].出版地不详:铁道部财务司调查科,1930.

王赛时.中国酒史[M].济南:山东大学出版社,2010.

王永斌.杂谈老北京[M].北京:中国城市出版社,1996.

王昱,李庆涛.青海风土概况调查集[M].西宁:青海人民出版社,1985.

魏喦寿,何正礼.高粱酒[M].上海:商务印书馆,1935.

文安主编.晚清述闻.北京:中国文史出版社,2004.

吴承联.旧上海茶馆酒楼[M].上海:华东师范大学出版社,1989.

吴藕汀.药窗诗话[M].北京:中国人民大学出版社,2007.

吴襄.营养[M].成都:中西书局,1944.

夏东元.郑观应集.上海:上海人民出版社,1982.

肖俊生.近代四川酿酒业发展研究[M].成都:巴蜀书社,2017.

行政院新闻局.全国粮食概况[M].南京:行政院新闻局,1947.

徐国桢.上海生活[M].上海:世界书局,1933.

徐珂.清稗类钞(第13册)[M].北京:中华书局,1984.

许顺湛.商代社会经济基础初探[M].郑州:河南人民出版社,1958.

学务公所图书课编辑.新编生理学教科书[M].天津:直隶天津学务公所图书课,1907.

严昌洪.20世纪中国社会生活变迁史[M].北京:人民出版社,2007.

姚淦铭.先秦食品文化研究[M].贵阳:贵州人民出版社,2005.

姚伟钧.中国传统饮食礼俗研究[M].武汉:华中师范大学出版社,1999.

严中平等.中国近代经济史统计资料选辑[M].北京:科学出版社,1955.

杨大金.现代中国实业志[M].长沙:商务印书馆,1938.

杨印民.帝国尚饮:元代酒业与社会[M].天津:天津古籍出版社,2009.

于定一.武进工业调查录[M].武进:武进县商会,1929.

余启中,朱公准校正.广东烟酒税沿革[M].广州:国立中山大学出版部,1933.

余云岫.饮食防毒法(第3版)[M].上海:商务印书馆,1921.

张博.天津老烧锅[M].天津:天津古籍出版社,2007.

张德彝著.钟叔河校点.航海述奇[M].长沙:湖南人民出版社,1981.

张登德.寻求近代富国之道的思想先驱:陈炽研究[M].济南:齐鲁书社,2005.

张朋园访问,郑丽榕记录.张法乾先生访问记录[M].台北:中央研究院近代史研究口述历史丛书,1992.

张心澂.中国现代交通史[M].上海:良友图书印刷公司,1931.

张绪谔.乱世风华:20世纪40年代上海生活与娱乐的回忆[M].上海:上海人民出版社,2009.

张鋆.食物卫生[M].上海:商务印书馆,1943.

张之洞.劝学篇.上海:上海书店出版社,2002.

浙江省工业厅编.绍兴酒酿造[M].北京:轻工业出版社,1958.

浙江省银行经济研究室.浙江经济年鉴[M].杭州:浙江省银行经济研究室,1948.

赵树贵,曾丽雅.陈炽集[M].北京:中华书局,1997.

周清.绍兴酒酿造法之研究[M].上海:新学会社,1928.

中国第二历史档案馆编.中华民国史档案资料汇编(第三辑,工矿业)[M].南京:江苏古籍出版社,1991.

中国史学会.洋务运动.上海:上海人民出版社,1961.

中国银行总管理处经济研究室.中国最近物价统计图表[M].上海:1933.

中国营养学会.中国居民膳食指南[M].拉萨:西藏人民出版社,2008.

庄国熙.葡萄栽培法[M].南京:国立中央大学农学院农业推广组,1933.

《上海通志》编纂委员会编.上海通志(第2册)[M].上海:上海社会科学院出版社,2005.

《中华民国工商税收史》编委会编.中华民国工商税收史·货物税卷[M].北京:中国财政经济出版社,2000.

[美]J.B.鲍威尔著,邢建榕、薛明扬、徐跃译.鲍威尔对华回忆录[M].上海:知识出版社,1994.

[美]卡尔著.张宽整理.慈禧与美国女画家[M].沈阳:春风文艺出版社,1993.

[美]卢公明.中国人的社会生活[M].陈泽平译.福州:福建人民出版社,2009.

[美]麦克·维塞斯著.葡萄酒战争[M].马捷译.济南:山东画报出版社,2013.

[日]下濑川一郎著.葡萄酒及果酒酿造法[M].曹沉思译.长沙:商务印书馆,1939.

[英]麦吉.我们如何进入北京:1860年在中国战役的记述[M].叶红卫,江先发译.上海:中西书局,2011.

二、近代报章杂志

国货调查录(第3期),1915.

国货商标汇刊(第1、2期),1929.

上海货价季刊,1923—1927年各期"市况说略·洋酒食物"栏目。

烟酒杂志,1915—1918年各期。

[日]渡边柳藏著.东北葡萄之栽培[J].焦裕权译.浙江建设月刊(第10卷第3期,"柑橘与葡萄特辑"),1936.

白山.关于"酒"的讨论[J].方舟(第4期),1934.

抱寰.绍兴酿酒业[J].商业月报(第16卷第11期),1936.

本社统计调查部调查.武汉之工商业35·南酒制造业[J].汉口商业月刊(新第2卷第9期),1938.

炳奎.酒谱之一·考克坦尔之调制[J].帆声月刊(创刊号),1943.

炳奎.酒谱之二·名酒介绍[J].帆声月刊(第2期),1944.

炳奎.酒谱之三[J].帆声月刊(第3期),1944.

晨.鸡尾酒怎样做?[J].警务月刊(第2卷第4期),1948.

陈国贤.广东实业公司贸易部业务近况[J].实业导报(第2卷第3期),1947.

陈佩英.酒的破坏力[J].玲珑(第2卷第73期),1932.

第一科撰述.江苏货物税税源概述[J].江苏货物税通讯(第1卷第4期),1946.

方乘.法国的葡萄酒[J].中法大学月刊(第2卷第1期),1932.

方乘.法国的葡萄酒(续)[J].中法大学月刊(第2卷第2期),1932.

方乘.葡萄酒的鉴别与艺术[J].中法大学月刊(第5卷第5期),1934.

方心芳.微生物与葡萄酒[J].黄海发酵与菌学特辑(第9卷第2期),1947.

方心芳.微生物与葡萄酒(续)[J].黄海发酵与菌学特辑(第9卷第3期),1947.

高南涧.啤酒酿造考[J].山西农学会刊(第5、6期合刊),1940.

古森.我国今日亟宜注意酒禁[J].光华卫生报(第5期),1919.

顾毓瑔.一年半以来之中央工业试验所[J].工业中心(第5卷第1期),1936.

汉翔.种葡萄之利益[J].中华农学求新会农智月刊(第13期),1923—10.

鹤生.推销白酒[J].读书生活(第3卷第4期),1935.

弘戒.佛经中的酒戒[J].佛教文摘(第1集),1947.

虎世祥.回教禁酒的原理[J].月华(第12卷第22—27期合刊),1940.

黄劳逸.酒对于人体之利害论[J].民生医药(第8期),1935.

黄务伦.实习制造葡萄酒志略[J].农铎(第19期),1929.

嵇耀武.酒花测验高粱酒浓度法[J].化学世界(第6卷第9期),1951.

蒋学楷.中国食粮供求的新估计[J].国际贸易导报(第8卷第6期),1936.

金培松.创设农产制造试验所之建议与计划[J].四川农业月刊(第1卷第4期),1934.

金培松.酿造工业生产合作社之经营[J].合作事业(第2卷第3、4期合刊),1940.

金培松.酿造试验室试验概况[J].工业中心(第4卷第1期),1935.

金培松.绍兴酒之酿造法[J].工业中心(第5卷第4期),1936.

金培松.中国高粱酒之酿造法及其改良之途径[J].工业中心(第3卷第7、8期),1934.

乐天.妇女和酒[J].妇婴卫生(第3卷第3期),1947.

李健颐.酒与生育之关系[J].杏林医学月报(第72期),1935.

稜.杜绝教胞饮酒之恶风[J].中国回教救国协会会刊(第3卷第2期),1940.

林国华.改良山东种植葡萄事业之刍议[J].山东公立农业专门学校校友会杂志(第8期),1925.

刘建纯.内江县产酒概况[J].建设周讯(第4卷第6期),1937.

鲁迅.孔乙己[J].新青年(第6卷第4期),1919.

罗登义.茶和酒的营养观[J].新中华(复刊第2卷第4期),1944.

罗世嶷.葡萄圃之建设[J].农学杂志(第2卷第4期),1918.

吕鉴明.川沙县通讯[J].江苏货物税通讯(第1卷第2期),1946.

马立群.复本京德顺泰酒行函[J].华商季刊(第1卷第5号,公牍撮要),1932.

麦桂芳.广州的暮春[J].旅行杂志(第20卷第5期),1946.

冒牌记者.何必鸡尾酒?[J].海花(第3期),1946.

莫棣圃.种葡萄之利益[J].农事月刊(第1卷第6期),1922.

欧阳明.新疆特产之葡萄[J].现代邮政(第2卷第6期),1948.

鹏飞.烟台啤酒之奋斗史[J].礼拜六(第461期),1932.

钱启榕.卅五年度江苏货物税厂制课税物品产量分析概况[J].江苏货物税通讯(第2卷第3、4期合订本),1947.

SM生.彩色广告的效用[J].中华实业界(第7期),1914.

沙恒君.回教禁酒教训与节约救国之关系[J].中国回教救国协会会刊(第1卷第9期),1940.

上海市货物税局.上海市啤酒酿造业调查报告[J].税工研究(第24期),1949.

酵母啤酒果酒蒸酒之营养值[J].少白译.黄海发酵与菌学特辑(第9卷第3期),1947.

卲青.新年的酒[J].农民周刊(第7卷第12期,“新年专号”),1932.

沈时芳.酒[J].广西卫生旬刊(第1卷第2、4、6期),1933.

沈亚五.略讲葡萄之品种[J].现代生产杂志(第2卷第12期),1936.

盛国成.葡萄盆栽之促成法[J].农学(第1卷第5期),1924.

士方.禁酒谈[J].中西医学报(第3年第10期,“医事新闻”),1913—05.

世清.烟台啤酒酿造之概略[J].礼拜六(第461期),1932.

殊凡.酒所及於精子卵子的影响[J].康健杂志(第2卷第10期),1934.

苏德隆.酒茶烟之医学观Ⅰ:酒[J].科学世界(第1卷第1期),1932.

苏亦农.绵竹县的特产——酒、烟、煤[J].四川经济季刊(第2卷第3期),1945.

孙炳熙.泰兴分局业务概况[J].江苏货物税通讯(第1卷第6期),1946.

孙科.广告心理学概论[J].建设(第1卷第2期),1919.

霆公.烟台之葡萄酒业[J].协和报(第4卷第34期),1914.

汪僲.阅报知海上沙田宜种葡萄口占二十八字以寓意[J].大陆(第2年第2号),1904.

王继善.东乡烧酒酿造法[J].江西教育(第18期),1936.

王立明.由家庭到社会:妇女节制会总干事王立明女士自述[J].良友(第53期),1931.

王群英.酒的害处[J].方舟(第28期),1936.

魏嵒寿.横泾酵母之应用[J].学艺(第11卷第2期),1931.

魏嵒寿,金培松.酵母菌子囊孢子之形成与其培养基之关系[J].国立中央大学农学丛刊(第2卷第1、2期合刊),1933.

魏嵒寿、金培松.微生物在紫外线下之观察(第一报)[J].科学(第18卷第2期),1934.

魏嵒寿,金培松.紫外线对于微生物之萤光[J].国立中央大学农学丛刊(第1卷第1期),1933.

魏嵒寿,金培松.小麦蒸馏酒制造法之研究[J].国立中央大学农学丛刊(第1卷第1期),1933.

吴达璋.葡萄害虫药剂防治之调查[J].农农学月刊(第1卷第3期),1935.

奚均礽.酒之推销与侍应[J].帆声月刊(第5期),1944.

霄.略谈酒之害处[J].伊斯兰青年(第1卷第11、12期合刊),1941.

效彭.广告术十诫[J].中华实业界(第2卷第4期),1915.

谢松涛.节约运动与禁酒问题[J].月华(第11卷第34—36期合刊),1939.

谢益芳.简易贮藏法:葡萄(生葡提子)[J].中华农学求新会农智月刊(第3期),1922.

许家庆.饮酒之害[J].东方杂志(第13卷第7期),1916.

许植芳.中国各省各种酒之分析及其研究[J].科学(第15卷第3期),1931.

徐满琳.葡萄栽培法之检讨[J].浙江建设月刊(第10卷第3期“柑橘与葡萄特辑”),1936.

徐夏佐.酒可禁得吗[J].医事月刊(第3期),1924.

雁声.故都“酒缸”的今昔[J].北洋画报(第1453期),1936.

杨海居.虞城县葡萄[J].河南中山大学农科季刊(第1卷第1期),1929.

业荣.葡萄繁殖法[J].农民须知(第4卷第4、5期合刊),1937.

逸波.青岛小姐原是酒吧招待[J].公理报(第1卷第10期),1948.

余蔚英，陈毅.云南市酒制造法之调查[J].农声(第 222 期)，1941.

章羽.广告[J].小天地(第 5 期)，1945.

张洁.小朋友须知酒是怎样的摧残生命[J].方舟(第 39 期，夏季卫生专号)，1937.

张松云.医学上酒害之证明[J].医药评论(第 18 期)，1929.

张傔无.酒与酒精之讨论[J].民国医学杂志(第 5 卷第 2 期)，1927.

张卫.烟台张裕葡萄酿酒公司概况[J].化学工业(第 12 卷第 1 期)，1937.

张正权.节约与禁酒[J].中国回教救国协会会刊(第 3 卷第 2 期)，1940.

张兆石.青岛化学工业:青岛啤酒公司[J].化学工程(第 15 卷第 3、4 期合刊)，1948.

赵熵黄.绍兴酒酿造法之调查及卫生化学的研究[C]//国立中央研究院文书处.国立中央研究院总报告(第一册"民国十七年度").南京:国立中央研究院总办事处，1929.

赵启华.论啤酒[J].同德医学(第 3 卷第 3、4 期)，1922.

蛰民.葡萄酒之制造法[J].大华农报(第 5 期)，1930.

枕云.从精子的活动能力说到酒害[J].社会医报(第 147 期)，1931.

致之.闲话长沙的酒作业[J].金融汇报(第 27 期)，1946.

植源.酒[J].中国卫生杂志(第 2 年合集)，1931.

周应璜.酿制绍酒失败之原因及其防制法[J].国立浙江大学季刊(第 1 卷第 1 期)，1932.

周鑑农.绍兴酒研究之报告[J].中华农林会报(第 9、10 集)，1920.

中.啤酒制造法[J].科学画报(第 1 卷第 2 期)，1933.

朱宝亭.西北的手工制酒业[J].西北世纪(第 4 卷第 3 期)，1949.

朱梅.中国啤酒历史[J].黄海发酵与菌学特辑(第 10 卷第 5 期)，1949.

驻棉兰领事馆.国货啤酒在苏岛之市场[J].外交部公报(第 8 卷第 5 期)，1935.

安乐园酒家广告[J].商业杂志(第 1 卷第 1 期)，1926.

巴拿马赛会汾酒获奖[J].实业学社杂志(第 1 卷第 1 期)，1918.

沧县酒业渐衰[J].实业部天津商品检验局检验月刊(8 月号，"工商要闻")，1933.

抄发修正本省酒饼业改善劳动待遇条件[J].广东省政府公报(第 300 期)，1935.

大连洋酒消费年达七十万元[J].东三省官银号经济月刊(第 1 卷第 5 号)，1929.

电各铁路管理局、公司委员会[J].铁道公报(第 1062 期)，1935.

调查烟台张裕酿酒公司报告书[J].山东农矿工报(第 2 卷第 2 期，"调查")，1930.

方壶酒庐广告[J].上海生活(第 3 卷第 8 期)，1939.

弓弓.酒与醉[J].大地周报(第 22 期)，1946.

广告与道德[J].科学(第 4 卷第 2 期)，1918.

广州市提倡国货委员会.国货月刊(第 1 卷第 1—11 各期)

国货啤酒畅销岷埠[J].华侨周报(第 32 期)，1933.

汉代煮酒广告[J].上海生活(第3卷第2、6期),1940.

汉口洋酒畅销情形[J].工商半月刊(第3卷第1期),1931－01－01.

和阗区葡萄栽培概况[J].西北农林(第1卷第11期,“新疆农业专号”),1951.

荷印政府限制洋灰啤酒砂糖输入[J].工商半月刊(第7卷第10期),1935.

沪江大学之禁酒运动[J].光华卫生报(第4期),1919.

沪去年洋酒食物业营业及盈亏概况[J].四川经济月刊(第5卷第2、3期,“中外经济资料”),1936.

黄海化学工业研究社方心芳先生由比国来的两封信[J].海王(第20期),1936.

黄海化学工业研究社方心芳先生报告在比国的情形[J].海王(第8期),1935.

晋省府改进皮货及葡萄业计划[J].实业部天津商品检验局检验月刊(第9—12期合刊),1935.

津市酒业近况[J].实业部天津商品检验局检验月刊(2月号,工商要闻),1934.

“酒”底大会[J].新生周刊(第2卷第14期),1935.

酒,高跟鞋误了她[J].玲珑(第5卷第30期),1935.

酒吧间的音乐[J].青青电影(第4年第40期),1940.

酒的害处[J].农民(第2期),1925.

酒的酿造[J].科学画报(第15卷第8期),1949.

酒禁之运动[J].光华卫生报(第6期),1919.

九九还童酎广告[J].上海生活(第3卷第5期),1939.

据呈为汾酒号任意折发工资一案仰查明依法办具复[J].湖北省政府公报(第57期),1934.

君玉女士.上海的瘪三[J].上海周报(第1卷第9期),1933.

昆仑公司广告[J].商业杂志(第1卷第2期),1926.

昆仑酿酒公司之调查[J].商业杂志(第2卷第1期),1927.

昆仑酿酒公司广告[J].良友(第2期),1926.

老宝和绍酒发行所广告[J].新都周刊(第12期),1943.

老永和家酒[J].大地周报(第12期).1946.

李光医生论酒之祸害[J].医林一谔(第2卷第9期),1932.

泸县大曲酒调查[J].四川月报(第9卷第2期),1936.

论中国葡萄酿酒[J].时务报(第20册),1897.

蜜蜂牌白兰地广告[J].良友(第3期),1926.

拟设葡萄酒公司[J].山西实业报(第1卷第14期,“本省纪闻”),1912.

日本统制东北啤酒[J].贸易(第80期),1936.

日货威士忌在沪推销[J].贸易(第61期),1925.

派员赴瑞典捷克学习制纸制糖及制啤酒(1934年5月21日)[J].广东省政府公报(第260期),1934.

葡萄剪枝法[J].广东农林月报(第1卷第8期),1917.

葡萄酒小史[J].农声(第147、148期合刊),1931.

葡萄酒之制造法[J].农村副业(第1卷第6期),1936.

青岛啤酒广告[J].礼拜六(第794期),1947.

三光啤酒广告[J].礼拜六(第461期),1932.

三星麦退而广告[J].商旅友报(第14期),1925.

三种酒类广告[J].香港商报(第50期),1939.

上海啤酒广告[J].商旅友报(第14期),1925.

上海啤酒公司巴德酒广告[J].上海生活(第4卷,冬至号),1940.

上海商业习惯调查[J].社会月刊(第1卷第7期,"商业习惯调查专号"),1929.

绍兴之经济状况[J].中外经济周刊(第181号),1926.

时鉴·国内大事记[J].来复报(第45期),1919.

实业部国际贸易局编印:民国二十一年至二十五年各季度《贸易报告》。

实业部通知(工字第15534号)[J].实业部公报(第278期),1936.

泰县海安酒之产销调查[J].工商半月刊(第2卷第24期),1930.

外国啤酒输入条例[J].外交部公报(第7卷第3期),1934.

武进分局卅六年上半年度业务概况[J].江苏货物税通讯(第2卷第5、6期合订本),1947.

吴县仿绍酒酿造概况与运销情形[J].江苏货物税通讯(第2卷第5、6期合订本),1947.

五星啤酒广告[J].礼拜六(第461期),1932.

五月份洋酒进口统计[J].国际贸易导报(第9卷第7期),1937.

摘取葡萄新法[J].进步(第7卷第5期),1915.

张裕江浙代理公司广告[J].商业杂志(第1卷第1期),1926.

中国酒在槟城之销场[J].国际贸易情报(第1卷第23期),1936.

中国酒在菲市场之希望[J].华侨半月刊(第23期),1933.

中国之酿酒业[J].中外经济周刊(第162号),1926.

中国中部及东部洋酒进口概况[J].工商通讯(第1卷第7期),1937.

直隶农务学堂制成芦粟糖等品物呈请查验禀并批[J].东方杂志(第1期),1904.

转知于公私宴会时采用省营饮料厂所造啤酒汽水以示提倡由(1937年8月1日)[J].广东教育厅旬报(第1卷第10期),1937.

最清洁卫生的饮料：啤酒[J].新都周刊(第20—21期合刊)，1943.

烟台啤酒广告[J].礼拜六(第461期)，1932.

烟台啤酒猜谜披露[J].礼拜六(第461期)，1932.

烟台张裕二酒厂发展华南饮料市场[J].中国实业杂志(第1卷第6期，“实业消息”)，1935.

易安居增售匣子冰淇濂及名酒[J].商业杂志(第2卷第6期)，1927.

怡和啤酒广告[J].快乐家庭(第1卷第5期)，1937—01:73.

一年来沪埠啤酒消费状况[J].中行月刊(第8卷第6期)，1935.

饮酒与人口[J].东方杂志(第6卷第8期)，1909.

永丰酒庄广告[J].国货月刊(第1卷第4期)，1934.

粤西村饮料厂开工制造啤酒[J].实业部月刊(第2卷第1期)，1937.

三、今人论文

陈駒声.中国化学家对于发酵化学的贡献[J].化学世界，1956(4).

董业声.话说“鬼子酒”[J].酿酒科技，1988(3).

符必春.民国时期川酒运销的空间格局研究[J].酿酒科技，2014(11).

方心芳，魏文德，赵博全.黄海化学工业研究社工作概要[J].化学通报，1982.

傅德元.《富国策》的翻译与西方经济学在华的早期传播[J].社会科学战线，2010(2).

傅金泉.民国时期酿造科技文献史料[J].酿酒科技，2010(9).

傅金泉.我国老一辈科学家对酿造微生物学的贡献[J].酿酒，2010(1).

傅金泉.中国近代酿酒微生物研究史料[J].酿酒科技，2006(5).

高洪亮，闫小红.“近代化工界的圣人”孙学悟[J].春秋，2013(4).

关权.20世纪10年代中国的工业生产：对《农商统计表》的评价与估计[J].政治经济学评论，2011(4).

郭旭.清末民初酒税制度因革论[J].贵州文史丛刊，2011(4).

郝伟，曹栋，于欣.我国饮酒现状及相关问题[J].中国药物依赖性杂志，2007(3).

郝伟，汤宜朗.开栏语：应对酒精相关问题的挑战[J].中国药物滥用防治杂志，2013(3).

何冰.“中国啤酒之父”认为哈尔滨诞生中国第一支啤酒证据确凿[J].酿酒，2014(3).

蒋建国.消费文化的社会空间：以晚清广州的酒楼消费为例[J].消费经济，2004(4).

孔祥毅.汾酒商人转型研究[J].山西财经大学学报，2008(3).

李大和.川酒技艺早期的研究[J].酿酒科技，2008(6).

李良玉.关于中国近代史的分期问题[J].福建论坛：人文社会科学版，2002(1).

李思孟.中国微生物学的初创时期[J].中国科技史料，1988(1).

李生春.《齐民要术》在中国酒文化史上的意义[J].甘肃轻纺科技，1994(3).

李桢峰.新中国成立前新疆酒史小考[J].新疆地方志，2006(1).

李志英.近代中国传统酿酒业的发展[J].近代史研究，1991(6).

梁瑞，周聃，郭旭.论中国文化对酒的辩证认识[J].酿酒科技，2015(10).

凌受勋.民国时期宜宾的酿酒业和名酒五粮液的诞生[J].宜宾学院学报，2012(2).

刘景元."巴拿马"太平洋国际博览会实况重述(三、四)中国获奖食品名单(上、下)[J].中国食品，1988(11、12).

刘奕.呼伦县酒捐征收状况研究(1920—1930)[J].佳木斯教育学院学报，2012(6).

吕庆峰，张波.先秦时期中国本土葡萄与葡萄酒历史积淀[J].西北农林科技大学学报(社会科学版)，2013(3).

吕庆峰，张波.考证世界最早的葡萄酒文化中心[J].宁夏社会科学，2013(3).

罗志腾.化学教育家——方乘教授[J].化学通报，1985(12).

马相金.民国时期我国酒业的发展及其分布特征[J].唐山师范学院学报，2011(3).

青宁生.我国最早的发酵工业专家:陈騊声[J].微生物学报，2006(5).

赛光平.论抗战时期的中央工业试验所[J].民国档案，1995(2).

申万里.宋元乡饮酒礼考[J].史学月刊，2005(2).

宋书玉.2018 中国白酒[J].中国酒业协会·深度，2018(1—2).

王俊明.民国时期的中央工业试验所[J].中国科技史料，2003(3).

谢丹，章江心.从福昇全到全兴成——话说明清至民国全兴酒史的发展[J].四川文物，2001(6).

谢文逸.论我国古代酿酒理论的产生和近代以来酿酒研究的发展[J].酿酒科技，2012(3).

徐畅.表象与事实:近代中国粮食供求平衡研究[J].思想战线，2011(5).

肖俊生.民国四川传统酿酒业与粮食生产的相依关系[J].天府新论，2008(3).

肖俊生.抗战期间传统酿酒业的发展:以四川酿酒业为中心的分析[J].兰州学刊，2013(2).

肖俊生.传统酿酒业对抗战社会经济的贡献:以四川酿酒业为中心的分析[J].长春工业大学学报，2012(4).

肖俊生.民国时期西康酒税征收情形[J].西南民族大学学报·人文社科版，2008(6).

肖俊生.民国时期四川酒业资本与经营管理[J].四川师范大学学报·社会科学版，2008(3).

肖俊生.民国时期四川传统酒类的销售与市场[J].四川师范大学学报·社会科学版，2010(6).

肖俊生.晚清酒税政策的演变论析[J].社会科学辑刊，2008(3).

张玉霞，张兵，王慧君，等.1993—2006年中国九省(区)居民酒类消费状况及变化趋势[J].中国预防医学杂志，2011(4).

张仲民.新文化史与中国研究[J].复旦学报：社会科学版，2008.

赵新平，侯振杰.民国时期晋北乡村行酒令探微：以繁峙县为例[J].忻州师范学院学报，2008(6).

赵永翔.清代乡饮酒礼的社会轨迹[J].宁波大学学报：人文科学版，2012(2).

赵毓坤.民国时期的商标立法与商标保护[J].民国档案，2003(3).

中国第一历史档案馆.乾隆朝乡饮酒礼史料[J].历史档案，2002(3).

朱更勇，张云峰，郭旭.陈炽酒业发展思想及启示[J].酿酒科技，2014(11).

朱泽孝.民国风行双沟酒[J].酿酒科技，2012(2).

朱正业.机遇与挑战：1930年代淮河流域传统食品业研究——以榨油业、酿酒业为中心[J].民国档案，2011(2).

周兵.新文化史与历史学的“文化转向”[J].江海学刊，2007(4).

周景良口述，王恺整理.昔日的酒世界[J].三联生活周刊，2013(38).

周琦，张世镕.张弼士创办张裕酿酒公司[J].春秋，2013(3).

四、学位论文

高宇轩.近代以来滨绥铁路沿线城镇啤酒业的兴起和发展(1900—1945)[D].长春：东北师范大学硕士学位论文，2007.

郭宇佳.二十世纪二十年代至三十年代初呼伦县地方税收问题——以酒捐、牲畜出口捐为中心的研究[D].呼和浩特：内蒙古师范大学硕士学位论文，2012.

代洪亮.复兴与发展：学术史视野中的中国社会史研究(1980—2010)[D].济南：山东大学博士学位论文，2011.

杜锦凡.民国时期的酒政研究[D].济南：山东师范大学硕士学位论文，2013.

黄萍.贵州茅台酒业研究(1728—1956)[D].成都：四川大学博士学位论文，2010.

姜雯雯.从非正式制度看张裕酿酒公司的兴衰(1892—1937)[D].杭州：浙江财经学院硕士学位论文，2012.

李琳.民国时期四川酿酒业研究[D].成都：四川大学硕士学位论文，2007.

卢勇.“茅台”酒包装艺术风格的变迁研究[D].武汉：武汉理工大学硕士学位论文，2013.

吕庆峰.近现代中国葡萄酒产业发展研究[D].杨凌：西北农林科技大学博士学位论文，2013.

马智慧.张裕酿酒公司的创办及其早期发展研究(1892—1916)[D].长春：东北师范大学硕士学位论文，2007.

王可.中韩小说中的酒精与疾病母题研究——以20、30年代知识分子小说为中心[D].

北京：对外经济贸易大学硕士学位论文，2012.

萧明治.日治时期台湾烟酒专卖经销商之研究[D].嘉义："国立"中正大学历史学研究所博士学位论文，2010.

岩村益典.日治时期台湾啤酒专卖之研究[D].台北："国立"台湾师范大学历史研究所博士学位论文，2010.

颜清梅.战后初期台湾专卖政策的延续与变革(1945—1953)[D].台中："国立"中兴大学历史学系博士学位论文，2008.

叶彦邦.终战初期台湾的烟酒专卖事业之研究[D].台北："国立"政治大学中山人文社会科学研究所博士学位论文，2006.

五、文史资料

董梦松.天津酿酒业发展沿革[C]//天津文史资料选辑(第28辑).天津：天津人民出版社，1984.

胡相.芜湖旧社会的乞丐帮："灰窝里"琐记[C]//芜湖文史资料(第2辑)，1986.

黄君武口述、梁元芳整理.八和会馆馆史[C]//广州文史资料(第35辑)，广州：广东人民出版社，1986.

金瑞芳、王瑞李口述，王旭白执笔.金培松传略[C]//中国人民政治协商会议浙江省东阳县委员会文史资料工作委员会编印.东阳文史资料(第4辑)，1987.

林辉茂.醴泉啤酒厂创立与发展[C]//山东省政协文史资料委员会编.山东文史资料集粹·工商经济卷.济南：山东人民出版社，1993.

卢澜康.我所知道的允丰正[C]//重庆工商史料选辑(第1辑).重庆：中国民主建国会重庆市委员会、重庆市工商业联合会合编印，1962.

屈重容，汤天瑀.解放前泸州大曲概述[C]//四川文史资料选辑(第15辑).成都：中国政治协商会议四川省委员会、四川省地方志编辑委员会编印，1964.

王若智.青岛酿酒业简史[C]//见中国人民政治协商会议青岛市委员会文史资料研究委员会编印.青岛文史资料(第6辑)，1984.

朱梅.关于酒的几项史料[C]//中国人民政治协商会议全国委员会文史资料研究委员会编.文史资料选辑(第68辑).北京：中华书局，1980.

六、其他文献

Magnus Fiskesj. Participant Intoxication and Self－Other Dynamics in the Wa Context[J]. The Asia Pacific Journal of Anthropology，2010，11(2)：111－127.

中华人民共和国质量监督检验检疫总局、中国国家标准化管理委员会.GB/T17204－2008饮料酒分类[S].北京：中国标准出版社，2008.

李华.中国葡萄酒发展史回眸[N].华夏酒报，2010－05－10(15).

平山.周作人:近代绍兴第一位饮用啤酒并有记录的名人[N].绍兴县报，2009-01-08(7).

大连市近代史研究所、旅顺日俄监狱旧址博物馆编.大连近代史研究(第7卷).沈阳:辽宁人民出版社，2010.

徐兴海.酒与汉代社会生活[C]//赵光鳌主编.第七届国际酒文化学术研讨会论文集.北京:中国纺织出版社，2010.

后　记

本书是在博士论文《中国近代酒业发展与社会文化变迁研究》基础上修改而成的。倏忽间，博士毕业已数年矣。然长进无多，学识学力学养均需竭力增进。

一路走来，需要感谢、感恩的人和事都太多，难以尽述。首先感谢导师姚淦铭教授，在师门多年，耗费了姚老师不尽的心血和精力。从入学开始，姚老师便定期不定期地予以指导，在二教，在文学院，在人文学院，在校园的路上，都有我向姚老师问学的印迹。选题的商讨、论文的布局、材料的使用、现实的透视，都有姚老师的大力帮助。在平常的面谈中，姚老师一如既往地妙语如珠，揭示各种深刻的道理以及应该着力、努力的方向。惜生也愚钝，既领会不足，又执行乏力，以至于今。姚老师既有名家之风，更有老辈学人之范，宽广的视野、深厚的功力，温文尔雅，一切的一切，都是学生心中不易的典范！可惜天不假年，2月间姚师仙去，学生永远失去了最为尊敬的导师。姚老师多年的教诲、激励和鞭策，仍将是我在以后工作和生活上的指路明灯、前进动力。感谢师母朱瑞芬老师，朱老师的热情、理解、关心，让学生甚为感佩，永难忘怀！

感谢江南大学食品学院、商学院、文学院（人文学院）的各位老师，各位老师都是值得学习的榜样，感谢能在江南大学认识你们。感谢夏文水教授，夏老师是非常值得学生尊敬、敬佩的老师，感谢您数年时间里的不吝指导。感谢吴林海教授，您深厚的学养，对学生真切的关心，让学生感念。感谢尹楚兵教授，感谢您精彩的授课，感谢您的帮助和指导。感谢李晓钟教授，感谢您的建设性意见。感谢徐兴海教授，徐老师是江南大学大食品文化研究的先驱者，每次与徐老师交谈，都如沐春风、获益良多。

感谢茅台集团习酒公司，在习酒公司的短暂经历让我终生难忘。感谢张德芹先生、钟方达先生、胡波先生及习酒销售公司的各位领导，是公司的慷慨资助，才让我在求学的过程中免除后顾之忧。感谢我的堂兄郭坤亮博士，从进入大学开始，就经常得到您的关怀与指导，但每每总让您失望。感谢贵州师范大学的张羽琼教授，感谢您多年的指导，感谢您这些年在生活上、学习上的关心与支持。感谢黄永光博士，您是督促我、指导我前进的良师益友。感谢表叔张富林先生，感谢您的大力支持和鼓励。感谢乔方和刘瑞新两位老师，感谢姜曰水、黄光荣、黄成泉、曾雪峰诸位博士和其他朋友，我们共同的经历，值得回忆。

本书出版之际，感谢贵州商学院商贸物流研究所所长孙龙建教授的帮助与支持，尤其感谢孙教授提供的出版经费支持。感谢贵州商学院，良好的工作环境是研究开展所不可或缺的。

感谢中国商业出版社和本书的责任编辑蔡凯老师，感谢中国财富出版社科教分社寇俊玲主编，本书的顺利出版与两位老师的关心和辛勤努力是分不开的。

限于作者学识和水平，书中难免存在种种遗漏或缺陷，敬请读者批评指正。

郭旭

2019 年 3 月 15 日于贵阳